Der Laienrichter – überlebtes Symbol oder Garant der Wahrheitsfindung?

Europäische Hochschulschriften

European University Studies

Publications Universitaires Européennes

Reihe II	**Rechtswissenschaft**
Series II	Law
Série II	Droit

Band/Volume **5640**

Harald Lemke-Küch

Der Laienrichter – überlebtes Symbol oder Garant der Wahrheitsfindung?

Eine rechtsgeschichtliche Untersuchung über das „moderne" Volksgericht in Deutschland seit Beginn des 19. Jahrhunderts

PL ACADEMIC RESEARCH

Bibliografische Information der Deutschen Nationalbibliothek
Die Deutsche Nationalbibliothek verzeichnet diese Publikation in der Deutschen Nationalbibliografie; detaillierte bibliografische Daten sind im Internet über http://dnb.d-nb.de abrufbar.

Zugl.: Hannover, Univ., Diss., 2014

D 89
ISSN 0531-7312
ISBN 978-3-631-65362-3 (Print)
E-ISBN 978-3-653-04559-8 (E-Book)
DOI 10.3726/978-3-653-04559-8

PL Academic Research ist ein Imprint der Peter Lang GmbH.
Peter Lang – Frankfurt am Main · Bern · Bruxelles · New York · Oxford · Warszawa · Wien

Diese Publikation wurde begutachtet.

www.peterlang.com

Inhaltsübersicht

Abkürzungsverzeichnis

a.a.o.	an angegebenem Ort
Abs.	Absatz
Abt.	Abteilung
Alt.	Alternative
Anm.	Anmerkung
ArbGG	Arbeitsgerichtsgesetz
Art.	Artikel
Aufl.	Auflage
Bd.	Band
BFH	Bundesfinanzhof
BGBl.	Bundesgesetzblatt Teil I.
BGH	Bundesgerichtshof
BGH LM	BGH Lindenmaier-Möhring
BGHR StPO	BGH-Rechtsprechung zur StPO
BGHSt	Entscheidungen des Bundesgerichtshofs in Strafsachen
BSGE	Entscheidungen des Bundessozialgerichts
bspw.	beispielsweise
BVerfG	Bundesverfassungsgericht
BVerfGE	Entscheidungen des Bundesverfassungsgerichts
bzw.	beziehungsweise
ca.	cirka
Der Schöffe	Zeitschrift der DDR
ders.	derselbe
dgl.	dergleichen
d.h.	das heißt
DJ	Deutsche Justiz, Zeitschrift (1933–1945)
DJV	Deutsche Justizverwaltung
DJZ	Deutsche Juristen-Zeitung
DRiZ	Deutsche Richterzeitung
EGMR	Europäischer Gerichtshof für Menschenrechte
evtl.	eventuell
f.	folgende/r

ff.	fortfolgende
FGO	Finanzgerichtsordnung
Fn.	Fußnote
GBl.	Gesetzblatt der DDR
gem.	gemäß
GG	Grundgesetz
ggf.	gegebenenfalls
GGG	Gesetz über die gesellschaftlichen Gerichte der DDR
GVG	Gerichtsverfassungsgesetz
GVG-DDR (Jahreszahl)	Gerichtsverfassungsgesetz der DDR in der jeweils gültigen Fassung (1952, 1963, 1974)
i.d.F.	in der Fassung
i.d.F.v.	in der Fassung von
i.d.R.	in der Regel
i.S.d.	im Sinne des
i.S.v.	im Sinne von
i.V.m.	in Verbindung mit
JGG	Jugendgerichtsgesetz
JR	Juristische Rundschau
JW	Juristische Wochenschrift
JZ	Juristenzeitung
KK-StPO/ Sachbearbeiter	Karlsruher Kommentar zur Strafprozessordnung und zum GVG
L-R/ Sachbearbeiter	Löwe-Rosenberg, Großkommentar zur Strafprozessordnung und zum GVG
m.w.N.	mit weiteren Nachweisen
n.F.	neue Fassung
NJ	Neue Justiz, Zeitschrift der DDR
NJW	Neue Juristische Wochenschrift
Nr.	Nummer
NStZ	Neue Zeitschrift für Strafrecht
NStZ-RR	Neue Zeitschrift für Strafrecht – Rechtsprechungsreport
NVwZ	Neue Zeitschrift für Verwaltungsrecht
o.ä.	oder ähnliches
OG	Oberstes Gericht der DDR
O.V.	ohne Verfasserangabe
PGO	Peinliche Gerichtsordnung
RG	Reichsgericht

RGBl.	Reichsgesetzblatt
RGSt	Entscheidungen des Reichsgerichts in Strafsachen
Rn.	Randnummer
RohR	Richter ohne Robe, Zeitschrift der deutschen Vereinigung der Schöffinnen und Schöffen
RStPO	Reichsstrafprozeßordnung
s.	siehe
S.	Satz oder Seite
s.a.	siehe auch
SBZ	Sowjetische Besatzungszone
SGG	Sozialgerichtsgesetz
sog.	sogenannte
StAG	Gesetz über die Staatsanwaltschaft der DDR
StPO	Strafprozessordnung
StPO-DDR	Strafprozessordnung der DDR
StraFo	Strafverteidigerforum
StuR	Staat und Recht, Zeitschrift der DDR
StV	Strafverteidiger
u.	und
u.a.	unter anderem
U.	Urteil
usw.	und so weiter
u.U.	unter Umständen
v.	vom
vgl.	vergleiche
VwGO	Verwaltungsgerichtsordnung
z.B.	zum Beispiel
Zif.	Ziffer
zit.	zitiert
ZRP	Zeitschrift für Rechtspolitik
z.T.	zum Teil
ZVOBl.	Gesetz- und Verordnungsblatt der deutschen Zentralverwaltungen in der Sowjetischen Besatzungszone
ZZP	Zeitschrift für Zivilprozess

Literaturverzeichnis

Abegg, Julius Friedrich Heinrich: Zur Lehre vom Beweis und dem Schwurgerichte, Gerichtssaal 1850. Bd. II., S. 61 ff.

Alsberg, Max: Ein Jahr neuer Strafprozess. Erfahrungen und Vorschläge, JW 1925, S. 88–890.

Altenhain, Hagemeier, Haimerl: Die Vorschläge zur gesetzlichen Regelung der Urteilsabsprachen im Lichte aktueller rechtstatsächlicher Erkenntnisse, NSTZ 2007, 71 ff.

Archiv für Gemeines Deutsches und für Preußisches Strafrecht, 21. Band (1873), S. 40–56.

Bader, Johann: Die Kopftuch tragende Schöffin, NJW 2007, S. 2964–2966.

Baur, Fritz: Laienrichter – heute?, in: Tübinger Festschrift für Eduard Kern, Tübingen, 1968, S. 49–64.

Beck'scher Online-Kommentar zur StPO.

Benz, Ulrike: Zur Rolle der Laienrichter im Strafprozess. Eine Untersuchung über das Schöffenamt auf und gerichtsorganisatorischer Grundlage mit einem rechtsgeschichtlichen und rechtsvergleichenden Überblick, Lübeck 1982.

Beseler, Georg: Volksrecht und Juristenrecht, Leipzig 1843.

Binding, Karl: Die drei Grundfragen der Organisation des Strafgerichts. Für Juristen und Nichtjuristen, Leipzig 1876.

Blasius, Dirk: Der Kampf um die Geschworenengerichte im Vormärz, in: Hans-Ulrich Wehler [Hrsg.], Sozialgeschichte Heute, Festschrift für Hans Rosenberg zum 70. Geburtstag, Göttingen 1974, S. 148–161.

Böttges, Walter: Die Laienbeteiligung an der Strafrechtspflege. Ihre Geschichte und heutige Bedeutung, Bonn 1979.

Braun, Alexander Carl Hermann.: Hauptstücke des öffentlich-mündlichen Straf-Verfahrens mit Staatsanwaltschaft nach französischer und holländischer Gesetzgebung, Leipzig 1845.

Brauer, Eduard.: Die deutschen Schwurgerichtsgesetze in ihren Hauptbestimmungen, Erlangen 1856.

Casper, Gerhard/Zeisel, Hans [Hrsg.]: Der Laienrichter im Strafprozess. Vier empirische Studien zur Rechtsvergleichung, Heidelberg/Karlsruhe 1979.

Der Schöffe, Zeitschrift der DDR.

Dölling, Duttge, Rössner (Hrsg.): Gesamtes Strafrecht, Handkommentar, 2. Aufl., 2011.

Drucker, Martin: Neuester und allerneuester Strafprozess, JW 1924, S 241–245.

Düwell, Franz Josef: Die ehrenamtlichen Richter beim Bundesarbeitsgericht, in: Lieber/Sens, Ehrenamtliche Richter, S. 144 ff.

Ellbogen, Klaus: Das Akteneinsichtsrecht der Schöffen, DRiZ 4/2010, S 136 ff.

Engelhard, Herbert: Grundsätzliches zur Frage des Laienrichtertums unter besonderer Berücksichtigung des Strafverfahrens, Zeitschriften für die gesamte Strafrechtswissenschaft, 44, S 57 ff.

Eschelbach, Ralf: „Regina Probationum" in: Festschrift für Ruth Rissing-van-Saan, Berlin 2011, S. 115 ff.

Eser, Albin: Laienrichter im Strafverfahren, in: Karl Kroeschell (Hrsg.): Vom nationalen zum transnationalen Recht: Symposion der rechtswissenschaftlichen Fakultäten der Albert-Ludwigs-Universität Freiburg und der Städtischen Universität Osaka. Heidelberg 1995, S. 161–181.

Feuerbach, Ludwig: Paul Johann Anselm Ritter von Feuerbachs Leben und Wirken, veröffentlicht von seinem Sohne Ludwig Feuerbach, Werner Schuffenhauer [Hrsg.]: Ludwig Feuerbach, Gesammelte Werke, Band 12, Berlin 1976.

Feuerbach, Paul, Johann, Anselm, Betrachtungen über das Geschwornen-Gericht, Landshut 1813.

ders.: Betrachtungen über die Oeffentlichkeit und Mündlichkeit der Gerechtigkeitspflege. In 2 Bänden, Zweiter Band: Ueber die Gerichtsverfassung und das gerichtliche Verfahren Frankreichs, Gießen 1825.

Freisler, Roland: Die Vereinfachungsverordnung als Mittel der Schlagkraftsteigerung der Strafrechtspflege und ihr Stand in der Strafverfahrenserneuerung, DJ 1939, S. 1537 ff.

ders.: Einführende Betrachtungen, in: Der Volksrichter in der neuen deutschen Strafrechtspflege, Berlin 1937, S. 7 ff.

ders.: Volksrichter und Berufsrichter als Hüter des Volksgewissens, in: Der Volksrichter in der neuen deutschen Strafrechtspflege, Berlin 1937, S. 34–38.

Frey, Ludwig: Das Geschworenengericht aus historischen, straf- und staatsrechtlichen Gesichtspunkten betrachtet, Bern 1835.

Geib, Gustav: Die Reform des deutschen Rechtslebens, Leipzig 1848.

Gerichtssaal, Der Gerichtssaal, Zeitschrift für Strafrecht, Strafprozeß und die ergänzenden Disziplinen.

Germelmann/Matthes/Prütting, Kommentar zum Arbeitsgerichtsgesetz, 7. Aufl., 2009.

Glaser, Julius: Die geschichtlichen Grundlagen des neuen Deutschen Strafprozessrechts, in: Frank von Holtzendorff [Hrsg.], Handbuch des deutschen Strafprozessrechts. In Einzelbeiträgen, 1. Band, Berlin 1879, S. 3–76.
ders.: Gesammelte kleinere Schriften über Strafrecht, Civilrecht, Civilrecht und Strafprocess, Zweiter Band, Wien 1868.
v.Gneist, Rudolf: Die Bildung der Geschworenengerichte in Deutschland, Berlin 1849.
ders.: Vier Fragen zur Deutschen Strafprozessordnung mit einem Schlusswort über die Schöffengerichte, Berlin 1874.
ders.: Zur Frage: Empfiehlt sich die Durchführung der Schöffengerichte durch die gesammte erstinstanzliche Strafgerichtsverfassung?, in: Verhandlungen des 22. Deutschen Juristentages, 4. Band, Berlin 1893, S. 438–451.
Goldschmidt, Dietrich/Schiffer, Eugen: Entwurf eines Gesetzes zur Änderung des Gerichtsverfassungsgesetzes und Entwurf eines Gesetzes über den Rechtsgang in Strafsachen nebst Begründung. Veröffentlicht auf Anordnung des Reichsjustizministeriums. Berlin 1920.
Görner, Kurt: Schöffen und Volksgericht, Berlin 1958.
Graevell, Maximilian Carl Friedrich Wilhelm: Prüfung der Gutachten der Königl. Preuß. Immediat-Justiz-Commission am Rhein über die dortigen Justizeinrichtungen, in zwei Theilen, Leipzig 1819.
Graßberger, Roland: Psychologie des Strafverfahrens, 2. Aufl., Wien/New York 1968.
Hadding, Günther: Schwurgerichte in Deutschland. Der Schwurgerichtsgedanke seit 1848, Kassel 1974.
Hahn, Carl: Die gesamten Materialien zu den Reichs-Justizgesetzen. Auf Veranlassung des Kaiserlichen Reichs-Justizamtes, 1. Band (Materialien zu dem Gerichtsverfassungs-Gesetz), 1. Abteilung, Berlin 1879.
Heffter, August Wilhelm: Die Zusammensetzung der Schwurgerichte. Ein Votum. Archiv des Criminalrechts, (neue Folge) 1849, S. 1 ff.
Hegel, Georg Wilhelm Friedrich: Grundlinien der Philosophie des Rechts oder Naturrecht und Staatswissenschaft im Grundrisse (Berlin, 1821), Suhrkamp, Theorie-Werksausgabe Bd. 7, Frankfurt am Main 1970.
v. Hentig, Hans: Der abgeschaffte Laienrichter, in: Monatsschrift für Kriminalpsychologie, 18./19. Jg. (1927), S. 333 und 643.
Hepp, Ferdinand Carl Theodor: „Vergleichung der englischen und französischen Jury", Neues Archiv 1849, S. 368 ff.
Hilgard, Theodor Erasmus: „Der Kampf zwischen Schwurgerichten und ständigen Gerichten", Neues Archiv 1855, S. 216 ff.

Ignor, Alexander.: Geschichte des Strafprozesses in Deutschland 1532 bis 1846, Paderborn 2002.

Kahl, Wilhelm: Schwur- oder Schöffengerichte?, in: Mittermaier/Liepmann (Hrsg.), Band I, Heft 1, Heidelberg 1906, S. 7–28.

Karlsruher Kommentar zur Strafprozessordnung und zum Gerichtsverfassungsgesetz mit Einführungsgesetz, herausgegeben von Gerd Pfeiffer, 6. Auflage, München 2008.

Katholnigg, Oskar: Die Beteiligung von Laien in Wirtschaftsstrafsachen, wistra 1982, S. 91–96.

ders.: Anmerkung zu BGH, Urteil vom 26.03.1997 – 3 StR 421/96 -, in: NStZ 1997, S. 507–508.

Kern, Eduard: Geschichte des Gerichtsverfassungsrechts, München/Berlin 1954.

Kissel/Mayer: Gerichtsverfassungsgesetz, Kommentar, 7. Aufl., 2013.

Klausa, Ekkehard: Zur Typologie der ehrenamtlichen Richter. Ein Beitrag auf empirischer Grundlage, Ehrenamtliche Richter – Ihre Auswahl und Funktion, empirisch untersucht, Dissertation, Berlin 1970.

Kleinfeller, Georg: Die Stellung des Schwurgerichtsvorsitzenden, in: Mittermaier/Liepmann (Hrsg.), Band I, Heft 3, Heidelberg 1908, S. 117–216.

Koch, Arnd: *Carl Joseph Anton* Mittermaier und das Schwurgericht, in: Zeitschrift für Neuere Rechtsgeschichte (ZNR) 2000, S. 167–187.

Köstlin, Christian Reinhold: „Die Entstehung und Fortbildung der Jury auf englischem Boden“. Zeitschrift für deutsches Recht, Bd. 12 (1848). S. 406 ff.

Krause, Carl Erasmus: Die deutschen Schwurgerichte. Leipzig 1843.

Kronecker, Ernst: Vorschläge zur Verbesserung der Schwurgerichte, in: Mittermaier/Liepmann (Hrsg.), Band I, Heft 5, Heidelberg 1908, S. 321–374.

Kronzucker, Wilhelm: Zur Beurteilung der Verordnung vom 4. Januar 1924, ZStW 45 (1925), S. 421–451.

Kühne, Hans-Heiner: Laienrichter im Strafprozess?, ZRP 1985, S. 237–239.

Küßner, Hermann: Das preußische Schwurgericht. Eine praktische Anleitung für Geschworene, Königsberg 1850.

Kuttner, Erich: Klassenjustiz, Berlin 1913.

Landau, Peter: Schwurgerichte und Schöffengerichte in Deutschland im 19. Jahrhundert bis 1870, in: Antonio Padoa Schioppa [Hrsg.], The Trial Jury in England, France, Germany 1700–1900, Berlin 1987 (Comparative Studies in Continental and Anglo-American Legal History, Band 4), S. 241–304.

Landsberg, Ernst: Die Gutachten der Rheinischen Immediat-Justiz-Kommission und der Kampf um die rheinische Rechts- und Gerichtsverfassung, Neudruck der Ausgabe Bonn 1914.

Lehmann, Rudolf: Die Zusammenarbeit zwischen Berufsrichtern und Volksrichtern in der Hauptverhandlung, in: Der Volksrichter in der neuen deutschen Strafrechtspflege, Berlin 1937, S. 82 ff.

Lehrkommentar zur Strafprozeßordnung: Ministerium der Justiz (Hrsg.), 1. Aufl., Berlin (Ost) 1968.

Leimer, Karl: Erfahrungen mit Schöffen und Geschworenen in der Zeit vor und nach der nationalsozialistischen Machtergreifung, in: Der Volksrichter in der neuen deutschen Strafrechtspflege, Berlin 1937, S. 20 ff.

Leue, Friedrich Gottfried: Das deutsche Schöffen-Gericht, Leipzig 1847.

Lieber, Hasso: Die Entwicklung des Europäischen Rechts und seine Bedeutung für die Arbeit der ehrenamtlichen Richterinnen und Richter in Europa, in: RohR 3/10, S. 90 ff.

ders.: Ist die Beteiligung ehrenamtlicher Richter an der Rechtsprechung in Gefahr?, RohR 1999, S. 41–44.

Lieber, Hasso/Sens, Ursula [Hrsg.]: Ehrenamtliche Richter, Demokratie oder Dekoration am Richtertisch? Eine rechtspolitische Streitschrift zu Verbesserung und Ausbau der Beteiligung des Volkes an der Rechtsprechung mit einem Geleitwort von Herta Däubler-Gmelin, Bundesministerin der Justiz, Festschrift zum zehnjährigen Bestehen der Deutschen Vereinigung der Schöffinnen und Schöffen, Wiesbaden 1999 (Schriftreiche des Bundesverbandes ehrenamtlicher Richterinnen und Richter Heft 2).

Lieber, Hasso/Burchardt, Ursula: Laienrichter – Dekoration oder Demokratie am Richtertisch?, Dortmund 1989.

Lieber, Hasso/Sens, Ursula: Leitfaden für Schöffinnen und Schöffen (Amtszeit 2001 bis 2004), Schriftreihe des Bundesverbandes ehrenamtlicher Richterinnen und Richter, Heft 4, Wiesbaden 2001.

Lilie, Hans: Blinde Kontrollinstanz? Zur Zukunft des Schöffenamts. Festschrift für Peter Rieß zum 70. Geburtstag am 4. Juni 2002, Berlin 2002, S. 303 ff.

Linkenheil, Beate: Laienbeteiligung an der Strafjustiz, Relikt des bürgerlichen Emanzipationsprozesses oder Legitimation einer Rechtsprechung „Im Namen des Volkes“?, Berliner Juristische Universitätsschriften Strafrecht, Band 17, Dissertation, Berlin 2003.

List, Friedrich: Denkschrift an S.M. den König von Würtemberg, einen von den königlichen Gerichtshöfen an seiner Person und an der Verfassung des Landes begangenen Justizmord betreffend. (Themis 2. Bändchen) Straßburg 1823.

L-R/Bearbeiter, Löwe/Rosenberg: Die Strafprozessordnung und das Gerichtsverfassungsgesetz, Großkommentar, 25. Aufl. 1999 und 26. Aufl., 2006–2010.

Löwe/Rosenberg: Kommentar zu Strafprozeßordnung, 5. Aufl. 1888.

Loewenfeld, Philipp: Laienrichter, Sozialistische Monatshefte, 2. Bd. (1920), S. 810 ff.

Mathes, Regina: Volksrichter – Schöffen – Kollektive, Zur Laienmitwirkung an der staatlichen Strafrechtspflege der SBZ/DDR, Dissertation, Dresden 1998.

Machura, Stefan: Fairneß und Legitimität, Baden-Baden 2001.

Maurach, Reinhart: Handbuch der Sowjetverfassung, München 1953.

Meyer-Ladewig/Keller/Leitherer, Kommentar zum Sozialgerichtsgesetz, 10. Aufl., 2012.

Mittermaier, Carl Joseph Anton: Das deutsche Strafverfahren in der Fortbildung durch Gerichts—Gebrauch und Particular-Gesetzbücher und in genauer Vergleichung mit dem englischen und französischen Straf-Prozesse; in zwei Abtheilungen, Heidelberg 1827.

ders.: Das deutsche Strafverfahren in der Fortbildung durch Gerichts—Gebrauch und Particular-Gesetzbücher und in genauer Vergleichung mit dem englischen und französischen Straf-Prozesse; in zwei Theilen, zweiter Teil, Heidelberg 1840.

ders.: Das englische, schottische und nordamerikanische Strafverfahren im Zusammenhange mit den politischen, sittlichen und socialen Zuständen und in den Einzelheiten der Rechtsübung, Erlangen 1851.

ders.: Das Volksgericht in Gestalt der Schwur- und Schöffengerichte, 2. Aufl. Berlin 1874. (zit.: Volksgericht).

ders.: Die gesetzliche Beweistheorie in ihrem Verhältnis zu Geschworenengerichten, mit besonderer Rücksicht auf Livingstone's Code of evidence, Neues Archiv des Criminalrechts, Band 12, S. 488ff.

ders.: Die gesetzliche Beweistheorie in ihrem Verhältnis zu Geschworenengerichten, mit besonderer Rücksicht auf den neusten Entwurf eines Gesetzbuchs über das Verfahren in Strafsachen von 1831 für das Königreich Baiern, in: Neues Archiv des Criminalrechts, Band 13 (1832), S. 120–140 und S. 280–303.

ders.: Die Mündlichkeit, das Anklageprinzip, die Öffentlichkeit und das Geschwornengericht in ihrer Durchführung in den verschiedenen Gesetzgebungen dargestellt und nach den Forderungen des Rechts und der Zweckmäßigkeit mit Rücksicht auf die Erfahrung der verschiedenen Länder geprüft, Stuttgart/Tübingen 1845. (zit.: Die Mündlichkeit).

ders.: Die öffentliche mündliche Strafrechtspflege und das Geschworenengericht in Vergleichung mit dem deutschen Strafverfahren, Landshut 1819.

ders.: „Über den Fonk'schen Prozess". Heidelberg 1823.

Mittermaier, Wolfgang/Liepmann, Moritz [Hrsg.]: Schwurgerichte und Schöffengerichte, Beiträge zu ihrer Kenntnis und Beurteilung, Band I, Heidelberg 1908.

Müller, Ingo: Die Volksrichter, Laienrichter am Volksgerichtshof, in: Lieber/Sens (Hrsg.), Ehrenamtliche Richter, Demokratie oder Dekoration am Richtertisch?, S. 202–207.

MüKo/Bearbeiter, Münchener Kommentar zum Strafgesetzbuch, Band 2, 2. Aufl. 2012.

Neues Archiv: Neues Archiv des Kriminalrechts. Hrsg. von Kleinschrod, Konopak, Mittermaier, Bd. I-XIV. Halle 1817–1834, Archiv des Kriminalrechts. Neue Folge, Hrsg. von Abegg, Birnbaum, Heffter, Mittermaier, Wächter. Jahrg. 1834–1857.

Nowakowski, Friedrich: Reform der Laiengerichtsbarkeit in Strafsachen, in: Verhandlungen des vierten österreichischen Juristentages Wien 1970, Band I, 5. Teil, Wien 1970.

Oetker, Friedrich: Ein Vorschlag zur Verbesserung des Schwurgerichts, Der Gerichtssaal, Jahrgang 65, 1905, S. 325 ff.

ders.: Reform des Schwurgerichts, Der Gerichtssaal Jahrgang 68, 1906, S. 82ff.

ders.: Das Verfahren vor den Schwur- und den Schöffengerichten, Systematisches Handbuch der Deutschen Rechtswissenschaft, 9. Abteilung, 4. Teil, 3. Band, herausgegeben von Karl Binding, Leipzig 1907.

ders.: Die Rechtsgrundlagen der Schöffen- und Schwurgerichts-Bildung, Theil I, Das Schöffengericht, in: GA 49. Band (1903), S. 93–116, 203–233.

ders.: Die Rechtsgrundlagen der Schöffen- und Schwurgerichts-Bildung, Theil II, Das Schwurgericht, in GA 50. Band (1903), S. 62–100, 204–248.

Planck, Gottlieb: Die Mitwirkung von Laien in der Rechtspflege, in: Stephan Meder, Gottlieb Planck und die Kunst der Gesetzgebung, Göttingen 2010, S. 103 ff.

Rambke, Hans: Erfahrungen mit Schöffen und Geschworenen in der Zeit vor und nach der nationalsozialistischen Machtergreifung, in: Der Volksrichter in der neuen deutschen Strafrechtspflege, Berlin 1937, 5, 25 ff.

Rennig, Christoph: Die Entscheidungsfindung durch Schöffen und Berufsrichter in rechtlicher und psychologischer Sicht. Empirische, rechtsdogmatische und psychologisch-theoretische Untersuchungen zur Laienbeteiligung an der Strafgerichtsbarkeit, (Kriminalwissenschaftliche Studien, herausgegeben von Dieter Meurer, Band 16), Dissertation Marburg 1993.

Richter, Helmut: Die besondere Stellung der ehrenamtlichen Richter bei den Landesarbeitsgerichten als in der Regel letztentscheidende Instanz, in: Lieber/Sens, Ehrenamtliche Richter, S. 136 ff.

Rothenberg, Curt: Der deutsche Richter, Hamburg 1943.

v.Rotteck,Carl/Welcker,Carl-Theodor.: Das Staat-Lexikon. Encyklopädie der sämmtlichen Staatswissenschaften für alle Stände.

Rudolphi/Frisch/Rogall/Schlüchter/Wolter, Systematischer Kommentar zur Strafprozessordnung und zum Gerichtsverfassungsgesetz, Loseblattkommentar.

Rüping, Hinrich: Funktionen der Laienrichter im Strafverfahren, JR 1976, S. 269–274.

v.*Savigny, Friedrich Carl*: Ueber Schwurgerichte und Beweistheorie im Strafprozesse, GA 1858 S. 469 ff.

Schafheutle, Josef: Die Auslese der Volksrichter in: Der Volksrichter in der neuen deutschen Strafrechtspflege, Berlin 1937, S. 115 ff.

Schoch/Schneider/Bier: Verwaltungsgerichtsordnung, Loseblattsammlung (24. Ergänzungslieferung 2012).

Schiffmann, Gerfried: Die Bedeutung der ehrenamtlichen Richter bei den Gerichten der allgemeinen Verwaltungsgerichtsbarkeit, Schriftenreihe der Hochschule Speyer, Band 53 (1974), S. 81 ff.

Schorn, Hubert: Der Laienrichter in der Strafrechtspflege, Die mit Laienrichtern besetzten Strafgerichte, Münster (Westfalen) 1955.

Schreiber, Hans-Ludwig: Akteneinsicht für Laienrichter? Zu den Grundsätzen von Mündlichkeit und Unmittelbarkeit im Strafprozess, in: Günter Stratenwerth u.a. [Hrsg.], Festschrift für Hans Welzel zum 70. Geburtstag am 25. März 1974, Berlin/New York 1974, S. 941–956.

Schultz, Ulrike: Wie männlich ist die Juristenschaft? In: Battis, Ulrich/Schultz, Ulrike (Hrsg.): Frauen im Recht. Heidelberg 1990, S. 319–359.

Schünemann,Bernd: Der deutsche Strafprozeß im Spannungsfeld von Zeugenschutz und materieller Wahrheit, StV 1998, 391 ff.

ders.: Der Richter im Strafverfahren als manipulierter Dritter? Zur empirischen Bestätigung von Schulterschluss- und Perseveranzeffekt, StV 2000, 159 ff.

Schwarze, Friedrich Oskar: Das Schöffengericht, Leipzig 1873.

ders.: Geschwornengericht und Schöffengericht. Ein Beitrag zur Lösung der Schwurgerichtsfrage, Leipzig 1864 (=Extraheft der Allgemeinen Gerichtszeitung für das Königreich Sachsen).

Schwinge, Erich: Der Kampf um die Schwurgerichte bis zur Frankfurter Nationalverfassung. Mit einem Vorwort des Verfassers zum Neudruck und einer Einleitung: Zum Schwurgerichtsproblem heute, Neudruck der Ausgabe Breslau 1926.

Sellert, Wolfgang/Rüping, Hinrich.: Studien- und Quellenbuch zur Geschichte der deutschen Strafrechtspflege in zwei Bänden, Band 2. Von der Aufklärung zur doppelten Staatsgründung, Aalen 1994.
Sens, Urlsula: s.b. *Lieber, Hasso.*
Seifer: Die Beteiligung ehrenamtlicher Richter in der Verwaltungsgerichtsbarkeit und ihre Einflußmöglichkeiten, in: Lieber/Sens, Ehrenamtliche Richter, S. 117 ff.
Spona, Dagmar: Laienbeteiligung im Strafverfahren. Eine rechtssoziologische Untersuchung zur Funktion der Laienbeteiligung im Strafprozess, Frankfurt am Main/Berlin/Bern/Bruxelles/New York/Oxford/Wien, Dissertation, 2000.
Strafprozessordnung Lehrkommentar: Berlin (Ost) 1962.
Strafprozeßrecht Kommentar: Ministerium der Justiz (Hrsg.), Strafprozeßrecht der DDR, Kommentar zur Strafprozeßordnung, 2. Aufl., Berlin (Ost), 1987.
Strafverfahrensrecht Lehrbuch: Sektion Rechtswissenschaft der Humboldt-Universität zu Berlin, 1. Aufl. 1977.
Strafverfahrensrecht Lehrbuch: Sektion Rechtswissenschaft der Humboldt-Universität zu Berlin (Hrsg.), Autorenkollektiv unter Leitung von Luther, Horst, Strafverfahrensrecht, Lehrbuch, 3. Aufl. Berlin (Ost) 1987.
Terhorst, Bruno: Information und Aktenkenntnis der Schöffen im Strafprozess, MDR 1988, S. 809–812.
Töwe, Wilhelm: Die Auslese der Volksrichter, in: Der Volksrichter in der neuen deutschen Strafrechtspflege, Berlin 1937, S. 111 ff.
Ulbricht, Walter: Zur Geschichte der deutschen Arbeiterbewegung, Band 2, Berlin 1963.
v. Vacano, Franz: Erfahrungen mit Schöffen und Geschworenen in der Zeit vor und nach der nationalsozialistischen Machtergreifung, in: Der Volksrichter in der neuen deutschen Strafrechtspflege, Berlin 1937, S. 30 ff.
Verhandlungen der Germanisten zu Frankfurt am Main am 24., 25. und 26. September 1846, Frankfurt am Main 1847.
Verhandlungen der Germanisten zu Lübeck am 27., 28. und 30. September 1847, Lübeck 1848.
Volk, Klaus: Der Laie als Strafrichter, in: Ernst-Walter Hanack u.a. [Hrsg.], Festschrift für Hanns Dünnebier zum 75. Geburtstag am 12. Juni 1982, Berlin/New York 1982, S. 373–389.
Vormbaum, Thomas: Die Lex Emminger vom 4. Januar 1924. Vorgeschichte, Inhalt und Auswirkungen. Ein Beitrag zur deutschen Strafrechtsgeschichte des 20. Jahrhunderts, Berlin 1988.

Voßkuhle/Sydow: Die demokratische Legitimation des Richters, JZ 14/2002, S. 673 ff.
Vultejus, Ulrich: Schöffen in der Hauptverhandlung und Beratung, in: Lieber/Sens, Ehrenamtliche Richter, S. 61 ff.
ders.: Pro und Contra einer Stärkung der Rolle der Schöffen, ZRP 2004, 63.
Wache, Volkhard: Die Befangenheit der Schöffen in der Rechtsprechung des Bundesgerichtshofs, in: Ehrenamtliche Richter, S. 108–111.
Walther, Friedrich: Ueber die prozessualische Wirkung des Geständnisses im Schwurgerichtsverfahren, S. 225, 228 in: Archiv des Criminalrechts, Jahrgang 1851 (neue Folge), S. 225 ff.
Wassermann, Rudolf: Bürgermitwirkung an der Rechtsprechung – Verfassungsrechtliche und rechtspolitische Aspekte -, in: Ehrenamtliche Richter, S. 38–46.
Weingart, Albert: Das Schwurgerichtsproblem, in: Aschrott, Zur Reform des Strafprozesses, S. 725 ff.
Welcker, Carl-Theodor: Jury, Schwur- oder Geschworenengericht als Rechtsinstitut und als politisches Institut, Altona 1840.
Wentker, Hermann: Volksrichter in der SBZ/DDR 1945 bis 1952, München 1997.
Windel, Peter, A.: Soll am Laienrichterwesen festgehalten werden?, ZZP 112 (1999), S. 293–313.
Zimmerl, Leopold: Sachverständige Laienrichter? – Recht und Staat in Geschichte und Gegenwart. Heft 112 – Tübingen 1934.
Wolmerath, Martin: Der ehrenamtliche Richter am Arbeitsgericht, in: Lieber/Sens, Ehrenamtliche Richter, S. 129 ff.
Zachariae, Heinrich Albert: Das moderne Schöffengericht, Berlin 1872.
ders.: Handbuch des deutschen Strafprozesses, Band I, Göttingen 1860.

Einleitung

Wesentlicher Anlass für diese Untersuchung ist die vom Verfasser vertretene Ansicht, nach der allein die Tatsache einer Beteiligung von Schöffen an der strafgerichtlichen Entscheidungsfindung de lege lata nicht dazu beiträgt, die Idee der Gerechtigkeit als wesentlichen Bestandteil des Grundsatzes der Rechtsstaatlichkeit[1] besser zu verwirklichen als dies in einem ausschließlich Berufsrichtern vorbehaltenem Verfahren der Fall wäre. Das zentrale Anliegen des Strafprozesses, die materielle Wahrheit zu erforschen,[2] erhält durch die Erweiterung der Richterbank um das „volkstümliche" Element keine zusätzliche Substanz. Urteile, an denen Schöffen mitwirken, besitzen weder eine höhere Qualität noch eine größere Überzeugungskraft für den, den es angeht, also den Beschuldigten.

Die Ausgangsthese spiegelt zunächst nichts anderes als einen durch gerichtspraktische Erfahrungen gewachsenen, zumindest teilweise empirisch belegten,[3] Eindruck des Verfassers über einen Ist-Zustand wieder.

Als im Kern zutreffend wird dieser Eindruck aber auch von den unmittelbar durch ein Strafurteil Betroffenen bestätigt. Angeklagte selbst gehen regelmäßig davon aus, dass Schöffen bei Klärung der Schuldfrage in der Hauptverhandlung nahezu vollständig dem Einfluss des Vorsitzenden bzw. der Berufsrichter bei Strafkammerentscheidungen unterliegen. Je gewichtiger ein Angeklagter die Autorität der Berufsrichter einer Strafkammer oder des Vorsitzenden eines Schöffengerichts beurteilt, desto geringer erscheinen ihm die Einflussmöglichkeiten von Schöffen. Ähnliches gilt für den Ablauf einer Beweisaufnahme. Je weniger Fragen von Schöffen an Zeugen oder Sachverständige gestellt werden, je seltener sich

1 BVerfGE 33, 367(383); 297(308); BVerfG NStZ 1987, 419.

2 BVerfG NStZ 1987, 419.

3 Zu entsprechenden Ergebnisse hat insbesondere die Untersuchung von Casper/Zeisel, Der Laienrichter im Strafprozeß von 1979 beigetragen. Abgesehen davon, dass die Studie nicht mehr zeitlich aktuell ist, lagen ihr lediglich Berichte über 570 Verhandlungen an verschiedenen (und überwiegend erstinstanzlich) mit Strafsachen befassten Gerichten in Baden-Württemberg, Hamburg und Hessen zugrunde (S. 31). Gleichwohl wird von einer annähernd genauen repräsentativen Erhebung für das Gesamtgebet der damaligen Bundesrepublik auszugehen sein.

Schöffen während der Hauptverhandlung überhaupt äußern, desto unbedeutender wird ihre Rolle bei der Entscheidungsfindung eingeschätzt.

Gleichermaßen eingeschränkt ist die Erwartungshaltung von Angeklagten hinsichtlich eines maßgeblichen Anteils von Schöffen bei Beratung und Abstimmung über den Strafausspruch.[4]

Mit der skeptischen Grundeinstellung von Angeklagten gegenüber Schöffen korrespondieren entsprechende Einschätzungen von Berufsrichtern. Danach soll der Gesamteinfluss der Laienrichter auf das Urteil im Schuldspruch – sofern man die Frage des Einflusses überhaupt quantifizieren kann – lediglich 1,4% betragen; bei der Straffrage liegt der Anteil mit 6,2% höher.[5]

Angesichts eines primär persönlichen, und damit eher „unwissenschaftlichen" Erfahrungshorizonts soll Ziel der Untersuchung sein, die Ausgangsthese unter Berücksichtigung ihrer rechtsgeschichtlichen Entwicklung und mit spezifischem Blick auf die Funktion, die eine Laienbeteiligung im Strafprozess hat, zu verifizieren, ohne sie zugleich empirisch zu „aktualisieren".[6]

Der rechtshistorischen Perspektive ist der Vorzug zu geben, weil verschiedene Arten von Bürgerbeteiligung in Gerichtsverfassungssystemen der vergangenen zwei Jahrhunderte die Herausbildung des „modernen" Schöffengerichts entscheidend (mit-) bestimmt haben und darüber hinaus zumindest Teilaspekte aus älteren Systemen geschichtsübergreifend Anlass zu Reformüberlegungen geben können.

Hinterfragt werden soll, ob nach dem geschichtlich entstandenen derzeitigen Rechtsverständnis überhaupt die Voraussetzungen dafür gegeben sind, dass Laien

---

4 Empirische Erkenntnisse darüber, wie Angeklagte Gewicht und Bedeutung von Schöffen für die Urteilsfindung einschätzen, gibt es nur vereinzelt und fallbezogen. Die wiedergegebene Einschätzung beruht daher auf Erfahrungen des Verfassers, die allerdings nicht untypisch für die Sichtweise der Verteidigung sein dürften. Soweit nicht nur ein Berufsrichter, sondern ein Kollegialgericht an der Rechtsfolgenentscheidung beteiligt ist, erwarten Angeklagte häufig sogar eine eher härtere Bestrafung; was jedenfalls im Erwachsenenstrafrecht für bestimmte Deliktskategorien, wie Gewalt- oder Sexualdelikte und – eingeschränkt – für Betäubungsmittelstraftaten gelten kann. Die Einschränkung bei Betäubungsmitteldelikten beruht auf dem Umstand, dass der „kleine", abhängige Konsument häufig mit einer milderen Beurteilung durch Schöffen („Mitleidseffekt") rechnen kann als der professionell agierende „Dealer".

5 Casper/Zeisel, S. 84/85; s. auch Fn. 3. Die Beurteilung des „Gesamteinflusses" stützt sich – wie andere Ergebnisse der Studie auch- auf die Auswertung anonymisierter Fragebogenerhebungen.

6 Zwar stammt die maßgebliche Untersuchung von Casper/Zeisel, Der Laienrichter im Strafprozeß aus 1979. Eine Aktualisierung würde aber vermutlich keine wesentlich anderen Forschungsergebnisse liefern.

maßgeblichen Einfluss auf das Ergebnis der Rechtsfindung nehmen können. Erforderlich dafür ist eine Aufarbeitung und Auseinandersetzung mit der Entwicklung unterschiedlicher Gerichtsverfassungssysteme, ihren Veränderungen und der in diesem Zusammenhang geführten rechtspolitischen und wissenschaftlichen Diskussionen. Neben allgemeineren Themenkomplexen, die das Auswahlverfahren sowie die persönliche und fachliche Eignung von Laienrichtern auch im Vergleich zu anderen Gerichtsbarkeiten betreffen, werden praxisrelevante Einzelprobleme wie Aktenkenntnis und Fragerecht von Schöffen bzw. Geschworenen behandelt.

Historischer Ausgangspunkt der Untersuchung ist das beginnende 19. Jahrhundert. Für die Frage der Laienbeteiligung in der Strafjustiz ist dieser Abschnitt einschneidend, da an der Wende vom 18. zum 19. Jahrhundert erstmalig das „moderne“ Volksgericht in Deutschland in Gestalt des Geschworenengerichts – im damaligen Sprachgebrauch auch Jury genannt – eingeführt und in den folgenden Jahrzehnten als weithin anerkanntes strafgerichtliches Institut in mehreren deutschen Einzelstaaten eingerichtet wurde. Begleitet wurde dieser systemverändernde Übergangsprozess vom althergebrachten Inquisitionsgericht zur öffentlich-mündlichen Verhandlung mit Bürgerbeteiligung auf der Richterbank zugleich von einer rechtspolitisch und wissenschaftlich intensiv geführten Diskussion um die auch damals nicht abschließend geklärte Kernfrage, ob die Mitwirkung von Laienrichtern überhaupt erforderlich sei. Die Zahl der Gegner blieb insbesondere in den Reihen der Justiz wenigstens bis in die Vormärzzeit verhältnismäßig hoch.[7]

Erst ab etwa Jahrhundertmitte konzentrierte sich die Auseinandersetzung weniger auf das „Ob“, sondern mehr auf das „Wie“ einer Teilnahme „ungelehrter“ Bürger an der Rechtsprechung; genauer auf die Fragen: War dem Geschworenengericht, das ohne Mitwirkung von Berufsrichtern allein und ausschließlich über die „Tatfrage“, damit über die Schuld bzw. Nichtschuld eines Angeklagten, zu entscheiden hatten, der Vorzug zu geben? Oder kam das Kollegialprinzip des Schöffengerichts mit der gemeinsamen Entscheidungsfindung von Berufs und Laienrichtern über die Schuld- wie die Straffrage, dem Ziel der Wahrheitsfindung näher?

Diese, bis zu Beginn des 20. Jahrhunderts fortgeführte Diskussion ließ die Zahl Schöffengerichtsanhänger selbst unter den Berufsrichter deutlich wachsen, so dass auch sie im Ergebnis mehrheitlich Gegner des Geschworenensystems wurden.

7 Erst im Zusammenhang mit der Lübecker Germanistenversammlung von 1847 ergab sich ein entscheidender Umschwung zugunsten der Geschworenengerichte, s. dazu Schwinge, Der Kampf um die Schwurgerichte bis zur Frankfurter Nationalversammlung, S. 146ff.

Vorläufiger Höhepunkt dieser Entwicklung war die sog. Emminger-Reform von 1924,[8] deren wesentliches Ergebnis die faktische Abschaffung das Geschworenengerichts war. Nahezu zwangsläufig wurde dadurch zugleich die Idee von der Wiedererlangung einer stärkeren Position der Berufsrichter zu Lasten der Laienrichter neubelebt und wenige Jahre später insbesondere von den nationalsozialistischen Protagonisten aus Justiz und Rechtswissenschaft nachhaltig verfolgt. Dass gleichwohl das Schöffensystem der Weimarer Zeit im wesentlichen[9] ohne deutliche Stärkung des berufsrichterlichen Einflusses beibehalten wurde, ist nicht nur auf den Zusammenbruch des nationalsozialistischen Regimes und die sich daran anschließende zweigeteilte Entwicklung Deutschlands zurückzuführen. Vielmehr scheint sich die Mitwirkung und (Fort-) Existenz von Laienrichtern aus damaliger wie auch aus heutiger Sicht als eine Art ehernes Gesetz, als unantastbare Institution darzustellen, wodurch – dem „vorverfassungsrechtlichen Gesamtbild der rechtsprechenden Gewalt" gemäß – das grundgesetzliche Demokratiegebot umfassender Bürgerbeteiligung nach Art. 20 Abs. 2 GG eingelöst werden soll.[10] Der

---

8 S. dazu Kapitel III.3.6. und 3.7.

9 Das Schöffensystem der Emminger-Reform existiert bis heute; allerdings ist das Schwurgericht „lediglich" eine besondere Strafkammer beim Landgericht, die mit drei Berufsrichtern und zwei – nicht, wie als Ergebnis der Emminger-Reform ursprünglich festgelegt, mit sechs – Schöffen besetzt ist (§§ 74 Abs. 2 S. 1, 76 Abs. 1 und Abs. 2 GVG). Die Reduzierung der Anzahl der Schöffen auf zwei erfolgte durch das Erste Gesetz zur Reform des Strafverfahrens (1. StVRG) vom 11.12.1974 (BGBl. I S. 3393).

10 Wassermann, Bürgermitwirkung an der Rechtsprechung, S. 39. Auch aktuell wird die Auseinandersetzung um die Grundsatzfrage: „Laienrichter, ja oder nein?" geführt. Dabei sind die wesentlichen Argumente der Schöffenbefürworter ebenso bekannt wie die von den Gegnern vorgetragenen Bedenken. Auf sie soll hier nicht näher eingegangen werden. Etwaige streitige Positionen werden nur in einigen Abschnitten und dort jeweils themenbezogen erwähnt und diskutiert.

Zu den grundsätzlichen **Befürwortern** gehören u.a. Böttges, Die Laienbeteiligung an der Strafrechtspflege, 1979; Börner, Die Ungleichheit von Schöffen und Berufsrichtern, ZStW 122 (2010), S. 157ff.; Eser, Laienrichter im Strafverfahren; Lieber/ Sens (Hrsg.), Ehrenamtliche Richter, Demokratie oder Dekoration am Richtertisch; Löhr, Zur Mitwirkung der Laienrichter im Strafprozess, S. 307ff.; Linkenheil, Laienbeteiligung an der Strafjustiz, S. 202ff.; Rüping, Funktionen der Laienrichter im Strafverfahren, JR 1976, S. 269ff.

Eher zu den **Gegnern** zählen u.a. Duttge, Laienrichter in der Strafgerichtsbarkeit, JR 2006, S. 358; Kühne, Laienrichter im Strafprozeß, ZRP 1985, S. 237ff.; Lilje, Blinde Kontrollinstanz? Zur Zukunft des Schöffenamtes, FS Rieß 2002, S. 303ff.; Volk, Der Laie als Strafrichter, FS Dünnebier, 1982, S. 373ff.; Baur, Laienrichter – Heute? FS Kern 1968, S. 49ff.

Gesichtspunkt einer sich durch Laienbeteiligung möglicherweise optimierenden Qualität gerichtlicher Entscheidungen tritt demgegenüber zurück.

Zentraler Aspekt der Untersuchung ist neben der materiellen Problematik, welchen Einfluss Laienrichter auf die Rechtsprechung haben bzw. was dadurch bewirkt werden kann, die formal-juristische Frage nach der Art und Weise ihrer Beteiligung im Sinne einer Repräsentanz des Volkes in der deutschen Strafjustiz.

Dieser formal-juristische Teil ist primär rechtsgeschichtlich orientiert. In ihm werden verschiedene Zeitabschnitte mit jeweils unterschiedlichen, exemplarisch ausgewählten, bis in die Neuzeit reichenden Rechtssystemen dargestellt und darüber hinaus unter dem Gesichtspunkt einer unmittelbaren oder mittelbaren Einbindung von Laien in Entscheidungsprozesse bei Instanzverfahren gewürdigt. Revisionsgerichtliche Verfahren oder diejenigen vergleichbarer gerichtliche Institutionen,[11] die keine Tatsacheninstanz darstellen, bleiben ausgeklammert, weil eine Beteiligung von Laienrichtern daran weder gerichtsverfassungsrechtlich noch durch sonstige strafverfahrensrechtliche Regelungen vorgesehen war oder ist.[12]

Untersucht wird in diesem Zusammenhang vor allem, ob und inwieweit nicht primär vom Maßstab der Befähigung und Eignung für das Geschworenen- oder Schöffenamt geprägte, sondern außerrechtliche Determinanten wie Herkunft, Bildung, Vermögen oder politische Einstellung die Laienrichterauswahl in der Vergangenheit mitbestimmt haben und auch heute noch mitbestimmen.

Formal-juristische und materielle Beurteilungsgesichtspunkte stehen nicht isoliert nebeneinander, sondern überlagern sich regelmäßig. Ein Beispiel: allein die Tatsache, dass bestimmte Bevölkerungsgruppen – wie etwa die Angehörigen des öffentlichen Dienstes – unter den Laienrichtern überdurchschnittlich stark vertreten waren und sind, wirft Fragen zu richterlichem Selbstverständnis bzw. einer eventuellen herkunfts- oder berufsbezogenen Prägung ihres Auftretens als Richter und eines damit verbundenen Entscheidungsverhaltens auf.

Vergleichbares gilt für die Diskussion, ob dem gesetzgeberischen Anliegen entsprechend alle Bevölkerungsgruppen nach Geschlecht, Alter, Beruf und sozialer, Stellung angemessen berücksichtigt werden sollen, oder ob – unabhängig

---

11 Zu ihnen zählt z. B. das Oberste Gericht der DDR.

12 Der Volksgerichtshof mit seinen ehrenamtlichen Beisitzern stellt historisch wie funktionell eine Besonderheit dar, die nicht mit der Einrichtung und dem Aufgabenbereich einer Revisionsinstanz vergleichbar ist. Eine Beteiligung von Laien an Revisionsgerichten wird nur sehr vereinzelt befürwortetet, z. B. von Böttges, Die Laienbeteiligung an der Strafrechtspflege, S. 155ff.

von diesen Kriterien – eher ein für seinen jeweiligen Einsatzbereich spezialisierter Laienrichter vorzuziehen ist.

Die Untersuchung beginnt mit der Klärung einzelner Begriffe, die auch in ihrer rechtsgeschichtlichen Entwicklung zentrale Bedeutung für die Arbeit haben. Das „Volksgericht", repräsentiert durch Geschworene bzw. Schöffen als „ungelehrte" Richter, wird dabei nicht im „klassischen" Sinn – als Gericht des Volkes im Unterschied zum Gericht des Königs -, sondern als „modernes", erstmals zu Beginn des 19. Jahrhunderts eingerichtetes, Volksgericht verstanden. Dessen ursprüngliche und zentrale Erscheinungsform war das Geschworenengericht, für das – zeitweise – synonym die Begriffe Jury bzw. Schwurgericht standen. Ihm folgte einige Jahrzehnte später zunächst als eine Art Konkurrent das Schöffengericht, das letztlich nach einer ab etwa der zweiten Hälfte des 19. Jahrhunderts beginnenden Phase der Parallelexistenz beider Laiengerichtsformen das Geschworenengericht Anfang des letzten Jahrhunderts ablöste und im Kern bis heute unverändert weiterexistiert.

Weshalb das „moderne" Volksgericht als ein beinahe zwangsläufiges Ergebnis der geschichtlichen Entwicklung und der am Anfang des 19. Jahrhunderts einsetzenden rechtspolitischen und wissenschaftlichen Diskussion entstand, wird im II. Kapitel erörtert. Dargelegt werden sowohl die Umstände, die die Auseinandersetzung um die Wiedereinführung der Laienrichter bestimmten als auch die Ziele, die damit verfolgt wurden. Darüber hinaus wird der Frage nachgegangen, welche Funktion die Laiengerichtsbarkeit hatte und welche Erwartungen insbesondere an die Tätigkeit der Geschworenengerichte geknüpft waren.

Im Zusammenhang mit der Entscheidung für eine Laienrichterbeteiligung in Strafverfahren steht die Frage, nach welchen Kriterien die Auswahl der Richter erfolgte. Dieser Teil der Untersuchung ist Gegenstand des III. Kapitels. Beginnend mit der Frühphase der Geschworenengerichte bis 1848 schließen sich die Zeitabschnitte von 1848 bis 1877 sowie ab 1877/1879 mit der Einführung reichseinheitlicher Regelungen, an.

Endpunkt und zugleich im Hinblick auf das jahrzehntelange Bemühen um Laienrichterpartizipation negativer Höhepunkt ist das Jahr 1924, in dem mit dem Inkrafttreten der sog. „Lex Emminger" die Geschworenengerichte faktisch abgeschafft wurden.

Ob und in welchem Umfang Geschworene und Schöffen über Rechtskenntnisse verfügen sollten, ob darin ein Kriterium ihrer Auswahl zu sehen ist, und inwieweit das Vorhandensein oder Fehlen von Rechtskenntnisse bei Laienrichtern Auswirkungen auf die richterliche Überzeugungsbildung hat, ist Thema des IV. Kapitels.

Im V. Kapitel wird der Problematik einer Sachkunde von Laienrichtern nachgegangen. Nach dem Ursprungsideal zu Beginn des 19. Jahrhunderts sollte ein Laienrichter weder rechtskundig sein noch über eine besondere Sachkunde verfügen. Die Diskussion um den „Fachschöffen" hat allerdings im Laufe der Zeit an Bedeutung gewonnen und ist bezogen auf spezielle Rechtsmaterien, wie etwa dem Wirtschafts- oder Steuerstrafrecht, bis heute aktuell geblieben.

Ein eigenständiger Abschnitt dieses Kapitels befasst sich mit der sachkundigen, in einigen Bereichen besonders deutlich ausgeprägten Laienrepräsentanz in anderen Gerichtsbarkeiten, die auch in ihrem Verhältnis zu Schöffen untersucht wird.

Besonderheiten sowohl bei Auswahl, Stellung und Anforderungsprofil von Laienrichtern als auch bei deren Einsatzbereichen gelten für autoritär regierte Systeme. Ihnen ist daher ein eigenständiges, das VI. Kapitel, gewidmet, in dem das Laienrichtertum im Nationalsozialismus, das Dasein von Volksrichtern in der Sowjetischen Besatzungszone (SBZ) sowie insbesondere die Schöffenverfassung der DDR behandelt werden.

Für den letzten Teil der Untersuchung wurden zwei, für die Partizipation von Schöffen besonders relevante, Einzelbereiche ausgewählt. Neben dem – auch unter rechtsgeschichtlichen Gesichtspunkten zu erörternden – Akteneinsichtsrecht für Laienrichter gehört dazu das Fragerecht von Schöffen. Jeweils als Exkurs zu beiden Themenbereichen werden wegen ihrer Besonderheiten vergleichbare Regelungen, wie sie für Schöffen in der DDR galten, erörtert.

Eine Zusammenfassung der Untersuchungsergebnisse enthält das Schlusskapitel. Einbezogen sind darin Überlegungen zu Reformansätzen, die neben den untersuchten Rechtssystemen auch Erfahrungswerte aus anderen Gerichtsbarkeiten berücksichtigen.

I. Kapitel
Begriffliche und geschichtliche Einordnung des Untersuchungsgegenstandes

In der Diskussion um die Laienbeteiligung in Strafverfahren spielen zahlreiche Begriffe eine Rolle, deren Bedeutungsgehalt oftmals nicht hinreichend reflektiert wird, und die deshalb uneinheitlich gebraucht werden. Im Folgenden sind deshalb zunächst die zentralen Begriffe zu klären, bevor die Untersuchung der Sachfragen beginnen kann.

1. Volksgericht/Volksrichter

1.1 Historische Entwicklung des Begriffs Volksgericht

a)

Der Begriff Volksgericht reicht bis in das vorchristliche Jahrtausend zurück und hat im Laufe der Zeit verschiedene Ausprägungen erhalten. So unterscheiden sich etwa die römischen Volksversammlungen (judicia publica)[13] oder die attischen Dikasterien (Gerichtshöfe) von der Kantons- oder Gaugerichtsbarkeit des Mittelalters, bei der die „Gesammtheit der freien Männer (Volksgemeinde)“ das Recht besaß, Strafen wegen Verbrechens zu verhängen.[14] Völlig anderen Ursprungs wiederum sind die als Volksgerichte bezeichneten Sondergerichte, die in neuerer Zeit mit der Verfolgung politischer Straftaten befasst waren.[15]

---

13 Eingehender hierzu s. bspw. Krause, Die deutschen Schöffengerichte, S. 37ff.

14 Zachariae, Handbuch des deutschen Strafprocesses, S. 117/118; als ein „freier“ Mann wurde aber nur derjenige angesehen, „dessen Gut nicht privatrechtlich mit dinglichen Leistungen an den Obergrundherrn belastet war, oder welcher nicht selbst privatrechtlich sich einem Herrn zu körperlichen Leistungen verpflichtet hatte“ (Krause, Die deutschen Schöffengerichte, S. 52). Knechte bspw. waren demzufolge keine „freien“ Männer.

15 Gemeint sind z.B. die in Bayern unter der Regierung Eisner von 1918–1924 eingerichteten politischen Sondergerichte oder die Volksgerichte, die in Österreich von 1945–1955 zur Verfolgung von Verbrechen, die während der NS-Zeit begangen wurden, eingesetzt waren; wiederum eine andere Art von Sonderstellung nimmt der nationalsozialistische Volksgerichtshof ein (s. dazu Kapitel VI.2.2. und 2.3.).

Forschungsgegenstand dieser Arbeit sind allein Volksgerichte im „modernen“ Sinn, also die mit Beginn des 19. Jahrhunderts eingeführten Schwur- bzw. Geschworenengerichte sowie die erstmals ab 1850 im Königreich Hannover als Teil der Rechtsprechung fungierenden Schöffengerichte neuerer Art. Von Interesse ist dabei die Betrachtung der jeweiligen „Gerichtskörper“[16], also der über die Einzelspruchpraxis hinausreichenden permanenten, die Justiz repräsentierenden Organe. Soweit das Einzelgericht in seiner Zusammensetzung für konkrete Rechtspflegezwecke angesprochen wird, erlangt es eher am Rande und beispielhaft Bedeutung.

b)

Insbesondere in ihrer Anfangsphase und erneut ab etwa Mitte des 19. Jahrhunderts war der gesellschaftspolitische Stellenwert der „modernen“ Volksgerichte hoch. Entsprechend nachhaltig und breitere Kreise der Bürgertums erfassend wurde die wissenschaftliche Diskussion um dieses Thema geführt.

Weit geringere Bedeutung als in der politischen Sphäre oder in der theoretischen Auseinandersetzung hatte die Laienrichterbeteiligung in der strafgerichtlichen Praxis, also im Zusammenhang mit der Frage einer tatsächlichen Mitwirkung von Geschworene und Schöffen an der eigentlichen Entscheidungsfindung. Die einschlägigen gerichtsverfassungsrechtlichen und strafprozessualen Regelungen sahen nur einen begrenzten Katalog von Einsatzbereichen für Laienrichter vor. Bezüglich der Geschworenengerichte ist allerdings zu differenzieren: vor Einführung des GVG 1877 waren den Geschworenengerichten in mehreren deutschen Einzelstaaten nach den dort geltenden Schwurgerichtsgesetzen z.T. weitreichende Zuständigkeiten zugewiesen, die neben Kapitaldelikten bspw. auch die Entscheidung über Anklagen wegen schwererer Vermögens- oder Urkundsdelikte umfasste.[17]

Geschworene und Schöffen wirkten lediglich im erstinstanzlichen Hauptverfahren mit, dort wiederum begrenzt auf dessen Kernstück, die öffentlich und mündlich geführte Hauptverhandlung. Weder im Ermittlungsverfahren (Gericht der „Voruntersuchung“) noch im Revisionsverfahren („Kassationshof“) waren Laienrichtern beteiligt. Besetzt waren diese Gerichte ausschließlich mit beamteten Berufsrichtern.

---

16 Zu diesem Begriff s. Oetker, Die Rechtsgrundlagen der Schöffen- und Schwurgerichts-Bildung, GA Bd. 49, S. 93ff., 94 Fn. 1.

17 Z.B. § 41 des Gesetzes für das Großherzogtum Baden (badisches Schwurgerichtsgesetz) vom 5. Februar 1851 oder Art. 1 des würtembergischen Gesetzes vom 14. August 1849 über das Verfahren in Strafsachen, welche vor die Schwurgerichtshöfe gehören, (Nachweise bei Brauer, Die deutschen Schwurgerichtsgesetze, S. 11ff.).

Die fehlende Beteiligung von Laienrichtern im Ermittlungsverfahren hat vor allem historische Ursachen. Im inquisitorischen Prozess lag der Schwerpunkt der gerichtlichen Untersuchung auf dem Vorverfahren.[18] Dort war die Mitwirkung von Schöffen („zweyer des gerichts") teils sogar ausdrücklich gesetzlich geregelt, z. B. für den Fall, dass man „den gefangen peinlich fragen will", § 46 Peinliche Gerichtsordnung (PGO).[19]

Dem nachfolgenden, unter Ausschluss der Öffentlichkeit stattfindenden, gerichtlichen Verfahren kam demgegenüber im wesentlichen die Bedeutung zu, das Ergebnis der Voruntersuchungen anhand der Akten zu bestätigen. Nach den Maximen der PGO hatten Schöffen hierbei eher die Funktion von stummen Horchern oder reinen Gerichtszeugen[20], die an der Urteilsfindung selbst kaum noch beteiligt waren. Ihre Hauptaufgabe bestand darin, die von inquisitorischen Grundsätzen bestimmte Rechtmäßigkeit des Verfahrens zu bezeugen und dies – sofern sie schreibkundig waren – durch Unterzeichnung des Protokolls der Gerichtsverhandlung zu dokumentieren.

Die an der Wende zum 19. Jahrhundert mit dem Übergang vom inquisitorischem zum akkusatorischen Prinzip verbundene Reform des Gerichtsverfassungsrechts bedeutete daher zugleich einen Paradigmenwechsel: das Tätigkeitsfeld sowohl für Geschworene als auch für die ab Mitte des 19. Jahrhunderts als Laienrichter hinzukommenden Schöffen beschränkte sich auf die Entscheidungsfindung in der Hauptverhandlung, und war nicht mehr – wie unter Geltung der PGO – auf die vorprozessuale Mitwirkung als wesentlichem Schwerpunkt laienrichterlicher Beteiligung konzentriert.

c)

Nach den Worten Mittermaier's ist das Institut des Volksgerichts ursächlich von den „politischen, sozialen und sittlichen Zuständen eines Volkes" abhängig.[21] Gemeinsames Merkmal der Volksgerichte sei die Wahl von Männern aus dem Volk, die aufgrund von „Verhandlungen, die vor ihnen vorgehen, an der Rechtsprechung so" teilnehmen, „daß ihr Ausspruch dem Urtheile des Gerichts zu Grunde gelegt

18 Landau, Schwurgerichte und Schöffengerichte in Deutschland, S. 280: „Die deutsche Praxis wollte in der Voruntersuchung schnell möglichst Klarheit über die Schuld des Täters bekommen…".

19 Peinliche Gerichtsordnung (PGO) Kaiser Karls V., auch Constitutio Criminalis Carolina (CCC) genannt.

20 Benz, S. 43; Kern, Die Beteiligung des Volkes an der Strafrechtspflege, S. 138.

21 Mittermaier, Volksgericht, S. 5; ähnlich Leue, Das deutsche Schöffengericht, S. XII/XIII: das Schöffengericht als Gericht des Volkes ist eines der wesentlichen Grundlagen der bürgerlichen und damit auch der politischen Freiheit.

wird, oder daß das Urtheil durch Zusammenwirken der Volksrichter und Staatsrichter zu Stande kommt."[22]

Volksnähe als bestimmendes Merkmal für die Zusammensetzung eines Geschworenengerichts wie eines Schöffengerichts korrespondiert mit dem für das gerichtliche Verfahren selbst geltenden Transparenzgedanken. Der schon für die Gerichte des Altertums typische Grundsatz von Öffentlichkeit und Mündlichkeit wurde auch als unabdingbarer Bestandteil des „modernen" Volksgerichts angesehen.

Wenigstens im Sinne einer Parteiöffentlichkeit galt dieser Grundsatz zusätzlich für die gerichtliche Voruntersuchung in Schwurgerichtssachen nach §§ 176ff. der RStPO 1877. Auch wenn, wie ausgeführt, Laienrichter in diesem Verfahrensstadium noch nicht beteiligt waren, konnte dadurch, dass Angeklagtem und Verteidiger bei Untersuchungshandlungen weitgehende Anwesenheitsrechte zustanden, und damit eine Art Parteiöffentlichkeit hergestellt war, die Tätigkeit des Untersuchungsrichters zumindest in gewissem Umfang kontrolliert werden.

Weder mit einer Parteiöffentlichkeit noch erst recht mit dem Öffentlichkeits- und Mündlichkeitsprinzip des Volksgerichts vereinbar jedenfalls war das geheime, schriftliche inquisitorische Verfahren, das 1532 zur Vereinheitlichung des Rechts im Heiligen Römischen Reich Deutscher Nation durch die PGO eingeführt wurde, und das in Teilen Deutschlands noch bis Mitte des 19. Jahrhunderts galt.

d)

Schärfere Konturen erlangte der Begriff „Volksgericht" im Zusammenhang mit der Diskussion um die Besetzung der Richterbänke nach 1848, als sich die Geschworenengerichte in Deutschland zunehmend etablierten.

Grundsätzliche Übereinstimmung bestand darin, dass die personelle Zusammensetzung der Schwurgerichte die entscheidende Voraussetzung für deren erfolgreiche Tätigkeit war.[23] Intellektuelle Befähigung zum Richteramt einerseits, Unabhängigkeit der Richter und damit Vertrauen des Volkes in die Rechtsprechung andererseits, waren die bestimmenden Parameter. Dass dabei unter den Laienrichtern alle Bevölkerungsgruppen gleichmäßig vertreten sein sollten, blieb eher Theorie. Mit der Übernahme des an „Census und Capazitäten"[24] orientierten französischen Systems in den meisten deutschen Einzelstaaten erlangten finanzielle Potenz und intellektuelle Kompetenz – also Besitz- und Bildungsbürgertum

22 Mittermaier, Volksgericht, S. 12/13.
23 Schwinge, S. 123.
24 Vgl. dazu Kapitel III.3.3. und 3.5.3.

– bei der Auswahl der Geschworenen ein deutliches Übergewicht gegenüber etwaigen basisdemokratischen Ansätzen.

Für die Bildung der Geschworenenbänke galt daher hinsichtlich der Auswahl der Geschworenen ein eher elitärer, untere Volksschichten ausklammernder, Maßstab.

1.2 Volksgericht = Laiengericht?

Schwur- bzw. Schöffengerichte als Volksgerichte stehen den sog. Beamtengerichten, also den ausschließlich mit Berufsrichtern besetzten Spruchkörpern, gegenüber.[25] Wenigstens im damaligen historischen Kontext falsch wäre es aber, Volksgerichte mit Laiengerichten gleichzusetzen. Geschworene ebenso wie Schöffen konnten Juristen – mithin „gelehrte“ Richter – sein, was dem Grundverständnis der Zusammensetzung eines Volksgerichts an sich eher zu widersprechen scheint. Als bedeutender für den Charakter als Volksgericht wurde der Unterschied zwischen beamteten und nichtbeamteten Richtern angesehen,[26] wobei allerdings nicht immer eindeutig und klar zwischen einem (rechts-) gelehrten und einem beamteten Richter differenziert wurde. Die begrifflichen Übergänge wirkten eher fließend.[27]

1.3 Volksrichter

Als eine „allgemeine natürliche Voraussetzung“ für die Tätigkeit als Volksrichter legt Zachariae[28] zugrunde, „daß die Fähigkeit zur Betheiligung an der Function des Richtens nur von allgemeiner Erfahrung und gesundem Menschenverstand, nicht aber von besonders erlernter oder „gelehrter“ Rechtskenntniß abhängig seyn kann,“....

Anders als dies einen „gelehrten“ Richters kennzeichnet, ist der Besitz von Rechtskenntnissen bei Volksrichtern daher nicht zwingend, darf aber ebensowenig ausgeschlossen sein. Auch wenn sich der Laienbegriff im Alltagsverständnis deutlich von dem des juristisch aus- und vorgebildeten Richters unterscheidet,

25 S. dazu u.a. Binding, Drei Grundfragen, S. 7, 14, 18f.

26 Binding, Drei Grundfragen, S. 11, 48ff.; Wach, DJZ 1905, 92; Eser, Strafverfahren, S. 162f.

27 Linkenheil, 34f.

28 Zachariae, Handbuch des deutschen Strafprozesses, S. 70.

war von Anfang an unbestritten, dass Laienrichter Juristen sein konnten. „Zwei Doctoren der Rechte“ auf der Schöffenbank oder der Umstand, dass rechtsgelehrte Geschworene die Majorität der Geschworenenbank bildeten, wurde als unschädlich betrachtet.[29]

Für einen Volksrichter galt die Idealvorstellung, dass er frei und unabhängig seine Entscheidung zu treffen hatte. Dass diese Erkenntnis jedoch keineswegs immer tatsächlichen Erfahrungswerten gleichstand, hatte schon Feuerbach[30] erkannt. Insoweit gab es sogar ungewollt gewisse Parallelen zu Beamtengerichten, bei denen immer die Gefahr fehlender Unabhängigkeit und Willfährigkeit gegenüber staatlichen Regierungsstellen vermutet wurde.

Eine besondere Art von Volksrichtern, die weder mit Geschworenen noch Schöffen im herkömmlichen Sinne vergleichbar sind, stellen neben den ehrenamtlichen Beisitzern des Volksgerichtshofs[31] die Volksrichter in der Sowjetischen Besatzungszone der Nachkriegszeit dar.[32]

2. Geschworenengericht/Geschworener

2.1 Geschworenengericht

Zum Wesen des Geschworenengerichts[33] gehört nach Mittermaier,[34] „daß ein aus Staatsbürgern, die keine Rechtskenntnisse zu besitzen nöthig haben und nicht

29 Binding, Drei Grundfragen, S. 19.

30 Feuerbach, Betrachtungen über das Geschwornengericht, S. 152: „Es ist eine unvermeidliche Folge von der Art der Beurtheilung durch eine Jury, dass dabei das Strafgesetz leicht in die Knechtschaft der öffentlichen Meinung, oder in das Vorurtheil der Geschworenen fällt“.

31 Vgl. Kapitel VI.2.2. und 2.3.

32 Vgl. Kapitel VI.3. und 4.

33 Dem Verständnis des 19. und des beginnenden 20. Jahrhunderts entsprechend werden die Begriffe Schwurgericht und Geschworenengericht im Rahmen dieser Arbeit inhaltlich gleichbedeutend verwendet. Synonym für das Geschworenen- bzw. Schwurgericht steht nach zeitgenössischem Sprachgebrauch darüber hinaus der Begriff „Jury“ (vgl. nur Schwinge, S. 66ff.), auch wenn die Jury – schon im Hinblick auf ihren Ursprung in der englischen Gerichtsverfassung (Krause, Die deutschen Schwurgerichte, S. 78ff.) – eine über die Grenzen Deutschlands hinaus reichende Geschichte hat und deutlich facettenreicher ist. Auf diese Thematik hier allerdings näher einzugehen, würde den Rahmen der Arbeit sprengen.

34 Mittermaier, Die Mündlichkeit, S. 360.

als Richter angestellt sind, bestehendes Gericht gebildet wird, welches für einen Straffall oder für gewisse, in einem bestimmten Bezirke in einer bestimmten Zeit zur Aburtheilung kommenden Straffälle in der Art gebildet wird, daß dasselbe nach Statt gefundener mündlicher Verhandlung, ohne über die Gründe seiner Entscheidung Rechenschaft abzugeben oder dafür verantwortlich zu seyn, darüber entscheidet, ob der Angeklagte des ihm angeschuldigten Verbrechens schuldig ist."

Eine ähnliche zeitgenössische Definition dessen, was unter einem Schwur- bzw. einem Geschworenengericht zu verstehen ist, hat Welcker in seinem 1840 erschienenen Beitrag „Jury, Schwur- oder Geschworenengericht als Rechtsanstalt und als politisches Institut" unternommen.

Danach sei im „weiteren Sinne" unter Schwurgericht eine „jede Gerichtseinrichtung" zu verstehen, „bei welcher zur rechtlichen Verurtheilung eines Bürgers eine Schuldigerklärung von Mitbürgern oder Genossen nothwendig ist";[35] womit Welcker vor allem die Volksgerichte der Antike und die altdeutschen Schöffengerichte meinte.

Schwurgericht im engeren Sinne – dem aus Welcker's Sicht „modernen" Geschworenengericht – bedeute die Zusammenarbeit einer „Auswahl der zutrauenswürdigsten Bürger mit den juristischen Staatsrichtern"; allerdings nicht im Sinne eines Kollegialgerichts. Unter Vorsitz und Kontrolle der Berufsrichter hätten vielmehr die Geschworenen „zunächst über die Thatfragen, die Staatsrichter über die Rechtsfragen"[36] zu entscheiden.

Die Fähigkeit, Mitglied eines Geschworenengerichts zu werden, war bis zur reichseinheitlichen Regelung vom 7. Februar 1877[37] in mehreren deutschen Schwurgerichtsgesetzen geregelt und Bürgern gehobener Schichten vorbehalten.[38] Übereinstimmende Voraussetzung für die Befähigung zum Geschworenendienst

---

35 Welcker, Jury, S.1.

36 Welcker, a.a.O. S. 2.

37 GVG v. 27. Januar 1877, RGBl. Band 1877, Nr. 4, S. 41 – 76, dort §§ 79ff.

38 Vgl. z.B. § 62 der preußischen Verordnung vom 3. Januar 1849 über die Einführung des öffentlichen und mündlichen Verfahrens sowie Art. 55 des preußischen Gesetzes vom 3. Mai 1852, betreffend die Zusätze zu dieser Verordnung; Art. 75 des bayerischen (Schwurgerichts-) Gesetzes vom 10. November 1848, die Änderung des zweiten Theiles des Strafgesetzbuches vom Jähr 1813 betreffend; § 1 des Gesetzes über die Bildung der Schwurgerichte für das Königreich Hannover vom 24. Dezember 1849; Art. 59 des würtembergischen Gesetzes vom 14. August 1849 über das Verfahren in Strafsachen, welche vor die Schwurgerichtshöfe gehören; § 107 der Strafprozeßordnung für das Herzogtum Braunschweig vom 22. August 1849; § 49 des Gesetzes für

war entweder das Vorhandensein eines gewissen Vermögens mit entsprechender Steuerlast („Census“)[39] oder aber der Nachweis eines höheren Bildungsgrads („Capacität“)[40]

In Anlehnung an die englische Tradition bestimmte § 81 GVG 1877, dass ein Geschworenengericht neben (drei) richterlichen Mitgliedern aus zwölf zur Entscheidung der Schuldfrage berufenen Schöffen bestehe. Die zuvor geltenden Schwurgerichtsgesetze der Einzelstaaten sahen überwiegend lediglich fünf Geschworene vor, einige Staaten sogar noch weniger.[41]

Obwohl der Begriff des Geschworenen- bzw. Schwurgerichts im Laufe der Zeit zunehmend an Bedeutung gewann, wurde er nicht näher problematisiert oder diskutiert. Eine (gedankliche) Abgrenzung des „reinen“ oder „gemischten“ Beamtengericht(s)[42] zu der davon abweichenden „reine(n) unbeamtete(n) Laien-Jury,“[43] -also dem Geschworenengericht – erschien offensichtlich ausreichend.

Einen gravierenden Einschnitt, der auch zu einer Art begrifflicher Erosion beitrug, brachte erst das Jahr 1924, als durch die sog. Emminger-Reform die Geschworenengerichte faktisch abgeschafft wurden.[44] Der Begriff Schwurgericht selbst existiert – wenn auch mit einem völlig anderen Bedeutungsgehalt – bis heute.

2.2 Geschworener

Einige wesentliche, die Tätigkeit eines Geschworenen kennzeichnenden Merkmale hat Zachariae[45] zeitgenössisch wie folgt beschrieben: ein Geschworener (juratus) ist ein für den einzelnen Fall durch „Loosziehung“ bestimmter und durch den „Eidschwur“ besonders verpflichteter Mann des Volkes, der während der gesamten Hauptverhandlung gegen den Angeklagten gegenwärtig zu sein hatte. Er

das Großherzogtum Baden vom 5. Februar 1851, mit dem u.a. die Geschworenengerichte eingeführt wurden.

39 S. hierzu Kapitel III.3.3.1.

40 S. hierzu Kapitel III.3.3.2.

41 Mit vier Geschworenen waren die Schwurgerichte in Preußen (Art. 52 des Gesetzes) und in Thüringen (§ 120 StPO) besetzt; in Hannover waren es drei Geschworene (§ 1 des Gesetzes).

42 Diese Begriffspaare sind von Binding, Drei Grundfragen, S. 7, 62, gewählt. Mit „gemischten“ Gerichten sind die Schöffengerichte gemeint.

43 Binding, a.a.O. S. 16.

44 S. dazu Kapitel III.3.7.

45 Zachariae, Handbuch, S. 71.

übte „in Strafsachen die eigentliche Gerichtsbarkeit, einschließlich des Rechts der Urtheilsfällung (Verurtheilung in Strafe oder Freisprechung) aus.“

Erheblich schwieriger gestaltete sich bereits damals nach Mittermaier[46] eine genauere inhaltliche Bestimmung des Geschworenenbegriffs. Falsch wäre es jedenfalls, den Geschworenen mit einem bloßen „Richter aus dem Volk“ gleichzusetzen oder seine Tätigkeit darauf zu reduzieren, dass er lediglich nach „moralischer Ueberzeugung, ohne Rechenschaft über die Entscheidungsgründe“ urteilt. Als Idealbild eines Geschworenen wurde der zwar gebildete, aber gleichwohl volkstümliche, mit den Lebensverhältnissen vertraute Mann gesehen. Anders als der dem Volk eher entfremdete, von gewissen „Ständevorurtheilen“ geprägte und in seiner Routine („Gewohnheiten“) erstarrt wirkende Berufsrichter stand der Geschworene einem Angeklagten sowie dessen Ansichten und Handlungsweisen regelmäßig näher.[47]

Der Geschworene erschien daher geeigneter, die „Thatfragen“ zu würdigen als der rechtsgelehrte Richter.[48]

Trotz der de facto Abschaffung des Geschworenengerichts durch die Emminger-Reform 1924[49] blieb der Begriff „Geschworener“ in Deutschland bis 1972 erhalten. Erst durch das Gesetz vom 26.05.1972[50] wurde er abgeschafft und durch die einheitliche Bezeichnung „Schöffe“ ersetzt, § 45a DRiG.

3. Schöffengericht/Schöffe

3.1 Schöffengericht

Obwohl als Institution deutlich älter, entwickelte sich das Schöffengericht in seiner „modernen“ Form zeitlich nach dem Geschworenengericht. Neben der Kooperation mit Berufsrichtern im Rahmen eines Kollegialgerichts ist die Tätigkeit des Schöffengerichts vor allem durch die Aufhebung der Trennung zwischen Tat- und Rechtsfrage gekennzeichnet.

46 Mittermaier, Die Mündlichkeit, S. 358.

47 Mittermaier, a.a.O. S. 363/364.

48 Mittermaier, a.a.O.

49 Lediglich Bayern hatte nach Ende des zweiten Weltkriegs ein echtes Geschworenengericht wiedereingeführt, das bis zur Wiederherstellung der Recheneinheit 1950 existierte.

50 BGBL. I S. 841.

In Deutschland als Gerichtskörper eines Einzelstaates erstmalig 1850 eingerichtet, gab es in der Wissenschaft bereits vorher Diskussionsansätze für die Einführung der Schöffengerichte als sog. „gemischte Gerichte“[51] Diese, jeweils aus Juristen und Volksrichtern zusammengesetzten Kollegialgerichte sollten in der Mehrheit von Volksrichtern besetzt sein, um so dem durch „größere Rechtskunde und Uebung“ bedingten überragenden Einfluss der Juristen ein Gegengewicht zu schaffen.[52]

Nach ihrer Einführung beschränkte sich die sachliche Zuständigkeit von Schöffengerichten auf Fälle kleinerer („Übertretungen“) bis mittlerer Kriminalität, wobei die Aufwertung bis in den mittleren Kriminalitätsbereich allein in den Gerichtsverfassungen Sachsens und Württembergs – jedenfalls bis 1879 – umgesetzt wurde.[53] Der Dualismus zwischen Schwurgerichten mit deren ausschließlicher Zuständigkeit für Fälle schwerer Kriminalität einerseits und Schöffengerichten andererseits blieb bis zur Emminger'schen Justizreform 1924 bestehen. Er wurde auch nicht durch die reichseinheitliche Gesetzgebung von 1879 beseitigt.

Die Etablierung der Schöffengerichte war kein reiner Siegeszug und fand zunächst insbesondere in den Reihen der Justiz Widersacher. Dies änderte sich jedoch in der Zeit ab etwa 1870. Selbst erfahrene Schwurgerichtspräsidenten, die ursprünglich Gegner der Schöffengerichte waren, erwiesen sich plötzlich als deren Befürworter.[54] Auch die Reichsregierung sprach sich 1873 in der „Amtlichen

---

51 So der von dem Germanisten Beseler, in dessen 1843 erschienen Hauptwerk „Volksrecht und Juristenrecht“, z. B. auf S. 265, 282 gebrauchte Begriff; ähnlich hatte auch schon der Königlich Preußische Regierungsrath Maximilian Graevell 1819 im Zusammenhang mit der Prüfung der Gutachten der preußischen Immediat-Justizkommission, Zweiter und letzter Teil, S. 331f. argumentiert: „Jeder Criminalgerichtshof muß zusammengesetzt seyn, aus ständigen Richtern und aus Geschworenen, welche aus dem Volke gewählt sind. Alle zusammen machen nur ein Collegium aus und fällen gemeinschaftlich das Erkenntniß nach der einfachen Stimmenmehrheit.“ Er verwendete in diesem Zusammenhang allerdings anstelle des inhaltlich eigentlich zutreffenden Begriff des Schöffen den des Geschworenen.

52 Beseler, Volksrecht und Juristenrecht, a.a.O.

53 Mit dem Inkrafttreten der Reichsjustizgesetze am 01.10.1879 wurde reichseinheitlich die Zuständigkeit von Schöffengerichten auf Fälle kleinerer Kriminalität beschränkt.

54 Beispielhaft ist insoweit der Ausspruch des damaligen Oldenburger Schwurgerichtspräsidenten Dr. Ruhstrat: „Auf Grund der Erfahrungen, die ich seit 14 Jahren als Schwurgerichtspräsident gemacht habe, trage ich keine Bedenken, mich die Ansichten derer anzuschließen, welche für Beseitigung des Geschworeneninstituts und für Ersetzung desselben durch Schöffengerichte sind“ (Der Gerichtssaal, 1872, S. 131).

Denkschrift über die Schöffengerichte“[55] für das Schöffengericht aus. Wesentlicher Anlass für diesen Gesinnungswandel wird die auch in Justizkreisen zunehmend gewachsene Erkenntnis gewesen sein, dass an der Existenz, dem Fortbestand und der Weiterentwicklung des Schöffengerichts kein Weg vorbeiführte.[56]

3.2 Schöffe

Eine klare begriffliche Abgrenzung zwischen Geschworenen und Schöffen kann es nicht geben.

Abgesehen von Besonderheiten in spezifischen Detailbereichen,[57] wurden insbesondere auch im Sprachgebrauch des 19. Jahrhunderts beide Begriffe nahezu unterschiedslos mit der Existenz und Funktion von Laienrichtern im Strafverfahren gleichgesetzt. Darüber hinaus wurden sie offensichtlich manchmal sogar für austauschbar gehalten.[58]

Ein wesentliches Merkmal allerdings, das Schöffen von Geschworenen unterscheidet, und was zugleich die Grundlage der Schöffentätigkeit charakterisiert, ist die jedem Schöffen vorgegebene Aufgabe, an einer harmonischen Verbindung von juristischen und laienhaften Elementen innerhalb eines einzigen Spruchkörpers – dem Schöffengericht – mitzuwirken, das einheitlich über die Schuldfrage, die Strafe und etwaige Strafzumessungserwägungen zu entscheiden hat.

Während Geschworene durch ihre alleinige Zuständigkeitskompetenz für die Schuldfrage eine weitgehende Trennung von juristischen Einflüssen bei der Entscheidungsfindung wahrzunehmen und zu beachten hatten, ist die Schöffentätigkeit mehr vom Kooperationsgedanken, konzentriert auf die Vereinigung des juristischen wie des laienhaften Elements zu einem einheitlichen urteilfindenden Organ,[59] geprägt.

---

55 Goltdammer's Archiv, 21. Band S. 40ff.

56 S. Kapitel II.7.

57 So hat bspw. Oetker, Die Rechtsgrundlagen der Schöffen- und Schwurgerichts-Bildung, GA Bd. 50, S. 204ff., 247 Unterschiede und Vieldeutigkeiten bei Verwendung der Ausdrücke „Geschworener“ bzw. „Schöffe“ im Zusammenhang mit der Bildung der Geschworenenliste herausgearbeitet.

58 Beispielhaft für die Austauschbarkeit ist die in Fn. 51 zitierte Äußerung von Graevell.

59 Vgl. Zachariae, Das moderne Schöffengericht, S. 17.

II. Kapitel
Die Funktion der Laiengerichtsbarkeit am Beginn des 19. Jahrhunderts und die an sie gestellten Erwartungen

1. Historische Ausgangssituation

Im Mittelalter war das Recht, Strafen wegen eines Verbrechens zu verhängen, ein Recht der Gesamtheit der freien Männer, der sog. Volksgemeinde, von der alle Gewalt und alles Recht ausging.[60] Entscheidungsfindung und Urteilsfällung waren – in der Schuld- wie in der Straffrage – alleinige Angelegenheit von Schöffenrichtern. Bis in das 16. Jahrhundert bildeten die altdeutschen Schöffengerichte „mit freien Männern als Urteilssprechern“[61] die Regel. Der (königliche) Richter (Judex) hingegen, für den jeweiligen Amtssprengel verkörpert durch einen Grafen, den Landesherrn oder dessen Stellvertreter, war lediglich „Inhaber oder Repräsentant des Gerichtsbanns“.[62] Seine Aufgabe bestand darin, „das Gericht zu hegen, die Verhandlungen, soweit dies in Frage kommen konnte, zu leiten, das Urtheil zu erfragen und das gefundene Urtheil zu vollstrecken“.[63] Richtern und Schöffen gemeinsam war, dass sie einen, durch entsprechenden Amtseid bestätigten, Status als öffentliche Beamte hatten.[64]

Die von Karl dem Großen mit der Peinlichen Gerichtsordnung (PGO) 1532 in Deutschland als gesetzliches Institut eingeführte Schöffengerichtverfassung band Schöffen noch enger in die Rechtsprechung ein. Anders als die „Freien“, die auf einer eher freiwilligen Basis zur Teilnahme an dem „Geschäft des Urtheilfindens“[65] berechtigt waren, hatten die nach der PGO auf Lebenszeit ernannten Schöffen die Pflicht, dauerhaft vor Gericht zu erscheinen und sich an der Entscheidungsfindung zu beteiligen.

60 Zachariae, Handbuch des deutschen Strafprocesses, Band I, S. 117f.
61 Zachariae, a.a.O., S. 118.
62 Zachariae, Das moderne Schöffengericht, S. 5.
63 Zachariae, a.a.O.
64 Zachariae, a.a.O., S. 6.
65 Zachariae, Handbuch des deutschen Strafprocesses, Band I, S. 121.

Trotz unveränderten Fortbestands der PGO-Regelungen nahm die Bedeutung der Schöffengerichte in der Folgezeit allmählich ab und verschwand im 16. Jahrhundert ganz. Die Gerichte hörten auf, „Volksgerichte" zu sein.[66]

Mit dem Verschwinden des Laienrichtereinflusses wurde zugleich der an sich als ordentliche Form des Verfahrens vorgesehene akkusatorische Prozess faktisch aufgegeben. Unter Ausschluss der Öffentlichkeit und sonstiger Verfahrensbeteiligter wurde allein die Anwesenheit von Richter und Protokollführer bei allen dem Urteil vorausgehenden Prozesshandlungen für ausreichend erachtet.[67] Anstelle von Schöffen und Anklägern[68] trat der den Prozessverlauf bestimmende rechtsgelehrte Richter, in dessen alleinige Kompetenz auch die Urteilsfindung und -verkündung fiel.

Infolgedessen war während des gesamten 17. Jahrhunderts, weitestgehend auch im 18. Jahrhundert, die gerichtliche Praxis in Deutschland durch den schriftlich und geheim geführten Inquisitionsprozess bestimmt, der ohne irgendeine Form der Laienbeteiligung stattfand, und der ausschließlich von einem mit scheinbar unangreifbaren justiziellen Machtbefugnissen ausgestatteten Untersuchungsrichter geleitet und geprägt wurde.

Erst mit dem Beginn des 19. Jahrhunderts erlebte das auf den Grundsätzen der Mündlichkeit und Öffentlichkeit beruhende Strafverfahren eine Art Renaissance. Zusätzlich wurde der bis dahin lediglich in der Theorie aufrecht erhalten gebliebene Akkusationsprozess für die gerichtliche Praxis wiedererweckt.

---

66 Zachariae, a.a.O. S. 143; allerdings weist Welcker, Jury, Schwur- und Geschworenengerichte, S. 11 darauf hin, dass wenigstens in einigen Teilen Deutschlands die Geschworenen der „Carolina" als Volksrichter „bis tief in's 18. Jahrhundert das ganze Strafurtheil allein fällten, über die Rechtsfrage, wie über die Thatfrage entschieden".

67 Zachariae, a.a.O. S. 144; nur bei wichtigeren, insbesondere auf Begründung eines „criminalistischen Beweises abzweckenden Proceßhandlungen" musste der Richter zumindest nach der reichsgesetzlichen Regelung zwei Schöffen als Gerichtszeugen hinzuziehen. Einige Partikulargesetze der Länder verzichteten sogar darauf, Zachariae, a.a.O. S. 143/144.

68 Zachariae, a.a.O. S.136f.: neben den Anklagen von Amts wegen gab es die Privatankläger. Bei den Fehmegerichten z. B. konnte ein Ankläger nur ein Freischöffe sein.

2. Politische Ausgangssituation

2.1 Emanzipationsbestrebungen des Bürgertums

An der Wende vom 18. zum 19. Jahrhundert stand das Bestreben, die Rechtsprechung durch „ungelehrte“ (Laien-)Richter aktiv, eigenständig und verantwortlich mitzugestalten, in engem Zusammenhang mit der Entwicklung der politischen Verhältnisse, deren eines Hauptziel die Abschaffung feudalaristokratischer Strukturen als Folge der französischen Revolution von 1789 war.

Die Idee einer umfassenden Laienrichterbeteiligung war nicht ohne eine grundlegende Änderung des geltenden Rechtssystems[69] zu verwirklichen. An der praktischen Umsetzung dieses Vorhabens war weit weniger das Volk im Sinne einer umfassenden allgemeinen Volksbewegung interessiert und beteiligt. Reformziele verfolgte hauptsächlich das aufkommende, liberal denkende Bürgertum, das in einer Beteiligung als Geschworene die Chance sah, die bis dahin typische altpreußische Inquisitionsgerichtsbarkeit aufzubrechen und damit zugleich einen Teil staatlicher Machtpositionen zu erobern.

Die Vorstellung, dem allenfalls zufällig rechtlich vorgebildetem Bürger eigene Entscheidungskompetenzen als Laienrichter zu übertragen, und damit zugleich geltendes Gerichtsverfassungs- und Strafprozessrecht zu „revolutionieren“, muss über die rein juristische Sphäre hinaus erhebliche Symbolkraft besessen haben; wie bspw. die Bemerkung von Welcker[70] 1848 zeigt, dass „Im ganzen Rechtsgebiete, vielleicht im ganzen politischen Gebiete,... es nichts Wichtigeres als den Strafprozess“ gebe. Ähnlich argumentierte v.Gneist[71] 1849 mit seiner retrospektiv auf die linksrheinischen Schwurgerichte der ersten Jahrzehnte des 19. Jahrhunderts bezogenen Feststellung, dass „doch diese (rheinische) Jury so ziemlich das einzige Freie, das einzige Organ der Theilnahme des Volks am Staat unter preußischer Beamtenherrschaft“ war.

---

69 Dieses Rechtssystem kann allerdings nicht als einheitlich bezeichnet werden. Die Rechtslandschaft in Deutschland war zu Beginn des 19. Jahrhunderts äußerst zersplittert, in zahlreichen Einzelstaaten existierten z.T. sehr unterschiedliche Regelungen. Gemeinsam war ihnen allenfalls das Fehlen von Regelungen, die den Einsatz von Laienrichtern „moderneren“ Zuschnitts vorsahen.

70 Welcker, in: Rotteck-Welcker, Das Staats-Lexikon: Encyklopädie der sämmtlichen Staatswissenschaften für alle Stände, Band XII, 1848, S. 503.

71 v.Gneist, Die Bildung der Geschworenengerichte, S. 143.

Der Kampf um die Geschworenengerichte im Vormärz gleicht insoweit einem „Prozess der Identitätsfindung der bürgerlichen Gesellschaft".[72]

2.2 Fehlen einer Übergangsphase zwischen den unterschiedlichen Gerichtsverfassungssystemen

Der Wechsel vom schriftlich-geheimen Inquisitionsverfahren ohne jegliche Teilhabe des Volkes zum öffentlichen-mündlichen Prozess unter massgeblicher Laienbeteiligung verlief radikal und abrupt. Alternativmodelle oder Zwischenlösungen wie etwa die, dass ein einzelner „gelehrter" (beamteter) Richter – vergleichbar dem heutigen Strafrichter – ohne Hinzuziehung von Geschworenen in öffentlicher Hauptverhandlung einen Strafprozess führen und autonom über die Schuld- wie die Rechtsfolgenfrage entscheiden konnte, gab es nicht.

Geschuldet war dies vor allem der gesellschaftspolitischen Umbruchsituation, dem Kampf liberal-revolutionärer Ideen gegen den reaktionären Beamtenstaat. Einerseits stand das Schwurgericht symbolisch für eine konstitutionelle Staatsverfassung, die das monarchistische System und das sie kennzeichnende Inquisitionsverfahren mit dem abhängigen justiziellen Beamtenapparat verdrängen sollte. Andererseits ging die Jury aus der napoleonischen Fremdherrschaft hervor und konkurrierte auch deshalb während der gesamten Vormärzzeit mit dem altpreußischen „inquisitionellen Criminalprozeß", der bis 1848 einen Großteil der deutschen Gerichtslandschaft kennzeichnete.

Zentrale Zielvorstellungen eines reformierten Strafverfahrens- und Gerichtsverfassungsrechts waren die von liberalen bürgerlichen Kräften erhobenen Forderungen: Unmittelbarkeit, Öffentlichkeit und Mündlichkeit eines Gerichtsprozesses, die Trennung von Zivil- und Strafgerichten sowie die Trennung von Ankläger und Richter.

Diskutiert wurde darüber hinaus eine Änderung des Beweisrechts. Die Schwurgerichtsanhänger forderten eine Abschaffung der gesetzlichen Beweistheorie, um sie durch eine freie Würdigung der in der Hauptverhandlung erhobenen Beweise zu ersetzen. Ständige Richterkollegien hingegen traten für die Beibehaltung der – wenn auch als reformbedürftig beurteilten – Beweisregeln des gelehrten Prozesses ein.[73]

---

72 Blasius, FS Rosenberg, S. 150.

73 Schwinge, S. 74, 75; Eser, Laienrichter im Strafverfahren, S. 163 (Fn. 19).

Insbesondere dem Unmittelbarkeits- und Öffentlichkeitsgebot kam unter Tranparenzgesichtspunkten eine herausragende Bedeutung zu. Hierdurch sollte gewährleistet, dass „die bürgerliche Gesellschaft als durch jedes Verbrechen unmittelbar oder mittelbar beleidigt, gleichsam als Anklägerin erscheint, und in anderer Hinsicht selbst wieder das Volk ängstlich den Ausgang der gefährlichen Anklage für den angeklagten Mitbürger beobachtet."[74]

2.3 Ablehnung des Inquisitionsverfahrens

Mit den vorgenannten Prinzipien unvereinbar erschien das in Deutschland noch zu Beginn des 19. Jahrhunderts verbreitete geheim und schriftlich geführte Inquisitionsverfahren, das den Beschuldigten zum bloßen Objekt einer gerichtlichen Untersuchung machte, und dem mit erheblichen Machtbefugnissen ausgestatteten Untersuchungsrichter auch die Möglichkeit einräumte, – ggf. unter Einsatz körperlicher Zwangsmittel – Geständnisse von einem Beschuldigten abzupressen. Bezweifelt wurde insbesondere die Unparteilichkeit und Unabhängigkeit dieses Richtertypus, der – vereinigt in seiner Person – nach eigenem Ermessen unter Ausschluss von Parteirollen und deren Rechten sowohl über eine Anklage und deren Eröffnung entscheiden als auch kraft Richteramtes einen Angeklagten verurteilen oder „lossprechen" konnte.[75] Der „Inquisitor" galt als „die Dreieinigkeit von Kläger, Richter und Verteidiger in sich", als jemand, der „nicht irren und fehlen kann".[76] Insoweit verkörperte er zugleich den rückwärtsgewandten, selbst in Bürgerkreisen zunehmend verhassten Beamtentypus," der die Rechtspflege als „kostspielig, endlos, unbehülflich, aller Öffentlichkeit und einer gesunden Gesetzgebung ermangelnd" gestaltete; eine Rechtspflege, die von Männern verwaltet wurde, „welche, statt an dem reinen und frischen Quell der gesunden Vernunft und des praktischen Lebens zu schöpfen, ihre Weisheit aus einer längst versunkenen Welt heraufholen."[77]

---

74 Mittermaier, Das deutsche Strafverfahren, erste Abtheilung, S. 116.

75 Zachariae, Handbuch des deutschen Strafprozesses, S.

76 Krause, Die deutschen Schwurgerichte, S. 112, 113.

77 So der Verwaltungswissenschaftler und liberale Abgeordnete im württembergischen Landtag Friedrich List in seiner zeitgenössischen, 1823 erschienenen „ehrfurchtsvolle(n) Denkschrift an Seine Majestät den König von Würtemberg", S. 90. Wegen seiner Kritik am König und an dem überwiegend reaktionär ausgerichteten württembergischen Parlament wurde er im April 1822 zu zehnmonatiger Festungshaft verurteilt, deren Vollstreckung er sich jedoch durch Flucht entzog.

Hinzukam, dass der „gelehrte“ (Untersuchungs-)Richter häufig einer elitären, begüterten Gesellschaftsschicht angehörte, was den einfachen Bürger eine wenigstens unwissentliche Voreingenommenheit zugunsten der Herrschenden und damit zum Nachteil eines – i.d.R. eher unteren Bevölkerungsschichten entstammenden – Angeklagten vermuten ließ.[78]

Resümeehaft und treffend beschrieb List[79] den Gesamteindruck der Bevölkerung gegenüber dem – die Richterschaft insoweit einschließenden – Verwaltungsapparat als „eine von dem Volke ausgeschiedene, über das ganze Land ausgegossene, in den Ministerien sich concentrierende Beamtenwelt, unbekannt mit den Bedürfnissen des Volkes und den Verhältnissen des bürgerlichen Lebens, in endlosem Formenwesen kreisend, behauptet das Monopol der öffentlichen Verwaltung, jeder Einwirkung des Bürgers, gleich als wäre sie staatsgefährlich, entgegenkämpfend....“.

In den Augen des Bürgertums, das sich von diesen Missständen am intensivsten betroffen sah, gab es kein überkommeneres, intransparenteres Rechtssystem als das deutsche. Selbst das französische Gerichtsverfahren wurde trotz seiner heftig kritisierten und allseits bekannten Mängel als „unendlich viel gerechter und schützender“ beurteilt.[80]

2.4 Der Glaube an die Unabhängigkeit der Laienrichter

Stellvertretend für eine verbreitete Auffassung über das damalige Negativbild eines Berufsrichters hat Hilgard[81] beschrieben, dass der „ständige Richter, auch wenn er Ehrenmann ist, stets das Bewußtsein einer gewissen Abhängigkeit von der Regierung in sich trägt, welches, ohne daß er es will oder weiß, auf seine Entscheidung Einfluß über kann, zumal in politischen Prozessen.“

Die aktive und eigenverantwortliche Teilhabe von Laienrichtern an der dritten Gewalt schien daher geeignet, ein personelles wie sachliches Gegengewicht zu Berufsrichtern zu schaffen und zugleich Volksnähe als prägendes Merkmal der Rechtsprechung zu verkörpern. Geschworene sollten sich darüber hinaus

---

78 Schwinge, S. 26; vgl.auch Nowakowski, S. 40, der in Bezug auf die beamteten Richter den Begriff der „Klassenjustiz“ verwendet.

79 List, a.a.O., S. 89.

80 Welcker, Jury, Schwur- oder Geschworenengerichte, S. 79.

81 Hilgard, Neues Archiv 1855, S. 222.

von Karrieredenken[82] und gesellschaftlichem Statusbewusstsein[83] beamteter Richter abgrenzen.

Dementsprechend idealisierend wurde das Bild des Laienrichters beschrieben. Als Interpret des Gesetzes sollte er vermittelnd, klärend und versöhnend eintreten. In und mit ihm sollte „das frische Rechtsgefühl, die praktisch nüchterne Auffassung des Falls in seiner Individualität und das Rechtsbewusstsein im Volke zum Ausdruck gelangen und hierdurch dem Spruche die Übereinstimmung mit der wahren Gerechtigkeit sichern.“[84]

2.5 Der Glaube an die „Unfehlbarkeit“ der Laienrichter

Pendant zu der persönlichen Unabhängigkeit eines Laienrichters schien das Erfordernis eines geradezu „blinden“ Vertrauens der Bevölkerung in Befähigung und Sachautorität eines Geschworenen zu sein. Als Mitglied des Geschworenengerichts war er dazu privilegiert, unanfechtbar über Schuld oder Nichtschuld eines Angeklagten zu entscheiden. Der Glaube an die Unparteilichkeit und Unbefangenheit der an der Urteilsfindung beteiligten Geschworenen war umso bedeutender, als deren – auf „moralischer Überzeugung, ohne Rechenschaft durch Entscheidungsgründe“[85] basierender – „Wahrspruch“ i.d.R.[86] weder mündlich noch

82 S. nur Mittermaier, Volksgericht, S. 18: „... daß...insbesondere jüngere Richter, die in ihren Anfangsstellen den dringenden Wunsch haben, vorzurücken und eine bessere Stellung zu gewinnen, nicht die nöthige Unbefangenheit haben, um den Einwirkungen ihres Vorgesetzten zu widerstehen“. Darauf, dass auch in neuerer Zeit Rücksichtnahmen auf das eigene berufliche Fortkommen, die gesellschaftliche Stellung u. dgl. das Denken und Handeln von Berufsrichtern im Vergleich zu Laienrichtern weit mehr bestimmen, weist Nowakowski, Reform der Laiengerichtsbarkeit in Strafsachen, S. 90 hin.

83 Mittermaier, a.a.O. S. 18: „... daß der junge Mann, der sich dem Richterstand widmet, dem Verkehre mit den unteren Klassen entfremdet ist und die Lebensverhältnisse in den niederen Lebenskreisen weniger kennen lernt...“.

84 So die Umschreibung von Schwarze, Das Schöffengericht, S. 25, der diese Eigenschaften aber letztlich nur in der Person von Schöffen, nicht aber im Geschworenengericht als tatsächlich realisierbar ansah.

85 Mittermaier, Die Mündlichkeit, S. 358.

86 Nur in Fällen evidenter Fehlentscheidungen des Geschworenengerichts gab es das sog. Berichtigungsverfahren; s. dazu bspw. Schwarze, Nachtrag zu der Schrift „Geschworenengericht und Schöffengericht“, S. 132, sowie Schwarze, das Schöffengericht, S. 34.

schriftlich näher erläutert werden musste; die materielle Richtigkeit der Entscheidung über die Schuldfrage damit nicht überprüfbar war.[87]

2.6 Die Idee der „Standesgleichheit"

Es gab Überlegungen, die Anerkennung und Akzeptanz von Geschworenenurteilen zusätzlich dadurch zu erhöhen, dass die Geschworenen selbst einen dem Angeklagten vergleichbaren Status haben sollten und ähnlicher Herkunft, also „seines Gleichen" im Sinne eines „Genossengerichts"[88] zu sein hatten. „Urtheiler" in einer Jury zu sein, sollte denjenigen vorbehalten bleiben, „welche aus ihrer Mitte, Namens des Gemeinwesens, richten; sie erblicken sich selbst, und hören ihre eigenen Stimme".[89]

Schon Feuerbach wies darauf hin, dass es Standesgleichheit zwischen Angeklagtem und Geschworenen tatsächlich nicht geben könne, da nicht nur zwischen Adel, Bürgertum und Bauern unterschieden werden dürfe, sondern bspw. auch zwischen Städtern und Leuten vom Lande sowie zwischen Gelehrten und Nichtgelehrten. Feuerbach's Vorschlag – jedenfalls soweit es sich um „Privatverbrechen" und nicht um „Staatsverbrechen" handelte – lautete deshalb, das Geschworenengericht müsse „zur Hälfte aus den Standesgenossen des Angeklagten, zur anderen Hälfte aus den Standesgenossen des Anklägers"[90] zusammengesetzt sein.

Die Vorstellung, Geschworene nur aus dem „Stande" des Angeklagten wählen zu können, erwies sich im übrigen allein deshalb als unrealistisch, weil sie aus dem Volk zu stammen hatten. Daraus ergab sich zwangsläufig, dass sich unter ihnen Männer befanden, die „von dem Angeklagten weit durch Bildungsstufe und gesellschaftliche Stellung abstehen".[91]

---

87 Geändert wurde dieser Zustand erst mit Einführung der RStPO. In den (schriftlichen) Urteilsgründen war auf den Spruch der Geschworenen Bezug zu nehmen, § 316 S. 1 RStPO. Enthielt das Urteil keine darauf bezogenen Ausführungen, konnte darin sogar ein sog. absoluter Revisionsgrund liegen, § 377 Nr. 7 StPO.

88 Kritisch zu diesem Begriff und dessen Bedeutung für das Geschworenengericht auch Feuerbach, Betrachtungen über das Geschwornengericht, S. 81ff.; s. dazu auch zum französischen System: Braun, Hauptstücke des öffentlich mündlichen Verfahrens, S. 93.

89 Blasius, FS Rosenberg, S. 151 unter Bezugnahme auf Landsberg, Gutachten, S. 177.

90 Feuerbach a.a.O. S. 84f., (93).

91 Mittermaier, Die Mündlichkeit, S. 359.

Hinzukam, dass entsprechende gesetzliche Regelungen, wie bspw. die des „Rheinischen Gesetzbuches über das gerichtliche Verfahren in Strafsachen“ von 1808 Auswahlkriterien für Geschworene vorsahen, die privilegierte Bevölkerungsschichten bevorzugten und aufgrund derer die tatsächliche Auswahl auf genau diese Schichten ohne irgendwelche Rücksichten auf den Status des Angeklagten begrenzt war.[92]

3. Einführung des Geschworenengerichts nach französischem Vorbild

3.1 Anfänge des Schwurgerichts in Deutschland

Gepriesen als „Palladium aller bürgerlichen und politischen Freiheit“[93] und gefeiert als eine der Errungenschaft der Revolution wurde in Frankreich 1789 die – später in einigen Teilen Deutschlands modifiziert übernommene und deshalb die deutsche Entwicklung wesentlich mitbestimmende – Jury eingeführt.

Infolge der bis 1813 andauernden Besetzung einiger Teile Deutschlands durch Frankreich war zumindest in den besetzten Gebieten eine Orientierung der Justiz an dem französischen „Vorbild“ einerseits nahezu unvermeidbar. Zugleich war andererseits mit der Übernahme des Juryverfahrens auch die Chance verbunden, den Emanzipationsbestrebungen des antimonarchistisch ausgerichteten Bürgertums Geltung zu verschaffen.[94]

Angelehnt an das französische Urteilsjurysystem in der Besetzung mit zwölf Geschworenen wurden erstmalig 1798 in den deutschen Rheinprovinzen[95] Schwurgerichte eingeführt.

Die Gebiete links des Rheins galten dabei weder als politisch besonders fortschrittlich noch erlangten die dort eingerichteten Schwurgerichte Vorbildfunktion für andere Regionen Deutschlands.[96] Bereits der Umstand, dass es sich bei dieser Art von Geschworenengerichten nicht um eine originär deutsche Errungenschaft

---

92 Vgl. Kapitel III. 2., 3.3. und 3.5.3.

93 Zitiert bei Krause, Die deutschen Schwurgerichte, S. 9.

94 Zu der jahrelangen Auseinandersetzung zwischen den linksrheinischen Geschworenengerichten und Preußen, vgl. Schwinge, S. 19ff.

95 Neben den linksrheinischen Gebieten gehörten dazu Rheinbayern und Hessen-Darmstadt.

96 Vgl. bspw. v.Gneist, Die Bildung der Geschworenengerichte, S. 135, der die linksrheinischen Provinzen als „jene Länderstriche am Rhein, welche bis dahin größtentheils

handelte, wurde kritisch betrachtet.[97] Außerdem wurden die maßgeblichen Akteure des Gerichtsverfahrens als zu wesensunterschiedlich beurteilt. Dem französisch geprägten öffentlichen Verfahren haftete nach deutscher Lesart an,[98] dass „Sinnlichkeit, Leichtsinn und Leidenschaftlichkeit“ den Franzosen nie verlassen, und selbst der „ehrwürdigste Akt“ eines Gerichtsverfahrens zum Schauspiel, zu einer „Comödie“ werde. Diese Einstellung erschien unvereinbar mit der Ernsthaftigkeit und Gründlichkeit des deutschen Nationalcharakters.

Immerhin jedoch – insoweit gewissermaßen als Zeichen einer in Ansätzen beginnenden Demokratisierung der Justiz – erlangte das linksrheinische Geschworenengericht als erste Einrichtung dieser Art in Deutschland überhaupt 1808 Gesetzeskraft durch das „Rheinische Gesetzbuch über das gerichtliche Verfahren in Strafsachen“; auch wenn es sich dabei um eine schlichte deutsche Übersetzung des im selben Jahr in Kraft getretenen französischen Code d'instruction criminelle handelte.[99] Wesentliche Errungenschaft dieses Gesetzbuchs war die Regelung, die Entscheidungszuständigkeit über die Tat- und die Rechtsfrage voneinander zu trennen. Über die Tatfrage hatten die Geschworenen zu urteilen, während die Beurteilung der Rechtsfrage einem Berufsrichter überlassen blieb.[100]

3.2 Die weitere Entwicklung in Deutschland

Aufgrund der positiven Resonanz in der rheinischen Bevölkerung, wo die Schwurgerichtsidee zumindest in der Anfangsjahren[101] als bedeutende liberale

---

unter geistlichen Fürsten, und in Verwaltung und Rechtspflege noch mehr zurückgeblieben waren, als das übrige Deutschland“ bezeichnete.

97 Vgl. bspw. Zachariae, Geschworenengericht und Schöffengericht, S. 134 unter Berufung Mittermaier: „ Wessen Herz für die Größe unseres Vaterlandes warm schlägt, der möge noch das Eine bedenken: jedes Volk, das sie öffentlichen Formen seines Lebens immer und immer dem Auslande abborgt, anstatt aus dem eigenen Fleische und Blute sie zu erzeugen, ist in seiner Selbstachtung und Zukunft tödtlich gefährdet. Der Nationalitätenschwindel mag die äußerlichen Gegensätze eine Zeit lang verschärfen. Der innere Volksgeist erstirbt oder entartet, wenn er nicht aus volksthümlichen Instituten Nahrung empfängt“; s. auch Binding, Drei Grundfragen, S. 95.

98 Mittermaier, Die öffentliche mündliche Strafrechtspflege und das Geschworenengericht, S. 65 Fn. 65; Gutachten der Immediat-Justiz-Kommission über das öffentliche Verfahren, S. 26.

99 Blasius, FS Rosenberg, S. 151.

100 Vgl. zu dieser Problematik Kapitel VI. 2.

101 Heinze, Parallelen, S. 1.

Errungenschaft begrüßt wurde, führten auch andere Regionen Deutschlands das linksrheinische Gerichtsverfassungssystem ein. Als Folge des Wiener Kongresses von 1814 galt dies zunächst für die preußische Rheinprovinz. Später ab 1822 wurden die Regierungsbezirke Aachen, Düsseldorf, Koblenz, Köln und Trier entsprechend reformiert. Trotz seines Fortbestandes bis 1848 galt das Jurysystem nach französischem Vorbild jedoch lediglich als Provisorium bis zur Einführung einer einheitlichen deutschen Gerichts- und Prozessorganisation.[102]

3.3 Zeitweiser Niedergang der Geschworenengerichte

3.3.1 Situation in Frankreich

Frankreich war Wegbereiter des deutschen Geschworenensystems. In der weiteren Geschichtsentwicklung lassen sich Parallelen, aber auch Unterschiede zwischen beiden Ländern feststellen.

In Frankreich blieb von dem Ideal der Rechtsprechung durch das Volk – dort waren ursprünglich alle wahlberechtigten Bürger (citoyens actifs) zum Geschworenenamt zugelassen[103] – infolge verschiedener Änderungen des Verfahrensrechts am Ende nicht viel mehr als das bloße begriffliche Gerüst erhalten.

So wurde die Sachzuständigkeit der Jury in Strafsachen auf schwerere Delikte beschränkt und erfasste damit nur einen relativ kleinen Teil sämtlicher Strafverfahren. Mit einer Jury besetzt waren die für die Ahndung von Verbrechen zuständigen sog. Assisengerichte. Die überwiegende Zahl der Strafrechtsfälle – Übertretungen und Vergehen – wurden aber vor den Polizeigerichts- oder Korrektionalgerichtsverfahren unter ausschließlicher Mitwirkung von Berufsrichtern verhandelt und entschieden.

Trotz eines furiosen Aufbruchs nach der Revolution von 1789 bildeten in Frankreich bereits zu Beginn des 19. Jahrhunderts Verfahren vor Geschworenengerichten wieder die Ausnahme.[104]

Korrespondierend zu deren abnehmender Bedeutung wurden gravierende gerichtsverfassungsrechtliche Änderungen und Einschnitte vorgenommen. Dazu gehörte vor allem die Abschaffung der Anklagejury, die, obwohl erst 1791 nach

102 S. v.Gneist, Die Bildung der Geschworenengerichte, S. 135, 151ff.

103 Schwinge, S. 3; v.Gneist, Die Bildung der Geschworenengerichte, S. 112.

104 Feuerbach, Betrachtungen über die Oeffentlichkeit, Zweiter Band, S. 333, der daher nur von den „sogenannten" Geschworenengerichten spricht; s. auch Schwinge, S. 2; v.Gneist, Die Bildung der Geschworenengerichte, S. 111.

englischem Vorbild[105] neben der Urteilsjury eingeführt, nur bis 1808 fortbestand; was Feuerbach zu der Bemerkung veranlasste, „eine Geschwornenverfassung ist schon verstümmelt, wenn sie blos auf eine Urtheilsjury sich beschränkt"[106].

Darüber hinaus wurden Spezialgerichtshöfe ohne Laienbeteiligung für gemeingefährliche Verbrechen mittlerer und schwerwiegender Art eingerichtet. Schließlich erfolgte die Berufung von Geschworenen zunehmend nach politischen Auswahlkriterien, was dazu führte, dass eine große Zahl mittlerer und höherer Beamter Geschworene wurden.[107]

Die französischen Geschworenengerichte mutierten auf diese Weise zu Institutionen „ohne allen Grund und Zweck, und, wenn sie da überhaupt in politischer Beziehung etwas sind, nichts anderes, als Mittel des Betrugs und Werkzeuge der willkürlichen Gewalt".[108]

3.3.2 Die besondere Entwicklung in den deutschen Rheinprovinzen

Auch wenn die rheinischen Schwurgerichte in mancher Hinsicht von der reaktionären Entwicklung des französischen Jurysystems verschont blieben – bspw. wurden keine Spezialgerichte eingerichtet; ebenso unterblieb die Bespitzelung von Geschworenen und Zeugen durch geheime Polizeiagenten -[109] verlor das rheinische Experiment im Laufe der Zeit an Ansehen.[110]

---

105 Aber in abgeschwächterer Form: die französische Anklagejury hatte den lediglich den Verdachtsgrad für eine eventuelle Anklageerhebung zu beurteilen. Die Kompetenz der englischen Anklagejury reichte deutlich weiter. Sie hatte nicht nur den Verdachtsgrad, sondern auch die Schuldfrage – vorbereitend und unabhängig von der Urteilsjury – selbst zu beurteilen.

In Deutschland wurde die Anklagejury erst gar nicht eingeführt. Sie erlangte auch in der späteren Diskussion um das Schwurgericht keine wesentliche Bedeutung, s. Schwinge, S. 140ff.

106 Feuerbach, Betrachtungen über die Oeffentlichkeit, Zweiter Band, S. 431.

107 Vgl. Schwinge, S. 2ff.; v.Gneist, Die Bildung der Geschworenengerichte, S. 118ff., der auch bezüglich der Gestaltung der französisch-rheinischen Urlisten den Einfluss (höherer) Verwaltungsbeamter bemängelt.

108 Krause, Die deutschen Schwurgerichte, S. 205.

109 S. v.Gneist, Die Bildung der Geschworenengerichte, S. 137.

110 Führende Rechtswissenschaftler, wie insbesondere Feuerbach standen dem französischen Jurysystem ohnehin vom Beginn an eher kritisch gegenüber, vgl. Schwinge, S. 17; Feuerbach, Feuerbach' Glaubensbekenntnis über Geschworenengerichte als politisches Institut, abgedruckt bei Krause, Die deutschen Schwurgerichte (Beilage 1), S. 204.

Das liberale Bürgertum sah die Gründe hierfür vor allem in der Beschneidung von Kompetenzen der Geschworenen. Zwar waren ähnlich wie in Frankreich von Beginn an die Geschworenengerichte nur für die Ahndung von Verbrechen zuständig, so dass Laien an der Masse der Strafverfahren, die vor den rein berufsrichterlich besetzten Friedens- oder Polizeigerichten („Kontraventionen") und den Zucht-Polizeikammern (Vergehen und kleinere Verbrechen) verhandelt wurden, ohnehin nicht beteiligt waren. Darüber hinaus jedoch wurden spätestens ab 1843 mit dem Inkrafttreten des sog. „Kompetenzgesetzes"[111] die Befugnisse der Zuchtpolizeigerichte zu lasten der Geschworenengerichte erheblich erweitert. Die Strafgewalt der Zucht-Polizeikammern, die nunmehr Kriminalgerichte hießen, reichte bis zu fünf Jahre Freiheitsstrafe, für einige Verbrechen sogar noch darüber hinaus, (§ 4 Nr. 2 und 3 „Kompetenzgesetz"). Für die Geschworenengerichte verblieb demzufolge nur noch ein geringer Prozentsatz von Strafsachen.

Auch die Geschworenen selbst blieben von Kritik nicht verschont. Es gab „Klagen über die Unfähigkeit, Nachlässigkeit und mangelnde Unabhängigkeit der Geschworenen".[112]

4. Der Standpunkt der Wissenschaft

Unter den Wissenschaftlern brachte vor allem Anselm von Feuerbach entscheidende Argumente gegen das französische Jurysystem vor.[113] Obwohl er kein grundsätzlicher Gegner des Schwurgerichts war, stand er dessen napoleonischer Form zunehmend ablehnender gegenüber. Mit seinen klassischen Werken – „Betrachtungen über das Geschworenengericht (1812) sowie dem zweibändigem strafprozessualen Hauptwerk „Öffentlichkeit und Mündlichkeit der Gerechtigkeitspflege" (1821/1825) – bestimmte er in dieser Zeit maßgeblich die wissenschaftliche Diskussion.[114] Schon vor seinem Tod (1833) hatte die Zahl sonstiger einschlägiger Veröffentlichungen stark abgenommen. Bis 1845 erschienen lediglich vier

111 Das genaue Datum für das Inkrafttreten des maßgeblichen „Gesetz(es) über die Kompetenz der Gerichte zur Untersuchung und Bestrafung der Verbrechen und Vergehen in dem Bezirke des Appellationshofes zu Köln" ist nicht bekannt; s. dazu auch Blasius, FS Rosenberg, S. 155, Fn. 44.

112 Schwinge, S. 4.

113 Näheres dazu Kapitel IV.6.

114 Ausführlicher dazu Schwinge, S. 6ff.

bedeutendere Werke zur Schwurgerichtsliteratur, die aber längst nicht das Maß an allgemeinem Interesse hervorriefen wie Feuerbach's Arbeiten.[115]

Bezogen auf verfahrensrechtliche Aspekte betrafen Feuerbach's Kritikpunkte u.a. die politische Einflussnahme der Regierung und des Beamtenapparates auf die Besetzung der Geschworenengerichte, den starken Einfluß der öffentlichen Meinung auf die Wahrsprüche der Geschworenen, die übermächtige Stellung des Assisenpräsidenten sowie das Fehlen wirksamer Rechtsschutzgarantien für den Angeklagten.[116]

Des weiteren richtete sich seine Kritik insbesondere gegen die völlige Gesetz- und Regellosigkeit bei der Beweisführung oder die strikte Trennung zwischen Tat- und Rechtsfragen mit den sich daraus ergebenden unterschiedlichen Aufgaben und Zuständigkeiten für Geschworene und Berufsrichter.[117]

5. Die nachnapoleonische Zeit

5.1 Die liberale Phase bis 1819

Die nachnapoleonische Ära in Deutschland war im zeitlichen Kontext zu den Befreiungskriegen von 1813 – 1815 von einer kurzen liberalen Phase geprägt, die u.a. die Errichtung parlamentarischer Institutionen in den Einzelstaaten, vor allem Süddeutschlands, hervorbrachte. In den Ständeversammlungen, insbesondere Baden's, Bayern's und Hessen's, wurde politische und religiöse Freiheit gefordert, zugleich verbunden mit dem Ruf nach der Einführung von Schwurgerichten nebst Öffentlichkeit und Mündlichkeit des Gerichtsverfahrens.[118] Beides, das Schwurgericht wie die öffentlich und mündlich geführte Hauptverhandlung, schien im Forderungskatalog der Liberalen untrennbar miteinander verbunden. Sie standen in einem zwar nicht notwendig sachlich-funktionalen,

115 Schwinge, S. 67.

116 Schwinge, S. 18; Feuerbach, Betrachtungen über die Oeffentlichkeit, Zweiter Band, S. 436ff.; S. dazu auch Kapitel IV.12.

117 Schwinge, S. 11ff.; Feuerbach, Betrachtungen über das Geschwornengericht, S. 167ff.

118 Schwinge, S. 50; Linkenheil, S. 72f.: die Liberalen der Vormärzbewegung betrachteten die Laienbeteiligung als Garanten der Öffentlichkeit des Strafverfahrens (S. 72 m.w.N.).

aber in einem durch die Zeitumstände und den Zeitgeist geprägten inneren Zusammenhang.[119]

5.2 Die Zeit nach 1819

Die liberale Phase Preußens fand mit den Karlsbader Beschlüssen vom 20.09.1819 ein ebenso abruptes wie vorläufiges Ende. Die „Demagogenverfolgung" begann; u.a. gegen die Bonner Professoren Ernst Moritz Arndt und die Brüder Karl Theodor und Gottlieb Welcker. Das Gesicht der Justiz wurde nunmehr vor allem durch zahlreiche politische Prozesse geprägt, die – ebenso wie die ihnen vorangegangenen strafrechtlichen Untersuchungen – jeweils unter Ausschluss der Öffentlichkeit stattfanden. Diese heimlich, manchmal für die Dauer von Jahren und mit großer Härte geführten inquisitorischen Verfahren riefen erneut den Unmut in der Bevölkerung über den Machtmissbrauch und das Willkürhandeln beamteter Richter hervor.[120]

Trotz ihrer enormen gesellschaftlichen Bedeutung war bei politischen Prozessen sowie in Verfahren, die politische Angelegenheiten und Dienstvergehen der Verwaltungsbeamten betrafen, jegliche Laienbeteiligung als Folge der Kabinettsorder vom 6. März 1821 praktisch aufgehoben. Anstelle der ordentlichen Strafgerichte wurden wiederum mit Beamten besetzte Spezialkommissionen eingesetzt.[121]

Zusätzlich verschärft wurde die Situation durch erhebliche Einschränkungen der in Ansätzen gerade erst erkämpften freien Presseberichterstattung, insbesondere durch die Wiedereinführung der Vorzensur mit der Preußischen Zensur-Verordnung vom 18.10.1819.[122] Danach konnten „Schriften, die in der Form täglicher Blätter oder heftweise erscheinen, deßgleichen solche, die nicht über 20

119 Die Öffentlichkeit des Verfahrens wurde im Vergleich zum Geschworenengericht als weitreichender und wichtiger beurteilt. Ein öffentliches Verfahren könne auch vor rechtsgelehrten, nach der gesetzlichen Beweistheorie erkennenden Richtern stattfinden, Mittermaier, Die öffentliche mündliche Strafrechtspflege und das Geschworenengericht, S. 58, Fn. 56. Dies zeigte das Beispiel Frankreichs: dort gelangte etwa nur ein Viertel der in einem Jahr abgeurteilten Straftaten vor das Geschworenengericht, s. Feuerbach, Betrachtungen über die Oeffentlichkeit, Zweiter Band, S. 334.

120 Schwinge, S. 45f.

121 Blasius, FS Rosenberg, S. 157.

122 Preußische Zensur-Verordnung vom 18. Oktober 1819 (Preußische Gesetz-Sammlung 1819, S. 227). Die Verordnung diente der Umsetzung der „Provisorischen Bestimmungen hinsichtlich der Freiheit der Presse (Karlsbader Beschlüsse – Preßgesetz).

Bogen im Druck stark sind, in keinem deutschen Bundesstaate ohne Vorwissen und vorgängige Genehmhaltung der Landesbehörden zum Druck befördert werden", (§ 1 S. 1 des Preßgesetzes, „Provisorische Bestimmungen hinsichtlich der Freiheit der Presse"); d.h., dass sämtliche Zeitungen und Zeitschriften der Zensur unterfielen und damit eine freie Gerichtsberichterstattung, insbesondere über politische Prozesse aus der Zeit ab ca.1820, ausgeschlossen war.

In der Folgezeit bis in die 40-er Jahre des 19. Jahrhunderts verlor die Auseinandersetzung um das Geschworenengericht an Bedeutung. Auf nationaler politischer Ebene gab es angesichts unterschiedlicher Systeme weder inhaltlich übereinstimmende Diskussionsgrundlagen noch gemeinsame Zielsetzungen. In einigen Landtagen – allen voran Bayern und Baden, darüber hinaus in Hessen, Schleswig und Holstein – wurden zwar lange und intensiv Debatten geführt, die jedoch keine wirklich neuen Erkenntnisse oder praktisch umsetzbare Ergebnisse hervorbrachten.[123]

6. Fortbestand unterschiedlicher Zuständigkeiten von Geschworenengerichten

Mitursächlich für den im Laufe der Zeit wachsenden Bedeutungsverlust der Geschworenengerichte wird der Umstand gewesen sein, dass in Deutschland bis 1877 eine einheitliche Regelung über deren sachlichen Zuständigkeitsbereich fehlte. Im engeren Sinn existierten drei Arten von Klassifikation.[124]

- Der französischen Gesetzgebung nachgebildet, bestimmten einige Staaten die strafgerichtliche Zuständigkeit danach, ob es sich um eine Übertretung, ein Vergehen oder um ein Verbrechen handelte. Nur die in die Klasse der Verbrechen einzuordnenden Taten waren den Schwurgerichten zugewiesen.
- Andere Staaten machten die Zuständigkeit des Schwurgerichts von der Art und Höhe der gesetzlich angedrohten Strafe abhängig. „Schwere Kriminalstrafen" gehörten vor das Schwurgericht.
- Eine dritte Gruppe von Staaten legte diejenigen strafbaren Handlungen, die vor den Schwurgerichten zu verhandeln waren, gesetzlich fest; mit Sonderregelungen für unbenannte Fälle.

---

123 Eingehender zum damaligen Diskussionsstand, Schwinge, S. 53ff.

124 Vgl. dazu Zachariae, Handbuch des deutschen Strafprozesse, Band I, S. 284ff., der im einzelnen die Staaten auflistet, in denen die jeweilige Verfahrensregelung bestand.

7. Zunehmende Bedeutung der Schöffengerichtsidee ab 1849

Die erste Hälfte des 19. Jahrhunderts war angesichts der sich allmählich entwickelnden Idee einer umfassenden Laienbeteiligung in Strafverfahren von der Suche nach einer „idealen“ Schwurgerichtsverfassung gekennzeichnet. Schöffengerichte als Kollegialgerichte erlangten in diesem Zusammenhang kaum Beachtung; erst recht stellten sie keine ernst zunehmende Alternative zu den Geschworenengerichten dar. Bereits die Tatsache, dass die sog. Paulskirchenverfassung 1849 in § 179 S. 2[125] als Laiengerichte ausschließlich Schwurgerichte, nicht aber Schöffengerichte erwähnt, lässt deren geringe praktische Bedeutung noch in diesem Zeitabschnitt erkennen.

Soweit Schöffengerichte vereinzelt institutionalisiert waren, tagten sie – wie etwa in Württemberg – traditionell, also geheim ohne Durchführung einer mündlichen, öffentlichen Verhandlung. Kennzeichnend für Württemberg war darüber hinaus, dass Schöffen zwar durch die Amtsversammlung – also nach demokratischen Grundsätzen – gewählt waren, für die Berufsrichter jedoch nicht mehr als eine Staffage darstellten. Dementsprechend gering war ihr Ansehen in der Bevölkerung.[126]

Anders stellte sich die Situation für die Geschworenengerichte dar, deren Aufgabenbereiche erweitert wurden. Mit der politischen Wende des Jahres 1848 führten die meisten deutschen Einzelstaaten[127] für schwere Straftaten und für politische Vergehen bzw. Verbrechen Schwurgerichte ein. Art. 94 Abs. 1 der (revidierten) Verfassungsurkunde für den preußischen Staat vom 31.01.1850[128] bestimmte bspw.: „Bei den mit schweren Strafen bedrohten Verbrechen, bei allen politischen Verbrechen und bei allen Preßvergehen, welche das Gesetz nicht ausdrücklich ausnimmt, erfolgt die Entscheidung über die Schuld des Angeklagten durch Geschworene.“

---

125 §179 S. 2 der – allerdings nie in Kraft getretenen – Verfassung des deutschen Reichs vom 28. März 1849 („Paulskirchenverfassung“) lautete: „Schwurgerichte sollen jedenfalls in schwereren Strafsachen und bei allen politischen Vergehen urtheilen“.

126 Landau, S. 261/262 m.w.N.; s. auch zum hannoverschen Schöffengericht Kapitel III.3.4. (Fn. 233).

127 Vgl. dazu die Übersicht bei Brauer, Die deutschen Schwurgerichtsgesetze, S. 11ff.

128 Ähnlich zuvor bereits Art. 93 der (oktroyierten) Verfassungsurkunde für den preußischen Staat vom 05.12.1848.

Die Erstreckung schwurgerichtlicher Zuständigkeiten auch auf Pressedelikte entsprach einer unter den Liberalen verbreiteten Forderung aus der Vormärzzeit. Danach könnten über Pressevergehen nur solche Gerichte entscheiden, die die öffentliche Meinung repräsentierten. Da häufiger Hintergrund dieser Art von Straftaten Konflikte zwischen der Regierung und ihren Gegnern im Volk waren, erschien es erforderlich, dass das zur Entscheidung berufene Strafgericht aus völlig unabhängigen Männern zusammengesetzt war, also ein „Tribunal der Geschworenen" darstellte.[129]

Trotz der zunächst noch wachsenden Bedeutung der Schwurgerichte setzte sich vor allem auf Betreiben der beamteten (Berufs-)Richter in der zweiten Hälfte des 19. Jahrhunderts allmählich dennoch die Schöffengerichtsidee durch. Anders als bei Einführung der Geschworenengerichte standen bei den Befürwortern des Schöffensystems nicht politische Ziele, sondern verfahrensbezogene, am konkreten Fall orientierte Sacherwägungen im Vordergrund. Anders als im Zusammenhang mit der Entwicklung des Schwurgerichts war darüber hinaus das Bürgertum in deutlich geringerem Umfang an der Diskussion beteiligt als die Strafjuristen, unter denen sich insbesondere die Richter hervortaten.

Der wachsenden Zahl von Berufsrichtern, die die Einführung des Schöffengerichts befürworteten, ging es vor allem um die Stärkung ihres Einflusses auf die Entscheidung über die „Tatfrage".[130] Gerade in diesem, für den einzelnen Strafrechtsfall zentralen Punkt waren die Einwirkungsmöglichkeiten der Berufsrichter im Schwurgerichtsverfahren äußerst begrenzt, da allein die Geschworenen als Mitglieder der Urteilsjury über die Tatschuld eines Angeklagten, dem die Begehung eines Verbrechens vorgeworfen wurde, zu entscheiden hatten.

Andererseits war die Popularität der Geschworenengerichte trotz wachsender Kritik ungebrochen, die vereinzelt erhobene Forderung nach ihrer Abschaffung und die Ersetzung durch Schöffengerichte schon deshalb kaum durchsetzbar. Die Interessen der Berufsrichter an einer Stärkung ihrer Position im Hauptverfahren ließen sich daher nur über den (Um-)Weg einer Zusammenarbeit im Rahmen eines Kollegialgerichts verwirklichen. Der Gegensatz von beamteten und nichtbeamteten Richtern sollte überwunden und durch ein „Zusammenwirken beider Elemente"[131] versucht werden, über die Schuld- wie über die Rechtsfolgenfrage gemeinsam zu entscheiden.

---

129 Schwinge, S. 56ff., 58.

130 S. dazu Kapitel IV.2.

131 Weinrich, ZStW 15, S. 544, 545.

Begünstigt wurde die Entwicklung zum Kollegialgericht durch ein verändertes Richterbild, das anders als bei Einführung der Geschworenengerichte die Gegensätze zwischen Berufs- und Laienrichtern nivellierte und um die Beschreibung paralleler Interessenlagen bemüht war. Anstelle der Erkenntnis allein „auf Grund der Acten“ urteilte der Richter, der „ebenso sich im Leben sich bewegt und dessen Gestaltungen kennen lernt wie der Laie“... nunmehr „auf Grund der vor ihm in der mündlichen Verhandlung sich entwickelnden Beweise...“[132]

7.1 Die ambivalente Haltung führender Wissenschaftler zum Schöffengericht

Die Haltung selbst führender Wissenschaftler zur Frage Geschworenengericht/ Schöffengericht war nicht immer stringent.

Auch wenn die Zahl der Schöffengerichtsanhänger unter den Wissenschaftlern im Laufe des 19. Jahrhunderts zunahm, wäre es verfehlt, von gegnerischen Lagern als mit einander unvereinbar gegenüberstehenden Positionen auszugehen. Allein die Beispiele von Feuerbach und insbesondere Mittermaier mit ihren im Laufe der Zeit wechselnden Grundauffassungen widerlegen diese Annahme.

Vergleichbare Brüche in den Auffassungen namhafter Juristen gab es auch in späteren Jahren. So hatte sich bspw. v.Gneist als Mitglied der Reichstagskommission für die Reichsjustizgesetze in einem während der Gesetzgebungsphase (1877) erstatteten Gutachten noch eindeutig für die reichseinheitliche Einführung der Geschworenengericht und gegen die Schöffengerichte ausgesprochen. Wenige Jahre später – 1893 – trat er als Präsident des 22. Deutschen Juristentag in Augsburg dagegen als Befürworter des Schöffengerichts auf.[133]

Wesentlich für diese geänderte Auffassung war nach Vormbaum[134] einerseits das inzwischen gewachsene Vertrauen in die Unabhängigkeit der Schöffen gegenüber dem Einfluss der Berufsrichter, andererseits die Erkenntnis, dass sich bei den 1863 in fast allen deutschen Ländern 1863 eingeführten Verwaltungsgerichten die Zusammenarbeit zwischen Berufs- und Laienrichtern bewährt hatte. Nicht zuletzt infolge der Laienbeteiligung bei verwaltungsgerichtlichen Entscheidungen schien erstmalig wenigstens in den unteren Instanzen eine effektive Kontrolle der

---

132 Schwarze, Das Schöffengericht, S. 23.

133 v.Gneist, 22. DJT, Bd. 4, S. 438ff. Vormbaum, Lex Emminger, S. 129 (Fn. 151).

134 Vormbaum, Lex Emminger, a.a.O.

Verwaltung mit dem Ziel einer Gesetzesbindung der Verwaltung möglich geworden zu sein.

Eine positive Umbildung durch den Einsatz des Laienelements in der Verwaltungsgerichtsbarkeit hatte v.Gneist selbst bereits 1874 festgestellt. In „Vier Fragen zur Deutschen Strafprozeßordnung" bemerkt er dazu, dass zur Sicherung des Rechts des Einzelnen und um den „Beamtenstand vor der Demoralisation der Parteiverwaltungen zu bewahren", eine noch stärkere Beteiligung von Laien zur „ständigen Mitwirkung unabhängiger Elemente der Gesellschaft" anzustreben sei.[135]

7.2 Die Gesetzliche Änderungen

Einschlägige Änderungen, die zu einer maßgeblichen Aufwertung des Schöffengerichts beitrugen, zeichneten sich aber erst mit dem GVG 1877[136] ab, das erstmalig reichseinheitliche Regelungen für Schwur- wie für Schöffengerichte einführte. Bei den Amtsgerichten wurden in der Besetzung mit dem Amtsrichter als Vorsitzendem und zwei Schöffen (§ 26 GVG 1877) Schöffengerichte gebildet. Der breit gefächerte Zuständigkeitskatalog des Schöffengerichts umfasste Angelegenheiten kleiner („alle Uebertretungen", § 27 Nr. 1 GVG 1877) bis mittlerer Kriminalität.[137] In vollem Umfang und mit gleichem Stimmrecht wie der Amtsrichter übten die Schöffen ihr Amt aus. Für die Aburteilung schwerer Verbrechen blieben weiterhin die mit fünfzehn Richtern besetzten Schwurgerichte zuständig; unter ihnen drei Berufsrichter unter Einschluss des Vorsitzenden sowie „zwölf zur Entscheidung der Schuldfrage berufenen Geschworene" (§ 81 GVG 1877).

Konkurrierende Zuständigkeiten von Geschworenen- und Schöffengerichten blieben fortan bis zum Jahr 1924 erhalten. Erst Anfang 1924 wurden die „klassischen" Schwurgerichte durch die sog. Emminger-Reform[138] abgeschafft. Unabhängig davon, dass für diese Entscheidung vor allem politische Gründe maßgeblich waren, hat Zachariae[139] in seiner Arbeit „Das moderne Schöffengericht" prägnant eine der Hauptursachen für den Verfall des Geschworenen-

135 v.Gneist, Vier Fragen zur Deutschen Strafprozeßordnung, S. 143.

136 Deutsches Reichsgesetzblatt Band 1877, Nr. 4, Seite 41 – 76; in Kraft getreten am 1. Oktober 1879.

137 Die allerdings, z. B. bei Vermögens- und Eigentumsdelikte mit einer Wertgrenze von bis zu 25 Mark, auf weniger bedeutende Fälle beschränkt waren, § 27 Nr. 4–7 GVG 1877.

138 S. dazu Kapitel III.3.6.3. und 3.7.

139 Zachariae, Das moderne Schöffengericht, S. 57.

gerichts in Deutschland beschrieben. Er sah den nur durch die Adoption des Schöffengerichts zu beseitigenden Grundfehler des Schwurgerichts darin, „daß im Schwurgericht jedes der beiden Elemente, das volksthümliche und das juristische bei der Berathung und Entscheidung der in seine Sphäre fallenden Punkte, seiner selbsteigenen juristischen oder laienhaften Auffassung ganz allein überlassen bleibe".

8. Zusammenfassung

Die an den Einsatz und die Funktion von Laienrichtern zu Beginn des 19. Jahrhunderts gestellten Erwartungen waren hoch, die Tätigkeit der Geschworenen selbst und deren Entscheidungskompetenzen nicht minder anspruchsvoll. In einer Hauptverhandlung sollten sie als verantwortliches Gremium ohne Teilnahme eines staatlichen Richters die für eine Verurteilung oder für einen Freispruch des Angeklagten maßgeblichen Tatsachen so würdigen, dass sie nicht nur formaljuristisch Bestand hatten, sondern auch dem Ziel materieller Wahrheitsfindung im Strafprozess gerecht wurden. Eine kaum lösbare Aufgabe, deren Grundlage zumindest in den Anfangsjahren des „modernen" Volksgerichts weniger durch rationale, primär auf die Qualität richterlicher Entscheidungen gerichtete Überlegungen als durch zeitgeschichtliche Besonderheiten bestimmt war.

Das mit dieser Bürde belastete und in Deutschland gerade frisch ins Leben gerufene Geschworenengericht entsprang einem gerichtsverfassungsrechtlichen Paradigmenwechsel: dem Übergang vom Inquisitionsgericht zum reinen Laiengericht. Für diese Entwicklung sind zwei Hauptursachen zu nennen. Neben den radikalen, vor allem durch die Folgen der französischen Revolution von 1789 beeinflussten, gesellschaftspolitischen Veränderungen beförderte der Macht- und Teilhabeanspruch des aufkommenden Bürgertums die Stärkung des Laienelements. Begünstigt wurde diese Tendenz zusätzlich durch die allgemein verbreitete Ablehnung des verhassten feudalistischen Beamtenapparats, als dessen Kernbestandteil die privilegierte, im Geheimen operierende und den Interessen des Volkes gleichgültig gegenüberstehende, Richterschaft galt.

Die Erwartung, dass das „frische Rechtsgefühl" oder die „moralische Überzeugung" eines unbefangenen und unabhängigen Laienrichters ausreiche, um „unfehlbar" in Gestalt des „Wahrspruchs" über das Schicksal eines Angeklagten urteilen zu können, erfüllte sich nicht. Die Euphorie der Anfangsphase wich der nüchternen Erkenntnis, dass ein stärkerer berufsrichterlicher Einfluss auch zur

Feststellung der Schuld eines Angeklagten notwendig war. Anstelle des Geschworenengerichts als reinem Laiengericht etablierte sich in zeitlichem Zusammenhang mit der reichseinheitlichen Neuregelung des Gerichtsverfassungssystems in den 70-er Jahren des 19. Jahrhunderts zunehmend das Schöffengericht mit einem Berufsrichter als Vorsitzenden.

III. Kapitel
Auswahlgrundsätze

Einführende Bemerkungen

Gegenstand dieses Kapitels sowie der beiden nachfolgenden Kapitel ist die Erörterung grundlegender Aspekte, die sich in der rechtsgeschichtlichen Entwicklung mit der Stärkung des Laienelements verbanden.

Die Notwendigkeit, geeignete Laienrichter auszuwählen, betraf nicht nur die Klärung der Frage, unter welchen Vorraussetzungen welchem Personenkreis der Zugang zum Geschworenen- oder Schöffenamt ermöglicht werden sollte, und weshalb bestimmte Bevölkerungsschichten und Berufsgruppen de facto oder de jure davon ausgeschlossen waren, in ein solches Amt berufen zu werden.

Thematisch wie inhaltlich in die höchst streitig geführte Auseinandersetzung einbezogen war darüber hinaus, ob als zusätzliches Qualifikationsmerkmal für die Berufung wie für die Beurteilung der Kompetenz von Laienrichtern Rechtskenntnisse oder sogar eine besondere Sachkunde berücksichtigt werden sollten.[140]

Nicht nur das etwaige Vorhandensein spezifischerer Rechts- oder Fachkenntnisse bei Laienrichtern, sondern auch die im III. Kapitel der Arbeit abzuhandelnden allgemeinen Auswahlgrundsätze leiten daher zu der weitergehenden Thematik über, ob und ggf. in welchem Umfang diese Kriterien geeignet sein können, den Inhalt strafgerichtlicher Entscheidungen (mit) zu beeinflussen.

Insoweit ist die Beantwortung der Fragen: wer wurde in das Amt eines Geschworenen oder Schöffen berufen? welche Funktion hatten Rechtskenntnisse und Fachkompetenz? von zentraler Bedeutung für die Klärung der Ausgangshypothese, ob sich durch Laienbeteiligung die Qualität der Rechtsfindung verbessert oder verschlechtert hatte oder unbeeinflusst geblieben war.

---

140 Wobei der Sachkundegesichtspunkt allerdings im 19. Jahrhundert vergleichsweise bedeutungslos war. Er erlangte erst in der aktuelleren Schöffendiskussion einen höheren Stellenwert.

1. Einleitung

Bis zum Inkrafttreten von GVG bzw. RStPO 1877/1879 gab es keine einheitliche Vorstellung, wie Geschworenengerichte zu bilden waren; weder in der Theorie noch in der Gesetzgebung.[141] Grob unterteilt, existierte zum einen das System, das neben einigen sonstigen formalen Grundvoraussetzungen – wie dem allein Männern vorbehaltenen Geschworenenamt, der Erreichung eines gewissen Mindest- bzw. Höchstalters, Nachweis eines festen, i.d.R. seit mindestens einem Jahr bestehenden, Wohnsitzes innerhalb der betreffenden Gemeinde[142] – allein den Besitz der staatsbürgerlichen und politischen Rechte für die Berufung als Geschworener ausreichen liess.[143] Daneben gab es Einrichtungen mit Verfahrensregelungen, die zusätzliche, vor allem an Vermögen („Zensus") und Bildung („Kapazitäten") orientierte Bedingungen für die Auswahl aufstellten.

Für beide Systeme galt darüber hinaus, dass in den einschlägigen Verfahrensbestimmungen neben den Unfähigkeitsgründen besondere Ausschließungsgründe enthalten waren, die einer Berufung als Geschworener entgegenstanden.

Bei der Auswahl fanden grundsätzlich dieselben Kriterien für Schöffen wie für Geschworene Anwendung, wie insbesondere das GVG 1877 verdeutlicht. Die §§ 32ff. GVG 1877, in denen explizit die Personengruppen aufgeführt sind, die entweder unfähig zum Amt eines Schöffen waren oder aus anderen Gründen nicht berufen werden sollten, galten über die Verweisungsvorschrift des § 85 GVG 1877 gleichermaßen für Geschworene.

2. Ausschließungsgründe für das Geschworenen- oder Schöffenamt

Außer bei Vorliegen von Unfähigkeitsgründen[144] war vom Geschworenenamt ausgeschlossen, wer die allgemeine bürgerliche und politische Rechtsfähigkeit nicht

141 So Zachariae, Handbuch des deutschen Strafprozesses, Band I, S. 300f.

142 So mussten Geschworene in Preussen mindestens 30 und durften höchstens 70 Jahre alt sein; ausserdem mussten sie seit mindestens einem Jahr ihren Wohnsitz in der betreffenden Gemeinde haben, so § 62 der Preußischen StPO (1849), ebenso Art. 23 der thüringischen StPO (1850), Art. 23 der StPO von Sachsen-Coburg-Gotha (1857) und § 1 (Gesetz v. 14.09.1868) in Sachsen.

143 So z.B. Württemberg (1849), Art. 59 und Kurhessen (1851), § 42.

144 Nach §§ 32, 85 GVG 1877 waren unfähig für das Amt eines Geschworenen oder Schöffen 1. Personen, die die Befähigung dazu infolge strafgerichtlicher Verurteilung

besaß oder die Altersvoraussetzungen nicht erfüllte. Ebenfalls zu den besonderen, gesetzlich geregelten Ausschließungsgründen, die einer Berufung als Geschworener entgegenstanden, gehörte die Schranke von Vermögenszensus und/oder Kapazitäten.

Zu Geschworenen sollten darüber hinaus bestimmte Berufsgruppen nicht berufen werden.

Schließlich waren – wenngleich so nicht ausdrücklich im Gesetz bestimmt – faktisch breite Gruppen der Bevölkerung vom Laienrichteramt ausgeschlossen.

2.1 Ausschluss bestimmter Berufsgruppen vom Geschworenenamt

Wegen fehlender Unabhängigkeit und zu großer Nähe zum Staatsapparat konnten als Geschworene u.a. nicht berufen werden: hohe Staatsbeamte, Richter oder Staatsanwälte, im aktiven Dienst befindliche Militärpersonen.

Darüber hinaus sah das GVG 1877 – wie zuvor schon bspw. § 63 der Preußischen Verordnung vom 3. Januar 1849[145] – dass Volksschullehrer und Dienstboten nicht als Laienrichter berufen werden sollten, §§ 33 Nr. 5, 34 Nr. 7,8 sowie § 85 GVG 1877. Anders als die bis dahin geltende Regelung in Preußen jedoch, die auch Lehrer an Grundschulen vom Geschworenenamt ausdrücklich ausschloss, bedeutete die Soll-Bestimmung des GVG 1877, dass der in den §§ 33, 34 des Gesetzes genannte Personenkreis nicht grundsätzlich unfähig zum Geschworenen- oder Schöffendienst war, seine Teilnahme also nicht zur Nichtigkeit des betreffenden Verfahrens geführt hätte.

Abgesehen davon, dass sowohl Volksschullehrer als auch Dienstboten angesichts des hohen Zensushürde kaum die Bedingungen für die Berufung als Geschworene erfüllt haben dürften, erschienen Volksschullehrer vor allem wegen

---

verloren hatten, 2. Personen, gegen die ein Hauptverfahren wegen eines Verbrechens oder Vergehens eröffnet wurde, das die Aberkennung der bürgerlichen Ehrenrechte oder die Fähigkeit zur Bekleidung öffentlicher Ämter zur Folge haben konnte, 3. Personen, die infolge gerichtlicher Anordnung in der Verfügung über ihr Vermögen beschränkt waren.

145 Preußische Verordnung vom 3. Januar 1849 über die Einführung des mündlichen und öffentlichen Verfahrens mit Geschworenen in Untersuchungssachen (als Teil der Criminal-Ordnung für die Preussischen Staaten): „Religionsdiener aller Konfessionen, Elementarschullehrer sowie Dienstboten“.

ihrer „Unentbehrlichkeit für den laufenden Beruf" als für den laienrichterlichen Einsatz ungeeignet.[146]

Selbst Jahrzehnte später wurde, insbesondere auf dem Lande, der Gesichtspunkt der empfindlichen Störung des Schulbetriebs infolge der Mitwirkung eines Lehrers als Laienrichter – zumindest bei der zeitintensiven Tätigkeit eines Geschworenen – als Hinderungsgrund gesehen. Für eine Tätigkeit als Schöffe galt diese Einschränkung hingegen nicht, so dass ein Lehrer angesichts seiner Eigenschaft als verständige, unparteiische und mit den Anschauungen der Bevölkerung vertraute Person als Schöffe sogar besonderes geeignet erschien.[147]

Als eher politischer Nebenaspekt, der gegen den Einsatz von Lehrern als Laienrichter vorgebracht wurde, galt die Befürchtung eventueller von ihnen ausgehender gesellschaftspolitischer Radikalisierungstendenzen.[148]

Bei Dienstboten kam deren relative Rechtlosigkeit, vor allem im Vergleich mit gewerblichen Arbeitern, hinzu. Dienstboten unterstanden den Gesindeordnungen und waren damit mehr oder weniger der Willkür ihres jeweiligen Arbeitgebers („Herrschaft") unterworfen. Erst im Gefolge der 1918 aufgehobenen Gesindeordnungen keimten gerichtsverfassungsrechtliche Reformbestrebungen auf. Die Ausschließung von Dienstboten vom Amt eines Laienrichters erschien als nicht mehr zeitgemäß.[149]

2.2 Faktischer Ausschluss unterer Volksschichten vom Geschworenenamt

Die Tatsache, dass Geschworene i.d.R. nach „Zensus" und „Kapazitäten", also aus höheren gesellschaftlichen Kreisen rekrutiert wurden, war nicht gleichbedeutend mit einer bewussten Ausgrenzung unterer Volksschichten. Da die Revolutionsziele von 1789 – Aufhebung aller Standesunterschiede und der Schaffung der Gleichheit aller Menschen vor dem Gesetz – nachwirkten, erschien die Auswahl von Richtern aus allen Schichten des Volkes als geradezu selbstverständliches Gebot. Dieses war allerdings schon deshalb nicht ohne weiteres umsetzbar, weil anerkannter Gradmesser bei der Auswahl der Geschworenen die Suche nach den

146 v.Gneist, Die Bildung der Geschworenengerichte in Deutschland, S. 180.
147 So die Auffassung von Oberlandesgerichtsrat Oppler, in: DJZ 1911, S. 84ff.
148 v.Gneist, Die Bildung der Geschworenengerichte in Deutschland, S. 180.
149 Wie z. B. Goldtschmidt/Schiffer in ihrem Gesetzentwurf von 1919 feststellten; s. dazu Hadding, S. 71.

besten Repräsentanten des Volkes war. Einen „so großen Beruf, wie das Urtheil des Bürgers über Ehre, Freiheit und Leben eines Mitbürgers ist," durften daher nur die „Fähigsten" ausüben, „und die Absicht der Auswahl war, die Fähigsten zu finden".[150] Zu ihnen rechnete man aber gerade nicht das „gemeine" Volk, sondern diejenigen, die entweder vermögend waren oder aber durch ein ausgewiesenes Mass an Bildung und einen entsprechenden gesellschaftlichen Status prädestiniert erschienen.

Entsprechende Auffassungen, die sich recht eindeutig gegen die Teilhabe unterer Volksschichten an Geschworenenämtern wandten, fanden sich in der Justiz selbst; so z.B. in den Reihen des Rheinischen Appellationsgerichtshof zu Köln. Nach Ansicht dieses höchsten Gerichts der Rheinprovinz widersprach es fundamental dem Grundanliegen des Geschworenengerichts, „wenn auf das Graatewohl in die untere Volksklasse tiefer eingegriffen werde, um nur die Zahl der zu Geschworenen berufenen Staatsbürger zu vermehren ohne sich darum zu bekümmern, welche Resultate für die bürgerliche Gesellschaft hieraus hervorgehen mögen".[151]

Die korrespondierenden Interessen zwischen manchen Berufsrichtern und den sog. gehobenen Volksschichten bringt auch Mittermaier in seinem 1874 erschienenen Werk „Das Volksgericht" zum Ausdruck. Wenigstens ein Teil der „Klasse der vornehmen Bürger" fand es bedenklich, „daß auch Bürger, die zu der niederen Klasse gehörten, als Geschworene zu Gericht sitzen sollten".[152]

2.3 Exkurs: Fehlendes Interesse Vermögensschwacher an der Übernahme einer Laienrichtertätigkeit?

Das Pendant zu mangelnder, vor allem durch materielle Beschränkungen bedingter Partizipationsmöglichkeit war das zumindest gelegentlich fehlende Interesse von Arbeitern und anderen einkommensschwachen Schichten an der Übernahme einer Laienrichtertätigkeit.

Einkommensschwäche gewährte bis zum Inkrafttreten des Entschädigungsgesetzes demjenigen, der als Schöffe bzw. Geschworener berufen war, ein Recht, das Amt abzulehnen. So bestimmte § 35 Nr. 6 GVG 1877 ausdrücklich, dass

150 Leue, Das deutsche Schöffengericht, S. 12.

151 Vorschläge des Rheinischen Appellationsgerichtshofs vom 17.4.1833, StA Koblenz, Abt. 403, Nr. 12165 (zitiert nach Blasius, FS Rosenberg, S. 153).

152 Mittermaier, Volksgericht, S. 4.

„Personen, welche glaubhaft machen, daß sie den mit der Ausübung des Amts verbundenen Aufwand zu tragen nicht vermögen", ein Ablehnungsrecht besassen. Von diesem Recht wurde in der Praxis nicht selten Gebrauch gemacht.

Unabhängig von Herkunft und gesellschaftlicher Stellung eines Geschworenen oder Schöffen schien deren Interesse an laienrichterlicher Tätigkeit im übrigen, offensichtlich vor allem wegen des damit verbundenen Zeitverlustes, eher gering. Strafrichter wurden regelmäßig von Entschuldigungen durch Geschworene oder Schöffen für ihre Abwesenheit bei Sitzungen geradezu „überschwemmt". Sogar die Bitte, abgelehnt zu werden, wurde in Schwurgerichtsverfahren regelmäßig von Geschworenen an Staatsanwälte und Verteidiger herangetragen.[153]

Ein weiteres Motiv, den Geschworenendienst zu meiden, war – insbesondere bei Arbeitern – die Angst vor dem Verlust des Arbeitsplatzes. Beispielhaft führt dazu ein Abgeordneter in einer Reichstagssitzung vom 19. Januar 1909[154] einen Fall an, der am Schwurgericht Mannheim 1908 verhandelt wurde. Ein als Geschworener bestimmter Arbeiter ersuchte um seine Entlassung aus dem Geschworenenamt, da ihm sein Arbeitgeber für den Fall der Teilnahme die Kündigung des Arbeitsverhältnisses angedroht hatte.

2.4 Faktischer Ausschluss von Frauen aus dem Laienrichteramt im 19. Jahrhundert

Soweit Geschworene oder Schöffen in den maßgeblichen deutschen Gesetzen des 19. Jahrhunderts und der beiden ersten Jahrzehnte des 20. Jahrhunderts erwähnt werden, sind ausschließlich Männer gemeint. Frauen existieren in diesem Teil der Rechtswirklichkeit erst seit Einführung eines entsprechenden Gesetzes vom 25. April 1922,[155] das erstmals überhaupt Frauen die Annahme eines Amtes als Schöffin oder Geschworene gestattete. Das GVG 1877 und dessen einzelstaatliche Vorläufer kannten lediglich Richter männlichen Geschlechts; sei es als Berufs-, sei es als Laienrichter.

---

153 So der selbst als Strafrichter tätig gewesene Abgeordnete Warmuth in einer Reichstagssitzung vom 6.6.1923 (Reichstagsprotokolle 1920/24,17, 358. Sitzung vom 6. Juni 1923, S. 1189).

154 Abgeordneter Dr. Frank in der 188. Reichstagssitzung vom 19. Januar 1909 (Reichstagsprotokolle 1907/09,8 S. 6376).

155 Gesetz über die Heranziehung der Frauen zum Schöffen- und Geschworenenamte vom 25. April 1922 (RGBl. 1922 I, 465).

Selbst zu Beginn des 20. Jahrhunderts wurde allgemein die Zulassung von Frauen als Geschworene noch für „verfrüht“[156] gehalten, auch wenn sie für die bestimmte Delikte, insbesondere Sittlichkeitsverbrechen nach §§ 176 ff. StGB, sogar als besonders geeignet galten.

Erste Ansätze einer Verbesserung der Stellung von Frauen in der Justiz enthielten die Goldschmidt/Schiffer'schen Entwürfe von 1920. Die Wahrnehmung einer Tätigkeit als Geschworene oder Schöffin sollte danach wenigstens für Hauptverhandlungen ermöglicht werden, in denen eine Frau angeklagt war.[157]

Die durch das Gesetz vom 25. April 1922 neu geschaffene, sodann in § 29 Abs. 1 S. 2 GVG 1924 übernommene Formulierung: „Mindestens ein Schöffe muß ein Mann sein“, ging auf einen entsprechenden Entwurf des damaligen Reichsjustizministers Radbruch zurück.[158] Inhaltlich ergänzt wurde die Vorschrift des § 29 Abs. 1 S. 2 GVG 1924 durch § 45 Abs. 2 S. 3 GVG 1924, wonach bei Auslosung einer Frau für eine ordentliche Schöffensitzung weitere auf eine Frau lautende Auslosungen für diese Sitzung unwirksam waren. Damit war klar geregelt, dass jedes Schöffengericht pro Sitzung mit maximal einer Frau als Laienrichterin besetzt sein konnte, nicht aber mit zwei Schöffinnen. Für Männer galt diese Einschränkung nicht, so dass die Besetzung eines Schöffengerichts mit zwei männlichen Schöffen zulässig war.

Unter Berufung auf §§ 35 Nr. 6, 84 Abs. 1 GVG 1924 hatten Frauen selbst im übrigen das Recht, eine Tätigkeit als Schöffin oder Geschworene abzulehnen. „Frauen, welche glaubhaft machen, daß ihnen die Fürsorge für ihre Familie die Ausübung des Amtes in besonderem Maße erschwert“, durften gegen ihren Willen nicht als Schöffin oder Geschworene berufen werden.

Unabhängig davon, dass ab 1922 das Frauenrecht nicht auf Wahrnehmung einer Laienrichtertätigkeit beschränkt blieb, sondern auch auf berufsrichterliche und staatsanwaltschaftliche Funktionen ausgedehnt wurde,[159] gab es nach wie vor eine beachtliche Zahl von Gegnern, deren Auffassung stereotyp zusammengefasst in etwa lautete: eine Frau besäße „einerseits zu wenig Logik, andererseits zu viel Gefühl, und es mangle ihr die nötige Objektivität.“[160] Ähnliche

156 Kronecker, Vorschläge zur Verbesserung der Schwurgerichte, S. 331.

157 Vormbaum, Lex Emminger S. 114, Fn. 45.

158 Vormbaum, Lex Emminger S. 50, Fn. 56a.

159 Gesetz über die Zulassung der Frauen zu den Ämtern und Berufen der Rechtspflege vom 11. Juli 1922 (RGBl. 1922 I, Nr. 51, S. 573).

160 Engelhard, Grundsätzliches zur Frage des Laienrichtertums unter besonderer Berücksichtigung des Strafverfahrens, ZStW 44, S. 67; Engelhard selbst – tätig als

Vorbehalte gegen die Eignung von Frauen zum (Laien-)Richteramt wurden in Justizkreisen geäußert. Kammergerichtsrat Klee[161] – insoweit vermutlich durchaus repräsentativ für zahlreiche seiner Richterkollegen – etwa meinte, die Frau „sei nicht in dem selben Maß imstande, ruhig, sachlich, logisch, objektiv zu urteilen", sie unterliege „eher dem Einfluß von Gemütserregungen und Stimmungen".

Verfehlt wäre es allerdings, aus der deutlich gestärkten Rechtsposition der Frauen von einer auch nur annähernd faktischen Gleichstellung in der Gerichtsbesetzung auszugehen. Obwohl 1919 immerhin bereits 450 Frauen Jura studierten, standen 1930 lediglich 74 Frauen im richterlichen Dienst, davon 66 als Gerichtsassessorinnen; dies bei einer Gesamtrichterzahl in Deutschland von damals 10.000.[162]

3. Auswahl der Laienrichter: von der Frühphase der Geschworenengerichte bis zur Emminger-Reform 1924

In der Errichtungsphase des Schwurgerichts zu Beginn des 19. Jahrhunderts hatten Überlegungen, aus welchem Personenkreis ein Geschworenengericht zu bilden sei, bzw. wer zum Amt des Geschworenen zugelassen werden könne ist, weit weniger Bedeutung als die Diskussion um grundlegende, das Geschworenensystem selbst betreffende Fragen, wie z. B. die Wahrung der Grundsätze von Mündlichkeit und Öffentlichkeit des Strafprozesses in Abkehr vom Inquisitionsverfahren,[163] die Abgrenzung der Tat- von der Rechtsfrage,[164] das Wesen des Schwurgerichts, die Abschaffung oder Beibehaltung der gesetzlichen Beweistheorie usw.

Rechtswissenschaftler in Heidelberg – hielt eine Frau aufgrund der „Struktur ihres Gefühlslebens" als für das Richteramt ungeeignet (a.a.O. S. 68).

161 Zitiert nach Loewenfeld, S. 812, der an dieser Stelle auch auf andere ähnlich lautende Auffassungen aus Wissenschaft und Praxis hinweist.

162 Nach: Ulrike Schultz, in: Frauen im Recht, „Wie männlich ist die Juristenschaft", S. 319 ff., S. 324f.

163 Was aber nach wohl einhelliger Auffassung trotz diverser Verfahrensreformen während des gesamten 19. Jahrhunderts nur begrenzt gelang. So wird das Ergebnis bspw. von Ignor, Geschichte des Strafprozesses in Deutschland 1532- 1846, 2002, S. 16 als „reformierter Inquisitionsprozess" bezeichnet.

164 S. dazu Kapitel IV.3. – 9.

Die Auswahlfrage war darüber hinaus davon abhängig, welche Art von Jurysystem Orientierungsmaßstab sein sollte.

3.1 Die Entscheidung für das englische oder für das französische Jurysystem

Da in ganz Deutschland bis Ende des 18. Jahrhunderts die Einrichtung eines originär eigenen Geschworenengerichts unbekannt war, drängte es sich auf, die Kriterien für die Auswahl geeigneter Richter an ausländischen Vorbildern auszurichten. Im engeren Sinne zur Diskussion standen dabei lediglich die Jurysysteme Frankreichs und Englands.

Obwohl namhafte Wissenschaftler[165] das englische System bevorzugten, England das Ursprungsland der Jury war und Frankreich den Jurygedanken aus dem englischen Recht lediglich übernommen hatte, orientierten sich die deutschen Einzelstaaten bei Einführung des Schwurgerichts gleichwohl weit mehr an dem französischen als an dem englischen Vorbild. Ein Geschworenengericht nach dem Beispiel einer englischen Jury einzurichten, stand nirgendwo ernsthaft zur Debatte.

Die Entscheidung für das französische System erfolgte nicht autonom und erscheint schon angesichts der Tatsache, dass das Interesse führender Protagonisten der Vormärzbewegung in der Wissenschaft wie im Bürgertum zukunftsgerichtet war, kaum verständlich. Das französische Jurysystem galt als eher rückwärtsgewandt und enthielt weit mehr inquisitorische als akkusatorische Elemente. Der Vorsitzende (Assisenpräsident) hatte – anders als der englische Richter – nicht die Stellung eines „unpartheiischen Dirigenten". Er besaß vielmehr die „Macht, den Angeklagten ganz nach den Maximen des Inquisitionsprinzips zu vernehmen und auch „mürbe" zu machen."[166] Er allein vernahm die von Staatsanwaltschaft oder Verteidigung benannten Zeugen und entschied über die Verwendung sonstiger Beweismittel nach seinem Ermessen.

Wenn gleichwohl dem französischen System der Vorzug gegeben wurde, war diese Entscheidung offensichtlich vor allem der durch die französische Vorherrschaft in Europa gekennzeichneten damaligen politischen Lage geschuldet.

165 Unter ihnen Feuerbach, Mittermaier, v.Gneist.
166 Zachariae, Handbuch, S. 329.

3.2 Die wissenschaftlichen Auffassungen zur Juryfrage, dargestellt am Beispiel Feuerbach's und der rheinischen Immediat-Justiz-Kommission

Insbesondere in der ersten Hälfte des 19. Jahrhunderts gab es umfassende Auseinandersetzungen in Wissenschaft und Praxis im „Kampf um die Schwurgerichte."[167]

Im wesentlichen repräsentiert durch P.J.A. Feuerbach auf der einen und die Tätigkeit der rheinischen sog. Immediat-Justiz-Kommission auf der anderen Seite wurde die Diskussion neben juristischen vor allem auch von politischen Überlegungen geprägt. Die folgenden Darlegungen, im wesentlichen orientiert an diesen beiden, inhaltlich einander gegenüberstehenden Auffassungen, geben die Hauptstreitpunkte der damaligen Diskussion wieder.

3.2.1 Feuerbach

Aus heutiger Sicht als beinahe basisdemokratische Stimme zu bezeichnen, plädierte Feuerbach in seiner 1812/1813 erschienen Schrift „Betrachtungen über das Geschwornen-Gericht" u.a. dafür, die Beisitzer der Geschworenengerichte „gemischt aus allen Ständen" zu wählen.[168] Als ein Verfechter des auch politischen Charakters einer Jury, in der das Volk repräsentiert und an strafgerichtlichen Entscheidungen beteiligt sein müsse, komme eine Beschränkung auf Bürgerklassen, Gelehrte und sogenannte Gebildete[169] nicht in Betracht.

Hintergrund dieser Forderung war die damalige, später an Bedeutung abnehmende, Auseinandersetzung um die Frage, ob die Zusammensetzung eines Geschworenengerichts dem Grundsatz der Standesgleichheit entsprechen müsse oder nicht.[170] Die Auffassung, dass jeder Angeklagte ein Recht habe, sich nur vor

167 „Der Kampf um die Schwurgerichte bis zur Frankfurter Nationalversammlung" lautet auch der Titel des 1926 erschienenen Grundlagenwerks von Schwinge, auf dessen Inhalt für eingehendere Darlegungen verwiesen wird.

168 Feuerbach, Betrachtungen über das Geschwornengericht, S. 242.

169 Feuerbach, a.a.O., S. 242.

170 Dass tatsächlich ein genossenschaftliches Element der Besetzung von Geschworenengerichten eher fremd war, legt Mittermaier exemplarisch in seiner Arbeit „Die Mündlichkeit...", S. 359 Fn. 2 dar: danach urteilten über den Fall eines des Kindesmords angeklagten Mädchens „von niederem Stande" „vier Kaufleute, ein Bankier, ein Förster, drei reiche Partikuliers der Stadt, zwei Notarien und ein pensionierter Offizier" als Geschworene.

Geschworenen seines Gleichen verantworten zu müssen, betrachtete Feuerbach zwar als idealtypisch, hielt sie jedoch im Gerichtsalltag für nicht durchsetzbar. Wenn das Geschworenengericht auf Dauer Bestand und Anerkennung finden solle, müsse es sogar eher „auf einem Princip der Standesungleichheit ruhen“.[171]

Feuerbach's Abneigung richtete sich im übrigen vor allem gegen die sogenannten Gebildeten, die er wegen ihres Halbwissens und ihrer Halbkultur als anmassend, dünkelhaft, verschroben und unfrei im Geist beurteilte, und die nicht selten in „Personalunion“ zu den Begüterten, Vornehmen standen.[172] Aber auch die „eigentlichen Gelehrten, diese Doktoren der Philosophie,der Medizin, der Theologie, diese Mitglieder und Adjuncten der gelehrten Gesellschaft, sind in Beziehung auf gerichtliche Gegenstände nicht tauglicher als der gemeinste Halbwisser“.[173]

Darin lag zugleich ein Angriff Feuerbachs gegen das System des französischem Rechts, das von den Statuszeichen Reichtum und bürgerliche Intelligenz bestimmt war. Statt dessen plädierte er eher für das von ihm für vorzugswürdig gehaltene englische Auswahlverfahren, das die Einbeziehung des Landmanns, des Kaufmanns und des Handwerkes bei der Besetzung einer Geschworenenbank vorsah.

Ähnlich offen votierten andere Anhänger der englischen Jury. Als Geschworene seien alle Staatsbürger zuzulassen, die das politische Wahlrecht besaßen.[174]

Derart liberale Grundauffassungen waren nicht auf die Zeit bis 1849 beschränkt, sondern fanden sich mehr als 30 Jahre später z. B. bei v.Gneist wieder.[175] Für die Zulassung zum Geschworenenamt sei grundsätzlich nur das Staatsbürgerrecht, ein in der Regel „reiferes Lebensalter“[176] und bürgerliche Unbescholtenheit erforderlich. Diese sei allerdings nicht mit dem in Preußen geltenden Grundsatz des „Vollgenusses der bürgerlichen Rechte“ gleichzusetzen. Unbescholten könne nach v.Gneist vor allem derjenige nicht sein, der einen „Mangel an patriotischer oder ehrliebender Gesinnung“ aufweise oder der unter Kuratel – wegen

---

171 Feuerbach, a.a.O., S. 94; S. dazu auch Kapitel II.2.6.

172 Feuerbach, a.a.O. S. 239, 240: ausdrücklich nennt Feuerbach das Beispiel eines „vornehmen Banquiers“, der als Obergeschworener ein Urteil zu verantworten hatte, das juristisch ebenso falsch wie von Standesdünkel geprägt war.

173 Feuerbach, a.a.O. S. 240.

174 Vgl. bspw. Geib, Die Reform des deutschen Rechtslebens, S. 129; der allerdings Beamte, Rechtsanwälte und Ärzte davon ausnehmen wollte; Frey, Das Geschworenengericht aus historischen, straf- und staatsrechtlichen Gesichtspunkten betrachtet, S. 143; Heffter, Die Zusammensetzung der Schwurgerichte. Ein Votum, Archiv des Crminalrechts, S. 20ff.

175 v.Gneist, Bildung der Geschworenengerichte, S. 161.

176 Das v.Gneist bei etwa mindestens 30 Jahren sah, a.a.O. S. 162.

„Verschwendung, Wahnsinn, Blödsinn“ – gestellt sei.[177] Anders als in Preußen gesetzlich geregelt, hielt v.Gneist es auch nicht für erforderlich, dass Geschworene lese- und schreibkundig zu sein hatten.[178]

3.2.2 Die Immediat-Justiz-Kommission

Durch preußisch-königliche Kabinettsorder wurde 1816 die „Immediat-Justiz-Kommission“ eingesetzt, der u.a. die Leitung des rheinischen Justizwesens für die Dauer ihrer Tätigkeit übertragen wurde.[179]

Die Kommission, deren eigentliche Aufgabe darin bestand, die Einführung des preußischen Rechts vorzubereiten, deren Ergebnisse jedoch eher das Gegenteil, nämlich einen zeitlich erheblichen Aufschub des geplanten Reformvorhabens bis wenigstens 1848 bewirkten,[180] brachte bis auf den gutachterlich empfohlenen juristischen und faktischen Fortbestand der Geschworenengerichte nach rheinischem Vorbild letzten Endes nichts entscheidend Neues zustande.

Die erwartete Auseinandersetzung mit der seinerzeit maßgeblichen Auffassung von Feuerbach[181] mündete in einer Widerlegung seiner Ansichten.[182] Das Kommissionsgutachten über das Geschworenengericht erwies sich jedoch als reine Verteidigungsschrift der französischen Prozessgrundsätze, auch wenn ausdrücklich betont wurde, dass es nicht darum ging, sämtliche, die französische Jury betreffenden gesetzlichen Vorschriften zu rechtfertigen.[183]

177 v.Gneist, a.a.O. S. 163, (165).

178 v.Gneist, a.a.O. S. 166.

179 Schwinge, S. 21.

180 Koch, S. 170: das preußische Strafverfahrensrecht wurde jedenfalls nicht vor 1848 entscheidend reformiert; vgl. auch Schwinge, S. 24.

181 Neben Feuerbach gab es weitere, allerdings weniger bedeutende Gegner des französischen Instituts. Zu ihnen gehörten – um nur einige Namen zu nennen – der preußische Justizminister Kircheisen, Trittermann, Mosqua, van der Leyen, v. Puttlitz (zitiert nach Mittermaier, Die öffentliche mündliche Strafrechtspflege und das Geschworenengericht, S. 9, 10)

182 Schwinge, S. 24 bemängelt, dass keiner der wesentlichen Kritikpunkte von Feuerbach – Einfluss der Regierung auf die Besetzung des Schwurgerichts, Fehlen einer Beweistheorie, Entscheidung nach Stimmenmehrheit – gutachterlich gewürdigt wurde.

183 Landsberg, Die Gutachten der Rheinischen Immediat-Justiz-Kommission und der Kampf um die rheinische Rechts- und Gerichtsverfassung, S. 169.

Die von Feuerbach eingehend geführte Diskussion um die Standesgleichheit der Geschworenen griff die Kommission nur insoweit auf, als Standesgleichheit lediglich Gleichheit der politischen Rechte bedeute.[184]

Die Kommission erstattete mehrere Gutachten. Eines der Hauptgutachten betraf die Gründe für die Beibehaltung des Geschworenengerichts,[185] das zusammenfassend als „edelstes und vorzüglichstes Kleinod“ der rheinischen Verfassung[186] bezeichnet wurde, und das „aus allen fähigen Classen der Staatsbürger, für jeden einzelnen Fall, theils durch das Loos, theils durch das Vertrauen des Gemeinwesens und des Angeklagten“[187] zu bilden war.

Geprägt war die Tätigkeit der Kommission zusätzlich durch das auch zu dieser Zeit in der Bevölkerung noch bestehende tiefe Misstrauen gegen privilegierte Berufsrichter. Sie galten vielen nach wie vor als Befürworter und Vertreter des überkommenen, die Prinzipien der Mündlichkeit und Öffentlichkeit missachtenden schriftlichen, geheimen Verfahrens. Ihre Stellung als Beamte schien Weisungen und sonstige Beeinflussungen nahezulegen und Kabinettsjustiz ebenso wie Richterwillkür zu fördern.[188] Ein entscheidendes Gegengewicht bot allein die umfassende Beteiligung „fähigster“ Volksrichter, so dass auch deshalb das Geschworenengericht „einen Vorzug vor dem ständigen, aus blos rechtsgelehrten Beamten bestehenden Gerichtshöfen“[189] verdiene.

Die Gutachter verglichen auch die Qualität der allein von Berufsrichtern gefällten Urteile der altpreußischen Kriminalgerichte mit denjenigen der rheinpreußischen Geschworenengerichte. Dabei gelangten sie zu der Feststellung, dass die Geschworenen „glücklicher und zutreffender in ihren Urteilen“[190] waren. Ein

---

184 Landsberg, Die Gutachten der Rheinischen Immediat-Justiz-Kommission, S.121f.

185 Landsberg, Die Gutachten der Rheinischen Immediat-Justiz-Kommission, S. 169ff.

186 So das Nachtrags-Gutachten das Geschworenen-Gericht betreffend vom 3. Juli 1818, zitiert bei Landsberg, Die Gutachten der Rheinischen Immediat-Justiz-Kommission, S. 203.

187 Landsberg, Die Gutachten der Rheinischen Immediat-Justiz-Kommission, S. 170; symbolisch für die Repräsentanz von „Zensus und Kapazitäten“ unter den Laienrichtern, daneben auch für die damals intensiv geführte Diskussion um den Fortbestand der Schwurgerichte sind zwei ansonsten eher seltene persönliche Beiträge von Laien, nämlich durch den Gutsbesitzers von der Leyen und den Düsseldorfer Physikprofessors Brewer als Befürworter des französischen Jurysystems, (erwähnt bei Schwinge, S. 23).

188 Nowakowski, S. 28; Schwinge S. 45, 71 und 143.

189 Landsberg, Die Gutachten der Rheinischen Immediat-Justiz-Kommission, S. 172.

190 Dahlmann, in: Verhandlungen der Germanisten zu Frankfurt a.M., Zweite Sitzung am 25.09.1846, S. 100.

wesentlicher Grund hierfür mag das Maß an notwendiger – den Berufsrichtern fehlender – Unbefangenheit gewesen sein, mit der Geschworene ihre Entscheidungen fällten.

3.3 Die Auswahl nach „Zensus" und „Kapazitäten" in der Zeit bis 1848

Wie in Frankreich erfolgte in der Mehrzahl der deutschen Länder die Auswahl der Jurymitglieder nach „Census und Capazitäten", was als „kombiniertes" System bezeichnet wurde. Im Gegensatz dazu stand das englische System, das nur den Vermögenszensus als Bedingung für die Berufung eines Geschworenen vorsah.[191]

Während das französische Juryverfahren darüber hinaus von einer einflussreichen und durchorganisierten Polizeiverwaltung sowie dem Präfekturwesen – der oberste Verwaltungsbeamte (Präfekt) konnte bspw. die von ihm für untauglich gehaltenen Geschworenen einfach ausschließen[192] – bestimmt und kontrolliert wurde, sollten die rheinischen und die in den preußischen Provinzen gewählten Geschworenen jenseits politischer Einflussnahme ausschließlich die „vorzugsweise" Vereinigung von „Bildung und praktische(r) Lebenserfahrung"[193] repräsentieren.

In doppelter Hinsicht verfehlt wäre es allerdings, hierin einen gegenüber Frankreich weit demokratischeren Ansatz zu vermuten. Einerseits muss der politische Einfluss auf die Zusammensetzung der Geschworenenlisten auch in Deutschland erheblich gewesen sein. Dies zeigt allein das Beispiel der rheinischen Schwurgerichtshöfe, wo der Regierungspräsident persönlich die Geschworenenlisten zusammenstellte und daher bei der Auswahl der Geschworenen nahezu völlige Entscheidungsfreiheit besaß.[194]

Andererseits erfolgte die Auswahl der Geschworenen selbst nach ausgesprochen elitären Kriterien. So kamen z. B. nach dem „Rheinischen Gesetzbuch über das gerichtliche Verfahren in Strafsachen" nur bestimmte Klassen In Betracht: Mitglieder der Wahlkollegien, die 300 höchstbesteuerten Einwohner eines Departments, Doktoren und Lizentiaten der vier Fakultäten des Rechts, der Medizin, der Literatur und der Mathematik; Notare, Rechtsanwälte und Bankiers, Wechselagenten, Großhändler sowie Kaufleute, die in den ersten beiden Klassen der

191 Zachariae, Handbuch, S. 308.
192 Mittermaier, Die Mündlichkeit, S. 51.
193 v.Gneist, Die Bildung der Geschworenengerichte in Deutschland, S. 138.
194 So die Feststellung von Blasius, FS Rosenberg, S. 153 m.w.N.

Patent-Steuerrollen eingetragen waren. Darüber hinaus konnten bei den Verwaltungen Beschäftigte – mit Ausnahme höherer Verwaltungsbeamter – Geschworene werden, sofern sie ein Jahresgehalt von mindestens 4000 Franken erhielten.[195]

3.3.1 Der Zensus

Insbesondere der hohe Steuersatz bewirkte, dass das Geschworenenamt – von den sog. Gebildeten abgesehen – lediglich einer kleinen besitzbürgerlichen Schicht vorbehalten war. So konnten bspw. im Kreis Düsseldorf 1832 aufgrund der Steuerfestsetzung von 72 724 Einwohnern nur 723 Personen überhaupt Geschworene werden.[196] Schon aufgrund ihrer personalen Zusammensetzung stellten die Schwurgerichte in gesellschaftspolitischer Hinsicht also einen das großbürgerliche Wertesystem gewissermaßen stabilisierenden Faktor dar.[197]

Gefördert wurde diese Tendenz zusätzlich dadurch, dass ab etwa 1821 die Bedeutung der Jury für die politischen Verbrechen abnahm[198] und zunehmend Eigentumsdelikte, insbesondere schwerere Diebstahlsvorwürfe, die an sich nicht in den sachlichen Zuständigkeitskatalog der Geschworenengerichte fielen, vor ihnen verhandelt wurden. Die Verurteilungsquoten[199] waren hoch, die Schuldsprüche häufig zweifelhaft. Ungerechtfertigt harte Strafen gegen Diebe, Betrüger usw. hatten offensichtlich nicht nur das Ziel, potentielle Täter abzuschrecken, sondern darüber hinaus bürgerliche Werte, wie Eigentum und Vermögen, zu schützen und zu erhalten.

Anschaulich wird dies von Küßner in seinem Anleitungswerk für Geschworene bestätigt, wenn als gesellschaftliche Erwartungshaltung an die Tätigkeit von Geschworenen neben der Aufrechterhaltung der gesetzlichen Ordnung, der Ruhe

---

195 Blasius, FS Rosenberg, S. 151/152.

196 Blasius, FS Rosenberg, S. 148ff., (154).

197 Landau, S. 266f.

198 Blasius, FS Rosenberg, S. 157: durch eine Kabinettsorder vom 6. März 1821 wurden den rheinischen Gerichte sämtliche politischen Sachen und Dienstvergehen von Verwaltungsbeamten entzogen; v.Gneist, Die Bildung der Geschworenengerichte, S. 136.

199 Die erste veröffentlichte preußische Kriminalstatistik betrifft allerdings erst das Jahr 1854: danach machten von sämtlichen 8500 in diesem Jahr vor preußischen Schwurgerichten verhandelten Fälle schwere Diebstähle mehr als die Hälfte der Verfahren aus. Die Verurteilungsquote in diesen Verfahren lag darüber hinaus mit 95% deutlich über dem Durchschnitt aller Freisprüche, die insgesamt 18% betrugen (vgl. Landau, S. 287/288 unter Bezugnahme auf Goltdammer's Archiv Bd. 4 (1856), S. 170–188).

und Sicherheit des Staates auch „Leben, Ehre und Vermögen der Bürger“ als in die Obhutspflicht der Geschworenen fallende Rechtsgüter genannt werden.[200]

3.3.2 Die Kapazitäten: Intelligenz und Bildung bei Laienrichtern

Insbesondere als Gegenstand rechtswissenschaftlicher Erörterung[201] erlangte die Forderung nach Repräsentanz von Intelligenz und Bildung unter den Laienrichtern schon in der ersten Hälfte des 19. Jahrhunderts Bedeutung. Noch intensiver wurde die Diskussion in der Vorphase der Märzrevolution 1848/49 geführt. Sowohl in die Frankfurter als auch in die Berliner Nationalversammlung wurden jeweils Gesetzesvorlagen eingebracht, nach denen neben den Censusbürgern alle Akademiker zum Geschworenenamt zugelassen werden sollten.[202] Dagegen wurde eingewandt, dass das „beste Verständnis eines Gelehrten von dem besten Verständnis eines Verbrechers nothwendig sehr verschieden sei,“[203] und im übrigen „die äußere Stellung der studirten Stände, welche dem größten Theil noch in unmittelbaren Staatsdienst sind,“[204] der Unabhängigkeit eines Urteilens entgegenstünde.

In der Praxis blieb diese Diskussion ohne nennenswerte Auswirkungen: durch Herkunft und Stand privilegierte Bildungsbürger und Vermögende blieben weiterhin bevorzugte Repräsentanten des Geschworenengerichts. Auch wenn z. B. in Preußen grundsätzlich schon derjenige als zum Geschworenenamt befähigt galt, der die „Eigenschaft eines Preußen“ – also die preußische Staatsbürgerschaft – besass, durfte ein Geschworener nicht Analphabet sein, musste vielmehr wenigstens „des Lesens und Schreibens kundig sein“.[205]

So selbstverständlich dies heute erscheint, so nachteilig muss sich ein fehlendes Profil hinreichender Kenntnisse des Alphabets unter den damaligen Verhältnissen für die Übernahme eines Geschworenenamtes ausgewirkt haben. Angesichts einer

200 Küßner, Das preußische Schwurgericht, S. 23.

201 Zum damaligen Diskussionsstand im Einzelnen, Schwinge, S. 123ff.

202 Nachweis bei Schwinge, S. 130.

203 So v.Gneist, Die Bildung der Geschworenengerichte, S. 16 unter Hinweis auf einen entsprechenden Ausspruch von Justus Möser.

204 v.Gneist, Die Bildung der Geschworenengerichte, a.a.O.

205 § 62 der Verordnung vom 3. Januar 1849 über die Einführung des mündlichen und öffentlichen Verfahrens mit Geschworenen in Untersuchungssachen (in: Criminal-Ordnung für die Preußischen Staaten); den Missstand „tiefer Unwissenheit“ bei des Lesens und Schreibens unkundigen Geschworenen in der ersten Hälfte des 19. Jahrhunderts kritisiert bspw. v.Gneist, Die Bildung der Geschworenengerichte, S. 19, 166.

hohen Analphabetenquote – insbesondere in ländlichen Regionen – war ein Großteil der erwachsenen männlichen[206] Bevölkerung schon deshalb de facto von der Wahl als Geschworener ausgeschlossen.[207]

Die meisten deutschen Staaten kannten zwar eine allgemeine Schulpflicht seit dem 18. Jahrhundert, wie bspw. Preußen durch die Königliche Verordnung zur Einführung der Allgemeinen Schulpflicht in Preußen von 1717. Jedoch fehlte es bis zum Beginn des 20. Jahrhunderts an staatlichen Möglichkeiten, diese gesetzlich geforderte Schulpflicht in der Praxis durchzusetzen, was zur Folge hatte, dass die Anzahl der Analphabeten annähernd gleich hoch blieb.

Unabhängig davon entschärfte der Gesetzgeber die Zugangsvoraussetzungen für Geschworene mit Einführung des GVG vom 27.1.1877, indem hinreichende Kenntnisse im Lesen und Schreiben von Gesetzes wegen nun nicht mehr ausdrückliche Voraussetzung für die Tätigkeit als Schöffe oder Geschworener waren, §§ 33, 34, 85 S. 2 GVG 1877.

Das Interesse an der Auswahl intelligenter und gebildeter Laienrichter für das Schöffen- oder Geschworenenamt wurde ausserdem damit begründet, dass ein gewisser intellektueller Gleichstand mit Berufsrichtern die Qualität der strafgerichtlichen Rechtsprechung positiv beeinflussen könne.

So bemerkt Schwarze 1873, die „Jahreslisten der Schöffen" wiesen – anders als bei Geschworenen – „eine ebenso quantitativ und qualitativ erhebliche Zahl von Intelligenz" auf und bildeten nicht nur, wie von Glaser als Kritiker des Schöffengerichts befürchtet, eine „Klasse von juristischen Dilettanten und Halbwissern".[208] Der gebildete Bürger wird nicht weniger als der Rechtsgelehrte imstande sein, einer „geordneten Diskussion" zu folgen, wie sie bspw. in der Beratung über die Beweisergebnisses oder bei der „erschöpfenden Darlegung der erlangten Ergebnisse"[209] stattfindet.

Im Zusammenhang mit der Einführung des GVG 1877 gab es im übrigen Stimmen, die Rechtsanwälte vom Geschworenen- oder Schöffenamt ausschließen wollten. Der Reichstag lehnte diesen Antrag jedoch ab mit der Begründung, gerade Rechtsanwälte seien aufgrund ihrer Unabhängigkeit, Volksnähe und Sachkunde für dieses Amt besonders geeignet.[210]

---

206 Frauen wurden überhaupt erstmalig durch Gesetz v. 25.04.1922 (RGBl. S. 465) zum Schöffen- und Geschworenenamt zugelassen.

207 S. dazu auch die ZEIT v. 28.02.11: 7,5 Millionen Deutsche sind Analphabeten.

208 Schwarze, Das Schöffengericht, S. 63f.

209 Schwarze, a.a.O., S. 59.

210 Kern, Geschichte, S. 111.

3.3.3 Zensus und Kapazitäten als Maßstab richterlicher Unabhängigkeit?

Vor allem in der Frühphase bis 1848 wurden persönlicher Reichtum und Bildungsbürgertum zugleich als Grundlage und Gewähr für persönliche Unabhängigkeit eines Geschworenen gesehen. Nach Mittermaier[211] sei richterlicher Unabhängigkeit zu allererst bei demjenigen zu finden, „welcher durch ein bedeutendes Vermögen die Vermuthung seiner Tüchtigkeit liefert". Als nicht minder unabhängig galt darüber hinaus, wer „ohne Rücksicht auf ein großes Steuerkapital" der gesellschaftlichen Intelligenz angehörte. Intelligenz bürge dafür, dass „diese durch höhere Bildung ausgezeichneten Personen als Mitglieder einer Jury wohlthätig wirken und daß ihre Ansichten in glücklicher Mischung mit den Beobachtungen und Aeußerungen der Mitglieder aus dem Bürgerstande am meisten zur Entdeckung der Wahrheit führen werden"[212]. Zu herausragenden Vertretern der unabhängigen Intelligenz wurden Notare, Advokaten und Ärzte gerechnet.[213] Die erforderliche Unabhängigkeit bei Notaren ergab sich allein daraus, dass sie Beamte der freiwilligen Gerichtsbarkeit waren. Als unabhängig von staatlicher Einflussnahme im Rahmen ihrer Geschworenentätigkeit wurden auch Rechtsanwälte beurteilt, da sie als Angehörige eines Berufsstandes galten, der in seiner idealen Bestimmung „zu den würdevollsten der bürgerlichen Gesellschaft"[214] zählte. Sogar von Gegnern des Geschworenengerichts wurden Rechtsanwälte – wie Juristen überhaupt – für überdurchschnittlich fähig gehalten, richterliche Aufgaben wahrzunehmen, um dadurch eine bessere Qualität strafgerichtlicher Entscheidungen zu gewährleisten.[215]

Im übrigen war ausdrücklich sowohl in der englischen als auch in der französischen Geschworenenverfassung der Einsatz von Anwälten als Laienrichter, befreit vom Zensusprinzip, vorgesehen.[216]

---

211 Mittermaier, Die gesetzliche Beweistheorie in ihrem Verhältnis zu Geschworenengerichten, Neues Archiv des Criminalrechts, Bd. 13, S. 284.

212 Mittermaier, a.a.O. S. 285.

213 Mittermaier, a.a.O. S. 286.

214 Allgemeine Deutsche Real-Enzyklopädie für die gebildeten Stände (Conversations-Lexikon), Brockhaus 1833, Stichwort: Advocat (S. 95).

215 Binding, Drei Grundfragen, S. 19, 44f.

216 Vgl. z.B. Leue, Das deutsche Schöffengericht, S. 9/11.

3.4 Laienrichterauswahl in der Zeit von 1849 bis 1877

Obwohl uneinheitlich, da nicht flächendeckend in allen deutschen Einzelstaaten nach 1848 eingeführt, darüber hinaus unterschiedlich in der Art und Weise ihrer Bildung,[217] war dennoch das Vordringen der Schwurgerichte jedenfalls bis zur Bekanntmachung des GVG und der RStPO im Februar 1877 kaum aufzuhalten. Seine besondere gesellschaftliche Bedeutung wurde zusätzlich dadurch unterstrichen, dass einige Bundesstaaten das Schwurgericht als Institution in ihren Verfassungen verankerten.[218]

Bei allen Unterschieden in den für die Geschworenenauswahl der jeweiligen Einzelstaaten maßgeblichen Kriterien gab es allgemein anerkannte Grundsätze, wonach Geschworene „für jeden einzelnen Fall[219] aus dem Volke genommen werden müssen, und daß die Auswahl der zum Geschworenenamte zu Berufenden nicht auf Rechtsgelehrte oder Juristen beschränkt"[220] sein durfte. Zudem sollte ein Geschworener gewisse Eigenschaften aufweisen, zu denen insbesondere „Unbescholtenheit, Selbstständigkeit, Verstandesbildung und Lebenserfahrung"[221] gehörten.

Mittermaier[222] meinte, ausreichend sei „nicht bloß Intelligenz, genaue Kenntniß der Lebensverhältnisse, Reichthum an Erfahrungen, um die einzelne in Frage stehende Handlung, die Lage des Angeklagten richtig würdigen und den Werth der verschiedenen Aussagen recht beurtheilen zu können; es gehört dazu auch Charakter, Muth, der Ueberzeugung treu zu bleiben, durch die herrschenden Volksansichten, durch leidenschaftliche Aeußerungen der Parteien sich ebensowenig irreleiten zu lassen, als durch die Einwirkungen von Regierungsbeamten, durch die Aeußerungen des Staatsanwaltes und des Präsidenten sich einschüchtern zu lassen."

---

217 Zachariae, Handbuch des deutschen Strafprozesses, Band I, S. 299.

218 Z.B. in Art. 94 der Preußischen Verfassung vom 31. Januar 1850; Art. 108 u. 109 des Oldenburgischen Staatsgrundgesetzes von 1849.

219 Vgl. bspw. § 299 der Strafprozessordnung vom 25. Juni 1867 für die mit der Preußischen Monarchie vereinigten Landesteile (Bezirke der Appellationsgerichte Cassel, Celle, Frankfurt a.M., Kiel und Wiesbaden), die zugleich als Vorläufer der Reichsstrafprozessordnung von 1877 angesehen wurde: „Die Bildung des Schwurgerichts in jeder einzelnen Sache erfolgt in der für sie bestimmten Hauptverhandlung, bevor zu der Verhandlung über die Anklage geschritten wird".

220 Zachariae, Handbuch des deutschen Strafprozesses, Band I, S. 300.

221 Zachariae, a.a.O. S. 301.

222 Mittermaier, Volksgericht, S. 6.

v.Gneist[223] wies einem Geschworenen die insoweit als geradezu idealtypisch verstandene Charaktereigenschaft eines Zeugen zu, was bedeutete, dass er die „Wahrheit sagen könne und wolle. Um sie sagen zu können, bedarf es einer gewissen Einsicht in die Verhältnisse des menschlichen Lebens, Lebenserfahrung und Bildung. Um die Wahrheit sagen zu wollen, bedarf es eines redlichen und festen Willens zum Recht überhaupt".

Zu den Bildungsbürgern, die von dem Zugangshindernis eines bestimmten Steuersatzes befreit waren, gehörten Rechtsanwälte und Notare, approbierte Ärzte, Professoren und herausgehobene Beamte.[224] Allerdings mussten die „öffentlichen Beamten" – jedenfalls nach § 274 der Preußischen Strafprozessordnung von 1867 – ein jährliches Mindesteinkommen von 500 Thalern nachweisen.

Ausgeschlossen vom Geschworenenamt waren u.a. diejenigen Bürger, die „nicht wenigstens jährlich 18 Reichsthaler an Klassensteuer, oder 20 Reichsthaler an Grundsteuer (ausschließlich der Beschläge) oder 24 Reichsthaler an Gewerbesteuer" zu entrichten hatten.[225] Ähnliche Regelungen fanden sich in Bayern[226] und in Hannover,[227] wo die Fähigkeit zum Geschworenenamt die Zugehörigkeit zu den eintausend Höchstbesteuerten voraussetzte. In Baden[228] und Braunschweig[229] musste ein Geschworener zu den Höchstbesteuerten gehören, wobei Braunschweig später[230] die Voraussetzung auf die fünfhundert Höchstbesteuerten einschränkte; eine Regelung, die so auch in Sachsen[231] galt.

223 v.Gneist, die Bildung der Geschworenengerichte, S. 190/191; ähnlich hinsichtlich der einem Zeugen gleichenden Stellung und Aufgabe eines Geschworenen: Küßner, Das preußische Schwurgericht, S. 25.

224 § 63 der Preußischen Verordnung vom 3. Januar 1849 über die Einführung des mündlichen und öffentlichen Verfahrens mit Geschworenen in Untersuchungssachen sowie § 274 Abs. 3 S. 2 der Strafprozessordnung vom 25. Juni 1867.

225 § 63 Nr. 9 der Preußischen Verordnung vom 3. Januar 1849 über die Einführung des mündlichen und öffentlichen Verfahrens mit Geschworenen in Untersuchungssachen; ähnlich waren die Grenzen in § 274 Nr. 3 der Strafprozessordnung vom 25. Juni 1867 geregelt.

226 Bayern, Gesetz vom 10.11.1848, Art. 75.

227 Hannoversche Strafprozessordnung vom 08.11.1850, § 10 i.V.m § 1 des Gesetzes über die Bildung der Schwurgerichte und provisorisches Gesetz, das öffentliche-mündliche Verfahren mit Geschworenen betreffend vom 24.Dezember 1849 (Hannover).

228 Großherzogtum Baden, Gesetz vom 05.02.1851, § 3.

229 Braunschweigische Strafprozessordnung vom 22.08.1849, § 107.

230 Braunschweigische Strafprozessordnung vom 21.10.1858, § 107.

231 Sachsen, Gesetz vom 14.09.1868, § 1.

Die Steuersätze waren zwar unterschiedlich, sämtlich jedoch so hoch, dass sie eine eindeutige Ungleichbehandlung unter den verschiedenen Bevölkerungsgruppen bewirkten. Trotz der Errungenschaften der bürgerlich demokratischen Revolution von 1848 wurden Vermögende bei der Ernennung als Geschworene klar bevorzugt. Sie besassen im Vergleich zu Arbeitern oder Kleingewerbetreibenden Rechte, die diesen faktisch versagt waren.

Offensichtlich noch gravierender waren die Auswirkungen in ländlichen Regionen. So bemerkt v.Gneist,[232] die Grundsteuer sei zu hoch, um dem Bauern die Chance auf ein Geschworenenamt zu ermöglichen. Dasselbe gelte für den ländlichen Handwerker, der an der gesetzlich geforderten Gewerbesteuerhöhe scheitere.

Neben den Geschworenen- entstanden in dieser Zeit die ersten Schöffengerichte.[233] Wesentliche Unterschiede hinsichtlich der Fähigkeit zum Schöffen- oder Geschworenenamt gab es zunächst nicht.[234]

Besonderheiten wiesen allerdings die unterschiedlichen Auswahlkriterien auf. So bestimmte bspw. die Preußische Strafprozessordnung vom 25. Juni 1867 in den Bestimmungen über die Berufung zum Schöffenamte (§ 4 S. 1), dass die Entrichtung eines gewissen Steuersatzes – anders als bei der Geschworenenauswahl[235] – kein Erfordernis für die Wählbarkeit als Schöffe sei. Die Hannoversche Strafprozessordnung vom 8. November 1850 sah ebenfalls eine entsprechende Regelung vor. In sog. Polizeistrafsachen erfolgte die „Aburtheilung" vor dem Amtsgericht durch den Amtsrichter und zwei Gerichtsschöffen. Für diese war nach § 5 S. 2 Anhang I (Zuziehung von Gerichtsschöffen in Polizeistrafsachen) zur hannoverschen StPO ein Vermögenscensus nicht vorgesehen. Jedoch war die Wahl „nur auf solche Personen zu richten, welche mit besonderer Rücksicht auf ihre erprobte Einsicht und Ehrenhaftigkeit am geeignetsten" erschienen.

---

232 v.Gneist, Die Bildung der Geschworenengerichte, S. 175.

233 In der Zeit zwischen 1850 und 1870 führten folgende deutsche Länder neben dem Schwurgericht auch Schöffengerichte ein: Württemberg, Hannover, Oldenburg, Hamburg, Bremen, Kurhessen, Baden, die neuen Landesteile Preußens und Sachsen, (Nachweis bei Hadding, S. 37); Schöffengerichte waren in Hannover lediglich für kleinere, sog. Polizeistrafsachen, zuständig. In den Königreichen Sachsen und Württemberg wurde die Zuständigkeit auf Delikte mittlerer Ordnung erweitert.

234 Zachariae, Das moderne Schöffengericht, S. 37.

235 Nach § 274 S. 1 Nr. 3 PrStPO sollten Geschworene der klassifizierten Einkommenssteuer unterworfen sein bzw. alternativ sonstige steuerrechtliche Voraussetzungen erfüllen. Im übrigen aber galten z.B. die Gründe für die Befreiung vom Geschworenendienst auch für das Schöffenamt entsprechend (§ 5 der Bestimmungen über die Berufung zum Schöffenamte).

Die weniger strengen Auswahlkriterien und die im Vergleich zu Geschworenen deutlich geringere Anzahl von gesetzlichen Bestimmungen für Schöffen[236] hatten ihre Hauptursache darin, dass Gerichtsschöffen nur bei „Polizeiübertretungen"[237], also Vergehen kleinerer Art sowie – nach heutigem Maßstab – in Ordnungswidrigkeitenverfahren, in der Hauptverhandlung beteiligt waren. Unabhängig davon konnte der Amtsrichter in Eilfällen allein entscheiden, so jedenfalls die Bestimmung in § 22 Anhang I zur Hannoverschen StPO 1850.

3.5 Laienrichterauswahl seit Einführung reichseinheitlicher Regelungen ab 1877/1879

Die Schaffung eines übergreifenden Gerichtsverfassungs- und Strafprozessrechts, auch verbunden mit einem einheitlichen Auswahlmodus für Laienrichter, erwies sich angesichts unterschiedlicher Organisation der Strafgerichte und uneinheitlicher Verfahrensordnungen in den einzelnen Staaten des deutschen Reichs als unumgänglich.

Bis 1877 war die Beteiligung von Laien an der Strafrechtspflege in drei äußerst unterschiedlichen Systemen aufgespalten.[238]

- Erstinstanzliche strafgerichtliche Entscheidungen allein durch Berufsrichter ohne irgendeine Form der Laienbeteiligung gab es noch in Mecklenburg-Schwerin, Mecklenburg-Strelitz, Lippe und Schaumburg-Lippe, Sachsen-Altenburg und Lübeck.
- In den mit Preußen1866 als neue Landesteile vereinigten Provinzen Hannover, Schleswig-Holstein sowie in den Staaten Hessen-Nassau Sachsen, Württemberg, Baden, Oldenburg, Bremen und Hamburg waren sowohl Schwur- als auch Schöffengerichte eingerichtet.
- Die dritte und zugleich größte Gruppe mit der ausschließlichen Einrichtung von Geschworenen-, nicht aber Schöffengerichten bildeten die restlichen Staaten, unter ihnen vor allem die alten Landesteilen Preußens (mit den Provinzen

236 In der PrStPO vom 25. Juni 1867 gab es eine Vielzahl, insgesamt 39 Paragrafen umfassende, die Berufung zum Geschworenendienst und die Bildung des Schwurgerichts betreffende Bestimmungen (§§ 274 – 313). Die Regelungen für Schöffen hingegen waren in einer Anlage zur Strafprozessordnung gesondert erfasst und umfassten lediglich 19 Paragrafen mit vergleichsweise nicht sonderlich umfangreichen Einzelbestimmungen.

237 So bspw. § 2 der hannoverschen StPO vom 8. November 1850.

238 Amtliche Denkschrift über die Schöffengerichte, S. 41.

Preußen, Brandenburg, Pommern, Schlesien, Sachsen, Westfalen mit Hohenzollern und den Rheinprovinzen).[239]

Eine endgültige Klarheit erbrachten die gesamtstaatlich eingeführten Neuregelungen aber nicht. Weder das GVG vom 27.01.1877 noch die Reichsstrafprozessordnung vom 01.02.1877 – beide am am 01.10.1879 in Kraft getreten- trugen zu einer eindeutigen Entscheidung zugunsten des einen oder des anderen Laienrichtersystems bei. Als grundlegend neu zu beurteilen war lediglich die Regelung, dass einzelstaatenübergreifend die Institution des Schöffengerichts neben dem Schwurgericht in einem einzigen und für alle Bundesstaaten verbindlichen Gerichtsverfassungsgesetz kodifiziert war.

Die Auswahlkriterien für Laienrichter beider Systeme waren fortan identisch und nicht mehr an besondere Privilegien geknüpft. Die Vermögenssituation eines Bewerbers war im Grunde bedeutungslos geworden. Nur diejenigen, die „für sich oder ihre Familie Armenunterstützung aus öffentlichen Mitteln“ empfingen „oder in den drei letzten Jahren, von Aufstellung der Urliste zurückgerechnet, empfangen hatten, sollten nicht als Schöffen bzw. Geschworene berufen werden, §§ 33 Nr. 3, 85 GVG 1877.

Als unfähig zum Schöffen- bzw. Geschworenenamt galt darüber hinaus, wer infolge gerichtlicher Anordnung in der Verfügung über sein Vermögen beschränkt war, §§ 32 Nr. 3, 85 GVG 1877.

3.5.1 Das Prinzip von Urliste und Jahresdienstliste als Grundlage des Auswahlverfahrens

Das GVG 1877 enthält zu beiden Laienrichtersystemen – für das Schöffengericht im vierten Titel (§§ 25 – 57), für das Schwurgericht im sechsten Titel (§§ 79 – 99) – relativ detaillierte Vorschriften. Dies betrifft auch auf das sog. Listenverfahren, das in Einzelpunkten für Schöffen bzw. Geschworene unterschiedlich das konkrete Auswahlverfahren festlegte.

Ähnlich den Regelungen, wie sie bereits nach 1848[240] in einigen einzelstaatlichen Schwurgerichtsverfassungen aufgenommen waren, orientierte sich die reichsein-

---

239 Amtliche Denkschrift über die Schöffengerichte. S. 41/42.

240 Vor 1848 gab es ebenfalls das Prinzip der Urliste, auf deren Grundlage die Geschworenengerichte eingerichtet wurden; so z. B. In den linksrheinischen Gebieten, die unter französischem Einfluss standen oder in Bayern (Schwinge, S. 124 Fn. 3 erwähnt einen bayrischen Gesetzentwurf über die Bildung der Geschworenengerichte aus dem Jahr 1831). Allerdings war die Diskussion mehr von der Frage der personellen Besetzung der Geschworenengerichte („Zensus und Kapazitäten“) geprägt; weniger von

heitliche Gestaltung an dem Prinzip der Urlisten bzw. der (Jahres-) Dienstlisten. Die Urliste war zwar der „gemeinsame Unterbau“[241] von Schöffen- und Schwurgerichten im Auswahlverfahren. Jedoch sollte Ihre Bedeutung wie die Bedeutung des Listenverfahrens insgesamt für die Frage, ob jemand zum Geschworenenamt überhaupt befähigt, nicht überschätzt werden. Die gesetzliche Ausgestaltung des Listenverfahrens glich eher einer Negativauslese, die Personen, die zum Geschworenendienst unfähig waren, ausschloss. Positive Persönlichkeitsmerkmale, die einen Geschworenen auszeichnen sollten, wurden gesetzlich nicht erfasst. Zu diesen Erfordernissen rechnete v.Gneist[242] z. B. Charakter, Lebenserfahrung und Bildung.

Die Bildung der Urlisten selbst war weniger problematisch, da sie – aufgestellt jährlich in einer Gemeinde bzw. in einem „landräthlichen Kreis“ von dem zuständigen Landrat[243] – die Namen sämtlicher zum Geschworenenamt Befähigten des jeweiligen Bezirks enthielten. Deren Zahl war naturgemäß zu groß, so dass das eigentliche Auswahlverfahren in der Bildung der Jahresdienstliste durch Reduzierung der Urliste bestand; eine Aufgabe, die von dem Leiter der sächsischen Staatsanwaltschaft und Verfasser der sächsischen Strafprozessordnung von 1855, F.O. Schwartze, als „eine der schwierigsten Fragen der Gesetzgebung“[244] bezeichnet wurde. Offensichtlich war damit allerdings weniger die juristische als insbesondere die das Auswahlverfahren selbst betreffende verfahrenstechnische Problematik gemeint. So mussten bspw. gesonderte Jahreslisten für Hauptgeschworene und Hilfsgeschworene gebildet werden. Darüber hinaus war eine besondere Liste von Hilfsgeschworenen für einzelne oder alle Schwurgerichtssitzungen einer Periode zu errichten, wenn die Strafkammer des Landgerichts bestimmt hatte, dass Sitzungen an einem anderen Orte innerhalb des Schwurgerichtsbezirkes abzuhalten waren, § 98 GVG 1877.

---

dem Wahlverfahren selbst. Hier dominierte darüber hinaus die Auseinandersetzung um die (fehlende) Übertragbarkeit des französischen („Präfekten“) oder des englischen („Sherrifamt“), verbunden mit deren jeweils vorherrschendem, für Deutschland abgelehnten, (politischen) Einfluss durch Verwaltungsbeamte, auf das deutsche Rechtssystem (vgl. Schwinge, S. 126ff.).

241 Oetker, Die Rechtsgrundlagen der Schöffen- und der Schwur-Gerichts-Bildung, GA Bd. 50, S. 204ff. (247).

242 v.Gneist, Die Bildung der Geschworenengerichte, S. 160.

243 So bspw. § 278 der preußischen Strafprozessordnung vom 25. Juni 1867 (s. auch Fn. 236).

244 Zitiert bei Landau, S. 274 (Fn. 182, 183).

Die gesamtstaatliche Strafprozessordnung von 1877 erweiterte die Bedeutung dieses Abschnitts des Auswahlverfahrens insoweit, als die Listenbildung nicht nur für das Schwurgericht, sondern auch für das Schöffengericht galt. Einen besonderen Stellenwert hatte dabei der für die Wahl der Schöffen jährlich zusammentretende Ausschuss nach § 40 GVG 1877. Er bestand aus dem Amtsrichter als Vorsitzenden, einem von der Landesregierung zu bestimmenden Staatsverwaltungsbeamten sowie sieben Vertrauensmännern als Beisitzer. Diese Vertrauensmänner wurden aus den Einwohnern des Amtsgerichtsbezirks gewählt und verkörperten das Laienelement. Neben den Schöffen hatte der von den Vertrauensmännern auch in der Beschlussfähigkeit majorisierte Ausschuss[245] gleichzeitig diejenigen Personen aus der Urliste auszuwählen, die als Geschworene für das nächste Geschäftsjahr vorzuschlagen waren. Diese Vorschläge waren nach dem Dreifachen der auf den Amtsgerichtsbezirk verteilten Zahl der Geschworenen zu bemessen, § 87 GVG 1877. Allein dadurch und zusätzlich durch das sich anschließende Listenverfahren (§ 88ff. GVG 1877) gestaltete sich das Geschworenenauswahlverfahren zeitraubend, kompliziert und umständlich.[246]

Da für jede Sitzungsperiode des Schwurgerichts 30 Geschworene („Spruchliste", §§ 91, 92 GVG 1877) zu bestimmen waren und das Schwurgericht ursprünglich viermal jährlich zusammentrat, musste die sog. Jahresliste 120 Namen von Geschworenen umfassen. Das „Dreifache" (§ 87 GVG 1877) bedeutete demzufolge, dass der Vertrauensmännerausschuss jährlich 360 Geschworene als Kandidaten („Vorschlagliste", § 88 GVG 1877) zu bestimmen hatte.

Von den nach §§ 32, 33, 85 GVG 1877 übereinstimmenden Auswahlkriterien für die jeweilige Person des Schöffen bzw. des Geschworenen abgesehen, bestand die einzige Parallele im Auswahlverfahren in der Existenz einer gemeinsamen Urliste für Geschworene und Schöffen, § 85 S.1 GVG 1877. Ansonsten gab es wesentliche Unterschiede, wobei sich das Auswahlverfahren für Schöffen einfacher gestaltete. So erfolgte die Reduktion der in der Urliste erfassten Schöffen auf die zwei Schöffen des Sitzungstages durch eine Wahl -Aussonderung der Jahresliste aus der Urliste – und eine Losung – Verteilung der Gewählten auf die im Voraus für das Geschäftsjahr festgestellten Sitzungstage -.[247] Für die Auswahl der Geschworenen hingegen waren zwei Wahlgänge – Bildung erst der Vorschlagsliste,

245 Zur Beschlussfähigkeit des Ausschusses war neben der Anwesenheit des Vorsitzenden und des Staatsverwaltungsbeamten die Anwesenheit von wenigstens drei Vertrauensmännern erforderlich, § 40 GVG 1877.

246 S. Vormbaum, Lex Emminger, S. 110 (Fn. 9); Linkenheil, S. 103 (Fn. 368).

247 Oetker, Das Verfahren vor den Schwur- und den Schöffengerichten, S. 668.

dann der Jahresliste – und zwei Losungen – aus der Jahresliste zur Spruchliste, aus der Spruchliste zur Jury des Einzelfalles – erforderlich.[248]

In der Folgezeit gab es Vorschläge, die Auswahlgrundsätze, insbesondere bezüglich der Geschworenenwahl, zu modifizieren und zu vereinfachen.[249] Gesetzlich verbindliche Änderungen stellten sich aber erst mit der Neufassung des GVG vom 22. März 1924 ein. Zwar wurde das Prinzip einer gemeinsamen Urliste für Schöffen und Geschworene ebenso beibehalten wie die Zusammensetzung des Ausschusses für die Wahl von Schöffen bzw. Geschworenen unter Vorsitz des Amtsrichters mit Beteiligung eines Staatsverwaltungsbeamten sowie von sieben Vertrauenspersonen[250] aus den Einwohnern des Bezirks, §§ 40, 77 GVG 1924. Für die Hauptgeschworenen bei den Schwurgerichten ergaben sich jedoch gewisse Verbesserungen wenigstens im Sinne einer besseren Planbarkeit ihrer Amtstätigkeit. Die Zahl der Hauptgeschworenen war danach so zu bestimmen, dass voraussichtlich jeder Hauptgeschworene nur zu einer Sitzung des Schwurgerichts im Geschäftsjahr herangezogen wurde, § 85 GVG 1924. Ausserdem wurde die Reihenfolge, in der die Geschworenen an den Tagungen des Schwurgerichts teilzunehmen hatten, im voraus für das ganze Geschäftsjahr durch Auslosung bestimmt (§ 86 1. Halbs. GVG 1924).

3.5.2 Exkurs: Das peremptorische Ablehnungsrecht im Schwurgerichtsprozess

Eine der das Schwurgerichtsverfahren durch die Aufnahme in die RStPO auch nach 1877 noch prägenden und zugleich die Umständlichkeit des Systems mitbestimmenden Besonderheiten war das sog. peremptorische Ablehnungsrecht.

Dieses Recht wurde ursprünglich als einer der bedeutendsten Vorteile des Geschworenengerichts angesehen. Das dem Angeklagten zustehende „Recusationsrecht“ sollte dazu beitragen, dass Geschworene „mehr als selbst gewählte Richter erscheinen, denen der Angeklagte freiwillig sich unterworfen hat, deren Ausspruch er daher anerkennen muß, und wo daher ein natürliches größeres Vertrauen des

248 Oetker, a.a.O.

249 Vgl. dazu die Zusammenstellung von Kronecker, Vorschläge zur Verbesserung der Schwurgerichte, S. 334ff.

250 Der Begriff „Vertrauensmänner“ wurde durch „Vertrauenspersonen“ aufgrund des Gesetzes über die Heranziehung der Frauen zum Schöffen- und Geschworenenamte vom 25.4.1922 (RGBl. 1922 I, 465) mit entsprechender Änderung des § 40 GVG 1879 ersetzt.

Volkes auch an die von solchen Richtern gefällten Urtheile sich knüpft."[251] Wesentliches Anliegen der dem Angeklagten eingeräumten „Recusation" sollte sein, vor allem Geschworene, die vergleichbar der heutigen Regelung in § 22 StPO wegen offensichtlicher Parteilichkeit ohnehin kraft Gesetzes von der Ausübung des Richteramts ausgeschlossen wären,[252] ohne weiteres ablehnen zu können.

Nach der Regelung des peremptorischen Ablehnungsrechts in der StPO 1877 war es zu gleichen Teilen Staatsanwalt und Angeklagtem – nicht aber dem Nebenkläger, § 437 RStPO 1877 –, gestattet, bis zu einer Untergrenze von zwölf die für den jeweiligen Sitzungstag einberufenen Geschworenen abzulehnen, §§ 282ff. RStPO 1877. D.h.: war lediglich die Mindestzahl von zwölf Geschworene erschienen, gab es weder für den Staatsanwalt noch für den Angeklagten ein Ablehnungsrecht. Auf jeweils maximal neun steigerte sich die Zahl der abzulehnenden (Haupt-)Geschworenen, wenn die Höchstzahl – dreißig (§ 91 GVG 1877) – anwesend war.

Mit der Inanspruchnahme des peremptorischen Ablehnungsrechts war u.U. ein erhebliches Maß an Willkür verbunden. Es konnte sogar zu einem faktischen Ausschluss bestimmter Regional- und Berufsgruppen bei spezifischen Fallkonstellationen beitragen, wie ein ein von Kern[253] geschildertes Beispiel zeigt: danach soll es in der Gerichtspraxis regelmäßig vorgekommen sein, dass Verteidiger bei Messerstechereien Städter, sowie bei Brandstiftungsdelikten Bauern als Geschworene, Staatsanwälte hingegen Bauern als Geschworene bei Meineidsdelikten ablehnten. Als Grund hierfür wurden die unterschiedlichen Wertvorstellungen der Beteiligten angenommen.[254]

Unsachlich und missbräuchlich erschienen gelegentlich auch die taktischen Erwägungen, auf denen die Geltendmachung des Ablehnungsrechts beruhte. Kritisiert wurde vor allem das Verhalten von Verteidigern, die häufig gerade solche

---

251 Mittermaier, Neues Archiv des Criminalrechts, Band 13, S. 128; Mittermaier, Volksgericht, S. 7; ausführlich auch zum peremptorischen Ablehnungsrecht v.Gneist, Die Bildung der Geschworenengerichte, S. 225ff.: v.Gneist erkannte bereits 1849 die später ähnlich in die reichseinheitliche StPO Regelung (§ 282 S. 1 RStPO 1877) aufgenommene Notwendigkeit, die Anzahl derjenigen Geschworenen, die für ein Verfahren überhaupt abgelehnt werden konnten, zahlenmäßig zu begrenzen. Deshalb wollte v.Gneist bestimmen, „daß der Angeklagte ein Drittel der zum Dienst vorhandenen Geschworenen verwerfen kann, aber nicht unter zwölf". (v.Gneist, a.a.O., S. 225).

252 Mittermaier a.a.O. S. 128ff. nennt hierfür einige Beispiele; s. dazu auch v.Gneist, Die Bildung der Geschworenengerichte, S. 227ff.

253 Kern, Geschichte S. 117.

254 Hadding, S. 33 (Fn. 40).

Geschworenen ablehnten, die zur Aburteilung des betreffenden Falls besonders geeignet erschienen.[255]

Ein weiteres Zeichen von Unkalkulierbarkeit – wenn nicht sogar ein Einfallstor zu willkürlichem Prozesshandeln – war, dass die Angabe von Gründen für die Ablehnung eines Geschworenen nicht nur überflüssig, sondern sogar unzulässig war, § 283 S. 2 RStPO 1877.

Da der dem peremptorischen Ablehnungsrecht immanente Rechtszustand überwiegend als unbefriedigend empfunden wurde,[256] kam die Forderung nach dessen Beseitigung auf. Zumindest wurde die Einführung einer der Ablehnung von Schöffen vergleichbaren Regelung[257] für notwendig erachtet, wie sie schon in den – im Kern auch heute noch unverändert geltenden – §§ 24 ff. RStPO 1877 enthalten war. Danach hatte der Antragsteller den Grund vorzubringen, der „geeignet war, Misstrauen gegen die Unparteilichkeit eines Richters zu rechtfertigen", § 24 S. 2 RStPO 1877.

Geändert wurde am peremptorischen Ablehnungsrecht jedoch bis zur Emminger-Reform von 1924 nichts.

3.5.3 Faktischer Fortbestand des Zensussystems

De jure blieb der am Zensussystem orientierte Laienrichterstatus zwar lediglich bis zum Inkrafttreten des GVG 1877 bestehen. De facto jedoch bestand dieser Zustand vor allem deshalb fort, weil Geschworene/Schöffen für ihre Tätigkeit bis zu einer Gesetzesänderung im Jahr 1913 keinerlei Aufwandsentschädigung erhielten;[258] das Amt eines Geschworenen/Schöffen also nur einer Bevölkerungsschicht vorbehalten blieb, die vermögend, zumindest aber wirtschaftlich unabhängig war.

Die Frage, ob ärmere Teile der Bevölkerung überhaupt eine realistische Chance hatten, Schöffe oder Geschworener zu werden, wurde daher zunehmend öffentlich diskutiert. So eindeutig die Rechtslage nach den Bestimmungen der §§ 31ff, 85 GVG 1877 war, so bekannt war der allgemeine Missstand, dass Arbeiter bei der Bildung von Ur- und Jahreslisten häufig übergangen wurden und damit faktisch vom Geschworenen- bzw. Schöffenamt ausgeschlossen waren.

---

255 Kronecker, S. 333.

256 vgl bspw. Oetker, Der Gerichtssaal Bd. 68, S. 102; Kahl: in Mittermaier-Liepmann, Schwurgerichte und Schöffengerichte, S. 11.

257 vgl. Kahl, Schwur- oder Schöffengerichte?, S. 11.

258 S. dazu auch Koch, Mittermaier und das Schwurgericht, S. 179, Fn. 83.

Dieses Problem wurde Anfang des 20. Jahrhunderts als politisch so bedeutend und möglicherweise nur auf diesem Wege als lösbar angesehen, dass einige Staaten es sogar zum Gegenstand entsprechender Verordnungen machten, wie z. B. Sachsen in einer Ministerialverordnung von 1905:[259] „Das Justizministerium hat die Wahrnehmung gemacht, daß verschiedene Amtsgerichte und Landgerichte bei der Auswahl von Schöffen und Geschworenen ihr Augenmerk überwiegend auf Mitglieder der oberen Stände richten. Vielleicht ist dies auf eine zu enge Auslegung des § 170 Abs. I Satz 2 der Geschäftsordnung für die Sächsischen Justizbehörden zurückzuführen. Dort hat indessen nur gesagt werden sollen, daß es nicht geboten erscheine, daß jeder einzelne Berufszweig und Stand unter den Schöffen vertreten sei. Dem Geiste des Gerichtsverfassungsgesetzes entspricht es aber nicht, wenn weite Kreise der Bevölkerung, wie die kleinen Gewerbetreibenden, die Handwerker und die Arbeiter, von dem Ehrenamt eines Schöffen oder Geschworenen ganz oder fast ganz ausgeschlossen bleiben. Wie kaum der Hervorhebung bedarf, fehlt es unter ihnen nicht an Personen, die vermöge ihrer Urteilsfähigkeit, Unbefangenheit und sittlichen Tüchtigkeit allen Anforderungen für die Übernahme des Amtes entsprechen, und das Vertrauen der Bevölkerung in die Rechtsprechung kann nur gewinnen, wenn jene Kreise herangezogen werden."

Ähnliche Überlegungen, die später auch in die Praxis umgesetzt wurden, gab es z. B. in Württemberg oder in Hamburg und Bayern, wo durch entsprechende Erlasse die stärkere Berücksichtigung von Arbeitern eingefordert wurde.[260]

Die Frage einer größeren Arbeiterbeteiligung unter Laienrichtern stand darüber hinaus in engem Zusammenhang mit der Notwendigkeit, ehemals bestehende faktische Beschränkungen aufzuheben, die sich aufgrund schlichter parteipolitischer Zugehörigkeit ergaben. Da die Arbeiterschaft überwiegend sozialdemokratisch orientiert war, mussten folglich etwaige Bedenken aus früherer Zeit gegen die Wahl von Sozialdemokraten als Geschworene entfallen.[261]

3.5.4 Die Notwendigkeit einer Regelung über Tagegelder und Aufwandsentschädigung

Wiederholt wurde im Reichstag die Frage der „gleichmäßigen Zuziehung aller Stände zum Schöffen- und Geschworenendienst" erörtert. Als ein entscheidendes Motiv für die Erleichterung des Zugangs wurde die Zahlung von Tagesgeldern

259 Auszug aus der Königlich Sächsischen Ministerialverordnung vom 7. Oktober 1905.
260 Justizrat Stranz DJZ 1907, Nr. 8, S. 463.
261 Stranz, DJZ 1907, 463.

und Landesmitteln an Schöffen und Geschworene angesehen.[262] Eine entsprechende gesetzliche Regelung hierfür fehlte bis 1913 völlig.

Aber selbst das Gesetz vom 29. Juli 1913,[263] betreffend die Entschädigung von Schöffen und Geschworenen, brachte keine entscheidenden Veränderungen, da lediglich eine pauschale Zahlung von fünf Mark für jeden Tag der Dienstleistung gewährt wurde. Kritisiert wurde, dass minderbemittelte Bevölkerungsklassen, insbesondere die Arbeiterschaft, angesichts der geringen Höhe von Tagegeldern eine Mitwirkung in den Wahlausschüssen wie eine Tätigkeit als Geschworener oder Schöffe ablehnen mussten, da der hierdurch entstandene Verdienstausfall nicht tragbar war.[264]

Erst das Gesetz über die Entschädigung der Schöffen, Geschworenen und Vertrauenspersonen vom 4. Juli 1922,[265] durch das § 55 GVG 1877 neu gefasst wurde, enthielt eine angemessene Entschädigungsregelung für die Laienrichtertätigkeit. Nunmehr wurden Fahrtkosten, der „mit der Dienstleistung verbundene Aufwand" sowie der Verdienstausfall ersetzt. Dieser wurde bis zu einer Höchstgrenze, die nach dem Einkommenssteuergesetz durch allgemeine Anordnung der Reichsregierung bestimmt war, in voller Höhe ausgeglichen, § 55 Abs. 2 GVG 1877 n.F.

3.6 Die (vergebliche) Suche nach der bestmöglichen Zusammensetzung von Strafgerichten in der Zeit von 1877 bis 1924

3.6.1 In der Kaiserzeit bis 1918

Die 1877 und in den Folgejahren Reichsregierung und Bundesrat dominierenden konservativen Kräfte verfolgten ursprünglich die Absicht, das erstmals überhaupt ab 1848 in einigen deutschen Partikularstaaten[266] gesetzlich verankerte Geschworenensystem wieder abzuschaffen und statt dessen reichsweit das Schöffengericht einzurichten.[267] Vor allem der Einfluss Liberaler, unter denen sich insbesondere

262 Vgl. bspw. Reichtagsprotokoll der 34. Sitzung vom 20.04.1907, S. 960.

263 Gesetz betreffend die Entschädigung der Schöffen und Geschworenen vom 29. Juli 1913 (RGBl. S. 617).

264 Der sozialdemokratische Reichstagsabgeordnete Rosenfeld in der 154. Reichstagssitzung vom 19. Januar 1922 (Reichstagsprotokolle 1920/24,9 S. 5387).

265 RGBl. S. 561; in Kraft getreten am 31. Juli 1922.

266 Neben Preußen z. B. Württemberg und Bayern (vgl. Linkenheil, S. 91 m.w.N.).

267 Vgl. Hadding, S. 49; Linkenheil S. 98.

v. Gneist hervortat, verhinderte eine derartige Entwicklung.[268] Bis zur Emminger-Reform 1924 blieben Schöffen- und Schwurgerichtssystem, als unabhängig voneinander und zugleich an den meisten Gerichten als nebeneinander existierend, erhalten.

Der auf die Beibehaltung eines starken Laienelements zielende Erfolg der Liberalen war jedoch nur scheinbar und glich im Ergebnis mehr einem Pyrrhussieg: als Ausgleich für die Beibehaltung der Schwurgerichte mit erweiterten Zuständigkeitskompetenzen[269] wurden die Strafkammern von Laien eliminiert und ausschließlich mit Berufsrichtern besetzt, § 77 GVG 1877.

Der damit verbundene Einschnitt war deutlich gravierender als das Mehr an sachlicher Zuständigkeit für die Schwurgerichte. Er führte zu der merkwürdigen Konsequenz, dass lediglich bei Kleinkriminalität – als Schöffenrichter – und bei schweren Straftaten – als Geschworene – Laien an Entscheidungen beteiligt waren. Mittelschwere Delikte hingegen wurden allein von Berufsrichtern bei den Strafkammern verhandelt und entschieden. Dies galt auch für Berufungen gegen schöffengerichtliche Entscheidungen.

Die Besetzung der Strafkammern ausschließlich mit Berufsrichtern wurde offiziell mit dem Fehlen hierfür geeigneter Laien und der Gefahr einer allzu großen zeitlichen Belastung der Schöffenrichter begründet.[270]

Unabhängig davon wuchsen die vermutlich nicht einmal völlig unbegründeten Zweifel an der Rechtsstaatlichkeit des auch in dieser Zeit noch populären Geschworenenverfahrens. Die Problematik, ob Geschworene allzu häufig Unschuldige schuldig sprachen, aber auch Schuldige freisprachen, war Gegenstand von Debatten im Reichstag[271] und Bestandteil wissenschaftlicher Auseinandersetzung.[272]

Mehrere Reformversuche verfolgten daher das Ziel, das Schwurgericht in seiner Bedeutung zu verringern und statt dessen die Kompetenz des Schöffengerichts zu erweitern sowie bestimmte Deliktskategorien auf die Strafkammern zu lasten der Schwurgerichte zu übertragen. Schwurgerichte waren nach § 80 GVG 1877 für sämtliche Verbrechen zuständig, die nicht zur Zuständigkeit der Strafkammern

268 Hadding, a.a.O.

269 Z.B. für Meineid, bestimmte Arten der Urkundenfälschung, Versicherungsbetrug, betrügerischen Bankrott (§§ 153, 268 Nr. 2, 265, 282 StGB 1871 i.V.m. §§ 73ff., 80 GVG 1877).

270 Hadding, S. 45; Hahn, Materialien zum GVG, Abteilung 1, S. 37f., 204.

271 Vgl. bspw. eine Erklärung des preußischen Justizministers Leonhardt vom 24.11.1874 zu diesem Thema, (Reichstagsprotokolle 2. Legislaturperiode 1874/75,1 S. 349).

272 Z.B. Amtliche Denkschrift über die Schöffengerichte, S. 49; Schwarze, Das Schöffengericht, S. 73.

oder des Reichsgerichts gehörten. In die Strafkammerzuständigkeit fielen neben den in § 73 Nr. 3 bis 7 GVG 1877 genannten Verbrechen (u.a. schwerere Fälle von Diebstahl und Hehlerei) auch Versicherungsbetrug (§ 265 StGB 1871[273] i.V.m. § 73 Nr. 2 GVG 1877), schwere Brandstiftung (§§ 307, 308 StGB 1871 i.V.m. § 73 Nr. 2 GVG 1877) oder Eingriffe in den Eisenbahn-und Schiffsverkehr (§§ 315, 322 StGB 1871 i.V.m. § 73 Nr. 2 GVG 1877).

Am 09. Mai 1885 legte die Reichsregierung dem Reichstag einen Reformentwurf zu Änderungen und Ergänzungen des GVG und der RStPO[274] vor, der u.a. vorsah, Delikte wie Meineid, betrügerischen Bankrott oder die Fälschung öffentlicher Urkunden in Bereicherungs- oder Schädigungsabsicht (§§ 268 Nr. 2, 271 – 273 StGB 1871 i.V.m. § 73 Nr. 2, 80 GVG 1877), die kurz zuvor durch das GVG 1877 den Schwurgerichten zugeordnet worden waren, wieder auf die Strafkammern zu übertragen.[275]

Darüber hinaus enthielt der Entwurf den Vorschlag, die Zahl der Geschworenen von zwölf auf sieben zu reduzieren, um dadurch zum einen zu erreichen, dass nur diejenigen, „welche nach Charakter und Intelligenz zu diesem Amte geeignet“ seien, auch tatsächlich Geschworene werden konnten.[276] Zum anderen wurde die Herabsetzung der Zahl der Urteilsgeschworenen als „einfachstes und wirksamstes Mittel“[277] angesehen, um den „lebhaften Klagen“ der Betroffenen über die „Last des Geschworenendienstes“, verbunden mit merklichen Opfern an Zeit und Geld, entgegenzukommen. Schließlich wurde die Reduzierung der Geschworenenzahl auf sieben auch als im Interesse eines Angeklagten liegend beurteilt. Für einen Schuldspruch war eine 2/3 Mehrheit vorgesehen, so dass wenigstens fünf Geschworene eine für den Angeklagten nachteilige Entscheidung befürworten mussten. § 198 S. 1 GVG 1877 sah demgegenüber eine Entscheidung nach der

273 Reichsstrafgesetzbuch i.d.F.v. 15. Mai 1871, Deutsches Reichsgesetzblatt Band 1871, Nr. 24, Seite 127–205.

274 Reichstagsprotokolle, 6. Legislaturperiode I.Session 1884/1885 Nr. 399, S. 1996ff.

275 S. dazu Hadding, S. 65.

276 Motive zu dem Entwurf eines Gesetzes, betr. Änderungen und Ergänzungen des Gerichtsverfassungsgesetzes und der Strafprozeßordnung (Drucksache Nr. 399 der 6. Legislaturperiode, I. Session 1884/85), S. 16 (Hadding S. 66); ähnlich formulierte Oetker 1907 (in: „Das Verfahren vor den Schwur- und den Schöffengerichten“ S. 44), wonach Geschworene nur diejenigen sein können, welche u.a. „die zur Ausübung des Richterberufs unentbehrlichen Qualitäten, Befähigung zu sinnlicher Wahrnehmung, logischer Operation und mündlichem Gedankenausdruck“ besitzen.

277 Begründung des Gesetzentwurfes vom 09. Mai 1885 (s. Fn. 63), S. 2001.

absoluten Mehrheit der Stimmen als Regelfall vor, so dass ein Verhältnis von 7: 5 ausreichend für einen Schuldspruch war.

Ein weiterer, umfassender Vorschlag zur Änderung des Gerichtsverfassungs- und des Strafprozessrechts wurde in der Zeit ab 1903 über mehrere Jahre hinweg von einer durch das Reichsjustizamt eingesetzten Reformkommission erarbeitet und 1909 als Entwurf in den Reichstag eingebracht. Der Vorschlag sah z.T. wesentliche, auf Stärkung der Teilnahme von Laien an der Rechtsprechung gerichtete Änderungen vor, die wiederum zu lasten der Schwurgerichte gingen. So sollten bspw. Schwurgerichte und Strafkammern in erster Instanz durch Schöffengerichte – das Schwurgericht in der Besetzung mit drei Berufsrichtern und sechs Schöffen – ersetzt und in der Berufungsinstanz gleichfalls gemischte Strafkammern eingeführt werden.[278]

Durchgesetzt hatte sich keiner der Reformvorschläge. Als Hauptgrund hierfür ist anzunehmen, dass das beträchtliche Ansehen des Schwurgerichts in der öffentlichen Meinung trotz der insbesondere unter Justizjuristen verbreiteten kritischen Einstellung gravierende Einschnitte nicht zuliess. Das Reichsjustizministerium nahm darauf Rücksicht und führte in der Begründung für die Ablehnung des Entwurfs von 1909 u.a. aus,[279] die Schwurgerichte würden „nach wie vor in der Bevölkerung ein hohes Maß von Vertrauen genießen“... Ihre Abschaffung werde „in manchen Kreisen als die Beseitigung einer wertvollen, aus politischen Gründen hochgehaltenen Errungenschaft angesehen werden“ ... „Diese weit verbreitete und historisch begründete Stimmung bildet einen Faktor, den der Gesetzgeber nicht übersehen darf, auch wenn er Mängel in der Einrichtung der Schwurgerichte anerkennen muß.“

Diese Einschätzung entsprach im Grunde einer Auffassung, wie sie bereits in der Zeit der reichseinheitlichen Gesetzgebungsphase Mitte der 70-er Jahre des 19. Jahrhunderts in der Auseinandersetzung um die alleinige Entscheidungsgewalt von Laienrichtern in Schwurgerichtsverfahren bestimmend war. Dazu erklärte – insoweit stellvertretend für zahlreiche Gleichgesinnte – der damalige, liberal eingestellte preußische Justizminister Leonhardt, Gegner des Geschworenengerichts

278 Vgl. Protokolle der Kommission für die Reform des Strafprozesses, 1. Band, 1905, S. 383ff. und 2. Band, 1905, S. 1ff.; Linkenheil, S. 109.

279 Begründung zum Reformentwurf 1909, S. 143; s. dazu auch Wach, DJZ 1905, 81ff., der als Befürworter des Schöffengerichts zugleich die mit verklärender Wirkung ausgestattete Hinwendung der Bevölkerung zum Geschworenengericht als bestimmenden Faktor für die Notwendigkeit einer historisch zu befristenden Beibehaltung dieser Institution erkennt (S. 90).

und zugleich eingeschränkter Befürworter des Schöffengerichts, in einer Reichstagssitzung vom 26. November 1874 folgendes: „Eine eigentlich korrekte Justizpflege scheine mir nur verbürgt zu werden durch rechtsgelehrte Richter. Aber es kommt nicht allein auf eine korrekte Rechtspflege an. Allein neben der Korrektheit der Rechtspflege kämen auch rechtspolitische Momente in Betracht; diese sprächen für die Zuziehung der Laien zur Strafrechtspflege.“[280]

Weitere nennenswerte Reformversuche gab es bis 1918, bedingt vor allem durch die Kriegsjahre und die Umwälzungen der Novemberrevolution, nicht. Zu erwähnen ist lediglich das Gesetz zur Vereinfachung der Strafrechtspflege,[281] das am 1. November 1917 in Kraft trat, und das eine allmähliche Abkehr von dem Geschworenensystem einleitete. Es stärkte die schöffengerichtliche Zuständigkeit, indem z. B. die Staatsanwaltschaft, vorbehaltlich der Vorschrift des § 74 des GVG 1877, für Vergehen, die an sich zur Zuständigkeit der Strafkammer gehörten, bei Einreichung der Anklageschrift die Eröffnung des Hauptverfahrens vor dem Schöffengericht beantragen konnte. Voraussetzung hierfür war allerdings, dass ein bestimmtes Strafmaß – Freiheitsstrafe bis zu sechs Monaten oder Geldstrafe bis eintausendfünfhundert Mark – nicht überschritten werden würde, so Art. I des Vereinfachungsgesetzes.

Das Vereinfachungsgesetz vom 1. November 1917 knüpfte an das bereits am 23. Juni 1905 in Kraft getretene „Gesetz betreffend Änderungen des Gerichtsverfassungsgesetzes“[282] an, durch das der sachliche Zuständigkeitsbereich des Schöffengerichts zu lasten der Strafkammern erweitert wurde.

Neben dem öffentlichen Meinungsdruck waren sämtliche Änderungen der allgemein anerkannten Tatsache geschuldet, dass sich die Beteiligung des Laienelements in der Strafrechtspflege über Jahrzehnte bewährt hatte; eine Feststellung, die sich allerdings primär auf Schöffengerichte bezog.[283] Daher war es folgerichtig, durch das Änderungsgesetz vom 5. Juni 1905 Delikte, wie z. B. einfache Körperverletzung als Antragsdelikt (ohne Beschränkung auf den Privatklagebereich),

---

280 Reichstagsprotokolle 2. Legislaturperiode 1874/75,1 S. 348/349; sinngemäß richtig, inhaltlich jedoch falsch zitiert taucht diese Äußerung in einer Rede des Reichstagsabgeordneten Dr. Heinze in der Reichstagssitzung vom 14.01.1910 (Reichstagsprotokolle 1909/10,1 S. 518) auf.

281 Gesetz zur Vereinfachung der Strafrechtspflege vom 21. Oktober 1917, RGBl. 1917, S. 1037.

282 Gesetz betreffend Änderungen des Gerichtsverfassungsgesetzes vom 05. Juni 1905, RGB. 1903, S. 533.

283 Insoweit repräsentativ z. B. Landgerichtsrat und Mitglied des Reichstags Hagemann, DJZ 1905, S. 788f.

gemeinschaftlicher Hausfriedensbruch oder Bedrohung durch eine entsprechende Erweiterung des Katalogs des § 27 GVG 1877 der alleinigen Kompetenz des Schöffengerichts zu unterstellen. Nach § 27 Nr. 1 GVG 1877 waren seit dem Zeitpunkt des In-Kraft-Tretens am 1. Oktober 1879 ohnehin Schöffengerichte für „alle Übertretungen", darüber hinaus für mehrere Deliktsarten einfacher bis mittlerer Kriminalität (§ 27 Nr. 2–8 GVG 1877), zuständig.

3.6.2 In der Anfangsphase der Weimarer Republik (1919–1923)

Obwohl die Justiz auch nach Ende des ersten Weltkriegs weiterhin mit überwiegend konservativen Kräften besetzt war, bewirkte die Novemberrevolution von 1918 keinen wirklichen Fortschritt bei einer personellen Erneuerung. Weder unter den Berufs- noch bei den Laienrichtern gab es maßgebliche Umbrüche im Auswahlsystem oder bei der Gerichtsbesetzung.

Als Bestandteil von überkommenem Kastenwesen und Klassenjustiz beklagten vor allem linke Abgeordnete die fortbestehende Rekrutierung des juristischen Nachwuchses aus privilegierten Schichten. Offensichtlich empirisch belegt durch eine an der Berliner Universität von Max Lenz erhobenen „kleinen" Statistik von 1910 wies bspw. der USPD-Abgeordnete Henke in einer Reichstagssitzung vom 10. Juli 1919[284] darauf hin, dass ca. 80% der Rechtsstudenten Söhne von Kapitalisten und hohen Beamten waren und etwa 20% dem Mittelstand entstammten. Arbeiterkinder waren in der Statistik überhaupt nicht verzeichnet.

Ebenso befanden sich Angehörige der Unterschicht und der unteren Mittelschicht nur ausnahmsweise unter den Laienrichtern. So kritisierte der sozialdemokratische Abgeordnete Rosenfeld in einer Reichstagssitzung vom Januar 1922,[285] dass trotz verbesserter Regelungen über die Aufwandsentschädigung für Geschworene und Schöffen Arbeiter und untere Beamte deutlich unterrepräsentiert blieben. Als Beispiel hierfür erwähnt er die Auslosung für die Schwurgerichtstagung des Landgerichts Allenstein. Danach waren unter den Geschworenen 14 Landwirte, davon 3 Rittergutsbesitzer, 6 Gutsverwalter, 3 Besitzer, 1 Domänenpächter, 1 Gutsverwalter; außerdem 3 Rentiers, 1 Fabrikbesitzer, 1 Hausbesitzer, 1 Werkführer, 4 höhere Beamte, 6 mittlere Beamte.

---

284 Beitrag des USPD-Abgeordneten Henke in der 53. Sitzung der Nationalversammlung vom 10.07.1919, (Reichstagsprotokolle 1919/20, 3 S. 1464).

285 Abgeordneter Rosenfeld in der 154. Reichstagssitzung vom 19. Januar 1922 (Reichstagsprotokolle 1920/24,9 S. 5388).

Von den eher ländlichen Bezirken wie Allenstein unterschieden sich die städtischen nicht nennenswert. In Halle bspw. tagte 1921 ein Schwurgericht, dessen Geschworenenliste unter 30 Personen ebenfalls nur einen Arbeiter aufwies.[286] In Berlin, in besonders industriereichen Gegenden und in den Provinzstädten fand man zwar naturgemäß weniger Gutsbesitzer, dafür aber Fabrikanten, Kaufleute, Offiziere a. D., Studienräte, Handwerksmeister und andere Berufe des gehobenen Bürgertums; unter 110 Laienrichtern fand sich in einem Falle nur ein einziger Arbeiter.[287]

Ausser Frage stand am Beginn der Weimarer Republik die Absicht, das Laienrichtersystem nicht nur zu erhalten, sondern es schon angesichts der bekannten Defizite des Geschworenengerichts zu verbessern. Hierzu gab es mehrere Reformansätze, deren umfassendster und wichtigster der Goldschmidt/Schiffersche Entwurf von 1920 war. Goldschmidt war Strafrechtslehrer, Schiffer zur damaligen Zeit Reichsjustizminister. Die wesentlichen Änderungsvorschläge[288] waren:

- Erweiterung und Demokratisierung des für den Geschworenendienst in Betracht kommenden Personenkreises durch Übertragung des Auswahlverfahrens auf die jeweils zuständigen Wahlgremien der Gemeindegebietskörperschaften anstelle bestimmter berufsrichterlicher Mitglieder des Landgerichts (§ 89 GVG 1877).
- Abschaffung des umständlichen Verfahrens für die Bildung der Geschworenenbank. Anstelle der Bestimmung der Jury ad hoc für jede einzelne Hauptverhandlung sollte eine Festlegung für die ganze Dauer der Schwurgerichtstagung erfolgen.
- Damit zusammenhängend stand der Vorschlag, das peremptorische Ablehnungsrecht[289] zu beseitigen und eine Angleichung an die bereits bei Berufsrichtern und Schöffen geltenden Regelung im Falle der Ablehnung wegen Befangenheit vorzunehmen; verbunden mit der Reduzierung der erforderlichen Geschworenenzahl von 30 auf 12.[290]
- Zwecks Übernahme höherer Verantwortung für die inhaltliche Richtigkeit ihrer Entscheidung sollten die Geschworenen einerseits mit mehr Befugnissen während der Beweisaufnahme ausgestattet, andererseits dazu verpflichtet werden, die Urteilsgründe schriftlich – verbunden mit der Möglichkeit ihrer Revisibilität – niederzulegen.

286 Kuttner, Klassenjustiz, S. 53f.
287 Olden, Das Zuchthaus – die politische Waffe, S. 49ff., (zit. nach Hadding, S. 77).
288 Näher dazu Vormbaum, 114f. sowie Hadding, S. 70ff.
289 S. dazu Kapitel III.3.5.2.
290 Vormbaum, S. 115 mit Quellennachweis.

1922 wurde ein weiterer Entwurf von dem nunmehr amtierenden Reichsjustizminister Radbruch vorgelegt, der sich im wesentlichen an den Goldschmidt-Schifferschen Entwürfe orientierte. Hinsichtlich der Auswahl von Schöffen und Geschworenen ging dieser Entwurf allerdings noch weiter. Die Wahl sollte „aus den Einwohnern des Amtsgerichtsbezirks durch die Vertretungen der Kreise, Ämter, Gemeinden oder dergleichen Verbände", darüber hinaus nach dem gleichen und geheimen Wahlrecht sowie nach den Grundsätzen der Verhältniswahl erfolgen.[291]

Ging es Radbruch als erklärtem Anhänger des Schwurgerichts noch um dessen Erhaltung, trat sein im November 1922 zum Minister ernannter Amtsnachfolger Heinze mit einem im Grunde von Radbruch übernommenen, inhaltlich jedoch einschneidend veränderten Entwurf von 1923 offen für die Abschaffung des Geschworenengerichts ein.[292]

Größere Beachtung fand dieser Entwurf in der Öffentlichkeit zwar nicht, inhaltlich war er jedoch mit dem Vorschlag, das Schwurgericht durch das sog. Große Schöffengericht zu ersetzen, Wegbereiter des Emminger-Entwurfs.

Darüber hinaus hatte sich bereits während der Reichstagsdebatte um den Heinze-Entwurf Mitte 1923 eine deutliche, auf Schwächung der amtsgerichtlichen Laienbeteiligung gerichtete Entwicklung abgezeichnet. Der Entwurf sah daher u.a. vor, dass der Amtsrichter für Übertretungen und Privatklagesachen allein zuständig war; ausserdem für Vergehen und gewisse Verbrechen, die nur dann dem Schöffengericht übertragen werden konnten, wenn der Staatsanwalt einen entsprechenden Antrag stellte. De facto hätte dies zur Folge gehabt, dass die überwiegende Mehrzahl der Verfahren ohne Schöffenbeteiligung stattgefunden hätte.[293] Dieser Nachteil wäre entgegen der Entwurfsintention auch nicht dadurch auszugleichen gewesen, dass Entscheidungen des Amtsrichters in der Berufungsinstanz unter Beteiligung von Schöffen überprüfbar waren. Insoweit hatte Radbruch mit seiner auch heute noch uneingeschränkt geltende Feststellung anlässlich einer Reichstagsdebatte von 1923 recht: In Strafsachen komme es „immer auf

291 Zitiert nach Vormbaum, S. 116 unter Hinweis auf die Originalquellen in Art. II Ziff. 6 des Radbruch'schen Entwurfs.

292 Näheres dazu s. Vormbaum, S. 52f.

293 So die Einschätzung von Radbruch als Vertreter der sozialdemokratischen Fraktion in der Reichtagssitzung vom 6. Juni 1923 (Reichtagsprotokolle, 358. Sitzung 1920/24,9, S. 1186); in derselben Sitzung erklärte der kommunistische Abgeordnete Herzfeld, dass s.E. Die Entwurfsregelung bedeute, dass mindestens 95% aller amtsgerichtlichen Strafverfahren von dem Amtsrichter als Einzelrichter ohne Schöffenbeteiligung entschieden werden (a.a.O. S. 1197).

den ersten Anhieb an: was in der ersten Instanz verdorben ist, kann in der zweiten Instanz nur in sehr seltenen Fällen gebessert werden."[294]

3.6.3 Im Rahmen der Emminger-Reform von 1924

Es hat den Anschein einer Ironie der Geschichte, wenn derjenige, der Mitte 1923[295] als eines der Hauptziele einer grundlegenden Änderung des geltenden Gerichtsverfassung- und Strafverfahrensrechts die stärkere Beteiligung des Laientums in der Rechtspflege forderte, kurze Zeit später als Reichsjustizminister[296] mit der nach ihm benannten Reform aber letztlich das Gegenteil bewirkte. Mit dem Erlass der Verordnung über Gerichtsverfassung und Strafrechtspflege vom 4. Januar 1924,[297] der sog. Emminger-Reform, wurde offensichtlich primär aus politischen Gründen[298] das mit dem GVG von 1877 eingerichtete Geschworenengericht faktisch abgeschafft.

Wie in Kapitel III.3.6. ausgeführt, scheiterten mehrere Versuche, die erst 1879 als Teil der Reichsjustizgesetze in Kraft getretene Strafgerichtsverfassung zu reformieren, obwohl eine Reform allgemein für notwendig gehalten wurde. Vor allem bürgerliche Kräfte[299] nutzten den durch tiefgreifende wirtschaftliche Krisen und einen dramatischen Währungsverfall gekennzeichneten Zeitabschnitt der 20-er Jahre, um unter dem Motiv der „Not von Volk und Reich" gravierende Änderungen auch der Gerichtsverfassung und des Strafprozesses durchzusetzen.

---

294 Radbruch in der Reichstagssitzung vom 6. Juni 1923, a.a.O.

295 So u.a. der damalige Abgeordnete Emminger in einer Reichstagsrede vom 6. Juni 1923 anlässlich der Debatte um den am 29. Mai 1923 im Reichstag eingereichten Entwurf eines Gesetzes zur Neuordnung der Strafgerichte (sog. Entwurf Heinze, zu dieser Zeit Reichsjustizminister) (Reichtagsprotokolle, 358. Sitzung 1920/24,9, S. 1194); näheres s. auch Vormbaum, S. 52ff.

296 Emminger war lediglich in der Zeit vom 30.11.1923 bis 15.04.1924 im konservativen Kabinett Marx I Reichsjustizminister. In diesen Zeitraum fielen sowohl die nach ihm benannte Reform als auch die am 28. März 1924 im Reichsgesetzblatt verkündete und am 1. April 1924 in Kraft getretene entsprechende Neufassung von Gerichtsverfassungsgesetz und Strafprozessordnung.

297 RGBl. I, S. 15: sog. Lex Emminger.

298 Ausführlich dazu Vormbaum, S. 59ff., 142ff.

299 Für die Umsetzung der Emminger-Reform setzten sich insbesondere Abgeordnete der konservativen Parteien (DNVP, DVP) ein. Der Widerstand gegen die Abschaffung der Schwurgerichte kam vor allem aus dem linken Lager (SPD, USPD und KPD). Er war jedoch zu uneinheitlich, zu verhalten und kam darüber hinaus zu spät (Vormbaum, S. 70ff.).

So wurde u.a. ein Ermächtigungsgesetz erlassen, das den Reichsjustizminister nach § 43 der Verordnung vom 4. Januar 1924 im Sinne einer Rechtsgestaltungsbefugnis[300] legitimierte, den endgültigen (neuen) Text des Gerichtsverfassungsgesetzes und der Strafprozessordnung, einschließlich etwaiger Änderungen und Ergänzungen, mit den bis zum Inkrafttreten dieser Verordnung „ergangenen Gesetzen und Verordnungen in Einklang zu bringen" und das Ergebnis im Reichsgesetzblatt bekannt zu machen.

Die Bezeichnung „Schwurgericht" wurde zwar nominell aufrechterhalten, büsste jedoch ihren erstmals in den § 79ff. GVG 1877 verfahrensrechtlich näher bestimmten Inhalt im Kern ein. An die Stelle des Geschworenengerichts „alter Art" trat das große Schöffengericht, besetzt mit drei Berufsrichtern und sechs Schöffen, die über die Schuld- und Straffrage gemeinschaftliche zu entscheiden hatten, §§ 81, 82 Abs. 1 1. Halbs. GVG 1924.[301] Ausserhalb der Hauptverhandlung entschieden allein die Berufsrichter; während der Hauptverhandlung übten die Geschworenen das Richteramt im gleichem Umfang wie die Schöffen aus, § 82 Abs. 1, 2. Halbs., Abs. 2 GVG 1924.

Der sachliche Zuständigkeitsbereich des Schwurgerichts wurde deutlich eingeschränkt, da Schwurgerichte nur noch für Verbrechen zuständig waren, die nicht vor das Reichsgericht oder das Amtsgericht gehörten, § 80 GVG 1924.

Darüber hinaus wurden die erstinstanzlichen Strafkammern beseitigt und die bisherigen Strafkammersachen auf die Amtsgerichte übertragen.

Die dadurch entstandene Erweiterung der amtsgerichtlichen Zuständigkeit trug allerdings nicht zu einer Stärkung der Laienrichterposition bei. Eher im Gegenteil.

Fielen nach § 30 S. 2 GVG 1877 lediglich die notwendigen Entscheidungen außerhalb der Hauptverhandlung in die Alleinzuständigkeit des Amtsrichters bei ansonsten ausschließlicher Schöffengerichtszuständigkeit für das amtsgerichtliche Hauptverfahren,[302] kehrte sich dieses Regel-Ausnahme Verhältnis mit dem GVG 1924 gleichsam um. Das Schöffengericht war nur noch in den

300 Vormbaum, S. 42.

301 Bekanntmachung der Texte des Gerichtsverfassungsgesetzes und der Strafprozessordnung vom 22. März 1924, RGBl. I, S. 299; auch dieser Teil des Gesetzes (§§ 81, 82 GVG) entsprach einer Vorgabe an den Reichsjustizminister durch die Verordnung über Gerichtsverfassung und Strafrechtspflege vom 4. Januar 1924. In § 12 der Verordnung war ausdrücklich die Quasi-Abschaffung des Schwurgerichts alter Art besiegelt.

302 Einzige Ausnahme war das Verfahren nach nach § 211 StPO 1877: im Fall der Vorführung des Beschuldigten konnte der Amtsrichter allein mit Zustimmung der Staatsanwaltschaft ohne Zuziehung von Schöffen die Hauptverhandlung durchführen, wenn

Fällen zuständig, in denen der mit einem umfassenden eigenen Zuständigkeitskatalog (§§ 25, 26 GVG 1924) ausgestattete Amtsrichter nicht allein entschied.

Hinzu kam ein Dispositionsrecht der Staatsanwaltschaft, das ihr gestattete, bei Einreichung der Anklageschrift eine Alleinentscheidung des Amtsrichters zu beantragen, soweit die Strafmaßerwartung ein Jahr Freiheitsstrafe nicht überstieg, § 25 Abs. 1 Nr. 2c, Abs. 2 GVG 1924. Dasselbe galt für Anklagen wegen schweren Diebstahl, Hehlerei oder ein Rückfallverbrechen gemäß § 26 Abs. 1 GVG 1924; in diesen Fällen sogar ohne Begrenzung der Straferwartung auf ein Jahr Freiheitsstrafe.

Ein weiteren, den Stellenwert der Laienbeteiligung im Ergebnis reduzierenden Entscheidungsspielraum hatte die Staatsanwaltschaft nach § 29 Abs. 2 GVG 1924, da sie „wegen Umfang und Bedeutung der Sache“ die Hinzuziehung eines zweiten Amtsrichters, verbunden mit der Anklageerhebung vor dem erweiterten Schöffengericht, beantragen konnte.

Verhandlungen vor dem erweiterten Schöffengericht waren darüber hinaus in einem weiteren Punkt geeignet, den Schöffeneinfluss zu schwächen. Bei Stimmengleichheit im Abstimmungsergebnis galt § 196 Abs. 4 GVG: ergab sich in dem mit zwei Richtern und zwei Schöffen besetzten Gericht in einer Frage, über die mit einfacher Mehrheit zu entscheiden war, Stimmengleichheit, so gab die Stimme des Vorsitzenden den Ausschlag.

3.7 Die Folgen der Emminger-Reform

Die durch die Emminger-Verordnung eingeführten grundlegenden gerichtsverfassungs- und strafverfahrensrechlichen Änderungen wurden unterschiedlich aufgenommen. Während die Justiz sie überwiegend positiv beurteilte, war die Kritik vor allem seitens der Anwaltschaft scharf. Sie erstreckte sich in erster Linie auf die zur Durchbrechung des Legalitätsprinzips führenden weitreichenden Entscheidungsmöglichkeiten der Staatsanwaltschaft bei Anklageerhebung; daneben auch auf die Ausweitung der Befugnisse des Einzelrichters bei gleichzeitiger Schwächung der Laienrichterposition.[303] Inhaltlich vergleichbare, auf

der Beschuldigte nur wegen einer Übertretung verfolgt wurde und ein Geständnis abgelegt hatte.

303 Vormbaum, S. 78 unter Hinweis auf eine Entschließung des Deutschen Anwaltvereins vom September 1924 in deren Präambel die Strafprozess-Verordnung als „sittlich

Verbesserung von Stellung und Einfluss der Laienrichter zielende, Ergebnisse lieferten die Verhandlungen der strafrechtlichen Abteilung des 33. Deutschen Juristentags 1924 in Heidelberg, deren gemeinsame Leitsätze u.a. wie folgt lauteten:[304]

- Die Beteiligung der Laien an der Strafrechtspflege ist – von minderwichtigen und einfach gelagerten Fällen abgesehen – für alle Tatsacheninstanzen anzustreben.
- Die Zahl von zwei Schöffen ist genügend, um den Laienrichtern auch beim erweiterten Schöffengericht und bei der großen Strafkammer den ausschlaggebenden Einfluss zu sichern; jedoch ist die Verhandlung und Beratung der Eigenart und den Bedürfnissen der Laienrichter anzupassen.
- Die erweiterte Aufgabe des neuen Schöffengerichts verlangt größere Sorgfalt in der Auswahl der Schöffen und ihre häufigere oder ständige Heranziehung in den Sitzungen. Für die Laienrichter der Berufungsinstanz und des neuen Schwurgerichts ist vorherige längere Tätigkeit im Schöffengericht zu verlangen.

Davon unbeeindruckt glichen die Folgen der Emminger-Reform in der Praxis eher dem von Sozialdemokraten und Kommunisten in den vorangegangenen Reichstagsdebatten heraufbeschworenen Szenario.

Insbesondere sank der Anteil der unter Hinzuziehung von Laienrichtern getroffenen strafgerichtlichen Entscheidungen drastisch. Nach dem Ergebnis einer Untersuchung von v.Hentig[305] wurden in den Jahren ab 1924 80% der gerichtlich anhängigen Strafrechtsfälle ausschließlich von Berufsrichtern entschieden, während zuvor das Verhältnis umgekehrt war: 80% der Strafurteile kamen unter Laienbeteiligung zustande, lediglich 20% der Entscheidungen waren ausschließlich Berufsrichtern vorbehalten. Beispielhaft dazu weist die Preußische Justizstatistik[306] für die Jahre 1923 und 1924 in der Gegenüberstellung für erstinstanzliche Hauptverhandlungen folgende Zahlen auf:

und rechtspolitisch bedenkliche Minderung der Rechte der von staatlicher Strafgewalt verfolgten Staatsbürger“ bezeichnet wurde.

304 Zitiert nach Vormbaum, S. 81, Fn. 55.

305 v.Hentig, Hans: Der abgeschaffte Laienrichter, in Monatsschrift für Kriminalpsychologie 18./19. Jg. (1927), S. 333 und 643.

306 Statistisches Jahrbuch für den Freistaat Preußen, Bd. XXII, Berlin 1926, S. 190/191.

	1923	1924
Vor den Amtsrichtern:	16737	506190
Vor den Schöffengerichten:	555818	84147
Vor den Strafkammern I. Instanz:	33278	-
Vor den Schwurgerichten:	3224	1417
Insgesamt fanden demnach Hauptverhandlungen statt;		
Unter Zuziehung von Laienrichtern:	562042	85504
Ausschließlich vor Berufsrichtern:	50015	506190.

Ähnliche Veränderungen ergaben sich für die Freie und Hansestadt Hamburg in dem Zeitraum 1923 bis 1926: betrug die Zahl der amtsrichterlichen Einzelentscheidungen 1923 lediglich 982, stieg sie im Jahr 1924 auf 5772 und in den Folgejahren auf 12296 (1925) bzw. 13912 (1926) an. In gleichem Umfang verringerte sich die Zahl der Schöffengerichtsentscheidungen: von 12745 im Jahr 1923 auf 7196 (1924), 1458 (1925) bzw. 1641 im Jahr 1926.[307]

Damit war eine der wesentlichen Errungenschaften der 1877 in Kraft getretenen reichseinheitlichen Gesetzgebung im Strafverfahrens- und Gerichtsverfassungsrecht Deutschlands, nämlich die radikale Beschränkung der Alleinentscheidungskompetenz des Amtsrichters, hinfällig geworden.

4. Zusammenfassung

Der Kampf um die Neugestaltung des Strafverfahrens war in der Anfangsphase wesentlich politisch bestimmt. Den Befürworter einer für damalige Verhältnisse weitreichenden Laienbeteiligung in Gestalt des Geschworenengerichts standen konservative, vorrangig aus der Justiz stammende, Kräfte gegenüber, die den Grundsätzen des Inquisitionsverfahrens verhaftet blieben.

Das sich in der ersten Hälfte des 19. Jahrhunderts durchsetzende französische Jurysystem bot selbst denjenigen, die – wie bspw. Feuerbach – der Schwurgerichtsidee nicht grundsätzlich ablehnend gegenüberstanden, zahlreiche Angriffspunkte. Zusätzlich hatten reaktionäre Kräfte Gelegenheit, die „Nachteile“ eines

307 Statistisches Jahrbuch der Freien und Hansestadt Hamburg, Jahrgang 1926/27, Hamburg 1927, S. 338ff. (Herausgeber Prof. Dr. Sköllin).

auf Zensus und Kapazitäten aufgebauten Geschworenensystems – gemeint waren insbesondere der scheinbar elitärer Kreis der Auserwählten sowie der Einfluss der Regierung auf die Zusammenstellung der Listen – den „Vorteilen" der überkommenen Gerichtsverfassung mit der alleinigen Dominanz des beamteten Richters im Strafverfahren gegenüberzustellen. Auch wenn diese Auffassung spätestens ab 1848 zunehmend bedeutungsloser wurde, trug sie angesichts der in Justizkreisen weiterhin beharrlich aufrechterhaltenen Abneigung gegen irgendeine Form der gerichtlichen Laienbeteiligung wenigstens zu einem Reformstau bei. Nur so konnte bis zur Einführung der reichseinheitlichen StPO 1877 in einigen deutschen Einzelstaaten[308] die ausschließliche Berufsrichterzuständigkeit in Strafsachen fort existieren. Die schon den Vormärz prägende Reformdiskussion um die Alternative des „bürokratisch-inquisitorisch" oder des „akkusatorisch-kontradiktorisch"[309] aufgebauten Gerichtsverfassungssystems blieb so über Jahrzehnte erhalten. Offensichtlich reichte sie sogar bis in das 20. Jahrhundert, wie die mahnende Bemerkung von v. Liszt[310] im Jahr 1918, „mit den Resten des inquisitorischen Systems aufzuräumen", erkennen lässt.

Retrospektiv betrachtet war allerdings die Periode von 1877 bis 1924 eine der fruchtbarsten im Hinblick auf Art und Umfang einer Laienbeteiligung an strafrichterlichen Entscheidungen.

Abgesehen von den mittelschweren Straftaten, für die allein die mit fünf Berufsrichtern (§ 77 S. 2 GVG 1877) besetzten erstinstanzlichen landgerichtlichen Strafkammern zuständig waren, gab es eine Laienbeteiligung an nahezu sämtlichen Entscheidungen, die vor dem Amtsgericht oder als besonders schwere Straftaten vor dem beim Landgericht ansässigen Schwurgericht in der Besetzung mit zwölf Geschworenen (§ 81 GVG 1877) verhandelt wurden.

Die Emminger-Reform brachte in lediglich einem Punkt eine Erweiterung der Laienbeteiligung gegenüber den Regelungen des GVG 1877.

Nach dem GVG 1877 waren die Strafkammern ausschließlich mit Berufsrichtern besetzt, so dass über Berufungen gegen Urteile des Schöffengerichts Strafkammern in der Besetzung mit fünf Richtern, in kleineren Sachen mit drei Richtern, einschließlich des Vorsitzenden, ohne Laienbeteiligung entschieden wurde, §§ 76, 77 GVG 1877. Das GVG 1924 hingegen bestimmte, dass Berufungen ge-

308 Gemeint sind Mecklenburg-Schwerin, Mecklenburg-Strelitz, Lippe und Schaumburg-Lippe, Sachsen-Altenburg und Lübeck.

309 Von Vormbaum, Lex Emminger, S. 174 gewähltes Begriffspaar.

310 v.Liszt, Die Rückwirkung der November-Revolution auf Strafrecht und Strafverfahren, JW 1918, S. 785 (786).

gen Urteile des Schöffengerichts vor der großen Strafkammer in der Besetzung mit drei Berufsrichtern und zwei Schöffen zu verhandeln waren, § 76 Abs. 2 GVG 1924. Über Urteile des Amtsrichters, die mit der Berufung angefochten waren, hatte in der Berufungshauptverhandlung die kleine Strafkammer mit dem Vorsitzenden und zwei Schöffen zu entscheiden, § 76 Abs. 1 GVG 1924.

Die Gründe dafür waren – insoweit eine Parallele zur Diskussion um die Einführung des Geschworenengerichts zu Beginn des 19. Jahrhunderts – politischer Natur.

Neben einzelnen Faktoren – wie der Einrichtung der Fragestellung, der Notwendigkeit einer Rechtsbelehrung der Geschworenen bei häufig fehlender, aber erforderlicher Rechtskenntnis für die Beurteilung der Schuldfrage oder der nicht mit Entscheidungsgründen zu verifizierende Wahrspruch – waren es vor allem die Umständlichkeit und die mangelnde Effizienz des Verfahrens, die eine zunehmende Abkehr von der Geschworenenidee insbesondere bei den Justizpraktikern bewirkten. Beginnend mit der Kompliziertheit des Auswahlverfahrens oder den Besonderheiten des peremptorischen Ablehnungsverfahrens reichte die Kritik bis zu Art und Umfang der Geschworenensitzungen selbst. Im Unterschied zu den „kurzen, meist schnell vorübergehenden Sitzungen“ der Schöffengerichte dauerten die Verhandlungen vor den Geschworenengerichten meist deutlich länger.[311] Beklagt wurde in diesem Zusammenhang auch, dass als Folge dessen die Geschworenen selbst „gleich mehrere Tage oder Wochen lang von ihren Geschäften“[312] abgehalten wurden.

Inwieweit insbesondere der größere Umfang der Laienbeteiligung in der Zeit ab 1877 zugleich eine Qualitätssteigerung der Rechtsfindung oder wenigstens eine höhere Akzeptanz der Strafgerichtsurteile in der Bevölkerung bewirkte, ist nicht im einzelnen erforscht. Fest steht, dass eine zu hohe, vor allem auf juristisch-handwerkliche Mängel zurückzuführende Freispruchquote bei Urteilen der Geschworenengerichte beklagt wurde.[313] Selbst nach Einführung der RStPO 1877 verblieb es aber bei der Regel, dass ein den Angeklagten „lossprechender Wahrspruch“ kaum überprüfbar war. § 317 S. 1 RStPO sah eine Urteilsaufhebung nur bei Verurteilung eines Angeklagten durch das Schwurgericht vor.

Angesichts der enormen Bedeutung des Wahrspruchs erscheint daher das ursprüngliche gesetzgeberische Anliegen, das verantwortungsvolle Amt eines

311 Schwarze, Das Schöffengericht S. 72.

312 Schwarze a.a.O.

313 Vgl. Fn. 417 sowie die Ausführungen zur Tatfrage im französischen System, Kapitel IV.4.

Geschworenen nur gesellschaftlich herausgehobenen Persönlichkeiten zu übertragen und bspw. Analphabeten davon auszuschließen, schon im Hinblick auf die Sicherung eines gewissen Qualitätsstandards der laiengerichtlichen Rechtsprechung nachvollziehbar.

IV. Kapitel Rechtskenntnisse von Laienrichtern – ein Kriterium für Auswahl und Repräsentanz?

1. Einleitung

Anders als bei der englischen Jury, der am Ende eines Strafprozesses immer nur die einfache Frage: „guilty or not guilty?“ zur Beantwortung vorgelegt wurde, war der dem französischen System nachgebildete und entscheidende Akt des deutschen Schwurgerichtsverfahren durch die „berühmte und berüchtigte Fragestellung“ in Verbindung mit der Rechtsbelehrung gekennzeichnet.[314] Ein Geschworener sollte nicht „blos nach der innern Ueberzeugung seines Gewissens über Schuld oder Nichtschuld erkennen, ohne von den Gründen seiner Ueberzeugung Rechenschaft zu geben.“[315] Ihm wurden daher Fragen zur Beantwortung vorgelegt, die die einzelnen Tatbestandsmerkmale des angeklagten Vorwurfs umfassten und diese hervorhoben. Die Fragestellung sollte als Unterstützung dienen, um den rechtunkundigen Geschworenen eine Art Grundorientierung im Entscheidungsprozess über die Schuldfrage zu bieten. Zugleich sollte sie dazu beitragen, die an die Geschworenen gerichtete Erwartung zu stärken, das Strafgesetz bei der Urteilsfindung richtig anzuwenden.

Gesetzlich formalisiert für ganz Deutschland wurde das System der Fragestellung mit einer Haupt- sowie „Hülfs“- und Nebenfragen in §§ 290ff. RStPO 1877. Zu einem höheren Grad allgemeiner Anerkennung trug dies jedoch nicht bei. Die mit der Fragestellung verbundenen gravierenden Missstände, die mitverantwortlich für die spätere Abschaffung des Schwurgerichts waren, standen schon zuvor in der Kritik. Die „Amtliche Denkschrift“ von 1873 bspw. stellte auf das „unheilbare Gebrechen“ des Geschworenengerichts ab, das mit der unmöglich zu erfüllenden Aufgabe verbunden war, „einerseits die Entscheidung der gesammten Schuldfrage den Geschworenen zu übertragen und andererseits doch die richtige Anwendung des Gesetzes zu sichern“.[316] Noch ablehnender äußerte sich Binding,[317] der den rein formalen Akt der Fragestellung als der

314 Binding, Drei Grundfragen, S. 87.
315 Feuerbach, Betrachtungen über das Geschwornengericht, S. 205.
316 Amtliche Denkschrift, S. 48.
317 Binding, Drei Grundfragen, S. 89.

„Erlangung materieller Wahrheit" „feindlich" gegenüberstehend beurteilte. Die Überzeugungsbildung der Geschworenen von der Schuld oder Unschuld eines Angeklagten könne dadurch nachteilig beeinflusst werden.

Unklar blieb allerdings, ob die von Juristen beklagte hohe Quote von Fehlsprüchen der Geschworenengerichte tatsächlich auf mangelnde Rechtskenntnisse zurückzuführen ist oder – wie z. B. Kahl[318] meint – nicht vielmehr „auf außerhalb" des Rechtsverständnisses „gelegenen Gründen, auf Gefühlseinwirkung oder der Absicht, den Gesetzgeber zu korrigieren", beruht.

Gleichwohl wurde, von den überzeugten Schwurgerichtsgegnern abgesehen, verbreitet die Auffassung vertreten, dass „in der Mehrzahl die Wahrsprüche der deutschen Geschworenen die Rechtsüberzeugung des Volkes befriedigt"[319] hätte. Möglicherweise hängt diese Einschätzung mit von Planck[320] 1904 in einem Vortrag beschriebenen Erkenntnis zusammen, dass Laien die einer Strafsache zugrundeliegenden „thatsächlichen Verhältnisse" häufig besser als Berufsrichter einschätzen und beurteilen können; ihre Entscheidung daher lebensnäher erscheint. Um darüber hinaus zu gewährleisten, dass Rechtsbegriffe zutreffend angewandt und Rechtsfragen richtig gelöst werden, bedürfe es der Kooperation von Laien und gelehrten Richtern in einem Kollegialgericht. Ein reines Laiengericht sei insoweit überfordert.[321]

Die Frage, ob überhaupt, und wenn ja, in welchem Umfang und auf welche Art und Weise vermittelt, Laienrichter Rechtskenntnisse besitzen sollten, führt zu einem weiteren Untersuchungsgegenstand im Rahmen dieses Kapitels. Gemeint ist die insbesondere in der ersten Hälfte des 19. Jahrhunderts intensiv diskutierte Frage nach der Entscheidungszuständigkeit über die sog. Tatfrage.

Konnten – arbeitsteilig und im Grunde unabhängig voneinander – einerseits Laienrichter über die Tat, also Schuld oder Nichtschuld eines Angeklagten, Berufsrichter andererseits über das Recht entscheiden? Waren Geschworene – abgesehen von Fragestellung und Rechtsbelehrung – in der Lage, ohne sonstige Rechtskenntnisse über die nach ihrer Auffassung aus dem Inbegriff der Hauptverhandlung als bewiesen erachteten Tatsachen zu urteilen?

---

318 Kahl, Schwur- oder Schöffengerichte? S. 14.

319 Kahl, Schwur- oder Schöffengerichte?, S. 24.

320 Planck, Die Mitwirkung von Laien in der Rechtspflege, S.107. Bei rechtsgelehrten Richtern sei dies anders, da sie häufig der Gefahr einer „schablonenhaften Beurteilung" der einzelnen Fälle unterliegen.

321 So die Schlussfolgerung von Planck als Befürworter des Schöffengerichts, Planck, a.a.O.

Zu dieser Problematik gab es im wesentlichen drei Grundauffassungen, von denen die letzte mehrheitsfähig wurde:

- Rechtskenntnisse bei Geschworenen seien – in Anlehnung an das englische Jurysystem – nicht notwendig, weil die Tatfrage auf rein faktische Bestandteile beschränkt sei;
- Tat- und Rechtsfragen seien zwar untrennbar miteinander verknüpft, Geschworene jedoch nicht befähigt, Rechtsfragen zu beurteilen und darüber zu entscheiden;
- Fragestellung und Rechtsbelehrung an die Geschworenen seien ausreichend, um dem nicht näher zu begründenden Wahrspruch der Geschworenen auch eine juristisch fundierte Grundlage zu geben; so die Ansicht der Anhänger des französischen Systems.

2. Historische Entwicklung der Entscheidungszuständigkeit über die sog. Tatfrage

An die Stelle des bis Ende des 18. Jahrhunderts in Deutschland verbreiteten schriftlichen und geheimen Inquisitionsverfahrens, das keine wesentlichen Differenzierungen zwischen Tat- und Rechtsfragen kannte, trat zu Beginn des 19. Jahrhunderts – wie ausgeführt – das auf Mündlichkeit und Öffentlichkeit beruhende Strafverfahren, dessen einer wesentlicher Bestandteil die Beteiligung „ungelehrter“ Richter an der Urteilsfindung war.

Korrespondierend zu einschneidenden gerichtsverfassungsrechtlichen Neuerungen betraten die Geschworenen auch materiell rechtlich juristisches Neuland, indem ihnen allein die Entscheidung über die sog.Tatfrage – also die Feststellung über Schuld oder Nichtschuld eines Angeklagten – übertragen wurde. Dadurch unterschied sich ihre Funktion grundlegend von der Spruchpraxis ihrer „Quasi-Vorgänger“, den altgermanischen Schöffen. Deren alleinige Aufgabe bestand in der Rechtsfindung. Die Tatfrage wurde demgegenüber im Falle des Streits von den Parteien selbst auf eine, jedes weitere Urteil ausschließende formelle Weise durch Gottesurteil, Eideshelfer, Zeugnis der Gemeinde usw. festgestellt.[322]

322 Vgl. dazu Savigny, Ueber Schwurgerichte und Beweistheorie im Strafprozesse, GA 1858 S. 469ff. (471).

Der mit Einführung der Geschworenengerichte entstehende, umfassend und heftig geführte Streit um die Tatfrage war zeitlich begrenzt. Durch die sog. Emminger-Reform von 1924, mit der das „klassische" Schwurgericht abgeschafft wurde, verlor er vollständig an Bedeutung. Grund hierfür war die Einführung des „neuen", mit Berufs- und Laienrichtern besetzten Schwurgerichts, das – ebenso wie die erstmalig im gesamten deutschen Reich mit dem GVG vom 27. Januar 1877 eingerichteten Schöffengerichte – sowohl über den Schuldspruch als auch über den Rechtsfolgenausspruch zu entscheiden hatte. Unterschiedliche Entscheidungszuständigkeiten von Berufsrichtern und Laienrichtern gab es nun nicht mehr. Über die Tat- und über die Rechtsfrage entschieden Berufs- und Laienrichter als Kollegialgericht gemeinsam und einheitlich.

3. Der Streit um die Tatfrage

Die Diskussion, eine Entscheidung über die „Thatfrage" allein „ungelehrten" Richtern zu überlassen, stellte im Deutschland zu Beginn des 19. Jahrhunderts eine Art Paradigmenwechsel dar, der in Wissenschaft und Praxis von Beginn an unterschiedliche Lager entstehen liess.

Ohne den Einfluss vor allem des französischen Schwurgerichtsverfahrens, das in einigen deutschen Einzelstaaten übernommen wurde, hätte die Diskussion über die Tatfrage nicht die Bedeutung erlangt, die ihr wenigstens in den ersten drei Jahrzehnten des Jahrhunderts zukam. Vor allem die dem französischen Jurysystem immanente strikte Trennung der Entscheidungskompetenz zwischen Tat- und Rechtsfrage war bereits bei Einführung der Schwurgerichte in Deutschland umstritten. Prominente Gegner des französischen Geschworenengerichts waren neben Feuerbach[323] insbesondere Mittermaier,[324] Hepp,[325] Abegg[326] und v.Gneist.[327] Dem standen ausgesprochene Befürworter, insbesondere in den Reihen der sog. Immediat-Justiz-Kommission, gegenüber.

Der Streit betraf im wesentlichen die Frage, ob überhaupt, und wenn ja, unter welchen rechtlichen Rahmenbedingungen Geschworene über Schuld oder

323 S. dazu Kapitel III.3.2.1.

324 S. dazu Kapitel II.7.2. und IV.9.

325 Hepp, Vergleichung der englischen und französischen Jury, in: Archiv für Criminalrecht 1849, S. 307ff.

326 Abegg, Die Lehre vom Beweise und dem Schwurgerichte in: Der Gerichtssaal 1850, Band 2, S. 61ff, 65.

327 v.Gneist, Die Bildung der Geschworenengerichte, S. 151ff.

Unschuld eines Angeklagten durch den sog. „Wahrspruch“ zu entscheiden hatten. Dass die Tatfrage selbst immer auch Rechtselemente enthielt, war nahezu einhellige Auffassung.[328]

Anders als die Wissenschaft, weniger reflektiert und unkritischer, beurteilten anscheinend manche Justizpraktiker das Problem der Laienrichterkompetenz. In seinem 1850 erschienenen Anleitungswerk für die praktischen Aufgaben eines Geschworenen wies z. B. Staatsanwalt Küßner darauf hin, dass bei der Teilung des Richteramtes zwischen Juristen und Geschworenen diesen das „wichtigere und schwierigere Amt“ zufalle, nämlich das Tatsächliche eines Falls festzustellen.[329]

4. Die Tatfrage im französischen Jurysystem

Axiom des Geschworenengerichts nach französischem Vorbild war, dass die Geschworenen über die Tat, der „Gerichtshof“ in Person beamteter Berufsrichter über das Recht zu entscheiden hatte. Neben der Geschworenenbank war daher auch eine als „Assisenhof“ bezeichnete Richterbank eingerichtet, die bis 1832 mit fünf Berufsrichtern besetzt war.[330]

Das Prinzip, im Erkenntnisverfahren zwischen „Tat“ und „Recht“ zu trennen, galt jedoch nicht uneingeschränkt. Unterschieden wurde zwischen crimes und delits. Für kleinere Vergehen – sog. Zuchtpolizeifälle[331] – war nicht die Jury, sondern ein „rechtsgelehrter“ Richter zuständig, der sowohl über die Tat- als auch über die Rechtsfrage urteilte.

Neben der Bemessung der Strafe durch den Berufsrichter – also der Rechtsfolgenentscheidung – bestand seine Aufgabe zusätzlich darin, die Geschworenen auf die mündliche Verhandlung vorzubereiten, damit sie einen von ihnen festzustellenden und als Ergebnis ihrer Beratung festgestellten Sachverhalt unter eine Strafrechtsnorm subsumieren konnten. Indem der Assisenhof den Geschworenen vor

---

328 Schwinge, S. 116f.; Mittermaier, Volksgericht, S. 29; Mittermaier, Das deutsche Strafverfahren, erste Abtheilung, § 40 (S. 182f.: „Die Trennung der Tat- und Rechtsfrage beruht in sehr vielen Fällen auf einer Täuschung“). Auch die Immediat-Kommission erkannte dies an, (Schwinge, S. 27: Die Kommission „erklärt aber, das mit der Tatfrage verbundene juristische Element gehöre nicht ausschließlich zum Gebiete der Wissenschaft, sondern zu dem des gesunden Menschenverstandes.“).

329 Küßner, Das preußische Schwurgericht, S. 25.

330 Landau, S. 276.

331 Mittermaier, Die öffentliche mündliche Strafrechtspflege und das Geschworenengericht, S. 38, 39.

der Beratung den die Tatbestandsmerkmale der angeklagten Tat enthaltenden und von ihnen zu beantwortenden Fragenkatalog vorlegte, sollte den Geschworenen für die Lösung der Tatfrage ein juristisches Grundgerüst bereitstehen.

Die Ergebnisse war aber gleichwohl unbefriedigend, da es eine viel zu hohe Anzahl von unbegründeten Freisprüchen („Lossprechungen") durch Geschworenenjurys gab. Dies führte dazu, dass ab 1832 wesentliche Teile des Strafverfahrensrechts geändert wurden. Im Falle eines verurteilenden Wahrspruchs waren die Geschworenen nunmehr berechtigt, ihrer Entscheidung den Zusatz, dass mildernde Umstände vorlägen, hinzuzufügen.[332] Dadurch waren die Assisenhöfe zugleich in der Lage, die zu verhängenden Strafen zu mildern. Welch gravierende Auswirkungen die Rechtsänderung hatte, zeigt eine statistische Erfassung für das Jahr 1842. Danach gab es insgesamt 5104 Anklagen vor den Geschworenengerichten. Schuldig sprachen die Geschworenen 3893 Angeklagte. Bei 2615 von ihnen wurden mildernde Umstände angenommen.[333] Von diesen Angeklagten wären andernfalls, also bei Fehlen von Milderungsmöglichkeiten, vermutlich etliche zu unrecht – wie vor 1832 – freigesprochen worden.[334] Bereits damals schienen Laienrichter geneigt, bei alternativlos harten gesetzlichen Strafandrohungen, die Schuldfrage – rechtlich i.d.R. kaum haltbar – zugunsten des Angeklagten zu entscheiden.[335]

Bei groben Irrtümern oder Missverständnissen, also krassen Fehlentscheidungen der Jury, war ein zusätzliches Korrektiv vorgesehen. Selbst dann, wenn die Geschworenen die einem Straftatbestand zugrunde liegenden Tatsachen für erwiesen erachteten und zu einem Schuldspruch gelangten, konnte der Cassationshof als Quasi-Revisionsinstanz das Urteil aufheben und einen Angeklagten aus

---

332 Mittermaier, Die Mündlichkeit, S. 56; ergänzend dazu auch Kahl, Schwur- oder Schöffengerichte?, S. 14, der lange Zeit danach (1906) für die als Fehlsprüche getadelten „Wahrsprüche" (deutscher Geschworenengerichte) einen Erklärungsversuch unternahm, wonach die „Wahrsprüche der Geschworenen viel seltener auf positiven Fehlgriffen und Irrtümern des Rechtsverständnisses beruhen, als auf außerhalb dieses gelegenen Gründen, auf Gefühlseinwirkung oder der Absicht, den Gesetzgeber zu korrigieren. Das kommt namentlich bei Fragen der Zurechnungsfähigkeit und bei Eidesdelikten vor. Das sind dann aber nicht Fehler des Wissens, sondern des Wollens".

333 Mittermaier, a.a.O. S. 57; im Jahr 1831 sprachen die Geschworenen (im statistischen Durchschnitt) bspw. noch 46 Angeklagte von 100 frei, so die Ausführungen von Mittermaier, a.a.O., S. 58.

334 Mittermaier a.a.O., S. 58.

335 Darauf, dass dieses Phänomen bereits seinerzeit nicht auf die französische Jury beschränkt war, sondern auch in England beobachtet wurde, weist Mittermaier, Die Mündlichkeit, S. 30 hin; ebenso Feuerbach, Betrachtungen über die Öffentlichkeit, Bd. 2, S. 408/409.

Rechtsgründen freisprechen. Der Assisenhof selbst hatte darüber hinaus über das sog. Berichtigungsverfahren die Möglichkeit, die Geschworenen bei Mängeln im Wahrspruch zu erneuter Beratung zwecks Überprüfung ihrer bisherigen Auffassung anzuhalten.[336]

5. Die Tatfrage im englischen Jurysystem

In wesentlichen Punkten anders war das Juryverfahren in England ausgestaltet. Die Geschworenen entschieden unmittelbar über die Anklage, so dass ihr Ausspruch „schuldig oder nicht schuldig" für den königlichen Richter bindend war. Dessen Autorität, sein mittelbarer[337] Einfluss auf den Verfahrensgang, und die Überzeugungskraft seines „summing up" auf das „guilty or not" der Geschworenen müssen andererseits jedoch so bedeutend gewesen sein, dass es nur äußerst selten Abweichungen von dem gab, was der Richter der Jury vorab als Anleitung für eine juristisch überzeugende Lösung des Falles erteilt hatte.[338] Dazu gehörte ergänzend, dass er nach Schluss der Beweisaufnahme und den Plädoyers von Anklage und Verteidigung den gesamten Prozessstoff zusammenfasste, dabei vor allem das Beweisergebnis würdigte und zu den Rechtsfragen des Falles Stellung nahm.

Für die englischen Geschworenen war der Prozessstoff auch überschaubarer. Anders als die z.T. komplexen, komplizierten und schwer verständlichen Einzelfragen, die anhand des Fragenkatalogs an die französischen Geschworenen gerichtet waren, wurde den englischen Geschworenen eine kurz gefasste, die wesentlichen Merkmale des Tatvorwurfs enthaltenen Anklageschrift vorgelegt. Im Anschluss daran bestand ihre Aufgabe allein darin, festzustellen, ob der Anklagevorwurf bewiesen ist oder nicht.

Sprachen die Geschworenen den Angeklagten schuldig, hatte der königliche Richter nur noch über das richtige Strafmass zu befinden. Der Wahrspruch der Geschworenen selbst unterlag einer obergerichtlichen Überprüfung nur, wenn es

336 Eine Möglichkeit der Verfahrensgestaltung, die später ähnlich auch in der RStPO 1877 in § 309 S. 1 übernommen wurde.

337 Der Richter entschied über die Zulässigkeit eines Beweismittels und über Zulässigkeit oder Nichtzulässigkeit der einzelnen Fragen im Rahmes des allein von den Parteien beherrschten Kreuzverhörs. Ansonsten hatte er lediglich das Recht, klärende Zusatzfragen zu stellen, vgl. Mittermaier, Englisches Strafverfahren S. 313 und 412.

338 Feuerbach, Betrachtungen über das Geschwornengericht, S. 194: „In England ist nichts gewöhnlicher, als dass die Jury nachurtheilt, was ihr der Präsident des Gerichtshofs in seiner Information vorgeurtheilt hat".

„auf eine Rechtsfrage“ ankam, „die noch Gegenstand eines höheren Gerichts werden“ konnte,[339] also weder obergerichtlich noch höchstrichterlich entschieden war.

6. Feuerbach's Position zur Tatfrage

P.J.A. v. Feuerbach war in den ersten Jahrzehnten des 19. Jahrhunderts bis zu seinem Tod 1833 nach Auffassung Schwinge's[340] die wissenschaftlich „ernst zu nehmende“ Stimme schlechthin. Zugleich grundsätzlicher Anhänger wie Gegner[341] der Schwurgerichtsidee sah Feuerbach mehr noch als strafrechtliche „rein-politisch motivierte“[342] Gründe – insbesondere die Schaffung eines Gegengewichts zu dem einen Großteil von Deutschlands Gerichtslandschaft prägenden Inquisitionsprozess[343] – als wesentlich für die Einführung der Schwurgerichte in Deutschland an.

In seinem 1813 erschienen Grundlagenwerk „Betrachtungen über das Geschworenengericht“ setzte sich Feuerbach kritisch mit der Tatfrage auseinander, bei der es sich nach seiner Auffassung nicht um eine bloße Auseinandersetzung mit objektiven Tatsachen handelte.

Wären für die Tatfrage nichts als Tatsachen Grundlage ihrer Erkenntnis, läge sie völlig ausserhalb irgendeiner Sphäre rechtlicher Beurteilung, hätte sie ohne weiteres „aus der gemeinen Erfahrung durch den gesunden Verstand allein

339 Mittermaier, Volksgericht, S. 8.

340 So Schwinge, S. 24.

341 S. Koch, Carl Joseph Anton Mittermaier und das Schwurgericht, S. 171.

342 Feuerbach, Betrachtungen über das Geschwornengericht, S. 1, 47 und 200: „Bei der Untersuchung über die Vorzüge und Nachteile der Jury muß man zwei Gesichtspunkte wohl voneinander sondern, den rein-politischen und den strafrechtlichen“ (S. 47); auch MIttermaier (Die öffentliche mündliche Rechtspflege und das Geschworenengericht, S. 34) sah neben der „juridischen“ die politische Bedeutung des Geschworenengerichts; vgl. auch Eb. Schmidt, Einführung in die Geschichte der deutschen Strafrechtspflege, Berlin 1965, S. 332; Kern, Geschichte des Gerichtsverfassungsrechts, 1954, S. 58; zur Bedeutung des Schwurgericht als Postulat der politischen Bewegung vgl. Schwinge, S. 43ff.

343 Das Gebiet des Deutschen Bundes von 1815 enthielt lediglich einen Teil, der ein mündliches, öffentliches und von Laien beeinflusstes Strafverfahren nach französischem Recht besaß, wahrend im gesamten übrigen Deutschland noch der schriftliche und geheime Inquisitionsprozess des gemeinen Rechts galt, Landau, Schwurgerichte und Schöffengerichte in Deutschland, S. 242.

genügend beantwortet werden" können.[344] Insoweit würde ihr sogar jegliche „juridische"[345] Komponente als Grundlage einer strafgerichtlichen Entscheidung über die Schuldfrage fehlen.

Zwar betreffe die „Thatfrage" Ihrem „Gegenstande" nach allein die Entscheidung über „schuldig oder nicht schuldig",[346] sie beinhalte jedoch zugleich eine Rechtsfrage, sei „mithin gemischter Natur".[347] Selbst bei Erwiesensein der „nackten Thatsachen" aufgrund unmittelbarer und mündlicher Verhandlung sei damit gerade noch nicht die Tatfrage in ihrer rechtlichen Dimension erfasst und beantwortet.[348]

Die aus dieser Erkenntnis abzuleitende Frage, ob eine Laienjury als für die Beurteilung juristischer Fragen zuständige Institution die Tatfrage überhaupt angemessen lösen könne, beantwortete Feuerbach zumindest in Bezug auf die französische Urteilsjury negativ. Einem Laien fehle der für die Beantwortung der Tatfrage notwendige Sachverstand, da seine Überzeugungsbildung ausschließlich von dem „Gefühl des Wahren"[349] nach dem Vorbild der „intime conviction" aus der französischen Rechtslehre[350] bestimmt sei. Geschworene mögen daher zwar imstande sein, das „Aeussere, das rein Objektive der That"[351] festzustellen und die Richtigkeit der Anklage daraufhin zu überprüfen. „Der gemeine Verstand der Geschworenen wird zwar am Ende, weil er muß, seine Meinung finden, vielleicht sogar schneller finden, als der bedächtig prüfende Rechtsgelehrte. Allein mit verbundenen Augen trifft man allenfalls nur zufällig das Ziel,..."[352].

Nach Feuerbach ergab sich daraus die ebenso logische wie zwingende Konsequenz, dass für eine fundierte strafrichterliche Entscheidung über die Tatfrage der „gemeine Verstand" keine ausreichende Grundlage darstelle; mithin Geschworene allein ohne berufsrichterliche Unterstützung die Tatfrage juristisch nicht hinreichend zuverlässig und mit überzeugender Begründung beantworten können.

344 Feuerbach, Betrachtungen über das Geschwornengericht, S. 168.
345 Feuerbach, a.a.O. S. 177.
346 Feuerbach, a.a.O. S. 169.
347 Feuerbach, a.a.O.
348 Feuerbach, a.a.O. S. 181; ähnlich äußerte sich noch 70 Jahre später Binding, Drei Grundfragen der Organisation des Strafgerichts, S. 36: „Die Feststellung einer »nackten Thatsache d. h. einer Thatsache, die sich nicht als Verwirklichung eines Rechtsbegriffes darstellt, hat als solche für den Strafrichter gar keine Bedeutung."
349 Feuerbach a.a.O. S. 126 und S. 135.
350 Mittermaier, Die Mündlichkeit, S. 49; Schwinge, S. 85; Landau, S. 245.
351 Feuerbach, a.a.O. S. 179.
352 Feuerbach, a.a.O. S. 181.

Die Jury nach englischem Vorbild hingegen hatte andere Grundlagen, was Feuerbachs grundsätzliche Kritik am und seine persönliche Einstellung zum Schwurgericht deutlich veränderte. Einerseits gab es in England neben der Urteilsjury die Anklagejury, die in Frankreich durch den Code d'instruction criminelle von 1808 abgeschafft worden war. Beide Jurys – besetzt mit jeweils 12 Geschworenen, von denen jeder einzeln auf seine Wahrheitspflicht vereidigt war – hatten u.a. die Glaubwürdigkeit von Zeugen bzw. sie Glaubhaftigkeit ihrer Angaben durch getrennte Anhörungen sowohl bei der Entscheidung über die Anklageerhebung wie im Rahmen der Urteilsfindung zu prüfen. Stimmten die Jurys in ihren Auffassungen überein, lag darin nach Meinung Feuerbachs eine höhere Gewähr für einen materiell richtigen Wahrspruch als bei dem Urteil einer französischen Jury, dem allein ein auf äußerst vage Verdachtsgründe geprüfter Anklagevorwurf und eine nicht überprüfbare persönliche Überzeugung der Geschworenen zugrunde lag.[353]

Andererseits war – wie ausgeführt – in England der Einfluss eines Berufsrichters auf die Entscheidung der Urteilsjury erheblich; sowohl bei den Vorverhandlungen als auch insbesondere bei der Vorbereitung der Urteilsberatung.

Schließlich war der Spruch englischer Geschworener im Unterschied zum französischen System ein anerkanntes verfahrensrechtliches „Beweismittel"[354], das öffentlichen Urkunden und anderen unmittelbaren Beweismitteln gleichgestellt war.[355] Der englische Richter war zwar nicht anders als in Frankreich an den Wahrspruch der Geschworenen gebunden, „aber nicht als einen ihm vorurtheilenden Richterspruch; sondern weil in ihrem in gesetzlicher Form gegebenen Ausspruche die rechtliche Gewißheit der Schuld oder Nichtschuld des Angeklagten, als objectiv festgestellt erscheint".[356]

7. Die Auffassung der Immediat-Justiz-Kommission

Plattform der uneingeschränkten – am Beispiel des französischen Schwurgerichts orientierten – Befürworter der Laiengerichtsbarkeit war insbesondere das 1818 veröffentlichte Gutachten der rheinischen Immediat-Justiz-Commission über das

353 Feuerbach, Betrachtungen über die Öffentlichkeit, Bd. 2, S. 413, 434.
354 Feuerbach, a.a.O., S. 406.
355 Feuerbach, a.a.O. S. 407.
356 Feuerbach a.a.O. S. 406.

Geschworenengericht.[357] Nach mehrheitlicher Auffassung der Kommissionsmitglieder war ein Geschworener besser als der dem normalen Leben aufgrund seiner beruflichen und gesellschaftlichen Stellung entfremdete Berufsrichter geeignet, die Verhältnisse des gewöhnlichen Lebens zu würdigen. Mit der Tatfrage verbundene Rechtsfragen seien nicht ausschließlich wissenschaftlicher Natur, sondern wären mit dem gesunden Menschenverstandes zu beantworten. Diesem habe Feuerbach „zu wenig Gerechtigkeit widerfahren lassen."[358] Es sei daher eine „Forderung der Gerechtigkeit", die Entscheidung über Schuld oder Nichtschuld eines Angeklagten dem „gemeinen Verstande zu überlassen, denn nur so habe man die Gewähr dafür, daß der Täter mit seinem ungelehrten, gesunden Menschenverstande die Rechtsbeziehung der Tat zu erkennen befähigt war".[359]

Insoweit konsequent vertraten die Kommissionsgutachter in diesem Zusammenhang die Auffassung, dass ein Strafgesetz möglichst einfach und verständlich zu gestalten sei, um dadurch auch den Verbrecher zu ermöglichen, sein kriminelles Handeln und die Berechtigung einer Bestrafung einzusehen. Zugleich sollte ihm dadurch die Chance künftigen straffreien Verhaltens gewährt werden.

Dass auch später, vor allem in den rheinischen Gebieten die von der Kommission entwickelten Vorstellungen weiterhin Bestand hatten, zeigt die 1847 erschienene und die Diskussion auf dem Lübecker Germanistenkongress[360] 1847 maßgeblich bestimmende Monographie „Das deutsche Schöffengericht" des rheinischen Generalprokurators F.E. Leue. Nach Leue's Ansicht kam es nicht entscheidend darauf an, ob ein Geschworener juristisch vorgebildet war oder nicht. Da „alle im Kriminal-Recht vorkommende(n) Begriffe" aus bloß faktischen Momenten zusammengesetzt und sie"... „nur dadurch Rechts-Begriffe geworden" seien, „daß die Juristen sich ihrer bemächtigt und eine Wissenschaft, ein System von Kenntnissen daraus gebildet haben,"[361] könne einerseits von Geschworenen nicht „ein wissenschaftlich begründetes, nach Regeln der Kunst gefundenes

357 Gutachten der Immediat-Justiz-Commission über das Geschwornengericht, S. 55: „Die richtige Beantwortung dieser allein der Jury zugetheilten Frage (i.e. „Tatfrage": ergänzt durch den Verfasser) setzt außer dem Willen, die Wahrheit auszusprechen, der Unpartheilichkeit," .... „nur richtiges Fassungs- und Anschauungsvermögen, gesunden Verstand und vorzügliche Menschenkenntnis voraus."

358 Schwinge, S. 27.

359 Zitiert nach Schwinge, S. 27/28.

360 Die Germanistenkongresse von 1846 (Frankfurt a.M.) und 1847 (Lübeck) waren so etwas wie Vorläufer späterer Juristentage.

361 Leue, Das Deutsche Schöffengericht, S. 34, 35.

Urtheil“[362] erwartet werden. Andererseits sei dies auch nicht ihre Aufgabe, die allein darin bestehe, ihrer inneren, subjektiven Überzeugung durch ihre „Fähigkeit, die Wahrheit über das Thatsächliche wieder zu erkennen,“[363] Ausdruck zu verleihen. Sie erlassen also kein Urteil, sondern geben nur eine Erklärung über „die Wahrheit und die Schuld“,[364] also über die Tat und deren Urheberschaft, ab.

8. Die Auffassung der Hegelianer

Zu einem der entschiedensten Vorkämpfer des Schwurgerichts und der Radikalreform[365] gehörte Hegel.[366] Nach Hegel[367] sei „kein Grund vorhanden, anzunehmen, daß der juristische Richter allein den Tatbestand feststellen solle, da dies Sache jeder allgemeinen Bildung ist und nicht bloß einer juristischen“. Das „Recht des Selbstbewußtseins der Partei“ als „Moment der subjektiven Freiheit“[368] mache die Einrichtung des Geschworenengerichts notwendig. Dieses Recht des Selbstbewusstseins sei gleichzusetzen mit dem „Recht des Individuums auf Anerkennung des Selbstwertes und des Selbstzweckes seiner Persönlichkeit“.[369] Eine Gewähr hierfür biete nur ein Laiengericht.

Der Einfluss der Hegel'schen Schule auf die tatsächliche Entwicklung der Laiengerichtsbarkeit blieb allerdings äußerst beschränkt. So konnte sich bspw. auch die Auffassung Köstlin's zur mangelnden Legitimation eines Geschworenengerichts bei einem geständigen Angeklagten nicht durchsetzen.[370] Da das Schwurgericht vor allem das Gewissen eines jeden Angeklagten vertrat und repräsentierte, war es

362 Leue, a.a.O. S. 50.

363 Leue, a.a.O. S. 52.

364 Leue, a.a.O. S. 23.

365 Schwinge, S. 69/70.

366 Zu der Hegel'schen Schule zählten neben Hegel selbst vor allem Gans und Köstlin.

367 Hegel, Grundlinien der Philosophie des Rechts § 227 S. 379; die Erkenntnis des Falls ist „eine Erkenntnis, wie sie jedem gebildeten Menschen zusteht“ (a.a.O. S. 378).

368 Hegel, a.a.O. § 228, S. 380.

369 Schwinge, S. 103.

370 Köstlin, „Die Entstehung und Fortbildung der Jury auf englischem Boden“, in: Zeitschrift für deutsches Recht, Bd. 12 (1848). S. 406 ff., 435. Nach Köstlin waren die „Geschworenen nur das Gewissen des Angeklagte zu vertreten bestimmt, daher ihre Thätigkeit ausgeschlossen wird, sobald der Angeklagte (durch Geständniß) das Verbrechen selbst auf sich nimmt“; zitiert nach Walther, F., Ueber die prozessualische Wirkung des Geständnisses im Schwurgerichtsvefahren, S. 225, 228 in: Archiv des Criminalrechts, Jahrgang 1851 (neue Folge).

nach Meinung von Köstlin – wie auch von Gans – bei Vorliegen eines glaubwürdigen Geständnisses des Angeklagten funktional nicht mehr zuständig.[371]

9. Die Auffassung Mittermaier's

Als grundsätzlicher Anhänger der Schwurgerichtsidee war Mittermaier der Auffassung, dass die Entscheidung über die „ganze Schuldfrage“ Geschworenen anzuvertrauen sei.[372] Diese seien – anders als ein Schöffe, der dem maßgeblichen Einfluss eines Staatsrichter auf den Entscheidungsprozess zu unterliegen drohe – imstande, „unabhängig und selbständig nach ihrer Ueberzeugung und nach dem Volksrechtsbewußtsein“[373] zu entscheiden. Angesichts der Übermacht der Staatsrichter gegenüber den Schöffen ging Mittermaier davon aus, dass gerade bei Urteilen über „schwerste Verbrechen“ der Wahrspruch nicht die persönliche Überzeugung der Schöffen widerspiegele, sondern als „Ausfluß der Einwirkung der Staatsrichter“[374] erscheine. Demgegenüber wären allein von berufsrichterlichen Ansichten unbeeinflusste „bürgerliche Beisitzer“, die die „nöthige Intelligenz, rechtlichen Willen, Wahrheit zu finden, richtige Auffassungskraft und Charakterfestigkeit besitzen“,[375] in ihrer Eigenschaft als Geschworenen geeignet, die Schuldfrage zu beantworten.

Die Alleinzuständigkeit der Geschworenen für die Schuldfrage könne allerdings nicht vorbehaltlos gelten. Insbesondere in rechtlich komplizierten Fällen müsse den Geschworenen ein „Fragerecht gegenüber dem Gerichtshof“[376] eingeräumt werden. Um einen möglicherweise ungerechten „Wahrspruch“ zu verhindern, sei es daher gerechtfertigt, Rechtsauffassungen bei einem Berufsrichter nachzufragen. Beispielhaft führt Mittermaier zwei Verfahren aus der Praxis[377] an, in denen Geschworene um Rechtsrat nachfragten: in einem Braunschweiger

371 Vgl. Schwinge, S. 134.
372 Mittermaier, „Über den Fonk'schen Prozeß“ 1823, S. 24, 30; als Besonderheit ist anzumerken, dass Mitttermaier in der Früh- und in der Spätphase (etwa ab 1874) seines Schaffens Anhänger des Geschworenengerichts war, dazwischen seine Ansichten jedoch wechselten; vgl. dazu auch Mittermaier, Volksgericht S. 40 sowie Schwinge, S. 69, 152, 153.
373 Mittermaier, Volksgericht, S. 39.
374 Mittermaier, a.a.O.
375 Mittermaier, a.a.O., S. 40.
376 Mittermaier, a.a.O., S. 30.
377 Mittermaier, a.a.O., S. 31.

Verfahren blieb für die Geschworenen auch nach mehrstündiger Beratung die Frage ungeklärt, ob zum Vorhandensein einer öffentlichen Urkunde eine Unterschrift genüge. In einem bayerischen Giftmordprozess konnten die Geschworenen ohne juristische Unterstützung die Frage nicht beantworten, ob das Verabreichen eines völlig untauglichen Stoffes in der Absicht, einen anderen damit zu töten, ein strafbarer Versuch sei.

In beiden Fällen trug die Klärung der jeweiligen Rechtsfrage durch den Gerichtshof dazu bei, den Geschworenen jedenfalls „gerechtere Wahrsprüche" zu ermöglichen. Nach Mittermaier sollte jedoch die Befragung eines Berufsrichters eine Ausnahme bilden und nicht der Bequemlichkeit oder einer abgekürzten Beratung der Geschworenen Vorschub leisten.[378]

10. Rechtsbelehrung und Fragestellung als juristische Grundlage des „Wahrspruchs" bei der Entscheidung über die Tatfrage

Der „Wahrspruch" als die der alleinigen Verantwortung der Geschworenen überlassene Entscheidung der Tatfrage – also die Feststellung über Schuld oder Nichtschuld eines Angeklagten – hatte zumindest bei den Anhängern des Geschworenengerichts in der ersten Hälfte des 19. Jahrhunderts den Anspruch, der materiellen Wahrheit näher zu kommen als der auf dem Weg der „Reflexion"[379] zustande gekommene Urteilsspruch der „ständigen, gelehrten" Richter. Wegweiser für die Geschworenen und zugleich Korrektiv war dabei neben der Rechtsbelehrung durch den Gerichtsvorsitzenden das System der formalisierten Fragestellung,[380] das Mittel und Grundlage für einen rationellen Wahrspruch bilden sollte. Insbesondere von den Gegnern des Geschworenengerichts wurde in diesem Zusammenhang kritisiert, dass die von dem Richter fallspezifisch vorformulierten Fragen

378 Mittermaier, a.a.O., S. 32.

379 S. dazu Savigny. Ueber Schwurgerichte und Beweistheorie im Strafprozesse, GA 1858, S. 475.

380 Die Einzelheiten des Systems der Fragestellung darzustellen, sprengt den Umfang dieser Arbeit. Ausführlich dazu insbesondere Oetker, Das Verfahren vor den Schwur- und Schöffengerichten, Zweite Abteilung S. 117ff.; in: Systematisches Handbuch der Deutschen Rechtswissenschaft; s. auch Kahl, Schwur- und Schöffengerichte?, Beiträge zu ihrer Kenntnis und Beurteilung, hrsg. von Mittermaier und Liepmann, Band I Heft 1 – Heidelberg 1908, S. 7ff., 16; Hadding, S. 53ff.; vgl. Im übrigen §§ 290ff. RStPO 1877.

im Ergebnis nichts anderes als eine Antizipation der Entscheidung in der Sache selbst bedeuteten.[381] Durch die Fragestellung traf der Richter eine Art Vorauswahl hinsichtlich des angeklagten Lebenssachverhalts im Sinne einer Negativauslese. Die Subsumtion der Tatsachen unter eine bestimmte Strafrechtsnorm liess den Geschworenen keinerlei Spielraum, die Tat gegebenenfalls auch unter einem anderen rechtlichen Gesichtspunkt zu beurteilen.[382] Vor allem um rechtsfehlerhafte Schwurgerichtsentscheidungen zu vermeiden, gab es Vorschläge, den Geschworenen ein eigenes, ergänzendes Fragerecht einzuräumen; so z. B. von Mittermaier und v.Gneist.[383]

Spätestens seit Einführung der RStPO 1877 hatte die Fragestellung des Gerichts auch revisionsrechtlich Bedeutung. Sprachen die Geschworenen einen Angeklagten Nichtschuldig, stand der Staatsanwaltschaft die Revision u.a. in den Fällen zu, in denen sich der Revisionsgrund aus der „Stellung oder Nichtstellung von Fragen" ergab, § 379 2. Alt. RStPO. Dies ermöglichte dem Revisionsgericht darüber hinaus eine rechtliche Nachprüfung der in Frageform gebrachten Unterlagen des Wahrspruchs.[384]

11. „Wahrspruch" und Geständnis des Angeklagten

Schon zu Beginn der Schwurgerichtsdiskussion Anfang des 19. Jahrhunderts bestand zumindest Übereinstimmung darin, dass das Geständnis eines Angeklagten auch im Schwurgerichtsverfahren grundsätzlich Beweiswert haben muss. Ob darüber hinaus dem Geständnis – wie von Mittermaier[385] angenommen – die Qualität eines Beweismittels zukam, blieb streitig.

Besondere strafverfahrensgeschichtliche Bedeutung hatte die Beweiswertfrage für das deutsche Geschworenengericht deshalb, weil das Geständnis eines Angeklagten unterschiedlich im englischen und im französischen System bewertet wurde. Während im englischen Recht der Grundsatz galt, dass bei einem Geständnis jede weitere Beweisführung ausgeschlossen sei, es insbesondere keiner Entscheidung der Geschworenen zum Schuldspruch bedurfte, kannte das

381 Amtliche Denkschrift über das Schöffengericht, S. 48.

382 Amtliche Denkschrift, a.a.O.

383 S. Kapitel IV.9.

384 Kahl, Schwur- oder Schöffengerichte?, S. 17.

385 Mittermaier, Das deutsche Strafverfahren, Zweite Abtheilung, S. 195, 202ff.; ders., Das deutsche Strafverfahren (1840), S. 246ff.

französische Recht diese Einschränkung nicht. Für die Notwendigkeit der Beweisführung war es gleichgültig, ob der Angeklagte ein Geständnis ablegte oder nicht, so dass im Ergebnis die Geschworenen einen Wahrspruch nach Durchführung der Beweisaufnahme zu fällen hatten.

Praktische Relevanz erlangte die Problematik des Wertes und der Würdigung des Inhalts eines Geständnisses im Zusammenhang mit einem für die damalige Zeit äußerst spektakulären Strafverfahren, dem sog. Fonk'schen Prozess von 1822. Der Kölner Kaufmann Fonk sowie der für ihn als Böttcher tätige – intellektuell einfach strukturierte – mitbeschuldigte Hammacher waren verhaftet und wegen gemeinschaftlichen Mordes vor dem Schwurgericht angeklagt worden. Ihnen wurde vorgeworfen, den Crefelder Handlungsbevollmächtigten Coenen, der im Auftrag von Fonk's Geschäftspartner Schroeder die zwischen diesem und Fonk bestehenden Geschäftsbeziehungen beenden sollte, getötet zu haben. Kurz vor Beendigung seiner Tätigkeit, am 9. November 1816, verschwand Coenen spurlos. Seine Leiche wurde später im Rhein gefunden.

Obwohl nicht einmal abschließend geklärt werden konnte, ob Coenen tatsächlich eines gewaltsamen Todes gestorben war, und es darüber hinaus keinerlei gerichtsfeste Beweise für die Schuld Fonk's gab, wurde er zum Tode verurteilt. Grundlage für die durch das Trierer Schwurgericht am 9. Juni 1822 verkündete Entscheidung war das umstrittene und später widerrufene Geständnis des Mitangeklagten Hammacher, dessen eigenes Urteil auf lebenslange Zwangsarbeit lautete.[386]

Der Fonk'sche Prozess führte zu heftigen Kontroversen zwischen Anhängern und Gegnern des Schwurgerichts. Auch wenn es sich dabei um eine Einzelfallentscheidung handelte, wurde sie zum Symbol für die „gründlichste Erbärmlichkeit der französischen Geschwornengerichte und der französischen Criminal-Procedur“[387] aufgewertet. Nahezu einhellige Auffassung war, dass das während der Voruntersuchung unter Folter zustande gekommene[388] und später widerrufene Geständnis von Hammacher falsch war. Für die Trierer Geschworenen bildete es

---

386 Auswahl aus der umfangreichen Literatur zum Fonk'schen Prozess: Mittermaier, C. J. A.: „Über den Fonk'schen Prozeß“. Heidelberg 1823; Bischoff, J. N. : P. A. Fonk und Chr. Hammacher, deren Richter und die Riesen-Assise zu Trier, 1820 und 1822, 2 Bände, Dresden 1823; G.E. Meyer, Peter Anton Fonk. Eine getreue vollständige Darstellung seines Prozesses, Braunschweig 1823; Gottfried Basse, Ueber den Criminalprocess wider den Kaufmann P.A. Fonk, 1823.

387 Ludwig Feuerbach, Anselm Ritter von Feuerbach's Leben und Wirken, Zweiter Band, (Brief an Criminalrath Hitzig in Berlin vom 17.01.1823) S. 202.

388 Schwinge, S. 33.

gleichwohl die entscheidende Grundlage des Schuldspruchs trotz wesentlicher, die Unschuld Fonk's belegender Kontraindizien.[389]

Obwohl das Urteil der Geschworenen offensichtlich ein Fehlurteil war, sprach sich eine klare Mehrheit in der Literatur weiterhin für die Schwurgerichtsidee, allerdings gegen das französische Jurysystem als Vorbild für das deutsche Geschworenengericht, aus.[390]

Der Fall Fonk lieferte auch für die schon in der Carolina angelegte Erkenntnis,[391] wonach nicht jedes Geständnis glaubhaft sein muss, neuen Diskussionsstoff. Unter den Wissenschaftlern vertrat insbesondere Mittermaier den Standpunkt, dass bei einem Geständnis des Angeklagten, selbst wenn dieses glaubhaft erschien, einen detaillierte Überprüfung der Richtigkeit seines Inhalts in der Verhandlung vor den Geschworenen stattzufinden habe. Dazu gehöre u.a. die „Übereinstimmung des Geständnisses mit allen Nebenumständen und allen übrigen actenmäßigen Beweisen."[392] Mittermaier war es auch, der im Einzelnen zu den Erfordernissen „in Bezug auf die Art der Ablegung des Geständnisses" Stellung bezog.[393]

Die Auseinandersetzung um die Qualität eines Geständnisses findet sich auch zu Beginn des 20. Jahrhunderts wieder, wie bspw. die Protokolle der Kommission zur Reform des Strafprozesses (1903–1905)[394] belegen. An das einfache

---

389 Ludwig Feuerbach listet diese Indizien, aus dem betreffenden Brief seines Vaters an Hitzig zitierend, im einzelnen auf, a.a.O., (S. 202ff.).

390 Zu der Diskussion s. Schwinge S. 34ff.

391 Nach Art. 54, 22, 56, 69 der Carolina reichte nur ein glaubwürdiges Geständnis oder der Tatnachweis durch zwei klassische Zeugen aus. Bloße Indizien konnten eine Verurteilung nicht rechtfertigen. Ausserdem hatte der Richter die Pflicht, den Angeklagten „mit allem Fleiß fragen lassen, ob die bekantnus der obberbüten umbstende war sein oder nit".

392 Mittermaier, Das deutsche Strafverfahren, zweiter Theil (1840), VI. Abtheilung, S. 250; ders., Die Mündlichkeit, S. 219; daneben hat sich Hepp, Vergleichung der englischen und französischen Jury, in: Archiv des Criminalrechts 1850, S. 368ff. eingehend mit der Frage auseinandergesetzt und dabei auch die Vorzüge des französischen Systems beschrieben, ohne sich allerdings im Ergebnis eindeutig für eines der beiden Systeme zu entscheiden.

393 Mittermaier, Das deutsche Strafverfahren, zweiter Theil (1840), S. 256ff. (§ 163).

394 Protokolle der Kommission für die Reform des Strafprozesses (1903–1905). Herausgegeben vom Reichsjustizamt, 2 Bände Berlin 1905; neu herausgegeben von Werner Schubert: (1991); Protokolle Teil I, S. 213, 380.

Geständnis war der Richter nicht gebunden; vielmehr musste er prüfen, ob es „mit allen Nebenumständen zusammenstimme, ob es innerlich wahrscheinlich sey“.[395]

Demgegenüber gab es vereinzelt gesetzliche Regelungen, die, angelehnt an die Grundsätze des englischen Rechts, bei Vorliegen eines – wie auch immer konkret zu beurteilenden – glaubhaften Geständnisses des Angeklagten keine Entscheidung der Geschworenen zur Schuldfrage vorsahen, sondern sie entfallen liess. So enthielt z.B. das preußische Gesetz vom 4. Januar 1848 in § 98 die Bestimmung, dass der Präsident den Angeklagten zu befragen habe, ob er sich schuldig oder nicht schuldig bekenne. Bekannte er sich schuldig, konnte das Gericht, sofern keine Bedenken gegen die Nichtigkeit des Geständnisses bestanden, sofort ohne Hinzuziehung von Geschworenen aburteilen. Nach der Württembergischen Strafprozessordnung (Art. 90) musste ein seine Schuld eingestehender Angeklagter zusätzlich befragt werden, ob er auf die Verhandlung vor dem Schwurgericht verzichte oder ob er sie verlange.[396]

12. Exkurs: Der Einfluss der öffentlichen Meinung

Wiederum der Fall Fonk erscheint als einer der ersten exemplarisch für den Einfluss der öffentlichen Meinung auf die Urteilsfindung durch Geschworene. Zugleich bietet er Anlass, ergänzend der Frage nachzugehen, ob und inwieweit der gelegentlich von einer Medienberichterstattung ausgehende Druck das Entscheidungsverhalten von Laienrichtern deutlicher prägen kann als das von Berufsrichtern.

Die öffentliche Meinung in Köln hatte Fonk und Hammacher bereits als Mörder „verurteilt“, bevor der Prozess überhaupt begonnen hatte.[397] Auch wenn empirisch belegte Erkenntnisse darüber fehlen, ob und inwieweit die Geschworenen im Vorfeld und während des Prozesses von dieser Art der Vorverurteilung tatsächlich beeinflusst wurden, lässt allein der juristisch kaum haltbare Schuldspruch retrospektiv die begründete Vermutungen über eine vorurteilsbelastete Jury zu. Entsprechende Äußerungen jedenfalls hat es seitens der rheinischen Anhänger Fonk's

395 Mittermaier, Die gesetzliche Beweistheorie in ihrem Verhältniß zu Geschworenengerichten, in: Neues Archiv des Criminalrechts, Band 12, S. 491.

396 Vergleichbar die Strafprozessordnungen von Preußen 1852 Art. 74, Württemberg 1849 Art. 90, Anhalt 1853 § 91, Frankfurt 1856 Art, 263ff. und Hamburg 1869 § 205; zitiert nach Kleinfeller, Die Stellung des Schwurgerichtsvorsitzenden, S. 150 (Fn. 2).

397 Schwinge, S. 33.

gegeben, die behaupteten, der Fehlspruch sei nur dadurch entstanden, dass die Geschworenen durch die öffentliche Meinung irregeleitet worden seien.[398]

So bemerkte z. B. Feuerbach:[399] „Es ist eine weitere unvermeidliche Folge von der Art der Beurtheilung durch eine Jury, dass dabei das Strafgesetz leicht in die Knechtschaft der Öffentlichen Meinung, oder des Vorurtheiles der Geschwornen fällt".

Mittermaier[400] fürchtete, dass die Unbefangenheit von Laienrichtern „in aufgeregten politischen Zeiten" leiden und bei „gewissen" – heute wahrscheinlich als medienträchtig zu bezeichnenden – Prozessen eine Abhängigkeit der Geschworenen von „gewissen Volksansichten und einer herrschenden Stimmung" eintreten könne.

Ähnlich kritische Stimmen gab es auch in der Vormärzbewegung; so anlässlich der Lübecker Germanistenversammlung im September 1847: bei den Geschworenen trete an Stelle desjenigen der Regierung der eher noch bedenklichere Einfluss der öffentlichen Meinung.[401]

Binding[402] befasste sich ebenfalls mit der Frage laienrichterlicher Unabhängigkeit. Anders als der in seiner Stellung unangreifbare Berufsrichter stünden Volksgerichte „unter dem Drucke der erhitzten Massenleidenschaft." Es sei allgemein bekannt, dass „alltäglich gewisse Geschworenengruppen einzelne Verbrechensklassen ganz besonders feindlich verfolgen." Als Beispiele hierfür nennt Binding Bauern bei Eigentums- und Brandstiftungsdelikten sowie Kaufleute bei Betrug, Bankrott oder Fälschungsverbrechen. Sie betrachten „bei der Bestrafung dieser Verbrechen sich als selbst interessirt".

Der Einfluss von Medien als ein wesentlicher, die laienrichterliche Unabhängigkeit beeinträchtigender Faktor ist Untersuchungsgegenstand auch in neuerer Zeit.

Baur[403] hält das Argument der Unabhängigkeit gegen die Staatsgewalt als einen der wesentlichen Gründe für die Zuziehung von Laienrichtern für historisch

398 Schwinge, S. 35 (Fn. 2).

399 Feuerbach, Betrachtungen über das Geschwornengericht, S. 152.

400 Mittermaier, Die Mündlichkeit, S. 375; A. Koch, Mittermaier und das Geschworenengericht, S. 177.

401 Nachweise bei Schwinge, S. 150f.: „statt Richterwillkür Volkswillkür, statt Kabinettsjustiz Volksjustiz!".

402 Binding, Drei Grundfragen, S. 51.

403 Baur, Laienrichter – heute? S. 54, auch unter Hinweis auf die Auffassung von Rosenberg (Lehrbuch des deutschen Zivilprozeßrechts 2. Aufl. 1929 § 20, 3 sowie 9. Aufl. 1961): Dem nichtbeamteten Laien fehlt… wenn nicht der Wille, so doch die

überholt und bemängelt darüber hinaus den wachsenden Druck der öffentlichen Meinung auf Schöffen als negativen Bestandteil insbesondere sog. Sensationsprozesse.[404]

Ähnlich äußert sich Nowakowski,[405] indem er im Vergleich mit einem Berufsrichter den Laienrichter als vermutlich anfälliger für den „Druck von unten" hält. „Mehr als die Berufsrichter dürfte er von seiner Umwelt, von Massenmedien und von allgemeinen Stimmungen beeinflußt werden. Auch seinen eigenen Emotionen ist er vermutlich mehr ausgesetzt."

Auf den verfahrenspsychologisch bedeutenden Einfluss der Massenmedien und der Gerichtsöffentlichkeit für die Überzeugungsbildung der Laienrichter weist Benz[406] hin.

Sämtlichen Positionen gemeinsam ist die indirekte Unterstellung, Berufsrichter seine in ihrem Entscheidungsverhalten grundsätzlich weniger durch Medien beeinflussbar als Laienrichter. Empirisch belegt ist diese Annahme nicht. Mag die unterschiedliche Beurteilung im Verhältnis von Berufsrichter zu Geschworenen angesichts deren eigener Entscheidungszuständigkeit bei der „Tatfrage" u.U. berechtigt gewesen sein, gilt dies jedoch nicht im Verhältnis von Berufsrichtern zu Schöffen. Die Einzelfälle, in denen ein Schöffe durch ungeschicktes Auftreten in der Öffentlichkeit o.ä. den Beweis eigener Beeinflussbarkeit erbracht hat, sind nicht repräsentativ. Die weit überwiegende Zahl der Schöffen offenbart sich nicht; weder zu ihrer Tätigkeit im allgemeinen, noch erst recht nicht zu einem einzelnen Verfahren.

Infolgedessen sind die von Baur u.a. vorgetragenen Bedenken nicht ohne weiteres objektivierbar und verifizierbar.

Berufsrichter sind – auch in sog. Sensationsprozessen – für die „Außendarstellung" des Kollegialgerichts, dem sie vorsitzen bzw. angehören, zuständig.

Fähigkeit, einen objektiven Standpunkt über den Parteien einzunehmen und dem Druck der öffentlichen Meinung standzuhalten. Er unterliegt... Versuchungen, vor denen den richterlichen Beamten jahrelange Erziehung und der Einfluß des Standesbewußtseins seiner Richtergenossen bewahren. Die Entscheidung ergeht, je mehr sie eine Angelegenheit von Laien ist, desto weniger „ohne", desto mehr im Gegenteil mit Ansehen der Person und der ganz konkreten Lage der Sache.

404 Ähnlich wie es bereits Binding 1876 (in: Drei Grundfragen, S. 51) beschrieben hat: „Die sog. Volksgerichte stehen unter dem Drucke der erhitzten Massenleidenschaft ganz anders als der in seiner Stellung unangreifbare Richter."; vgl. auch Zimmerl, Sachverständige Laienrichter? S. 6.

405 Nowakowski, S. 90.

406 Benz, S. 152.

Die ihnen eigene Professionalität ist möglicherweise der Hauptgrund dafür, dass bei etwaigen öffentlichen Stellungnahmen zu einem Strafverfahren der sichere Eindruck von Unabhängigkeit entsteht. Derartige Stellungnahmen erfolgen i.d.R. ohnehin über den Gerichtssprecher; erkennende Richter treten dabei selten persönlich in Erscheinung.

Der äußere Eindruck fehlender Beeinflussung durch die öffentliche Meinung muss jedoch nicht bedeuten, dass Berufsrichter in dieser Hinsicht weniger gefährdet sind als Laienrichter.

Beachtlichere Auswirkungen auf die laienrichterliche Unabhängigkeit können sich allerdings aus der Beeinflussung durch andere Prozessparteien, namentlich durch die Berufsrichter, ergeben. Anders als die Geschworenen es waren, sind Schöffen nicht befugt, ohne Mitwirkung von Berufsrichtern irgendeine verfahrensbestimmende Entscheidung zu treffen. Verfahrenspsychologisch als dementsprechend erheblich wird daher der Einfluss der Berufsrichter auf das Verhalten und die Einstellung der Schöffen während der gesamten Dauer der Hauptverhandlung beurteilt.[407]

Hierin ist allerdings weder ein wirkliches Novum noch eine etwaige Schlechterstellung gegenüber den Geschworenengerichten zu sehen.

Auch Geschworene waren bei der Entscheidung über die „Tatfrage“ offensichtlicher Einflussnahme durch Berufsrichter unterworfen. Der Fall Rose/Rosahl[408] ist hierfür ein bezeichnendes Beispiel. Um einen andernfalls eventuell „drohenden“ Freispruch zu vermeiden, stellte der Vorsitzende den Geschworenen eine – hinsichtlich ihrer prozessualen Zulässigkeit zweifelhafte – „Hülfsfrage“[409], die nach § 294 Strafprozessordnung 1877 an sich nur für den Fall einer vom Eröffnungsbeschluss abweichenden Beurteilung der Tat als Ergebnis der Hauptverhandlung vorgesehen war. Die eigentliche Hauptfrage lautete, ob der Angeklagte wegen vollendeten Mordes schuldig sei. Falls – wie der Vorsitzende annahm – die Geschworenen dies verneinten, sollten sie mit der Hilfsfrage über die rechtliche Alternative entscheiden, ob auch ein Schuldspruch wegen versuchten Mordes in Idealkonkurrenz mit fahrlässiger Tötung in Betracht käme.

---

407 Vgl. dazu ausführlicher Benz, S. 97ff., 140f; s. auch Machura, 244.

408 Preussisches Obertribunal GA 1858 Bd. 7, S. 332.

409 §§ 293 bis 298 Strafprozessordnung 1877 sah die Stellung von Haupt-, Hilfs- und Nebenfragen durch den Vorsitzenden an die Geschworenen vor. Die Hauptfrage (§ 293) begann mit den Worten: „Ist der Angeklagte schuldig?“ Sie musste die dem Angeklagten zur Last gelegte Tat nach ihren gesetzlichen Merkmalen und unter Hervorhebung der zu ihrer Unterscheidung erforderlichen Umstände bezeichnen.

Auf diese Weise hatte der Vorsitzende – verfahrensrechtlich fehlerhaft – seinen überragenden Einfluss genutzt, um den Geschworenen während des Hauptverfahrens eine Entscheidung über die alternative rechtliche Beurteilung desselben Lebenssachverhalts abzuverlangen.[410]

13. Parallelen zwischen dem „Wahrspruch" und dem „Fürwahrhalten" als Bestandteil richterlicher Überzeugungsbildung

Die Frage des „Wie" einer fundierten und dem Ziel einer materiell richtigen Entscheidung wenigstens angenäherten Überzeugungsbildung aller am tatgerichtlichen Erkenntnisprozess Beteiligten unterscheidet nicht zwischen Berufsrichtern und Laienrichtern. Unabhängig von Ausbildung und Qualifikation eines Richters ist das unter Einhaltung gewisser Beweisregeln als Substrat zustande gekommene „Fürwahrhalten" eines zur Entscheidung stehenden Sachverhalts ausreichende Urteilsgrundlage.[411] Nicht vorgeschrieben werden kann dabei, unter welchen Voraussetzungen eine bestimmte Schlussfolgerung geboten ist. Der Richter hat sich im Verlauf der Prüfung lediglich mit allen für das Urteil wesentlichen Gesichtspunkten auseinanderzusetzen, die geeignet sind, das Beweisergebnis zu beeinflussen.[412]

Notwendige, aber auch ausreichende Urteilsgrundlage ist also die persönliche subjektive Gewissheit des Richters von der objektiven Wahrheit der entscheidungserheblichen Tatsachen,[413] Dieser Erkenntnisprozess trennt nicht zwischen

410 Rechtshistorisch interessant ist in diesem Zusammenhang, dass offensichtlich die Diskussion um den überragenden Einfluss von Berufsrichtern auf das Entscheidungsverhalten der Laien vor Einführung des Schöffengerichts deutlich intensiver geführt wurde als danach; so jedenfalls die von Nowakowski, S. 96 m.w.N., für das östereichische Rechtssystem getroffene Feststellung.

411 So z.B. BGH NJW 1988, 1680: mangels fester Beweisregeln ist innerhalb der Grenzen rechtlich möglicher Beweiswürdigung (§ 261 StPO) Raum für verschiedene individuelle Überzeugungsbildung des Tatrichters, auf dessen „Fürwahrhalten" in der für die Feststellung der Tatsachen maßgeblichen Hauptverhandlung es für die Frage der Verurteilung ankommt.

412 BGHSt 10, 208, 210 = NJW 1957, 1039; BGH U. v. 27.04.1976 – 1 StR 90/76 -; RGSt 77, 157, 161; BGH StV 2011, 412ff.; BGH U.v. 09.11.2010 – 5 StR 297/10 -; KK-StPO/Schoreit, § 261 Rn. 3.

413 BGH NStZ 1983, 277.

Berufs- und Laienrichtern. Vielmehr ist unterschiedslos der Richter als Tatrichter angesprochen, § 30 Abs. 1 GVG.

Die Findung des Wahrspruchs durch das Geschworenengericht war zwar ebenfalls an gewisse Beweisregeln[414] gebunden, die jedoch auf einige Kernbestandteile beschränkt blieben. So hatte sich das Gericht an sämtlichen während der Hauptverhandlung erhobenen Beweisen zu orientieren, um diese zur alleinigen Grundlage seiner freien, aus dem Inbegriff der Hauptverhandlung geschöpften Überzeugungsbildung zu machen; was zugleich bedeutete, dass Geschworene die tatsächlichen und rechtlichen Voraussetzungen des Anklagevorwurfs nicht einfach nach „beliebigem Meinen und Privaterkundigung" feststellen konnten. Zu den rechtlichen Voraussetzungen gehörte darüber hinaus die Beachtung der von dem Vorsitzenden den Geschworenen erteilten Rechtsweisungen, vor allem in Gestalt der Fragestellungen, ergänzt durch etwaige Zusatzfragen der Geschworenen während der Beratung, falls sich die Notwendigkeit hierfür bei abweichendem Anklagevorwurf ergab.[415]

Es stand aber auch ausser Frage, dass „gelehrte" Richter wie Laienrichter nicht „gehalten sein konnten, die Gründe ihrer Überzeugung, d. h. die Gründe, aus denen sie eine Thatsache für bewiesen oder nicht bewiesen" erachteten, „also die subjektiven Entscheidungsgründe anzugeben."[416] Angesichts des Fehlens objektiver Entscheidungsmaßstäbe unterlagen insbesondere die auf „Nichtschuldig" lautenden Wahrsprüche,[417] daher scharfer Kritik, blieben doch die dafür maßgeblichen

---

414 In den Regionen, die das französische System der „intime conviction" übernommen hatten, wie z. B. die rheinischen Gebiete, galt vor allem in den ersten drei Jahrzehnten des 19. Jahrhunderts allerdings, dass ein Wahrspruch an keinerlei gesetzliche Beweisregeln gebunden war; Landau, a.a.O., S. 28.

415 v.Gneist, Vier Fragen zur Deutschen Strafprozeßordnung, S. 138. Die Ausführungen von v.Gneist zur „Zusatzfrage" beziehen sich auf den „reformierten" Schwurgerichtsprozess und nicht auf dessen Anfangszeit zu Beginn des 19. Jahrhunderts.

416 Amtliche Denkschrift über die Schöffengerichte 1873, S. 53 unter Bezugnahme auf die Motive zu § 216 Strafprozessordnung vom 26. November 1862; Feuerbach, Betrachtungen über das Geschwornengericht, S. 135: „was die Jury in ihrer Überzeugung für wahr hält, das ist wahr, eben weil sie es dafürhält."

417 Wesentlicher Kritikpunkt an der Tätigkeit der Geschworenengerichte war ohnehin die unverhältnismäßig hohe Anzahl von Freisprüchen; so weist z. B. schon Feuerbach (Betrachtungen über das Geschwornengericht, S. 149ff.) auf mehrere, von ihm beispielhaft aufgezählte Fälle ungerechtfertigter Freisprüche durch Geschworenengerichte hin; nach einem für den 22. Deutschen Juristentag (1892) erstatteten Gutachten wurden von den mit drei Berufsrichtern besetzten Strafkammern nur 13% der Angeklagten freigesprochen; bei den Schöffengerichten betrug die Freispruchquote 21%,

Erwägungen – unbewiesener Tatvorwurf, Zweifel an der Täterschaft des Angeklagten oder eine nach Auffassung der Geschworenen fehlende Strafbarkeit der für erwiesen erachteten Tat des Angeklagten – unbekannt.[418]

14. Aktuelle Bezüge

1.

Als Grundlage laienrichterlicher Überzeugungsbildung erscheint im Ergebnis fraglich, ob sich das heutige „Fürwahrhalten" eines der Hauptverhandlung zugrunde liegenden Anklagesachverhalts mehr als graduell von dem juristisch als eher zweifelhaft zu beurteilenden „Wahrspruch"[419] der Geschworenen unterscheidet. Naheliegender erscheint vielmehr die Annahme, dass der „Wahrspruch" eine Art Grundgerüst und Vorläufer der freien Beweiswürdigung darstellt; im Kern der richterlichen Überzeugungsbildung auf Grundlage des § 261 StPO entsprechend. Die Anforderungen hierfür sind im Vergleich zu der Überzeugungsbildung durch ein Geschworenengericht im 19. Jahrhundert allerdings deutlich höher geworden. In Verurteilungsfällen verlangt das verfassungsrechtlich verankerte Gebot rational begründeter und tatsachengestützter Beweisführung die Einbeziehung wissenschaftlicher Erkenntnisse, insbesondere die aus kriminalistischen, forensischen und aussagepsychologischen Untersuchungen gewonnenen Erfahrungsregeln, in die Beweiswürdigung.[420]

Auf der Suche nach der materiellen Wahrheit ist das „Fürwahrhalten" wesentlicher Bestandteil eines juristisch fundierten, weil von Berufsrichtern unterstützten und im Kollegium begleiteten, darüber hinaus von der Rechtsprechung mit differenzierten Vorgaben entwickelten Meinungsbildungsprozesses, dessen Ergebnis allerdings nicht immer dem eigentlichen Auftrag – die objektive Wahrheit zu finden – gerecht werden kann. Zumindest insoweit unterscheidet sich der Wahrspruch davon nicht.

---

bei den Schwurgerichten sogar 26% (Verhandlungen des 22. Deutschen Juristentages, Bd. 2,1892, S. 1).

418 Amtliche Denkschrift über die Schöffengericht 1873, S. 53.

419 Die ursprüngliche Bedeutung des „Wahrspruchs" für die Entscheidung eines Geschworenengerichts wurde allerdings lediglich als Beweismittel gesehen. Erst später wurde der „Wahrspruch" als Urteil anerkannt; s. dazu Schwinge, S. 101/102.

420 Vgl. BVerfG NJW 2003, 2244, 2245; BGH NStZ 2009, 401 = StV 2011, 3; BGH NJW 2007, 384, 387; insoweit in BGHSt 51, 141 nicht abgedruckt: „unbezweifelbares Erfahrungswissen").

Parallelen zwischen dem „Wahrspruch“ eines Geschworenengerichts und den Grundsätzen moderner Beweiswürdigung bestehen schließlich auch, soweit es um das Geständnis eines Angeklagten geht.

Die heutige Rechtsprechung des BGH unterscheidet sich von den damaligen Grundsätzen des französischen Jurysystems nicht wesentlich. Von den Tatgerichten wird verlangt, dass sie den Geständnisinhalt kontrollieren.[421] Zu untersuchen ist, ob das abgelegte Geständnis mit dem Ermittlungsergebnis zu vereinbaren ist, ob es in sich stimmig ist, und ob es die getroffenen Feststellungen trägt.[422]

Auch wenn sich der Gesetzgeber im Zusammenhang mit der Einführung des § 257c StPO, insbesondere dessen Abs. 2 S. 2 und 4 S. 3, zur Qualität des Geständnisses nicht festgelegt hat,[423] kommt als alleinige Beweisgrundlage ohne weitere Beweiserhebung in der Hauptverhandlung allenfalls das sog. „qualifizierte Vollgeständnis“ in Betracht.[424] Ein pauschales, „schlankes“ Geständnis hingegen reicht im Regelfall als alleinige Grundlage für die Überzeugungsbildung nicht aus.[425]

2.

Die seinerzeit in der Diskussion um Rechtskenntnisse von Laien vorgebrachten Argumente haben für das Schöffenamt der Gegenwart wenig an Aktualität eingebüsst.

Gewandelt hat sich zwar teilweise das Begriffsverständnis. So kommt der „Tatfrage“ in neuerer Zeit eine umfassendere inhaltliche Bedeutung zu, die nicht auf die alternative Feststellung des „schuldig oder nicht schuldig“ beschränkt ist. Relevanz erlangt sie vor allem im Zusammenhang mit der revisionsgerichtlichen Überprüfung tatrichterlicher Urteile; also bei der Feststellung, ob der Tatrichter von zutreffenden Sachverhaltsannahmen ausgegangen ist und er die Beweise umfassend und nachvollziehbar gewürdigt hat.

Konzentrierte sich die Tatfrage früher auf die Feststellung von Schuld oder Nichtschuld, unterscheidet sie sich trotz gewandeltem Begriffsverständnis nicht maßgeblich von dem auch heute noch gebräuchlichen allgemeinen Schuldbegriff als Grundlage der persönlichen Vorwerfbarkeit für begangenes Unrecht gegenüber dem Täter.[426]

---

421 BGHSt 43, 295, 204; BGHSt 50, 40, 49; BGH NStZ-RR 2007, 245f. Altenhain/Hagemeier/Haimerl NStZ 2007, S. 71, 75f.; Eschelbach, FS Rissing-van Saan 2011, S. 115 ff.

422 BGH NStZ 2009, 467.

423 BT-Drs. 16/12310, 13 f, 21.

424 Beck-OK StPO/Eschenbach, § 257c Rn. 21 m.w.N.

425 So schon BGH NStZ 1994, 597; NStZ 1999, 92; NStZ 2003, 383.

426 Vgl. MüKo/Radtke, vor §§ 38ff. Rn. 20.

Ebenfalls entspricht – insoweit als Parallele zur damaligen Diskussion um die „Thatfrage" einzuordnen – das regelmäßige Ineinandergreifen von Tatsachenfeststellung und Rechtsanwendung auch heute noch allgemeiner Auffassung, wobei es aber nach wie vor an einer überzeugenden und allgemein gültigen Abgrenzungsformel zwischen Tat- und Rechtsfrage fehlt. Eine scharfe Trennung zwischen beidem wird dadurch vielfach unmöglich.[427]

Die heutige Rechtswirklichkeit ist allerdings im Vergleich zum 19. Jahrhundert deutlich komplexer, komplizierter und differenzierter, so dass an sich auch der Kenntnis- und Wissensstand bei Laienrichtern diesen veränderten Bedingungen Rechnung tragen müsste. Naheliegend wäre es daher, Rechtskenntnisse von Schöffen, zumal in speziellen Verfahren (Wirtschaftsstrafverfahren usw.), möglicherweise sogar durch spezielle Schulungen,[428] zu verbessern und den jeweiligen Verfahrenserfordernissen anzupassen.

3.

Diskutiert wird in dem vorerwähnten Zusammenhang auch der mehr verfahrensrechtliche Aspekt, wodurch und inwieweit Schöffen in die Lage versetzt werden können, den Gang der Hauptverhandlung wie das Beratungsergebnis ohne wesentliche Wissensdefizite gegenüber den Berufsrichtern aktiv mit zu gestalten. Damit kann sowohl die offensivere Wahrnehmung von Rechten, insbesondere des Fragerechts gegenüber Zeugen und Sachverständigen, gemeint sein als auch lediglich eine effizientere Form der (eher passiven) Teilhabe am Geschehen der Hauptverhandlung, insbesondere durch verbessertes Inhaltsverständnis für bestimmte strafprozessuale Vorgänge oder Rituale; wie die Stellung von Beweisanträgen durch Verfahrensbeteiligte, das Erklärungsrecht nach § 257 Abs. 2 StPO oder der Antrag auf gerichtliche Entscheidung nach § 238 Abs. 2 StPO.

Um diesem prozesspartizipatorischen Anliegen und zugleich den gestiegenen Anforderungen tatrichterlicher Praxis gerecht zu werden, befürworten Laienrichterverbände wie Justizverwaltungen in einem gewissen Umfang juristische Schulungen für Laienrichter. So soll bspw. durch sog. Schöffenfibeln, die von den Justizministerien mehrerer Bundesländer[429] für Gerichtsschöffen herausgegeben werden, Schöffen in einer Art Grundkurs Basiswissen im Straf- und Strafprozessrecht vermittelt werden.

---

427 So bspw. Musielak, ZPO § 546 Rn. 3; MK-ZPO/Wenzel § 546 Rn. 2f.

428 Dieses von Schöffenverbänden manchmal geforderte und in der ehemaligen DDR praktizierte System wird von der hM abgelehnt, vgl. Benz, S. 103ff., 203.

429 Z.B. www.schleswig-holstein.de/MJGI/DE/Service…schoeffenfibel.html.

Vergleichbares gab es bereits in der Weimarer Republik. So hatte die preußische Justizverwaltung mit der Ausführungsverordnung des Justizministeriums vom 10. März 1927 ein Merkblatt für Schöffen und Geschworene herausgebracht, das allerdings hauptsächlich die gesetzlichen Rahmenbedingungen des Schöffen- und Geschworenenamts aufzählte, um den Richtern wenigstens das formale Grundwissen für ihre richterliche Aufgaben zu vermitteln; also bspw. neben dem Auswahlverfahren, den Entschädigungsregelungen für Verdienstausfall auch die Stellung und Bedeutung von Volksrichtern im Vergleich zu Berufsrichtern. Besondere Bedeutung schließlich hatte ein Hinweis in dem Merkblatt: für weitergehende Fragen und Probleme wurde auf die Belehrung durch den Berufsrichter vor und während der Verhandlung im jeweiligen konkreten Verfahren verwiesen, was zugleich die Dominanz des Berufsrichters gegenüber „seinen" Schöffen offenbarte.

In abgeschwächter Form wurde der Ruf nach juristischer Unterstützung und Anleitung schon zu Beginn des 20. Jahrhunderts laut, als Zweifel an der rechtlichen Qualität von „Wahrsprüchen" der Geschworenen zunahmen. Oetker[430] z.B. schlug vor, dass anstelle von damals regelmäßig zwölf Geschworenen dem Kollegium lediglich elf Laien und ein Berufsrichter angehören sollten. Dieser – Landrichter oder ggf. auch Amtsrichter – war aus dem Kreis der dienstpräsenten Richtern des jeweiligen Landgerichtsbezirks auszulosen. Er sollte neben den übrigen elf Geschworenen in genau dieser Eigenschaft, einschließlich der Ablegung des Geschworeneneids usw., an der gesamten Tätigkeit des Geschworenengerichts teilnehmen. Auf diese Weise nahm nach Oetker das „rechtsgelehrte Richtertum teil am staatsbürgerlichen Gerichtsdienst." Es sei von „nicht zu unterschätzenden Wert, wenn in der Person eines Geschworenen Schulung in streng logischem Denken, Übung in der Beweisbeurteilung, forensische Erfahrung garantiert sind".[431]

Weingart[432] hielt den Vorschlag Oetkers für zu weitgehend; s.E. hätte es ausgereicht, wenn der juristische Geschworene wenigstens „juristisch zu denken gelernt hätte", also Rechtswissenschaft studiert hätte und „wenigstens einige Jahre praktisch als Jurist tätig gewesen" wäre, „aber nicht mehr in der Justiz tätig ist, weder als Beamter noch als Rechtsanwalt."

Einführungsveranstaltungen und Schulungen, die den Schöffen zur Vorbereitung und Erfüllung ihrer Aufgabe Grundkenntnisse des Rechts, insbesondere des Strafverfahrensrechts vermitteln sollen, finden regelmäßig statt.

---

430 Oetker, Ein Vorschlag zur Verbesserung des Schwurgerichts, Gerichtssaal, Jahrgang 65, 1905, S. 325, (331).

431 Oetker, a.a.O. S. 332.

432 Weingart, Das Schwurgerichtsproblem, S. 741.

Ansonsten jedoch scheinen Justizpraxis und herrschende Meinung[433] der Auffassung zu sein. dass Rechtskenntnisse eines Schöffen nicht unbedingt erwünscht sind, könnten sie doch als Hinweis auf ein zu hohes Maß an Vertrautheit mit der Justiz und damit als eher schädlich angesehen werden. Selbst die Vorstellung, mit einem verbesserten und den jeweiligen Verfahrensbesonderheiten angepassten Wissensstand u.U. die Qualität der Rechtsprechung zu erhöhen, wird nach herrschender Auffassung als nicht zielführend beurteilt.

Neben einem gewissen Mangel an Realitätsbezug bergen solch eingeschränkte Sichtweisen zugleich die Gefahr, dass dadurch das Vorurteil eines vorrangig symbolischen Charakter von Bürgernähe, Realitätsbezug und Lebenserfahrung als eigentliche Legitimationsgrundlage von Laienrichtertätigkeit bestärkt wird. Gerade in Verfahren, in denen schon zum Verständnis tatsächlicher Hintergründe spezielles juristisches Wissen erforderlich ist – wie insbesondere in Steuerstraf- oder Wirtschaftsstrafprozessen – schwächt das Informationsdefizit die Partizipationschancen sowie Einflussmöglichkeiten der Laienrichter und stärkt zugleich die bereits von Mittermaier kritisierte „Übermacht" der Berufsrichter.

4.

Im 19. Jahrhundert wurde die Auffassung vertreten, es entspreche dem Wesen des Schwurgerichts, dass niemand verurteilt werden darf, von dessen Schuld nicht zwölf ungelehrte Männer überzeugt sind.[434] Als „ungelehrt" wurde allein derjenige angesehen, der im Kern frei von berufsrichterlichen Einflüssen und Eingriffen im wesentlichen seine persönliche Überzeugung zur Grundlage der Entscheidung über die „Tatfrage" machen konnte.

Auch wenn Geschworenengerichte in Deutschland längst nicht mehr existieren und durch Kollegialgerichte ersetzt wurden, wird Schöffen – wie seinerzeit den Geschworenen – als positive Eigenschaft ein im Ergebnis häufig richtiges Entscheidungsverhalten zugeschrieben, das weniger von juristischen Denkkategorien als vor allem vom gesunden Menschenverstand bzw. dem früher so bezeichneten „gemeinen Verstand" geprägt ist.

---

433 Z.B. KK-StPO/Hannich § 33 GVG Rn. 1 (Die §§ 33 und 34 GVG enthalten „Tatbestände, bei deren Vorliegen eine Person nicht zum Schöffen berufen werden „soll", dh. sie sollen schon nicht in die Vorschlagslisten (§ 36; § 35 Abs. 1 S. 1 JGG) aufgenommen werden"; Benz, S. 200.

434 So Kleinfeller, S. 209; ebenfalls Kronecker, S. 332.

So betont bspw. Lieber:[435] „Der Laie besitzt aufgrund seines gesunden Menschenverstandes und angeborenen Rechts- und Gerechtigkeitsgefühls die Fähigkeit, sachgerechte – nicht nur auf dem bloßen Rechtspositivismus vieler Berufsrichter beruhende – Entscheidungen zu treffen."

Gelegentlich sind es sogar Laienrichter selbst, die die Wichtigkeit außerrechtlicher Determinanten für ihre Entscheidungsfindung hervorheben. Bei der Entscheidung über Schuld oder Unschuld[436] kann der gesunde Menschenverstand u.U. ein wichtiges Korrektiv gegen allzu formalisierte Rechtsrituale sein. Machura[437] zitiert dazu aus dem Bericht einer Jugendschöffin: „Arbeitsweise und -leistung von Richtern/-innen (Psycholog. Einfühlungsvermögen, Schnelligkeit, geschickte Verhandlungsführung) sind extrem persönlichkeitsabhängig. Schöffen/innen können oft Fehlleistungen in diesem Bereich korrigieren oder auch fachidiotischer Blindheit den „gesunden Menschenverstand" gegenüberstellen."

Würde man allerdings auf Kategorien wie „gesunder Menschenverstand" oder „Gerechtigkeitsgefühl" als Bestandteil insbesondere von Entscheidungen in Strafsachen völlig verzichten wollen, wäre damit möglicherweise zugleich die Grundidee des Laienrichtertums in Frage gestellt.[438]

---

435 Lieber, Die Entwicklung des Europäischen Rechts und seine Bedeutung für die Arbeit der ehrenamtlichen Richterinnen und Richter in Europa, in: RohR 3/10, S. 90ff. (92).

436 Unabhängig von einer rechtsbegrifflichen Problematisierung von Schuld als Vorwerfbarkeit, GrSenBGH 2, 194, 200.

437 Machura, S. 278; ähnlich Klausa, S. 60, 68, 70, 102, 103, 106 (ehrenamtliche Verwaltungsrichter), wobei teilweise der Begriff „gesundes Volksempfunden" synonym von den befragten Laienrichtern benutzt wird.

438 So ähnlich Nowakowski, S. 86.

V. Kapitel
Sachkunde bei Laienrichtern

1. Einführende Bemerkungen

Sachkunde ist ein relativ konturenloser Begriff, mit dem neben besonderer Fachkunde auf nichtjuristischen Gebiet auch speziellere Rechtskenntnisse von Laienrichtern gemeint sein können. Eine klare Trennung zwischen beiden Bereichen ist nicht immer möglich. Gegenstand dieses Teils der Untersuchung ist in erster Linie der unabhängig von einem möglichen juristischen Fachwissen zu verstehende „sachverständige" Laienrichter, der in der rechtsgeschichtlichen Entwicklung einen gewissen Stellenwert hatte und hat.

Von Einzelauffassungen abgesehen,[439] stellte sich die Frage spezieller, nicht unbedingt ausschließlich rechtlicher Sachkunde von Laien, bei Einführung der Geschworenengerichte in Deutschland zu Beginn des 19. Jahrhunderts nicht. Völlig andere, im Grunde konträre, Überlegungen bestimmten die damalige Diskussion. Es ging darum, dem streng wissenschaftlich fachgebildeten Juristen, der dem „gemeinen Leben" entfremdet war,[440] den juristisch wie auch sonst fachlich ebenso uninformierten wie unbedarften Laienrichter entgegenzusetzen, der jenseits von Wissenschaft und verfahrensbezogener Sachkenntnis allein seinem Gewissen und seiner inneren Überzeugung verpflichtet war.

Erst ab etwa Mitte des 19. Jahrhunderts erlangte die unter dem Begriff „Spezialjury"[441] geführte Auseinandersetzung größere Bedeutung. Sie betraf die – häufig als nicht ausreichend beklagte – Qualifikation von Geschworenen, nicht die von Schöffen als Mitglieder eines Kollegialgerichts. Deren Aufgabe war nach damaligem Verständnis eine andere: dem Juristen, dessen „berufsmäßige Wissenschaft

439 Wie z. B. der v. Katte, in: Mittermaier/Liepmann, Schwurgerichte und Schöffengerichte, I S. 621ff. gemachte Vorschlag, im Einzelfall die Teilnahme sachkundiger Laienrichter durch die „Eröffnungskammer" auf Vorschlag bspw. einer Berufsgenossenschaft oder der Handelskammer usw. bestimmen zu lassen (zitiert nach Engelhard, Grundsätzliches zur Frage des Laienrichtertums, ZgStW 44, 57ff. (S. 58 Fn. 2)).

440 Schwinge, S. 107.

441 S. dazu das folgenden Teil, Kapitel V.2.

ihn zum Interpreten des Gesetzes bestellt", und der daher der Gefahr unterliegt, „das Gesetz zwar sehr geistreich, aber mit dem Leben und dessen Anschauungen und Gestaltungen unvereinbar"[442] auszulegen und anzuwenden, sollten Männer, die das Vertrauen des Volkes genießen, und die mit den praktischen Verhältnissen des Lebens vertraut sind, an die Seite gestellt werden. Zwischen Laien- und Berufsrichtern sollte ein Gedankenaustausch stattfinden, in dem jene „vermittelnd, klärend und versöhnend" wirken und „das frische Rechtsgefühl, die practisch nüchterne Auffassung des Falls in seiner Individualität und das Rechtsbewußtsein im Volke"[443] zum Ausdruck bringen.

2. Die Diskussion im 19. Jahrhundert

Traditionell vor allem in England, darüber hinaus auch in Frankreich, waren „Spezialjurys" bereits vor Beginn des 19. Jahrhunderts eingerichtet. Die Diskussion war dort dementsprechend breiter angelegt als in Deutschland.

Die Aufgabe von Speziajurys bestand darin, über Verbrechen zu urteilen, bei denen „besondere Kenntnisse der Geschworenen notwendig" waren, „um richtig über die darauf bezüglichen Anklagen entscheiden zu können."[444] Mehr noch als in Strafprozessen war in England die Spezialjury in Zivilverfahren anerkannt. Als „sachverständige Urtheiler" und als „selbständigere, von den Sachverständigengutachten emancipirte Richter"[445] sollten Laien- wie Berufsrichter befähigt werden, sachgerechter entscheiden zu können.[446] Einsatzbereiche der

442 So stellvertretend auch für andere Anhänger des Schöffengerichts, Schwarze, Das Schöffengericht, S. 25.

443 Schwarze, a.a.O.

444 Mittermaier, Die Mündlichkeit, S. 329.

445 v.Gneist, Die Bildung der Geschworenengerichte, S. 239. In England erfolgte die Auswahl der Richter einer Spezialjury ausgesprochen elitär. Sie durfte „nur mit Personen vom Range der Esquires, aus Banquiers und Männern gebildet werden, welche wenigstens ein Einkommen von 600 Pfund" hatten, (Mittermaier, Die Mündlichkeit, S. 329).

446 England kannte darüber hinaus die Einrichtung des Spezialverdikts. Wenn sich die Geschwornen aufgrund der Schwierigkeit des Falls ausserstande sahen, ein Generalverdikt „guilty" oder „not guilty" abzugeben, konnten sie dies offen eingestehen. Mit der Beschränkung auf das Spezialverdikt war es ihnen dann gestattet, lediglich einen Teil der Schuldfrage zu beantworten und nur eine bestimmte Anzahl rechtlich relevanter Tatsachen für festgestellt zu erklären; s. dazu Binding, Drei Grundfragen, S. 95.

„Spezialrichter" waren insbesondere Wirtschaftsdelikte, wie „Kassenverbrechen, Fälschung kaufmännischer Bücher, Bankerott und dergleichen"[447]

In Frankreich hatte der Gesetzgeber zunächst 1791 Spezialjurys für Fälle des betrügerischen Bankrotts, der Concussion und der Fälschung eingerichtet, die mit Männern besetzt waren, die über spezielle deliktsbezogene Kenntnisse verfügten. Diese Regelung wurde später zwar aufgehoben, dafür aber durch die Einsetzung von Spezialjurys für andere Arten von Verbrechen ersetzt.[448]

Die Legitimation von Spezialjurys war in Deutschland keineswegs allgemein anerkannter Konsens. Befürchtet wurde vor allem der mögliche Missbrauch als Ausnahmegerichte, wie er in Frankreich und England zu „gouvernementalen Zwecken" erfolgte.[449]

Wissenschaftler und Praktiker beurteilten darüber hinaus die Notwendigkeit von Spezialjurys streitig. Während die Praktiker den Einsatz von „intelligenten" Jurys bevorzugten, wandte das überwiegende Schrifttum ein, dass dadurch das Vertrauen der Bürger in die Rechtsprechung nachhaltig beeinträchtigt werde.[450] Lediglich vereinzelte Auffassungen befassten sich mit der Frage einer qualifizierter Fachkenntnis von Geschworenen. So nimmt bspw. Glaser[451] den Begriff der Spezialjury auf, vor der Schwurgerichtsfälle abgeurteilt werden können, die „einen höheren Grad an Bildung" erfordern oder bei denen es sich um „verwickeltere Geld- und Geschäftsverhältnisse" handelt. v.Gneist[452] sah die Auswahl einer richtigen „Gattung" von sachverständigen Richtern für das jeweilige Spezialproblem als entscheidend an. Sinnvollerweise sollten daher z. B. bei einer „verwickelten Rechnungssache" … „nicht blos Regierungsbeamte, sondern auch gebildete Kaufleute, Fabrikanten und sonst mit der Buchführung bekannte Personen" beteiligt werden.

Mit Einführung des GVG 1877 stellte sich die Frage besonderer laienrichterlicher Sachkunde bei den nur mit Berufsrichtern besetzten Strafkammern nicht (mehr). Allerdings besaßen Strafkammern u.a. spezielle ausschließliche Zuständigkeiten z. B. für Zuwiderhandlungen im Zusammenhang mit Wirtschaftsstraftaten

447 v.Gneist, Die Bildung der Geschworenengerichte, S. 238.
448 Mittermaier a.a.O. S. 390.
449 v.Gneist, Die Bildung der Geschworenengerichte, S. 239.
450 Mittermaier a.a.O., S. 390 m.w.N.
451 Glaser, Gesammelte kleinere Schriften, 2. Band, S. 268, Fn. 2 Nr. 5.
452 v.Gneist, Die Bildung der Geschworenengerichte, S. 239.

nach § 74 GVG 1877[453], bei denen sich der Einsatz entsprechend qualifizierter Laienrichter möglicherweise positiv hätte auswirken können.

Die Auseinandersetzungen um die „Spezialschöffen“ bzw. besonders sachkundige Geschworene war in den Folgejahren eher bedeutungslos und erlebte erst ab 1933 wieder eine Art Renaissance.

3. Die Diskussion um den sachverständigen Laienrichter im Nationalsozialismus

Relativ intensiv wurde die Diskussion um den sachverständigen Laienrichter im Nationalsozialismus geführt; punktuell-inhaltlich sogar vergleichbar mit aktuellen Streitfragen. So sprach etwa Schafheutle[454] die Möglichkeit an, sachverständige Volksrichter in Verkehrsunfallverfahren einzusetzen: „Es besteht aber wohl ein Bedürfnis dafür, Schöffengerichte, die etwa vorzugsweise über Verkehrsunfälle zu verhandeln haben, mit solchen Schöffen besetzen zu können, die nicht nur zur Ausübung des Schöffenamts im allgemeinen geeignet sind, sondern darüber hinaus in der Untersuchung und Beurteilung von Verkehrsunfällen besondere Erfahrung haben.“ Landgerichtsdirektor Rambke[455] schlug angesichts der positiven Erfahrungen mit Handelsrichtern in Zivilsachen die Einrichtung von „Handels-Strafrichtern“ bei Verhandlungen in Wirtschaftsstrafsachen vor.

Der Hamburger Strafrechtslehrer Zimmerl, der speziell zu dem Thema eine Arbeit[456] verfasst hatte, interpretierte den Begriff des „sachverständige Laienrichters“ grundlegend anders. Es ging ihm nicht darum, dass besonders qualifizierte oder spezialisierte Laienrichter ausgebildet werden.

Das von Zimmerl skizzierte Bild eines durchschnittlichen Schöffen oder Geschworenen war vielmehr abwertend, einseitig[457] und bestimmt von der

---

453 Z.B. Zuwiderhandlungen betreffend das Gesetz über Kommanditgesellschaften auf Aktien und die Aktiengesellschaften; §§ 1, 2 und 3 des Gesetzes vom 8. Juni 1871, betreffend die Inhaberpapiere mit Prämien; § 59 des Bankgesetzes vom 14. März 1875, (§ 74 Nr. 2, 3 und 5 GVG 1877).

454 Landgerichtsdirektor Schafheutle, Die Auslese der Volksrichter, S. 132.

455 Rambke, Erfahrungen mit Schöffen und Geschworenen in der Zeit vor und nach der nationalsozialistischen Machtergreifung, S. 29.

456 Zimmerl, Sachverständige Laienrichter?.

457 Zimmerl, a.a.O. S. 16: „Es sind meist sehr ehrsame Handwerksleute, die ihr Gewerbe zum eigenen und zum Nutzen der Allgemeinheit betreiben, im Privatleben aber häufig entweder brave Spießer oder doch ganz einfache, nicht überaus intelligente

unerschütterlichen Auffassung, dass die Laienrichtern ohnehin regelmäßig fehlende Sachkunde weder mit dem nationalsozialistischen Leistungsgedanken noch mit dem Führerprinzip vereinbar war.[458]

Sachverständiger Laienrichter konnte nach seinem Verständnis nur derjenige sein, der je nach Bedarf, z. B. als Psychiater, Psychologe oder Pädagoge, von dem Berufsrichter(-kollegium) als weiterer Mitrichter aufgrund besonderer Sachkunde hinzugezogen wird.[459] Beschränkt auf den jeweiligen konkreten Einzelfall müsse er daher mit denselben Rechten und Pflichten ausgestattet sein wie ein erkennender Richter. Existenzberechtigt war ein Laienrichter im Grunde nur, wenn er die Kompetenz eines Sachverständigen besass und diese nicht nur als bloßer „Gehilfe" des Gerichts, sondern als gleichberechtigter Teilnehmer auf der Richterbank einbrachte.

Die Auffassung Zimmerl's repräsentierte damit zugleich einen Teil der ideologischen Gesamtausrichtung. Hauptanliegen der neuen „revolutionären" nationalsozialistischen Rechtsprechung sollte die Heranbildung eines Berufsrichters neuen Typs sein, der als „Priester des Volksgewissens"[460] Vorbildfunktion hatte, und der dank seiner umfassenden Bildung neben juristischen Fähigkeiten bspw. auch kriminologische oder kriminalpsychologische Erkenntnisse in seine Entscheidungsfindung einbrachte.[461] Die richtig verstanden Anwendung des Führerprinzips bedeutete, dass die Verantwortung für den Urteilsspruch ausschließlich dem Berufsrichter als „Volksrichter" aufzuerlegen sei, dem „selbstverständlich für gewisse Arten der Rechtsprechung Beisitzer mit beratender Stimme beigegeben werden müssen."[462] Der Gesichtspunkt, die „Mitarbeit von Laien auf der Richterbank auf das Sachverständigentum zu beschränken", wurde später noch einmal von Freisler[463] im Zusammenhang mit der sog. Vereinfachungsverordnung vom 1. September 1939[464] aufgegriffen, mit der zugleich aber auch jede Form

Leute sind. Ihr Ausmaß an Lebenserfahrung reicht selten über ihren Verkaufsladen, ihre Stammtischrunde oder den Kegelklub hinaus."

458 Zimmerl, a.a.O. S. 22.

459 Zimmerl, a.a.O., S. 34, (41).

460 Freisler, Einführende Betrachtungen, S. 11.

461 Zimmerl, a.a.O., S. 21.

462 Landgerichtsdirektor Schroeder, DJZ 1934, S.

463 Freisler, Die Vereinfachungsverordnung als Mittel der Schlagkraftsteigerung der Strafrechtspflege und ihr Stand in der Strafverfahrenserneuerung, DJ 1939, S. 1539.

464 Verordnung über Maßnahmen auf dem Gebiet der Gerichtsverfassung und der Rechtspflege, RGBl 1939 I, S. 1658.

der Laienbeteiligung – vom Volksgerichtshof und dem Reichsgericht abgesehen – abgeschafft wurde.

Besondere Sachkunde und damit eine herausgehobene Bedeutung in ihrer Funktion wurde letztlich allein den ehrenamtlichen Beisitzern des Volksgerichtshof in der „Bekämpfung des Landes- und Hochverrats“[465] beigemessen. Worin sich allerdings der besondere Sachverstand der für die Dauer von 5 Jahren bestellten ehrenamtlichen Mitglieder des Volksgerichtshofs manifestierte, erschließt sich nicht. Die offizielle Begründung lautete, dass sie „über besondere Erfahrungen auf dem Gebiet der Abwehr staatsfeindlicher Angriffe verfügen“[466] sollten.

Vermutlich war vor allem die „vom Führer und Reichskanzler auf Vorschlag des Reichsministers der Justiz“[467] erfolgende Bestellung und der Umstand, dass sich die ehrenamtlichen Richter am Volksgerichtshof überwiegend aus hochdekorierten „führertreuen“ Offizieren[468] zusammensetzten, hinreichender Anlass für die Aufwertung.

4. Sachkunde in besonderen Verfahrensarten

4.1 Sachkunde von Jugendschöffen

Eine besondere Art von Sachkunde[469] wird im übrigen bei Jugendschöffen vorausgesetzt. Bei ihnen wird lediglich das an grundlegenden Qualifikationserfordernissen nachvollzogen, was auch für Jugendrichter und Jugendstaatsanwälte gilt, §§ 35 Abs. 2 S. 2, 37 JGG.

Bereits der erste, im Februar 1923 dem Reichstag vorgelegte Entwurf eines Jugendgerichtsgesetzes sah vor, dass zu Beisitzern des Jugendgerichts nur solche Männer und Frauen berufen werden, die „in der Jugendfürsorge besonders erfahren sind“. Selbst bei denjenigen, die seinerzeit in diesem Zusammenhang dem Einsatz von Frauen in der Justiz grundsätzlich kritisch gegenüber standen, wurde der besondere Sachverstand von Frauen in der Jugendgerichtsbarkeit anerkannt

465 Freisler, Volksrichter und Berufsrichter als Hüter des Volksgewissens, S. 35; Schafheutle, Die Auslese der Volksrichter, S. 129.

466 So die amtliche Begründung des „Vereinfachungsgesetzes“, in: DJ 1934, S. 597.

467 § 4 des Gesetzes über den Volksgerichtshof und über die fünfundzwanzigste Änderung des Besoldungsgesetzes vom 18.04.1936, (RGBl I 1936, 369).

468 Müller, Ingo, Die Volksrichter – Laienrichter am Volksgerichtshof, in: Lieber/Sens, S. 206.

469 S. Machura, S. 10.

und die Tätigkeit von Jugendschöffinnen als sachverständige Laienrichter befürwortet.[470]

Nach dem Anforderungsprofil des als Sollvorschrift ausgestalteten § 35 Abs. 2 S. 2 JGG wird erwartet, dass Jugendschöffinnen/-schöffen erzieherisch befähigt und in der Jugenderziehung erfahren sind. Dazu korrespondiert, dass das Vorschlagsrecht nicht der Gemeinde (§ 36 Abs. 1 JGG) sondern dem Jugendhilfeausschuss zusteht, § 35 Abs. 2,3 JGG. Als besondere Merkmale jugenderzieherischer Qualifikation können insbesondere gelten eine länger andauernde berufliche wie ehrenamtliche Betätigung im Bereich von Jugendverbänden sowie Jugendhilfe- und Jugendfreizeiteinrichtungen, im schulischen Bereich sowie im Rahmen privater Erziehungs- und Betreuungstätigkeit.[471]

Auf dem Hintergrund entsprechender Forschungsergebnisse ist allerdings fraglich, ob die gerichtliche Praxis den gesetzlichen Vorgaben tatsächlich gerecht wird. Auch wenn die Studie von Gerken[472] aus dem Jahr 1988 stammt, wird sich das heutige Bild davon nicht wesentlich unterscheiden. Danach verfügten lediglich etwa ein Drittel der Befragten über berufliche Fachkenntnisse aus dem erzieherischen Bereich. Ihr Amt erlangten die Jugendschöffen am häufigsten über eine Parteimitgliedschaft.[473]

4.2 Sachkunde in Wirtschaftsstrafverfahren, speziell seit Einführung des § 74c GVG

Konzentriert auf den Bereich Wirtschaftsstrafsachen entwickelte sich die Diskussion um den Fachschöffen erst mit der Einführung des § 74c GVG durch

---

470 Vgl. Engelhard, ZStW 44, S. 69.

471 Vgl. Eisenberg, JGG § 35 Rn. 7 m.w.N.

472 Dargestellt bei Machura, Teil 5.4. „Die Jugendschöffenstudie von Jutta Gerken".

473 Rechtsvergleichend hat z.B. das österreichische Jugendgerichtsgesetz für Berufs-, vor allem aber auch für Laienrichter noch weitergehende Anforderungen als das JGG entwickelt. Nach § 30 des österreichischen JGG müssen die mit Jugendstrafsachen zu betrauenden Richter und Staatsanwälte über das erforderliche pädagogische Verständnis verfügen und sollen besondere Kenntnisse auf den Gebieten der Psychologie und Sozialarbeit aufweisen.

§ 28 Abs. 1 des österreichischen JGG regelt darüber hinaus, dass jedem Geschworenengericht vier im Lehrberuf, als Erzieher oder in der öffentlichen oder privaten Jugendwohlfahrt oder Jugendbetreuung tätige oder tätig gewesene Personen als Geschworene angehören müssen. Jedem Schöffengericht muss ebenfalls eine solche Person angehören.

Gesetz vom 08.09.1971.[474] Einzelne Beispiele aus der Praxis zeigten aber bereits in der Weimarer Republik eine insoweit richtungsweisende Tendenz. So erwähnt Alsberg[475] einen von ihm verteidigten „Zinswucherfall", bei dem eine Reinemachefrau und ein kleiner Landmann als Beisitzer fungierten. Sie waren der komplizierten wirtschaftsrechtlichen Materie offensichtlich überhaupt nicht gewachsen, was Alsberg zu dem Vorschlag veranlasste, in Strafprozessen die überwiegend kaufmännische Bereiche betreffen, nur eine „Art Handelsschöffen" als Laienrichter einzusetzen.

Als problematisch wird vor allem die häufig lange Hauptverhandlungsdauer in Umfangsverfahren vor der Wirtschaftsstrafkammer des Landgerichts nach § 74c GVG mit den entsprechenden zeitlichen und organisatorischen Belastungen für die Schöffen gesehen. Daneben wird der Einsatz spezialisierter Wirtschaftsschöffen kontrovers diskutiert.

Von den Befürwortern wird der Einsatz von Schöffen mit fachlichen bzw. verfahrensrelevanten Vorkenntnissen zwar als prinzipiell wünschenswert angesehen.[476] Allerdings wird die Umsetzung, z. B. in Form eines besonderen Auswahl- oder Schulungsverfahrens, als schwierig und fehleranfällig erachtet.[477]

Auch Lieber[478] hält den Einsatz sachkundiger Schöffen in bestimmten Verfahrensarten für überlegenswert: „So hört man beispielsweise den Einwand, dass in schwierigen Wirtschaftsstrafverfahren die Schöffen schlicht überfordert seien. Das ist nicht von der Hand zu weisen. Man kann getrost darüber nachdenken, ob das Schöffenwahlverfahren noch zeitgerecht ist und ob nicht an Stelle des allgemeinen Vertreters des Volkes – zumindest in bestimmten Verfahren – der sachkundige ehrenamtliche Richter auf der Schöffenbank sitzen sollte."

Lieber/Burchard[479] sind der Auffassung, dass Partizipation nur dort stattfindet, wo sachverständige Laien zu Gericht sitzen. Entsprechend der für

474 BGBl. I 1971, S. 1513.

475 Alsberg, JW 1925, S. 888, (889).

476 Z. B. Rüping, JR 1976, S. 269, (274); Zwiehoff, in: Laienrichter in Japan, Deutschland und Europa, Marutschke (Hrsg.) S. 42f.; Koch, Laienbeteiligung im deutschen Strafverfahren, S. 29; Ergebnis der Arbeitsgruppe 4 „Die Beteiligung von Schöffen" des 3. Kongresses „Strafjustiz in Niedersachsen" am 7. Oktober 2011, S. 28.

477 Ergebnisse des 3. Kongresses „Strafjustiz in Niedersachsen" 2011, S. 28.

478 Grußwort des damaligen Staatssekretärs für Justiz in Berlin Hasso Lieber in Suhl am 27. September 2000 auf der Festveranstaltung „180 Jahre Schiedsamt"; veröffentlicht in: Mitteilungen des Bundesverbandes Bund Deutscher Schiedsmänner und Schiedsfrauen e.V. (BDS).

479 Lieber/Burchard, Laienrichter – Demokratie oder Dekoration am Richtertisch, S. 23.

Jugendgerichtsverfahren gesondert erstellten Schöffenliste seien ebenso für besondere Spruchkörper mit speziellen Zuständigkeiten, etwa bei Wirtschafts- und Steuerdelikten oder für Schwurgerichtsprozessen getrennte Schöffenlisten aufzustellen.[480] Diese ermöglichten es, besonderen Sachverstand eines Schöffen gezielt in einem bestimmten Sachbereich zu nutzen. Bspw. könne dadurch vermieden werden, dass ein Arbeitnehmer, der von Buchführung noch nie etwas gehört habe, als Schöffe in einem komplizierten Wirtschaftsstrafverfahren eingesetzt werde.[481]

Die Gegner warnen vor dem Verlust des Grundsatzes, dass Schöffen entsprechend § 36 Abs. 2 S. 1 GVG das Volk insgesamt repräsentieren sollen. Auch würde eine Ausnahmeregelung in Wirtschaftsstrafsachen einen Nachahmeffekt für andere Gebiete provozieren.[482] Schließlich dürfe ein Schöffe nicht so etwas wie ein Sachverständiger auf der Richterbank sein, ohne dass hierdurch fundamentale strafprozessuale Grundprinzipien aufgegeben werden.[483]

Als radikaler Kompromiss zwischen den beiden konträren Grundauffassungen ist der völlige Verzicht auf die Mitwirkung von Schöffen in Hauptverhandlungen vor der Wirtschaftsstrafkammer vorgeschlagen worden.[484]

5. Aktuelle Situation

Soweit in der Justizpraxis Sachkunde mit Begriff und Amt eines Schöffen in Verbindung gebracht wird, geschieht dies regelmäßig im Hinblick auf eine eher zufällige Kompetenzerweiterung des Spruchkörpers, dem der betreffende Schöffe angehört. Wie Lebenserfahrung oder Berufspraxis kann auch eine von Rechtsfragen losgelöste Sachkunde eines Schöffen dazu beitragen, den Informationsstand der Berufsrichter zu erweitern und den „gesunden Menschenverstand" in die Urteilsfindung einzubringen.[485] Insoweit unterscheidet sich die Sachkunde eines Schöffen nicht substanziell von derjenigen des Berufsrichters. Auch dieser kann

480 Lieber/Burchard, a.a.O. S. 26.

481 Lieber/Burchard, a.a.O.

482 Katholnigg, wistra 1982, S. 92/93 m.w.N.

483 Katholnigg, a.a.O. S. 92.

484 Katholnigg, a.a.O. S. 94; Baur, S. 49, (61), der weitergehend für die Abschaffung der Schöffen insgesamt eintritt.

485 Vgl. bspw. www-lg-Bochum.nrw.de/service/schoeffen/index.php; s. auch Schöffenfibel, herausgegeben vom Ministerium für Justiz, Gleichstellung und Integration des Landes Schleswig-Holstein, S. 5: „Dass Schöffen nicht Rechtswissenschaft studiert haben, ist kein Hinderungsgrund. Im Gegenteil: Ihre Mitwirkung ist gerade deshalb

außerdienstlich privat erworbenes Spezialwissen den übrigen Mitgliedern des erkennenden Gerichts – Berufs- wie Laienrichtern – vermitteln,[486] so dass es in die Beweiswürdigung einfliessen und Bestandteil der Urteilsfindung werden kann.

Befürworter des „sachkundigen" Schöffen finden sich vor allem in den Kreisen der Schöffen selbst bzw. bei den ihre Interessen repräsentierenden Organisationen. So enthält bspw. Aktionsprogramms des Bundesverbandes ehrenamtlicher Richter und Richterinnen e.V. (DVS)[487] die Forderung, der vorhandene Sachverstand von ehrenamtlichen Richterinnen und Richtern müsse den Gerichten besser erschlossen werden. „Deshalb sind Kenntnisse und Interessen der Bewerberinnen und Bewerber schon bei der Wahl zu berücksichtigen. In der Strafgerichtsbarkeit können die Schöffenlisten nach unterschiedlichen Spruchkörpern differenziert werden. Für Wirtschafts- und Umweltstrafkammern, Verkehrsgerichte oder andere spezialisierte Kammern sowie für das Schwurgericht sind gesonderte Vorschlagslisten aufzustellen, aus denen spezielle Schöffenlisten für diese Spruchkörper gewählt werden. Die Differenzierung schon bei den Vorschlagslisten ermöglicht den Schöffinnen und Schöffen, ihre besonderen Interessen, Kenntnisse, Fähigkeiten und Qualifikationen stärker in die Bewerbung um das Amt einzubringen."

6. Zusammenfassung

Rechtsgeschichtlich betrachtet hat die Frage einer besonderen Sach-und/oder Rechtskunde eines Laienrichters bei weitem nicht den Stellenwert wie in neuerer Zeit. Die Wissensanforderungen für alle an strafprozessualer Entscheidungsfindung Beteiligten sind in den Jahrzehnten deutlich gewachsen. Gemeint ist damit nicht nur größeres Maß an Rechtskenntnis, das etwa in Steuerstrafverfahren mit Auslandsberührung oder in Umweltstrafverfahren wegen der Verwaltungsakzessorietät entsprechendes Hintergrundwissen erfordert, um den Anklagesachverhalt annähernd nachvollziehen zu können.

Häufig entscheiden darüber hinaus gerichtlich bestellte Sachverständige mit ihrem überlegenen Fachwissen Prozesse, bei denen sich die Mitwirkung der

gewollt, damit Lebens- und Berufserfahrung sowie Menschenkenntnis in das Verfahren, die Urteilsberatung und die Urteilsfindung einfließen können."

486 BGHSt 12, 19; BGH NStZ 1983, 325; Dölling/Duttge/Rössner/König, Gesamtes Strafrecht, § 244 StPO Rn. 79.

487 Punkt 11 des Aktionsprogramms des Bundesverbandes ehrenamtlicher Richter und Richterinnen e.V. (DVS) vom 30.10.1999.

juristischen Entscheidungsträger im wesentlichen auf die Überwachung und Einhaltung formaljuristischer Prinzipien und die möglichst revisionssichere Übernahme der Feststellungen des Sachverständigen in den Urteilsgründen beschränkt.

Die Rolle, die dabei Laienrichter spielen (können), hängt – nicht nur in Wirtschaftsstrafsachen – mitentscheidend davon ab, welchen Wissens- und Kenntnisstand sie selbst über die Spezialmaterie haben. Das geflügelte Wort, wonach eine Hausfrau und ein Rentner Laienbeisitzer in einer Wirtschaftsstrafkammer sind, die sich mit einem komplizierten Fall nach dem Wertpapierhandelsgesetz befasst, symbolisiert das dahinterstehende Dilemma.

Wird das Rechtsgefühl, der „gesunde Menschenverstand“ – ggf. gestärkt durch die nachdrückliche Empfehlung von Amtsrichter a.D. Vultejus[488] an Schöffen, bei schwierigen Sachverhalten die erkennenden Berufsrichter oder den Sachverständigen eingehend zu befragen – als ausreichend erachtet, bedarf es keiner Spezialschöffen. Zu Spezialisten werden Schöffen auch nicht dadurch, dass ihnen zusätzlich ein Akteneinsichtsrecht gewährt wird, um so ein besseres Verständnis eines in der Hauptverhandlung abzuhandelnden komplizierten Sachverhalts zu ermöglichen.[489]

Die Grenze wäre allerdings erreicht, wenn nicht überschritten, sollten Schöffen für bestimmte Abteilungen des Amtsgerichts oder für Fachkammern des Landgerichts nur unter der Voraussetzung berufen werden, dass sie ein entsprechendes Fachwissen mitbringen. Zwar schließt § 45 Abs. 2 GVG nicht grundsätzlich die Möglichkeit aus, ein auf ausgesuchte Schöffengruppen beschränktes Auslosungsverfahren durchzuführen. Denkbar wäre es daher etwa, die Berufung von Schöffen in Verkehrsstrafsachen davon abhängig zu machen, dass sie wenigstens im Besitz einer eigenen Fahrerlaubnis sind; oder in Wirtschaftsstrafverfahren diejenigen Schöffen gesondert auszulosen, die aus Wirtschaftsberufen stammen.[490]

Abgesehen davon jedoch, dass die Idee des „Spezialschöffen“ in der Praxis kaum um- und durchsetzbar erscheint, erweist sich dessen Einsatz zumindest in Verkehrssachen weder als sinnvoll noch als notwendig. Die weit überwiegende Zahl derartiger Verfahren wird ohnehin ohne Laienbeteiligung verhandelt und

488 Vultejus, Schöffen in Hauptverhandlung und Beratung, in: Lieber/Sens, Ehrenamtliche Richter, S. 64: „Mein Rat kann nur immer wieder lauten: Fragen, fragen und nochmals fragen, nicht erst in der Beratung, sondern schon bei dem Vortrag von Gutachten durch Sachverständige in der Hauptverhandlung.“

489 S. dazu Kapitel VII.1.; zu den Befürwortern gehört z. B. Wache, Die Befangenheit von Schöffen in der Hauptverhandlung, S. 111.

490 Klausa, S. 89.

entschieden, da sie vor dem Strafrichter angeklagt werden. Schon deshalb ist der gerade auch von berufsrichterlicher Seite vorgetragene Wunsch nach einer Spezialisierung von Schöffen auf bestimmten Rechtsgebieten,[491] einschließlich des Verkehrsrechts, nur bedingt verständlich. Bezogen auf den verkehrsrechtlich spezialisierten Schöffen werden die damit verbundenen Zweifel um so größer, als zahlreiche Berufsrichter selbst nicht Inhaber einer Fahrerlaubnis sind,[492] dieses Kriterium aber als maßgeblich für spezielle Kenntnisse angesehen werden soll.[493]

Schließlich stellen viele Ereignisse im Straßenverkehr so etwas wie Alltagserfahrungen dar, so dass die dahinter stehenden Tatsachen und deren rechtliche Würdigung als allgemeinkundig angesehen werden können oder der eigenen Sachkunde des Gerichts unterliegen. Nur bei komplizierteren Vorgängen, wie etwa bei einer Unfallanalyse, werden – dann allerdings regelmäßig – Gutachter hinzugezogen.

Bedarf es der Auswahl spezialisierter Schöffen im Verkehrsstrafrecht demzufolge nicht, gelten vergleichbare Überlegungen für den Schöffen in Wirtschafts- oder Steuerstrafverfahren.[494] Wäre bspw. die Zugehörigkeit zu einem Wirtschaftsberuf (Wirtschaftsprüfer, Steuerberater, Finanzmakler, Unternehmensberater o.ä.) Auswahlkriterium, bestünde häufig die Gefahr möglicher Einseitigkeit oder parteilicher Voreingenommenheit zugunsten des Angeklagten. Umgekehrt zulasten eines Angeklagten könnte dies für die Mitwirkung etwa eines pensionierten Finanzbeamten auf der Schöffenbank gelten.

Beide Alternativen – Mitwirkung eines eher „stummen", weil möglicherweise nicht hinreichend fachkompetenten, Schöffen einerseits oder Teilnahme eines Schöffen als „Sachverständiger" auf der Richterbank andererseits – erscheinen

---

491 S. dazu Klausa, S. 80; vorbehaltlich der Einschränkung, dass die von Klausa vor mehr als vierzig Jahren u.a. zu diesem Thema durchgeführten Befragungen von Berufsrichtern und Schöffen heute nicht mehr aktuell sein müssen.

492 Dem Verfasser sind einige Richter, unter ihnen auch Revisionsrichter, persönlich bekannt, die keine Fahrerlaubnis haben und regelmäßig mit Verkehrsstrafsachen befasst waren bzw. sind.

493 Klausa, S. 80, 89.

494 Weitere Rechtsgebiete, wie etwa das Betäubungsmittel- oder das Sexualstrafrecht, standen bisher nicht im Fokus etwaiger Überlegungen zur Schöffenspezialisierung. Soweit vereinzelt (Lieber/Burchard, Laienrichter – Demokratie oder Dekoration am Richtertisch?, S. 26) vorgeschlagen wurde, Schwurgerichtsschöffen gesondert auszuwählen, gelten dem Verkehrsstrafrecht vergleichbare Aspekte. Lebenserfahrung eines Schöffen sowie die Tatsache, dass wesentliche Umstände – wie z.B. Todesursache oder ballistische Feststellungen – regelmäßig durch Sachverständige (Rechtsmediziner oder Schusswaffensachverständige) aufgeklärt werden, stehen einer Spezialisierung eher entgegen.

nicht zielführend. Zumindest in Wirtschafts- und Steuerstrafverfahren könnte es sich als insoweit konsequent erweisen, völlig auf die Mitwirkung von Laienrichtern zu verzichten.[495]

7. Sachkundige Laienrepräsentanz in anderen Gerichtsbarkeiten

7.1 Einleitung – Schöffen im Vergleich zu ehrenamtlichen Richtern anderer Fachgerichtsbarkeiten

Entgegen früheren Auffassungen hat die Mitwirkung ehrenamtlicher Richter in strafgerichtlichen Verfahren wie in anderen Gerichtsbarkeiten nicht zu einer Demokratisierung der Rechtsprechung beigetragen.[496] Legitimationsgrundlage für ihre Beteiligung kann allerdings auch sein, dass Laienrichter mit fach- bzw. sachbereichsspezifischen Wissen das „Qualifikationsprofil" von Berufsrichtern ergänzen.[497] Anders als in Strafverfahren oder in verwaltungsgerichtlichen Verfahren, in denen Laienrichter grundsätzlich (nur) die Allgemeinheit zu repräsentieren haben, wird in der Arbeits-, der Finanz-, der Sozialgerichtsbarkeit, bei den Kammern für Handelssachen sowie den Landwirtschaftsgerichten nach allgemeiner Auffassung deren Sachkunde vorausgesetzt. Entsprechend beurteilt dies die höchstrichterlicher Rechtsprechung, wenn – insoweit stellvertretend – z. B. das Bundessozialgericht in einer Entscheidung aus dem Jahr 1965[498] ausführt: „Es ist anerkannt, daß die ehrenamtlichen Richter der Sozialgerichtsbarkeit nicht – wie etwa Schöffen – Laien oder Laienrichter im üblichen Sinne sind, sondern vielmehr – ähnlich der Arbeits- und Handelsrichtern – sachkundige Besitzer, die besondere Qualifikationen aufweisen müssen."

---

495 Der Gedanke, Schöffen aus dem Hauptverhandlungsgeschehen eher herauszuhalten, ist durchaus nicht lebensfern und wird sogar in modifizierter Form Teil der strafgerichtlichen Alltagspraxis. Dem Verfasser ist wenigstens ein auf Wirtschafts- und Steuerstrafsachen spezialisierter Amtsrichter bekannt, der – in offensichtlich gesetzlich zulässigem und möglichen Rahmen und in mutmaßlicher „Absprache" mit der Staatsanwaltschaft – darauf achtet, dass Anklagen, die an sich Schöffengerichtsbedeutung haben könnten, möglichst (nur) vor dem Strafrichter erhoben werden.

496 Voßkuhle/Sydow, Die demokratische Legitimation des Richters, JZ 14/2002, S. 681 m.w.N.

497 Voßkuhle/Sydow, a.a.O.

498 BSGE 23, 105, (110) m.w.N.= NJW 1965, S. 2032 Ls.

Als weitere Besonderheit allerdings kommt jedenfalls bei den Arbeitsgerichten und den Sozialgerichten der Gesichtspunkt offener, vornehmlich in der beruflichen Herkunft und/oder Verbandszugehörigkeit des jeweiligen Laienrichters begründeter Interessenvertretung[499] hinzu. Dieses über die bloße Sachkunde hinausgehende Auswahlkriterium wird unterschiedlich beurteilt. Kritiker bemängeln, dass Interessenvertreter zu „Sachverständigen für gruppenspezifische Interessen" umbenannt werden und eine „institutionelle Neutralitätsgefährdung" zu befürchten ist.[500]

Andere sehen die persönliche und sachliche Unabhängigkeit durch die Beteiligung von Interessenverbänden am Berufungsverfahren für ehrenamtliche Richter nicht als gefährdet an. Da den Verbänden bei der Spruchrichtertätigkeit kein Weisungsrecht zustehe, werde die Objektivität und Unparteilichkeit der Entscheidung dadurch nicht beeinträchtigt.[501]

In jedem Fall unvereinbar mit dem Amt eines Schöffen wäre die Mitwirkung von Interessenten- bzw. Interessenvertretungen im Auswahlverfahren oder bei der Zusammensetzung eines Spruchkörpers. Was bspw. bei der ehrenamtlichen Besetzung einer Kammer des Arbeitsgerichts mit je einem Arbeitnehmervertreter und einem Arbeitgebervertreter die gesetzliche Regel ist, würde bei einer vergleichbaren Schöffenauswahl[502] sofort den Eindruck von Einseitigkeit und mangelnder Objektivität hervorrufen. Für ehrenamtliche Arbeitsrichter oder ehrenamtlich tätige Richter in anderen Fachgerichtsbarkeiten gilt diese Einschätzung indes nicht. Weder ihre Unabhängigkeit noch ihre Unparteilichkeit werden allein aufgrund der „Lagerherkunft" angezweifelt.

Wenn in diesem Zusammenhang als Hauptargument einer Interessenvertretung durch Laienrichter in der Arbeitsgerichtsbarkeit, der Sozialgerichtsbarkeit und – eingeschränkt – in der Finanzgerichtsbarkeit vorgebracht wird, ehrenamtliche Richter seien unter Mitwirkung ihrer Verbände als qualifizierte Repräsentanten für ihre Aufgabe ausgewählt worden und Teil dieser Aufgabe wäre es, bestimmte Interessen

499 Näheres dazu in den nachfolgenden Unterkapiteln „Arbeitsgerichtsbarkeit" und „Sozialgerichtsbarkeit".

500 Windel, Soll am Laienrichterwesen festgehalten werden?, ZZP 3/1999, S. 306 m.w.N.

501 Bader/Hohmann/Klein, Die ehrenamtlichen Richterinnen und Richter beim Arbeits- und Sozialgericht, 11. Aufl. 2004, S. 33; Germelmann/Matthes/Prütting, Kommentar zum ArbGG, Einl. Rn. 129.

502 Der eher theoretisch erscheinende Fall, dass in demselben Verfahren als Schöffen bspw. ein Polizeibeamter a.D. und ein Rechtsanwalt a.D. eingesetzt sind, würde vermutlich Zweifel an der richterlichen Unparteilichkeit und Unvoreingenommenheit aufkommen lassen und entsprechende Befangenheitsgesuche von Verteidigung oder Staatsanwaltschaft provozieren.

und Standpunkte in die Rechtsprechung einzubringen,[503] sind diese Argumente auf die verfahrensrechtliche Stellung und Funktion von Schöffen nicht übertragbar. Die Tätigkeit eines Schöffen ist am Maßstab der Unschuldsvermutung des Art. 6 Abs. 2 MRK und – damit verbunden – der Suche nach der materiellen Wahrheit im Strafprozess ausgerichtet. Interessengeleitete Standpunkte zu vertreten, ist damit ebenso unvereinbar wie ein Schöffenauswahlverfahren, das bestimmte Gruppen oder Interessenverbände berücksichtigt, die nicht die Allgemeinheit repräsentieren.

7.2 Bestandsaufnahme

Zum jeweils besseren Verständnis von Stellung und Bedeutung (sachkundiger) Laienrichter in den maßgeblichen Fachgerichtsbarkeiten folgt – beginnend mit einem kurzen geschichtlichen Abriss – eine die Kerninhalte zusammenfassende Bestandsaufnahme.

7.2.1 Vorläufer bis zur Einführung der Fachgerichtsbarkeiten

Ausserhalb der Strafgerichtsbarkeit waren Laien etwa ab Mitte des 19. Jahrhunderts an zivilrechtlichen Streitigkeiten als – sachkundige – Richter beteiligt; allerdings in eingeschränkterem Umfang als in Strafsachen.[504] Nach § 180 FRV sollte die „bürgerliche Rechtspflege ... in Sachen besonderer Berufserfahrung durch sachkundige, von den Berufsgenossen frei gewählte Richter geübt oder mitgeübt werden“. Zu diesen speziellen Rechtsgebieten gehörten z.B. das Handels-, Handwerks-, Fabrik- und Landwirtschaftsrecht, in denen das Juristenrecht in besonderem Maße der Ergänzung durch das ungeschriebene Volksrecht (Gewohnheitsrecht, Gebräuche, Erfahrungssätze) bedurfte.[505]

Reine Laiengerichte[506] waren die reichsgerichtlich 1890 eingeführten Gewerbegerichte,[507] die als Schiedsgerichte für Streitigkeiten zwischen Gewerbetreibenden

503 Windel, Soll am Laienrichterwesen festgehalten werden?, ZZP 3/1999, S. 303.

504 S. G. Beseler, Volksrecht und Juristenrecht, S. 259ff.

505 S. G. Beseler, a.a.O.

506 Das Gewerbegericht allerdings noch eher als das Kaufmannsgericht, da als Vorsitzender bzw. Stellvertreter des Kaufmannsgerichts für gewöhnlich eine Person gewählt werden sollte, die das Richterexamen bestanden oder die Fähigkeit zum höheren Verwaltungsdienst erlangt hatte. Auf Antrag der Gemeinde konnte auch das Mitglied eines ordentlichen Gerichts (Amts- oder Landrichter) als Vorsitzender bestellt werden (§ 11 des Gesetzes betreffend die Kaufmannsgerichte).

507 Reichsgesetz betreffend die Gewerbegerichte vom 29. Juli 1890 (Reichsgesetzblatt S. 141).

und Arbeitern fungierten. Gleiches galt für die 1904 geschaffenen Kaufmannsgerichte,[508] die ebenfalls als Schiedsgerichte eingerichtet, zur Entscheidung von Streitigkeiten aus dem Dienstverhältnis zwischen Kaufleuten und Handlungsgehilfen oder Lehrlingen berufen waren.

Das Gewerbegericht bestand aus einem Vorsitzenden, mindestens einem Stellvertreter und mindestens vier Beisitzern. Der Vorsitzende und dessen Stellvertreter dürfen weder Arbeitgeber noch Arbeiter sein. Sie wurden durch den Magistrat oder die Gemeindevertretung bzw. durch die Vertretung des weiteren Kommunalverbands gewählt und bedurften der Bestätigung durch die höhere Verwaltungsbehörde. Die Beisitzer stammten zur Hälfte aus dem Kreis der Arbeitgeber, zur Hälfte aus der Arbeiterschaft und wurden jeweils aus ihren Reihen gewählt.[509]

Die Anzahl der Mitglieder der Kaufmannsgerichte war identisch. Die Wahl des Vorsitzenden und seines Stellvertreters erfolgte durch den Magistrat oder durch die Gemeindevertretung oder die Vertretung des weiteren Kommunalverbandes auf mindestens ein Jahr. Die Beisitzer setzten sich zur Hälfte aus den Kaufleuten, die mindestens einen Handlungsgehilfen oder Lehrling beschäftigten, zur Hälfte aus den Handlungsgehilfen zusammen.[510]

Mit der Einführung der Arbeitsgerichtsbarkeit im Jahr 1926 wurden die Gewerbe- und Kaufmannsgerichte abgeschafft.

7.2.2 Arbeitsgerichtsbarkeit

a)

Die Arbeitsgerichte sind neben den Berufsrichtern mit ehrenamtlichen Richtern aus den Kreisen der Arbeitgeber und der Arbeitnehmer besetzt (§§ 16 Abs. 2, 35 Abs. 2, 41 Abs. 2 ArbGG). Zuständig für die Berufung der Beisitzer bei den Arbeitsgerichten und den Landesarbeitsgerichten ist die oberste Arbeitsbehörde des Landes, bei der die in dem jeweiligen Gerichtsbezirk ansässigen Gewerkschaften und Arbeitgebervereinigungen entsprechende Vorschlagslisten einreichen (§§ 20, 37 ArbGG). Die Bedeutung der Vorschlagslisten ist erheblich, da sie die Grundlage für das in allen drei Instanzen in gleicher Weise durchgeführte Berufungsverfahren

508 Reichsgesetz betreffend die Kaufmannsgerichte vom 6. Juli 1904 (Reichsgesetzblatt S. 266).

509 Vgl. Meyer's Großes Konversationslexikon, 6. Aufl. 1905–1908, Stichwort Kaufmannsgericht.

510 § 11 des Gesetzes über die Kaufmannsgerichte.

bilden. Die ehrenamtlichen Richter des Bundesarbeitsgerichts werden durch den zuständigen Bundesminister ernannt, § 43 Abs. 3 ArbGG.

Voraussetzung für die Be- bzw. Ernennung ist eine Tätigkeit als Arbeitnehmer oder als Arbeitgeber in dem jeweiligen Bezirk, §§ 21 Abs. 1, 37 Abs. 2 ArbGG.

b)

Befürworter der Mitwirkung von Nichtberufsrichtern in arbeitsgerichtlichen Verfahren erkennen einen herausgehobenen Sachverstand ehrenamtlicher Richter schon aufgrund ihrer realer Erfahrungen und Kenntnissen um das betriebliche Geschehen an.[511]

Sie meinen darüber hinaus, das Auswahlverfahren selbst biete Gewähr für besondere Sachkunde. Die ehrenamtlichen Richter würden von den Gewerkschaften, selbständigen Vereinigungen mit sozial- oder berufspolitischer Zwecksetzung sowie den Vereinigungen von Arbeitgebern der obersten Landesbehörde bzw. dem zuständigen Bundesminister vorgeschlagen und nicht lediglich gewählt, was sie in Verbindung mit ihren beruflichen Erfahrungen zur „Hauptstütze der gesamten Gerichtsbarkeit" in Arbeitsrechtsstreitigkeiten mache.[512]

„Missbrauchsfälle", bei denen persönliche Beziehungen und „Vetternwirtschaft" den Ausschlag für einen Wahlvorschlag geben und nicht die fachliche Qualifikation des Bewerbers, sollen dabei die Ausnahme sein.[513]

Zwecks Besserqualifizierung für die Richtertätigkeit werden die Arbeitnehmervertreter regelmäßig geschult. Anders als die Arbeitgeberverbände erwarten die Gewerkschaften von ihren Mitgliedern die Teilnahme an den Schulungskursen, die auch die für die Entscheidungspraxis relevanten Sachthemen umfassen.[514] Damit verbunden sein dürfte die Erwartung, dass vorbehaltlich der Erfüllung ihrer Amtspflichten die so geschulten Richter in Streitverfahren eine möglichst gewerkschaftsorientierte und damit eher arbeitnehmerfreundliche Haltung einnehmen. Von Seiten der Gewerkschaften vermisst zu werden scheint diese Repräsentanz des Arbeitnehmerinteresses allerdings vor dem Bundesarbeitsgericht, weil sich die

511 Richter, Die besondere Stellung der ehrenamtlichen Richter bei den Landesarbeitsgerichten als in der Regel letztentscheidende Instanz, S. 140.

512 Richter, a.a.O.

513 Wolmerath, Der ehrenamtliche Richter am Arbeitsgericht, S. 130.

514 Vgl. Klausa, S. 153; dass damit auch handfeste politische Interessen verbunden sin können, bestätigt die bei Klausa, S. 123 wiedergegebene Aussage eines DAG-Sekretärs, der als Landesarbeits- und als Landessozialrichter tätig ist: „Die Arbeitsgerichtsbarkeit ist für uns Gewerkschaftler ein Kleinod, darauf lassen wir nichts kommen."

Arbeitnehmervertreter dort nicht auf die Wahrung von Arbeitnehmerinteressen, sondern mehr auf die Beachtung des „Gemeinwohls" festlegen lassen.[515]

Gegner der Besetzung von Arbeitsgerichten in erster und zweiter Instanz mit – von Gewerkschaften bzw. Arbeitgeberverbänden benannten – ehrenamtlichen Richtern wenden ein, dass angesichts der mittlerweile allgemein anerkannten Neutralität der Berufsrichter weder die Akzeptanz der Arbeitsgerichtsbarkeit noch die arbeitsgerichtliche Rechtsprechung die Teilnahme von Laienrichtern erfordert, und der ursprüngliche, insbesondere von Gewerkschaftsseite vorgebrachte klassenkämpferische Aspekt historisch überlebt sei.[516]

c)

Sofern der Gesichtspunkt der Aktenkenntnis als Kriterium für eine fallbezogene qualifiziertere Sachkenntnis herangezogen wird, steht den ehrenamtlichen Richter der Arbeitsgerichtsbarkeit ein Akteneinsichtsrecht zu. Von diesem Recht wird in der Praxis aber wohl nur zurückhaltend Gebrauch gemacht. Statt dessen werden ehrenamtliche Richter regelmäßig erst am Sitzungstag unmittelbar vor Sitzungsbeginn durch einen mündlichen Vortrag des Vorsitzenden auf das jeweilige Verfahren vorbereitet.[517] Lediglich für das Bundesarbeitsgericht bestimmt § 8 Abs. 3 der Geschäftsordnung, dass den ehrenamtlichen Richtern rechtzeitig vor der Senatsverhandlung die wichtigsten Aktenbestandteile sowie darüber hinaus auch ohne ausdrückliche Regelung in der Geschäftsordnung das vorbereitende Gutachten des Berichterstatters zugänglich gemacht werden.[518]

7.2.3 Kammern für Handelssachen

Ihre herausgehobene Bedeutung als Mitglied einer Kammer für Handelssachen im Vergleich zu anderen ehrenamtlichen Richtern offenbart allein die Bezeichnung „Handelsrichter" nach § 45a DRiG.[519] Dementsprechend eingeschränkt ist

515 So jedenfalls die Feststellung von Düwell „Die ehrenamtlichen Richter beim Bundesarbeitsgericht", S. 149 m.w.N.

516 Windel, Soll am Laienrichterwesen festgehalten werden? in: ZZP 3/1999, S. 304, weist auf das ursprüngliche „Misstrauen der Arbeiterschaft in eine Klassenjustiz durch die dem bürgerlichen Lager zugerechneten Berufsrichter" hin; vgl. auch Brand, Über den Sinn und Unsinn der Arbeitsgerichtsbarkeit, in: ZRP 03/2010, S. 81ff. (84, 85).

517 Wolmerath, a.a.O., S. 131.

518 Düwell, a.a.O., S. 148.

519 Der damit verbundene Prestigegewinn wäre für andere ehrenamtliche Richter, wie bspw. für Wirtschaftsschöffen – sollte es sie geben – kaum erreichbar, vgl. Katholnigg, wistra 1982, S. 91, (92).

der Kreis derjenigen, die überhaupt als Handelsrichter ernannt werden können. Lediglich Kaufleute, Vorstandsmitglieder, Geschäftsführer einer juristischen Person oder Prokuristen, die in das Handelsregister oder das Genossenschaftsregister eingetragen sind, gehören dazu.

Kritik am Auswahlverfahren der Handelsrichter gibt es kaum, obwohl praktisch über den Weg des § 108 GVG die Industrie- und Handelskammern allein bestimmen, wer Handelsrichter wird.[520]

Handelsrichter genießen nicht nur bei den Kammervorsitzenden ein hohes Ansehen. Sie werden als Elite der Kaufmannschaft betrachtet, die durch ihren wirtschaftlichen Sachverstand, ihre berufspraktischen Erfahrungen und ihre intellektuellen Kapazitäten bereichernd für die Rechtsprechung der Handelsgerichte wirken.[521]

7.2.4 Verwaltungsgerichtsbarkeit

a)

Gewählt werden die ehrenamtlichen Richter durch einen bei jedem Verwaltungsgericht bestellten Ausschuss. Dieser Ausschuss besteht aus dem Präsidenten des Verwaltungsgerichts, einem Verwaltungsbeamten und sieben Vertrauensleuten, die vom Landtag aus den Einwohnern des Gerichtsbezirks gewählt werden, § 26 VwGO.

Besetzt sind die Kammern der Verwaltungsgerichte und die Senate der Oberverwaltungsgerichte mit jeweils drei Berufsrichtern und zwei ehrenamtlichen Richtern (§§ 5 Abs. 3 S. 1, 9 Abs. 3 S. 2 VwGO).

In der mündlichen Verhandlung und bei der Urteilsfindung wirken ehrenamtliche Richter mit denselben Rechten wie Berufsrichter mit (§ 10 VwGO). Dies gilt allerdings nur für Kammerentscheidungen und nicht, soweit ein Einzelrichter entscheidet.

Infolge der mit dem Gesetz zur Entlastung der Rechtspflege vom 11. Januar 1993[522] eingeführten Übertragung des Rechtsstreits auf den Einzelrichter und den erweiterten Möglichkeiten, ohne Durchführung einer mündlichen Verhandlung zu

---

520 So auch Klausa, S. 112.
521 Klausa, S. 116, 117.
522 BGBl. I S. 50.

entscheiden, ist der Umfang der Mitwirkung von ehrenamtlichen Richtern deutlich rückläufig.[523]

b)

Funktion und Bedeutung der Laienrichter wird unterschiedlich beurteilt.

Befürworter stellen vor allem auf die auch für Schöffen geltenden eher allgemeinen Argumentationslinien – Stärkung des Vertrauen der Bürger in die Verwaltungsrechtspflege, Verständnis in der Bevölkerung für die Tätigkeit der Verwaltungsgerichte, Plausibilitätskontrolle berufsrichterlicher Entscheidungsprozesse durch die Mitwirkung von Laien daran, Ergänzung des Informationsniveaus der Berufsrichters, Ausgleich von Einseitigkeit, die durch die Macht der „Richterbürokratie" entsteht[524] – ab.

Die Gegner betonen, dass ehrenamtliche Richter nicht über das im Verwaltungsrecht erforderliche Spezialwissen verfügen. Verwaltungsrechtliche Sachverhalte seien häufig kompliziert, die Anforderungen an die Aufnahmefähigkeit der Laienrichter dementsprechend erheblich. Außerdem ließen sie sich von gefühlsbedingten Reaktionen leiten und seien anfälliger für den Einfluss der Massenmedien und den „Druck der Straße".[525]

Zumindest scheint besondere juristische Sachkunde bei ehrenamtlichen Verwaltungsrichtern eher unerwünscht zu sein, wie das Beispiel zeigt, dass Angehörige rechtsberatender Berufe von der Wahl ausgeschlossen sind, § 22 Nr. 5 VwGO.

In der Gesamteinschätzung als repräsentativ gelten kann die Auffassung von Schoch[526]: ehrenamtliche Richter in der Verwaltungsgerichtsbarkeit werden im Unterschied zu den sachkundigen Handelsrichtern und Jugendschöffen und den Interessenvertretern in der Arbeits- und Sozialgerichtsbarkeit als Repräsentanten der Allgemeinheit betrachtet, was insgesamt auf einen eher geringeren Einfluss bei Sachentscheidungen hindeutet.

c)

Soweit ein entsprechendes Informationsbedürfnis zur besseren Sachkenntnis des Einzelfalls besteht und geltend gemacht wird, ist ehrenamtlichen Richtern

---

523 S. Schiefer, Die Beteiligung ehrenamtlicher Richter in der Verwaltungsgerichtsbarkeit und ihre Einflußmöglichkeiten, S. 122: bei den Oberverwaltungsgerichten wird die Rechtsprechung nur noch zu etwa 5% von den ehrenamtlichen Richtern mitgestaltet.

524 Ausführlich dazu s. Schiffmann, Die Bedeutung der ehrenamtlichen Richter bei den Gerichten der allgemeinen Verwaltungsgerichtsbarkeit, S. 85ff.; Schoch/Stelkens/Panzer, Kommentar zu VwGO, § 19 Rn. 7.

525 Schiffmann, a.a.O.; Schoch/Stelkens/Panzer, a.a.O.

526 Schoch/Stelkens/Panzer § 19 VwGO Rn. 24.

Einsichtnahme in die Gerichtsakten und die beigezogenen Verwaltungsakten zu gestatten. Ebenso wird die Übersendung von Aktenauszügen zur Vorabinformation für zulässig gehalten.[527]

7.2.5 Finanzgerichtsbarkeit

a)
Nach § 25 S. 1 FGO stellt der Präsident des Finanzgerichts Vorschlagslisten auf. Anders als in § 36 Abs. 2 GVG für die Wahl der Schöffen vorgegeben, müssen für die Besetzung der Finanzgerichte nicht alle Bevölkerungsgruppen des jeweiligen Gerichtsbezirks gleichmäßig berücksichtigt werden. Da der Präsident des Finanzgerichts die in dem Gerichtsbezirk aktiven Berufsverbände (Gewerkschaften, Industrie- und Handelskammer, Handwerkskammer, Vertretungen der freien Berufe usw.) vor Aufstellung der Vorschlagsliste anhören soll (§ 25 S. 2 FGO), dürfte deren Einfluss auch auf die Bestellung der ehrenamtlichen Richter nicht unbedeutend sein.

b)
Das Modell einer bürgerschaftlichen Mitverwaltung[528] steht auch für die Beteiligung von ehrenamtlichen Richtern in der Finanzgerichtsbarkeit. Allerdings wird hier die Einschränkung zu machen sein, dass die Entscheidungspraxis in Finanzgerichtsverfahren eine vergleichsweise noch höhere Sachkunde voraussetzt. Finanzrichter müssen imstande sein, komplizierte wirtschaftliche Zusammenhänge zu verstehen, die über rein steuerrechtliche Fragen hinausgehen.[529] Damit allerdings schwer vereinbar erscheint, dass gerade diejenigen Berufsgruppen, die über eine besondere Sachkunde verfügen, wie bspw. Steuerberater, Wirtschaftsprüfer oder vereidigten Buchprüfer, von der Berufung zu ehrenamtlichen Richtern ausgeschlossen sind, § 19 Nr. 5 FGO.[530]

c)
Anders als bspw. In Arbeitsgerichtsverfahren entspricht es nicht der herrschenden Auffassung, Laienrichtern beim Finanzgericht Einsicht in die Prozessakten zu

527 Schoch/Stelkens/Panzer § 19 VwGO Rn. 18.

528 Windel, Soll am Laienrichterwesen festgehalten werden? ZZP 1999, 293ff., (305).

529 Klausa, S. 177, 181, 185.

530 Der Begriff Sachkunde wird aber offensichtlich unterschiedlich beurteilt. Der Bundesverband ehrenamtlicher Richterinnen und Richter geht von dem Vorhandensein besonderer Sachkunde bei ehrenamtlichen Richtern der Finanzgerichtsbarkeit aus; vgl. das Aktionsprogramm des Verbandes zur Reform des Rechtes und der Praxis der ehrenamtlichen Richterinnen und Richter 2001, S. 8, 9. Woraus sich diese besondere Sachkunde ergeben soll, geht aus dem Aktionsprogramm allerdings nicht hervor.

gewähren, um sich auf diese Weise ergänzende fallbezogene Sachkunde zu verschaffen. Die ehrenamtlichen Richter wirken zwar bei der mündlichen Verhandlung und der Urteilsfindung mit den gleichen Rechten wie die Berufsrichter mit, § 16 FGO. Dazu gehört auch ein Recht auf umfassende Information über die zu entscheidenden Streitsachen. Die FGO enthält jedoch keine Vorschrift, die ehrenamtlichen Richtern Einsicht in die Prozessakten gestattet. Im Regelfall wird daher der Sachvortrag des Berichterstatters in der mündlichen Verhandlung, verbunden mit Ergänzungen in einem Gespräch vor der Sitzung oder während der Beratung als ausreichend angesehen.[531]

7.2.6 Sozialgerichtsbarkeit

a)
In der Sozialgerichtsbarkeit sind – wie in der Arbeitsgerichtsbarkeit – sämtliche drei Instanzen mit jeweils zwei Laienrichtern pro Kammer (Sozialgericht) bzw. Senat (Landessozialgericht, Bundessozialgericht) besetzt. Bei den Kammern der Sozialgerichten sind die ehrenamtlichen Beisitzer sogar in der Überzahl; die Senate der Landessozialgerichte und des Bundessozialgerichts sind mit je zwei Laienrichtern neben drei Berufsrichtern besetzt, (§§ 12 Abs. 1, 33 Abs. 1, 40 SGG).

Ähnlich wie bei den Arbeitsgerichten erfolgt bei den Sozial- und Landessozialgerichten die Berufung ehrenamtlicher Richter nach Vorschlagslisten (§ 13 SGG), die insbesondere von Gewerkschaften, selbständigen Vereinigungen von Arbeitnehmern mit sozial- und berufspolitischer Zwecksetzung, Arbeitgebervereinigungen, Zusammenschlüssen der Krankenkassen, Kassenärztlichen und Kassenzahnärztlichen Vereinigungen, den Landesversorgungsämtern sowie den Kreisen und kreisfreien Städten aufgestellt werden (§ 14 SGG). Ein auf diesem Weg berufener Richter gilt auch als Repräsentant der betroffenen Bevölkerungskreise.[532]

b)
Ehrenamtliche Richter in der Sozialgerichtsbarkeit müssen eine besondere Qualifikation aufweisen. Entsprechend besetzt sind die Kammern bzw. die Senate am Landessozialgericht. In den Kammern für Kassenarztangelegenheiten bspw. ist je ein Vertreter aus den Kreisen der Krankenkassen und der Kassen(zahn)ärzte, beteiligt, § 12 Abs. 3 S. 1 SGG. In Angelegenheiten der Sozialversicherung gehört je ein ehrenamtlicher Richter dem Kreis der Versicherten und der Arbeitgeber an, § 12 Abs. 2 S. 1 SGG, und in Angelegenheiten der Grundsicherung wirken

---

531 BFH-Beschluss vom 27. Oktober 2003 VII B 196/03, BFH/NV 2004, 232.

532 Meyer-Ladewig/Keller/Leitherer, Kommentar zum SGG, § 12 Rn. 3.

ehrenamtliche Richter aus den Vorschlagslisten der Arbeitnehmer und der Arbeitgeber mit, § 12 Abs. 5 S. 1 SGG.

Dies entspricht den Vorgaben der Gesetzesbegründung, wonach sicherzustellen ist, dass als Sozialrichter (nur) Personen mitwirken, die mit den schwierigen Rechtsvorschriften und tatsächlichen Gegebenheiten des betreffenden Sozialrechtsgebiets vertraut sind,[533] und die neben der besonderen Sachkunde und Erfahrung besonderes Verständnis für die Situation der im Streit stehenden Beteiligten mitbringen.[534]

Die Verbände wirken darüber hinaus aktiv an der Aus- und Fortbildung für die Richtertätigkeit mit, indem ihre Mitglieder dafür geschult werden. Dies gilt z.B. für die Angelegenheiten der Arbeitslosen- und Sozialversicherung, deren Kammern auf Seiten der Versicherten mit Richtern besetzt werden, die von den Gewerkschaften vorgeschlagen werden und bei denen die Gewerkschaften – ähnlich wie für Arbeitnehmervertreter bei den Arbeitsgerichten – Weiterbildungsprogramme für die Sozialrichter anbieten.[535]

Obwohl das Auswahlverfahren für ehrenamtliche Richter durch Interessenten- und Interessenvertretungen geleitet ist, darüber hinaus in Teilbereichen über die Vorschrift des § 17 Abs. 4 SGG[536] sogar eine noch stärkere Interessenverflechtung als in der Arbeitsgerichtsbarkeit stattfindet, gibt es von Detailfragen[537] abgesehen und im Unterschied zur Beurteilung bei den Arbeitsgerichten, kaum Kritik an der Mitwirkung ehrenamtlicher Richter in Sozialgerichtsverfahren.

c)

Ein originäres, gesetzlich bestimmtes Recht der ehrenamtlichen Richter auf Akteneinsicht existiert zwar nicht, zugestanden wird ihnen jedoch, die Akten z.B. vor

---

533 S. BSGE 23, 105, (110), wo die Begründung zum RegE. SGG zitiert wird.

534 BSGE 57, 15f.; BSGE 18, 18, (20).

535 S. Klausa, S. 153.

536 § 17 Abs. 4 SGG lautet: Mitglieder der Vorstände sowie leitende Beschäftigte bei den Kranken- und Pflegekassen und ihren Verbänden sowie Geschäftsführer und deren Stellvertreter bei den Kassenärztlichen (Kassenzahnärztlichen) Vereinigungen sind als ehrenamtliche Richter in den Kammern für Angelegenheiten des Vertragsarztrechts nicht ausgeschlossen.

537 Wie z.B. die Diskussion um die Zulässigkeit der Mitwirkung von Krankenkassenbediensteten in den Kassenarztkammern der Sozialgerichte im Hinblick auf §17 Abs. 3 SGG (s. dazu den Aufsatz von Engelhard, Zulässigkeit der Mitwirkung von Krankenkassen-Mitarbeitern in den Kassenarztkammern der Sozialgerichtsbarkeit, NZS 1998, S. 220ff.).

der Sitzung einzusehen. Empfohlen wird auch, den ehrenamtlichen Richtern vor der Sitzung zwecks besserer Vorbereitung Aktenauszüge zu übersenden.[538]

7.2.7 Landwirtschaftsgerichte

Eine Besonderheit in Sachen Laienbeteiligung und Sachkunde stellen die Landwirtschaftsgerichte dar. Die ehrenamtlichen Beisitzer müssen im Haupt- oder Nebenberuf selbständig die Landwirtschaft in dem Amtsgerichtsbezirk ausüben oder ausgeübt haben, § 4 Abs. 3 Nr. 1 LwVG. Sie sind gemäß § 2 Abs. 2 LwVG auch in allen Instanzen der Landwirtschaftsgerichte bei einem Rechtsstreit über Landwirtschaftssachen tätig. Landwirtschaftlichen Streitigkeiten wiederum liegen nicht ausschließlich rein landwirtschaftliche Sachverhalte zugrunde. So kann der Verpächter in einem Pachtrechtsstreit ohne weiteres Nichtlandwirt sein.[539]

7.3 Zusammenfassung

Es gibt historisch begründete Ziele, die in ihrer Allgemeinheit sämtliche Gerichtsbarkeiten, in denen ehrenamtlichen Richter tätig sind, auch heute noch vereinen: Kontrolle staatlicher Gewalt, Teilhabe der Bevölkerung an der Rechtsprechung, Transparenz und Lebensnähe gerichtlicher Entscheidungen.

Zwischen Schöffen, die (ober)begrifflich zu den ehrenamtlichen Richtern nach § 45a DRiG zählen, und ehrenamtlichen Richtern anderer Gerichtsbarkeiten gibt es darüber wesentliche Unterschiede. Insbesondere wird bei Schöffen keine Sachkunde vorausgesetzt. Ihr Fehlen bedeutet zugleich, dass Schöffen für ihre Tätigkeit nicht über eine besondere Qualifikation verfügen müssen. Einzige Ausnahme bilden insoweit allein die Jugendschöffen, die erzieherisch befähigt und in der Jugenderziehung erfahren sein sollen und damit Sachkundekriterien erfüllen. Das Prinzip der Sachkunde von ehrenamtlichen Richtern in anderen Fachgerichtsbarkeiten wirkt im übrigen jedoch uneinheitlich und unsystematisch.

Schon die Begrenzung auf bestimmte Gerichtsbarkeiten erscheint nicht unproblematisch. Da das Grundgesetz die Zuziehung von ehrenamtlichen Richtern dem gesetzgeberischen Ermessen überlässt,[540] ist die Beschränkung auf die Straf- sowie die übrigen bekannten Fachgerichtsbarkeiten, in denen Laienrichter eingesetzt werden, keineswegs zwingend. Ohne weiteres vorstellbar wäre, dass z.B.

538 Meyer-Ladewig/Keller/Leitherer, Kommentar zum SGG, § 19 Rn. 3 m.w.N.

539 BGH LM § 9 Grundstücksverkehrsgesetz Nr. 7.

540 BVerfG NJW 2008, S. 2568.

in Mietprozessen ehrenamtliche Richter vom Haus- und Grundeigentümerverein bzw. vom Mieterbund vorgeschlagen werden oder in Bauprozessen die Architektenkammer bzw. ein bauunternehmerischer Verband zwecks Benennung geeigneter Vertreter befragt werden.

Darüber hinaus wird von allgemeinen Floskeln – wie z. B. dem Besitz besonderer Kenntnisse und Erfahrungen im Arbeitsrecht nach § 45 Abs. 2 S. 1 ArbGG[541] oder der Entscheidungsmöglichkeit der Kammer für Handelssachen aufgrund „eigener Sachkunde" nach § 114 GVG[542] – abgesehen, der Sachkundebegriff im Gesetz nicht näher definiert. Die einschlägigen gesetzlichen Bestimmungen setzen vielmehr Sachkunde durch den Nachweis bestimmter beruflicher Erfahrungen oder aufgrund einer Art Gruppen- bzw. Verbandszugehörigkeit als nahezu selbstverständlich voraus. Die Vorschrift des § 12 Abs. 2 bis 5 SGG über die Besetzung der Fachkammern ist z. B. so aufgebaut, dass allein die Zugehörigkeit eines ehrenamtlichen Richters etwa zu dem Kreis der Versicherten oder der Versorgungsberechtigten besondere Sachkunde in Angelegenheiten der Sozialversicherung bzw. des Schwerbehindertenrechts vermuten lässt.

Anders als bei Schöffen, bei denen die Frage möglicher Sachkunde streitig diskutiert, aber weit überwiegend abgelehnt wird, hat sich das Sachkundeprinzip bei ehrenamtlichen Richtern in anderen Fachgerichtsbarkeiten bewährt und wird nahezu einhellig in Rechtsprechung und Literatur befürwortet.[543] Was für die Sachkunde als solche gilt, ist aber nicht ohne weiteres auf die durch offene Interessenvertretung gekennzeichnete Auswahl der ehrenamtlichen Richter übertragbar. Wenigstens in der Arbeitsgerichtsbarkeit gibt es kritische Stimmen, die den überragenden Einfluss von Gewerkschaften und Arbeitgeberverbänden auf den Einsatz ehrenamtlicher Richter für unvereinbar mit dem richterlichen Neutralitätsgebot und dem Grundsatz richterlicher Unabhängigkeit halten.

Auf das Schöffenamt übertragen, wären vergleichbare Formen mittelbar gebundener Interessenvertretung ohnehin nicht denkbar.

Das Sachkundeprinzip wirft die Frage nach der Legitimation der Mitwirkung ehrenamtlicher Richter außerhalb von Strafverfahren auf. Sachkunde ist ein

541 Nach § 45 Abs. 2 S. 1 ArbGG müssen ehrenamtliche Richter „besondere Kenntnisse und Erfahrungen auf dem Gebiet des Arbeitsrechts und des Arbeitslebens besitzen".

542 § 114 GVG lautet: „Über Gegenstände, zu deren Beurteilung eine kaufmännische Begutachtung genügt, sowie über das Bestehen von Handelsgebräuchen kann die Kammer für Handelssachen auf Grund eigener Sachkunde und Wissenschaft entscheiden."

543 Vgl. bspw. Windel, a.a.O., S. 310.

zentrales Thema in sämtlichen Fachgerichtsbarkeiten. Ihr Vorhandensein, ggf. ergänzt durch verbesserte Aktenkenntnis für Laienrichter, wird insbesondere von Berufsrichtern[544] als großer Vorteil angesehen, ihr Fehlen gilt als erheblicher Mangel. In der Untersuchung von Klausa[545] nennen Berufsrichter – zum Teil auch ehrenamtliche Richter – demzufolge als häufigen Verbesserungswunsch die fachspezifische Auswahl und den fachspezifischen Einsatz von Laienrichtern.

Ähnlich wie im Strafrecht wird die Notwendigkeit der Mitwirkung von Laienrichtern in anderen Fachgerichtsbarkeiten unterschiedlich beurteilt. Der im Durchschnitt hohen Akzeptanz bei den unmittelbar Beteiligten – Berufsrichtern wie ehrenamtlichen Richtern – stehen Kritiker aus Wissenschaft und Praxis gegenüber.

Sachverstand bei Laienrichtern wird als solcher zwar allgemein mehr oder weniger positiv beurteilt und erlangt zusätzliche Bedeutung dadurch, dass der Gesetzgeber ehrenamtlichen Richter vielfach in Spruchkörpern ein zahlenmäßiges Übergewicht zuerkennt. Neben dem Schöffengericht und der kleinen Strafkammer gilt dies für die Kammer für Handelssachen, das Arbeitsgericht in erster wie zweiter Instanz sowie das Sozialgericht. Erweist sich jedoch die Tätigkeit eines Laienrichters zugleich als diejenige eines „Quasi-Lobbyisten“, der die Interessen „seines“ Verbänden oder „seiner“ Vereinigung in die Rechtsprechung einbringen soll, stellt sich gerade im Hinblick entscheidende rechtsgeschichtliche Errungenschaften die Frage nach Sinn und Nutzen der Laiengerichtsbarkeit. Richterliche Unabhängigkeit und Neutralität könnten dann zugunsten von Effizienz und „Reibungslosigkeit“ im Rechtsfindungsprozess geopfert werden; nicht zuletzt, um dadurch zusätzlich eine vermeintlich bessere Akzeptanz gerichtlicher Entscheidungen in der Bevölkerung zu erzielen.

---

544 Vgl. dazu Klausa, S. 91ff., der neben dem Strafverfahren andere Gerichtszweige (Verwaltungsgericht, S. 91ff., Kammer für Handelssachen, S. 112ff., Arbeitsgericht, S. 122ff., Sozialgericht, S. 147ff., Finanzgericht, S. 173ff.) untersucht hat und die zu dem Thema wiedergegebene Ansicht im wesentlichen bestätigt.

545 Klausa, S. 91ff.

VI. Kapitel
Laienrichter in autoritären Systemen

1. Einleitende Bemerkungen

Die nationalsozialistische Zeit bzw. das Rechtssystem der DDR sind bereits in anderen, unterschiedlichen Zusammenhängen Gegenstand dieser Untersuchung.[546]

Mit Blick auf die Ausgangsthese erscheint es darüber hinaus sinnvoll, der Frage nachzugehen, wie die Stellung von Laienrichtern und ihr Wert für die Wahrheitsfindung in beiden Regimen beurteilt wurde und wie die betreffenden Veränderungen aus heutiger Sicht zu beurteilen sind. Interessant ist die Betrachtung schon deshalb, weil einerseits die Unterschiede zwischen den Regelungen zur Laienbeteiligung im nationalsozialistischen und im Gerichtsverfassungssystem der DDR signifikant waren. Andererseits galten für beide Systeme ähnliche Grundprinzipien, zu denen vor allem die Volksnähe der Rechtsprechung und die Notwendigkeit der Existenz von Volksrichtern – deren Auswahlregelungen, Tätigkeitsfelder und gesellschaftspolitische Aufträge allerdings deutlich voneinander abwichen – zählten.

Beide Systeme – der Nationalsozialismus in der Zeit von 1933 bis 1945 wie die SBZ bzw. die DDR in der Zeit von 1945 bis 1989 – boten Extreme. Sie waren schon im Hinblick auf ihren jeweiligen Anspruch, „revolutionäre" Neuerungen in allen gesellschaftlichen Bereichen – vor allem auch in der Justiz – durchzusetzen, um Abgrenzung vom Bestehenden bemüht. Insoweit konträr zu den Nationalsozialisten, die Laienrichterkompetenzen massiv beschnitten, trug diese Tendenz In der DDR dazu bei, den seit der Emminger-Reform bestehenden Trend zum Abbau von Schöffenrechten entgegenzutreten, sie stattdessen deutlich zu erweitern und Schöffen zusätzlich neue Betätigungsfelder zu eröffnen.

Übereinstimmend waren die für das Justizwesen jeweils verantwortlichen Stellen unter den Nationalsozialisten wie in der DDR der Auffassung, dass Aufgabe und Tätigkeit eines Richters nicht unpolitisch sei und jeden Richter – auch als Laienrichter – eine gesamtgesellschaftliche Verantwortung treffe. Eine gefestigte Weltanschauung mit Vorbildcharakter für die Bevölkerung, möglichst durch eine Mitgliedschaft in der NSDAP bzw. der SED dokumentiert und manifestiert,

546 Vgl. Kapitel V.3. und Kapitel VII. 2. und 4.

war eine der Voraussetzungen für die Berufung in das Schöffenamt. Daneben galt Volksnähe, verbunden mit der Herkunft aus einem angesehenen – nicht akademisch geprägten – Beruf, wie dem des Handwerkers, Arbeiters o.ä., als grundlegend.[547]

Trennend waren vor allem die Perspektiven für die Zukunft von Laienrichtern. Während die DDR den Schöffen im Laufe der Zeit immer weitreichendere und eigenständigere Kompetenzen – auch zwecks Kontrolle der Tätigkeit von Berufsrichtern – zuwies, war Ziel der nationalsozialistischen Ideologie eher die „Alleinherrschaft" der Berufsrichter.

2. Laienrichter im Nationalsozialismus

2.1 Einleitung

Der Zeitraum zwischen den durch die Emminger-Reform von 1924 geschaffenen grundlegenden Veränderungen des Laienrichtersystems und dem Beginn der nationalsozialistischen Herrschaft ab 1933 war, soweit es das Thema dieser Arbeit betrifft, eher ereignisarm. Als Folge der Emminger-Reform wurde zunächst von den, auch in Praktikerkreisen zahlreich anzutreffenden, Gegnern die mit den „laienfeindlichen Tendenzen" verbundene „Suspendierung der Laiengerichtsbarkeit"[548] beklagt. Später nahm die Zahl der Befürworter der neuen Strafgerichtsverfassung allerdings zu. Grund hierfür war neben einer sich offensichtlich positiv entwickelnden Zusammenarbeit zwischen Berufs- und Laienrichtern auch die Möglichkeit einer besseren Revisibilität von Instanzentscheidungen aufgrund der im Zusammenhang mit der Emminger-Reform eingeführten Begründungspflicht von Urteilen des „Schwurgerichts".[549]

---

547 Zumindest das „Volkselement" als Teil der politischen Verantwortung von Laienrichtern erinnert an die Anfänge des Geschworenengerichts zu Beginn des 19. Jahrhunderts.

548 So die Formulierung von Justizrat Drucker in seinem Aufsatz „Neuester und allerneuester Strafprozeß, in: JW 1924, S. 242, 243; ähnlich der Strafverteidiger Max Alsberg, in JW 1925, S. 889, der das alte wie das „neue" Schöffengericht als „Juristengericht mit gelegentlicher Hemmung durch Laien" bezeichnete. „Von verschwindenden Ausnahmefällen abgesehen bleibt in der Regel der Fälle der Eindruck bestehen, daß ausschließlich die Meinung der Juristen für das Urteil entscheidend gewesen ist".

549 S. dazu Linkenheil, S. 118/119 m.w.N.

Die mit der Lex Emminger bewirkte Stärkung der Stellung des Berufsrichters in Verbindung mit der (Wieder-) Einführung „bürokratisch-inquisitorischer“[550] Elemente erleichterte es dem nationalsozialistischen Rechtsverständnis, diese „Tradition“ in dem Sinne fortzuführen, dass perspektivisch das Laienrichtertum mit dem „gesunden Menschenverstand“ als wesentlicher Basis strafgerichtlicher Entscheidungsfindung überflüssig werden sollte.

2.2 Der Berufsrichter als „Volksrichter“

Als Gegengewicht zu einer insbesondere in der Weimarer Republik entwickelten „Dekadenz“ des Laienrichtertums[551] war Ziel der Übertragung des nationalsozialistischen Führerprinzips auf die Rechtspflege, dass die Verantwortlichkeit des Einzelrichters „für den Urteilsspruch klar herausgestellt“,[552] und damit zugleich die tendenziell bedeutungslos werdende Tätigkeit von Schöffen in der Strafgerichtsbarkeit erkannt wird.

Um diese ideologischen Vorgaben praxis- und zeitnah umzusetzen, wurde unter Leitung des damaligen Reichsjustizministers Gürtner eine „kleine“ Strafrechtskommission eingesetzt, die ihre Arbeit am 2. November 1933 aufnahm. Konzeptionell sollte die Tragweite der Kommissionstätigkeit über das Strafrecht hinausreichen und mit ihren Ergebnissen gewissermaßen eine Vorreiterrolle auch für andere Gerichtszweige mit Laienbeteiligung (z. B. Arbeitsgerichte, soziale Ehrengerichte, Anerbengerichte) bilden.[553]

Wenigstens „einstweilen“ war gleichwohl am Kollegialgericht festzuhalten, wie Freisler und andere führende Repräsentanten der NS-Justiz wiederholt hervorhoben.[554] Nach den Vorstellungen der Strafrechtskommission war allerdings angedacht, die Mitwirkung von Laien nur noch in Schwurgerichtsprozessen zuzulassen.[555] Freisler vertrat darüber hinaus die Auffassung, richterliche Beisitzer und Laienrichter sollten den Vorsitzenden nur beraten und nicht selbst an

550 Vormbaum, Lex Emminger, S. 179.

551 Schöffen und Geschworene tragen eher dazu bei, durch ihre Tätigkeit die Strafrechtspflege zu „sabotieren“, so Gürtner, DJ 1934, S. 722.

552 Gürtner, DJ 1934, 721,722.; was zugleich eine umfassende Bindung an „Willensäußerungen des Führers „bewirkt; so Rüping, in: Sellert, W./Rüping, H.: Studien- und Quellenbuch zur Geschichte der deutschen Strafrechtspflege. Band 2, S. 235.

553 Gürtner, DJ 1934, S. 722.

554 Freisler, Einführende Betrachtungen, S. 11.

555 Gürtner, DJ 1934, S. 722.

Entscheidungen mitwirken. Abstimmung sollte nicht mehr als ein Akt der Akklamation sein, da nach dem Führerprinzip die übrigen Mitglieder eines Kollegialgerichts dem Vorsitzenden Treue und Gehorsam schulden würden.[556]

Zugleich sollte die Funktion des Amtsrichters als Einzelrichter deutlich gestärkt werden, indem er in der Masse der Verfahren mit einem auf die sog. kleine Kriminalität entfallenden Anteil von 70 bis 80% ohne Laienbeteiligung allein zu entscheiden hatte.

Selbst Kollegialentscheidungen im Bereich der mittleren und schweren Kriminalität sollten in Grenzfällen dem abschließenden Votum des Berufsrichters unterliegen. Es war vorgesehen, ihm das Recht einzuräumen, das Urteil eines Kollegialgerichts zu „kassieren, wenn er in einer wichtigen Frage überstimmt worden ist."[557]

Welche Bedeutung die Tätigkeit der Strafprozessrechtskommission für die Zukunft des Strafgerichtsbarkeit im nationalsozialistischen Deutschland hatte, zeigt die amtliche Begründung für das Gesetz zur Änderung des Gerichtsverfassungsgesetzes vom 13.11.1934. Darin wurde der vorläufige Charakter gesetzlicher Neuregelungen bis zum Inkrafttreten der neuen Strafprozessordnung ausdrücklich hervorgehoben. Der Entscheidung „der Frage, ob und in welchem Umfange in der weiteren Zukunft Laien an der Strafrechtspflege teilnehmen sollen und nach welchen Grundsätzen und unter welchen Formen ihre Berufung zu erfolgen hat", sollte durch Änderungen des GVG nicht vorgegriffen werden.[558]

Auch ein Teil des damaligen Schrifttums befürwortete die vollständige Abschaffung der Beteiligung von Laienrichtern im Strafverfahren. Im „neuen deutschen Reich" wurde die Tätigkeit eines Laienrichters als sinnentleert und ohne jede Existenzberechtigung angesehen.[559] Indem Ansehen und Stellung des Berufsrichters maßgeblich aufzuwerten sei, werde zugleich die Mitwirkung von Laien an einer geordneten Rechtspflege überflüssig. Jenseits „rein wissenschaftlicher Erwägungen"[560] werde allein der Berufsrichter als „Unterführer" direkt unterhalb des Gesetzgebers in der „Rolle eines Führers"[561] dem sog. Leistungsprinzip der nationalsozialistischen Lehre dadurch gerecht, dass er neben der möglichst

556 Müller, Ingo, Volksrichter – Laienrichter am Volksgerichtshof, S. 207 unter Bezugnahme auf Freisler, Richter, Recht und Gesetz, in: DJ 1934, S. 1333ff.

557 Gürtner, a.a.O.

558 Deutsche Justiz 1934, S. 1606, (1607).

559 Zimmerl, a.a.O., S. 42.; ähnlich Rothenberger, Curt, Der deutsche Richter, S. 123f.

560 Zimmerl a.a.O., S. 3.

561 Zimmerl a.a.O., S. 23.

sorgfältigen Auslegung des Gesetzeswortlauts „in vielen Fällen auch das Gesetz im Sinne des Gesetzgebers und der politischen Staatsidee“ werde „ergänzen und fortbilden müssen“.[562] Der die Perspektive eines Laienrichters prägende persönliche Eindruck eines Angeklagten in der Hauptverhandlung mit dem nicht seltenen Ergebnis fehlerhafter Freisprüche oder unvertretbar milder Entscheidungen habe ebensowenig eine Daseinsberechtigung wie der lebensferner „Paragraphenreiterei“ verhaftete Berufsrichter. Seine Weltfremdheit, die getreu der nationalsozialistischen Ideologie, einer Volksfremdheit“[563] gleichkam, galt als historisch überlebt. Von dem Berufsrichter „neuen Typs“ wurden neben einer weltanschaulichen und politischen Verankerung im Nationalsozialismus auch kriminologische, insbesondere kriminalpsychologische Kenntnisse erwartet, um „rechtsirrtümliche Freisprüche oder Verurteilungen zu einer unangemessen geringen Strafe“[564] zu vermeiden. Nur so verkörpere der Berufsrichter das, was mit dem Schlagwort von der „Hebung des Vertrauens des Volkes zur Rechtspflege“[565] und dem Begriff „Volksrichter“ traditionell mehr dem Laienrichtertum zuzuschreiben war.

Gemäßigtere Auffassungen hielten das völlige Verschwinden der Laiengerichtsbarkeit zwar für verfehlt. Für „diskutabel“[566] gehalten wurde jedoch, den Mitwirkungsbereich von Laien auf eine nur beratende Stimme zu beschränken. Siegert[567] etwa meinte, Laienrichter könnten eine Art Hilfestellung für den volkstümlichen Charakter von Urteilen leisten. Seiner Auffassung nach sei „als Gegengewicht gegen formalistische Entscheidungen die Heranziehung besonders ausgesuchter Laien zur Strafrechtspflege wünschenswert“.[568]

Unter den Berufsrichtern selbst befürwortete eine Mehrzahl die Beibehaltung des Schöffengerichts. Als Defizit der Schöffen wurde allerdings neben der häufig fehlenden ideologischen Festigung im Nationalsozialismus und vor allem im Führerkult die oft „unbegreifliche(n) Milde“ der Schöffen „gegenüber dem

562 Zimmerl, a.a.O.

563 Zimmerl, a.a.O., S. 17.

564 Wie sie häufig prägend für laienrichterliche Entscheidungen waren, Zimmerl, a.a.O., S. 21f.; s.a. v.Vacano, Erfahrungen mit Schöffen und Geschworenen in der Zeit vor und nach der nationalsozialistischen Machtergreifung, S. 30.

565 Zimmerl, a.a.O. S. 18.

566 Exner, Richter, Staatsanwalt und Beschuldigter im Strafprozess des neuen Staates ZStW Bd. 54, 1934, S. 1ff., 13.

567 Siegert, ZStW Bd. 54 S. 18.

568 Siegert, a.a.O.; ähnlich Landgerichtsdirektor Schroeder, Zur Schulung der Schöffen und Geschworenen, DJZ 1934, S. 904ff., (906).

Verbrecher im Strafmaß" beklagt.[569] Vorrangig schien deshalb die Aufgabe, entsprechend „qualifizierte Volksrichter" einzusetzen. Unter Qualifikation in diesem Sinne wurde weniger die Vermittlung spezifischer juristischer Kenntnisse verstanden, als vielmehr eine der „Klärung des Bewusstseins, Stählung des Wissens und Erkenntnis des Notwendigen" dienende Schulung.[570]

Der Begriff „Volksrichter" selbst war im übrigen anscheinend nicht eindeutig festgelegt. Freisler trennte bspw. zwischen „gemeinen" Schöffenrichtern und Volksrichtern schon in Anbetracht ihres jeweiligen, in unterschiedlichen Gesetzen geregelten, Auslesevorgangs. Volksrichter wurden vom Führer und Reichskanzler auf Vorschlag des Reichsministers der Justiz für die Dauer von 5 Jahren als ehrenamtliche Mitglieder des Volksgerichtshofs bestellt,[571] während der Schöffenrichter einem im GVG geregelten Auswahlverfahren unterlag.[572] Andere Auffassungen hielten allein schon die Verwendung des Ausdrucks „Volksrichter" für bedenklich, weil er Anlass zu Missverständnissen bot. Schließlich repräsentiere der Berufsrichter – nicht anders als der Schöffe – das Volk.[573]

Nicht nur die Auswahl, sondern auch der Umfang einer Beteiligung von Laienrichtern war abhängig davon, ob es sich um sog. unpolitische oder politische Strafrechtspflege handelte.[574] So waren die Strafsenate des Volksgerichtshofs, einschließlich des Besonderen Senats,[575] in der Hauptverhandlung im Verhältnis 3:2 mehrheitlich mit ehrenamtlichen Mitgliedern besetzt, außerhalb der Hauptverhandlung in der „Dreierbesetzung" mit einem ehrenamtlichen Richter.[576] Die Besetzung in „unpolitischen" Verfahren folgte dem umgekehrten Prinzip, wonach Schöffen bei einer Aufteilung von 2:3 in der Hauptverhandlung die Minderheit darstellten.

569 So Landgerichtspräsident Leimer, Erfahrungen mit Schöffen und Geschworenen in der Zeit vor und nach der nationalsozialistischen Machtergreifung, S. 22.

570 Kallfelz, DJ 1934, S. 461.

571 § 4 des Gesetzes über den Volksgerichtshof vom 18.04.1936, (RGBl I 1936, 369).

572 Freisler, Einführende Betrachtungen, S. 15.

573 Vgl. Lehmann, Die Zusammenarbeit zwischen Berufsrichtern und Volksrichtern in der Hauptverhandlung, S. 89.

574 Freisler, Einführende Betrachtungen, S. 13.

575 § 5 Abs. 2 des Gesetzes zur Änderung von Vorschriften des allgemeinen Strafverfahrens, des Wehrmachtstrafverfahrens und des Strafgesetzbuchs v. 16.9.1939 (RGBl I 1939, 1841f.).

576 Art. III § 1 Abs. 2 des Gesetzes zur Änderung von Vorschriften des Strafrechts und des Strafverfahrens v. 24.4.1934 (RGBl I 1934, S. 341ff.).

Die Diskussion um die Beibehaltung der Schöffengerichtsbarkeit wurde letztlich durch die geschichtliche Entwicklung überholt. Mit Beginn des 2. Weltkriegs im September 1939 verlangte der Grundsatz des Kräfteeinsparens, dass „möglichst wenige Köpfe und Hände die von der Justiz zu behandelnden Lebensfälle bearbeiten".[577] In Konsequenz dessen wurden mit Ausnahme der ehrenamtlichen Beisitzer des Volksgerichtshofs alle nicht hauptberuflichen Volksrichter – Schöffen wie Geschworene – für die Dauer des Krieges durch die Vereinfachungsverordnung vom 1. September 1939 „beseitigt".[578] Freisler warnte zwar offiziell vor dem damit möglicherweise verbundenen Irrtum, aufgrund der Kriegssituation könne sich eine entsprechende Organisation der Strafrechtspflege auch für die Zukunft entwickeln.[579] Insbesondere in der Jugendstrafrechtspflege sei der Einsatz von Schöffen auch nach dem – damals zeitnah erwarteten – Ende des Krieges weiterhin sinnvoll und wichtig.

Inwieweit Freisler's perspektivischer Ausblick aber tatsächlich ernst gemeint war, blieb notwendigerweise ungeklärt.

2.3 Auslese der Laienrichter

Das „alte", durch den „neutralen Staat"[580] gekennzeichnete, Auswahlsystem von Schöffen war aus nationalsozialistischer Sicht zu sehr dem Zufallsprinzip verhaftet, das vor allem missliebige politische Ansichten begünstigte. Parteipolitische Zugehörigkeiten unterschiedlichster Art, häufig aber „marxistischer"[581] Färbung, verhinderten „gerechte" Urteile. „Ein Schöffe lehnte eine Verurteilung wegen Diebstahls ab, weil Eigentum selbst Diebstahl sei. Ein Geschworener stimmte trotz einwandfreien Beweises für Totschlag statt für Mord mit der Erklärung, als Sozialdemokrat sei er grundsätzlich gegen die Todesstrafe, die auf Mord angedroht ist".[582]

577 Freisler, Die Vereinfachungsverordnung als Mittel der Schlagkraftsteigerung der Strafrechtspflege und ihr Stand in der Strafverfahrenserneuerung, DJ 1939, Ausgabe Nr. 39, S. 1537ff.

578 Freisler, a.a.O. S. 1539. Neben dem Volksgerichtshof war die Aufrechterhaltung einer Laienbeteiligung allein bei den Bauerngerichten, den Erbgesundheitsgerichten, den Prisen- und Seegerichten vorgesehen.

579 Freisler, a.a.O.

580 Freisler, Einführende Betrachtungen, S. 7.

581 Detlefs, in: Der Volksrichter in der neuen deutschen Strafrechtspflege, S. 24.

582 Leimer, a.a.O., S. 21.

Zu den gröbsten, alsbald zu beseitigenden, Missständen gehörte, dass „Fremdrassige über Deutsche zu Gericht sitzen konnten", oder dass „offenkundige Staats- und Volksfeinde" als Geschworene und Schöffen herangezogen wurden.[583]

Darüber hinaus stand das Auswahlsystem der Schöffen selbst in der Kritik. Vor dem Machtwechsel im Jahr 1933 sei die Zusammensetzung des Ausschusses für die Ernennung von Schöffen und Geschworenen in erster Linie von parteipolitischen Gegebenheiten abhängig gewesen.[584] Je stärker eine Partei war, desto größer die Zahl seiner Repräsentanten in den Wahlausschüssen, desto vorbestimmter die Entscheidung der Vertrauenspersonen in dem Ausschuss, der die Schöffen und Geschworenen aus der Urliste auszuwählen hatte.

Die nationalsozialistische Rechtsprechung hingegen forderte einen neuen Richtertypus, der sich durch besondere Eignung für die richterliche Tätigkeit auszeichnete. Er musste „selbst Priester des Volksgewissens" sein, was er nur sein konnte, wenn er „selbst Volk ist".[585] Für den Laienrichter galt insbesondere, dass er „hohe menschliche und sittliche Eigenschaften" aufzuweisen und die Gewähr dafür zu bieten hatte, dass er „jederzeit rückhaltlos für den neuen Staat" eintreten werde.[586] Ebenso wie von einem Berufsrichter wurde von einem Schöffen „persönliche Eignung, Charakter, deutsches Gemeinschaftsempfinden und seine Betätigung, der praktische Blick für die Erscheinungen des Lebens und ein lebendiges Gefühl für Gerechtigkeit und Billigkeit"[587] erwartet.

Orientierungsmaßstab und in gewissem Sinn zugleich Vorbild stellte die Deutsche Gemeindeordnung in Bezug auf die Auslese der Gemeinderäte dar. Als bindende Richtlinie sah § 6 der Gemeindeordnung vor, dass Gemeinderäte verdiente und erfahrene Männer sein müssen, bei deren Berufung nach § 51 der Gemeindeordnung auf nationale Zuverlässigkeit, Eignung und Leumund zu achten sei.[588]

Nicht also die Zahl, vielmehr die „Güte"[589] der auf einen enger begrenzten Personenkreis beschränkten Laienrichterauswahl, wurde als wesentliches Kriterium gesehen. Männer, die im praktischen Berufsalltag standen, wie Arbeiter,

---

583 Leimer, a.a.O., S. 22.

584 Ein Umstand, der nach dem Ende des Nationalsozialismus in der Bundesrepublik Deutschland, vergleichbar der Weimarer Zeit, wieder Geltung erlangte vgl. Machura, Fairness und Legitimität, S. 38ff.

585 Freisler, Einführende Betrachtungen, S. 11.

586 Reichsjustizminister Gürtner über die Strafprozessrechtsreform, DJ 1934 Heft 23, S. 721.

587 Schafheutle, Die Auslese der Volksrichter, S. 124.

588 Zur Vorbildfunktion der Gemeindeordnung, s. Schafheutle, a.a.O. S. 124.

589 v.Vacano, a.a.O., S. 32f.

Handwerker, Kaufleute, Ärzte usw. schienen besonders geeignet, sofern ihnen ihre Berufsausübung die notwendige Zeit „für die Ausübung des volksrichterlichen Amtes“[590] ließ. Genau dieses, bei einigen der maßgeblichen Berufsgruppen zu berücksichtigende, Zeitproblem war eines der Argumente für die zahlenmäßige Reduzierung von Schöffen und Geschworenen.[591] Unabhängig davon galt der Grundsatz, dass ein die Einzelpersönlichkeit des jeweiligen Schöffen berücksichtigendes Mehr an Qualität wichtiger sei „als eine an festen Zahlenvorgaben orientierte, parteipolitisch ungebundene und gesinnungsfreie“ Schöffenauswahl.

Unter anderem diesem Anspruch sollte die Allgemeine Verfügung des Preußischen Justizministers vom 13.11.1933[592] genügen. Mit ihr wurde der Grundstein für die Gewinnung des aus nationalsozialistischer Sicht geeigneten Volksrichters gelegt, wenn in Abschnitt C (Die Wahl der Schöffen und Geschworenen) unter III Abs. 1 ausgeführt wird: „Bei der Wahl werden sich die mitwirkenden Personen vor Augen zu halten haben, daß nur Persönlichkeiten zu dem hohen Amt eines Volksrichters geeignet sind, die außer der nötigen Auffassungsgabe über einen tadellosen Ruf verfügen und bei denen die Lauterkeit des Charakters, deutsches Fühlen und Denken und unbeirrbarer Gerechtigkeitssinn außer Frage stehen“.

Nahezu zwangsläufig kamen deshalb „Nichtarier“ ebensowenig wie „volksfeindliche Personen“ in Betracht.[593]

Ein besonderes, allein politisch motiviertes, Auswahlverfahren war im übrigen für die ehrenamtlichen Beisitzer des Volksgerichtshofs vorgesehen. Für die Ernennung der Laienbeisitzer – 1939 waren es insgesamt 21 – fragte der Reichsjustizminister bei dem Reichswehrminister, dem Reichsminister der Luftfahrt, dem Reichsinnenminister und dem Stabschef der SA mit der Bitte um Übermittlung geeigneter Vorschläge an. Entsprechende Vorschläge kamen dann auch tatsächlich von dort.[594]

In den Folgejahren setzte sich die Tradition der uniformtragenden Laienrichter am Volksgerichtshof fort. 1944 war die Zahl der ehrenamtlichen Beisitzer auf 173 angewachsen. Unter ihnen fanden sich 40 Wehrmachts- und 13 Polizeioffiziere

590 Töwe, Die Auslese der Volksrichter, S. 113.

591 v.Vacano, a.a.O., S. 32f.

592 Deutsche Justiz 1933, S. 673ff.

593 So Abschnitt B II. Der AV vom 13.11.1933 (DJ 1933, S. 675).

594 Müller, Ingo, Volksrichter – Laienrichter am Volksgerichtshof, S. 202.

sowie 82 SA-, SS-, NSKK- und HJ-Führer, 10 Arbeitsdienstoffiziere sowie 28 politischen Leiter und Beamte, die zumeist auch SA-Ränge innehatten.[595]

2.4 Frauen als Laienrichterinnen

Einen deutlichen Rückschlag mussten Frauen als Richterin oder Staatsanwältin während der NS-Zeit erleiden.

Die §§ 29, 45 GVG 1924 blieben zwar formell in Kraft. Jedoch wurden ab 1935 keine Frauen mehr als Richterinnen oder Staatsanwältinnen eingestellt, amtierende Richterinnen von der streitigen in die freiwillige Gerichtsbarkeit abgestellt.

Trotz Fehlens einer sie explizit betreffenden Ausschließungsregelung wurden Frauen als eher ungeeignet für das Schöffenamt angesehen. So vertrat bspw. der zu diesem Zeitpunkt noch als Staatssekretär im Justizministerium fungierende Freisler[596] in offenkundig frauenfeindlicher Ausgrenzungsabsicht den Standpunkt: „Zu dem Amt eines Schöffen sollen nur Männer von Charakter und unbeirrbarem Gerechtigkeitssinn berufen werden, die sich durch Lebenserfahrung und Menschenkenntnis auszeichnen und nach ihrer Persönlichkeit geeignet sind, zu einer volksverbundenen Ausübung der Strafrechtspflege beizutragen."

In ihrem Denken ebenso starr wie archaisch geprägt waren auch führende Repräsentanten der Berufsrichterschaft. Die Mitwirkung beim Richten sei „Mannessache, die neue Staatsordnung habe die Rechtsprechung in die Hände von Männern gelegt.[597] Eine „natürlich denkende Frau" fühle „sich in den Verhandlungen und Beratungen der Gerichte nicht recht an ihrem Platze".[598] Erfahrungen hätten gezeigt, dass Verhandlungen, an denen Schöffinnen oder weibliche Geschworene beteiligt waren, „heikel" gewesen seien.[599] Ein Landgerichtspräsident[600] brachte seine primär auf Berufsrichter bezogene Missachtung gegenüber Frauen in der Justiz wie folgt zum Ausdruck: „Die Hereinnahme der Frauen in die Gerichtsbarkeit bedeutete ein schweres Unrecht gegen den Mann wie gegen die Frau selbst.

---

595 Müller, a.a.O., S. 202ff. (206) unter Hinweis auf Heinz Hillermeier, „Im Namen des deutschen Volkes!" 3. Aufl.1983, S. 33.

596 Freisler, Dringende Fragen der deutschen Strafrechtsorganisation, Deutsches Strafrecht 1936, S. 320.

597 So Landgerichtsdirektor Schafheutle, a.a.O., S. 124.

598 So Landgerichtsdirektor i.R.Töwe, a.a.O., S. 114.

599 Landgerichtsdirektor Rambke, a.a.O., S. 28.

600 DJZ 1933, S. 1255f.

Das Unrecht wider den Mann gipfelt in dem Einbruch in den altgeheiligten Grundsatz der Männlichkeit des Staates ..."

Dass diese Ideen bei den betroffenen Frauen kaum Widerstand, vielmehr eher – zumindest stillschweigende – Akzeptanz hervorriefen, da Lebensziel und Daseinszweck auch gebildeter Frauen vorrangig in einer Aufgabe als Hausfrau, Ehegattin und Mutter und nicht als „Doppelverdienerin" gesehen wurde, muss man wohl mangels Belegen für das Gegenteil als Tatsache betrachten.

2.5 Kriterien für die Auswahl der Schöffen und Geschworenen

Um das „alte System" möglichst schnell zu beseitigen, bot das Gesetz über die Neuwahl der Schöffen, Geschworenen und Handelsrichter vom 7. April 1933[601] die Ausgangsbasis hierfür. Danach endete gem. § 1 des Gesetzes die laufende Wahlperiode der Schöffen und Geschworenen mit dem 30. Juni 1933. Dasselbe galt nach § 4 für die Amtsdauer der Handelsrichter.

§ 2 S. 2 des Gesetzes bestimmte, dass alsbald eine Neuwahl der Schöffen und Geschworenen nach den Vorschriften des GVG stattzufinden habe. Außerdem war der in § 40 GVG bezeichnete Ausschuss neu zu wählen. Neuerungen enthielt auch § 3 des Gesetzes. Danach waren die Landesjustizverwaltungen und die von ihnen bestimmten Stellen ermächtigt, „über die Stellung und Hinzuziehung von Schöffen und Geschworenen, die bis zum Beginn der neuen Wahlperiode tätig sein sollen, Bestimmungen zu treffen und hierbei von den Vorschriften des Gerichtsverfassungsgesetzes abzuweichen".

In einem weiteren Schritt wurde durch das Gesetz zur Änderung des Gerichtsverfassungsgesetzes mit Verkündung vom 13.12.1934[602] der Wahlmodus für die Vertrauenspersonen, die dem Ausschuss nach § 40 GVG angehörten, wesentlich geändert. Auch wenn dieses Gesetz lediglich als vorläufige Notlösung[603] bis zum Inkrafttreten einer – nie Realität gewordenen – neuen Strafprozessordnung angesehen wurde, leitete es einen weitreichenden Prozess der Entdemokratisierung de Schöffenamts, zumindest des Auswahlprozesses, ein. Anstelle der bis dahin

---

601 RGBl I 1933, S. 188; geradezu bezeichnenderweise wurde am selben Tag auf derselben Gesetzesblattseite das jüdische und „kommunistische" Rechtsanwälte de facto mit einem Berufsverbot belegende „Gesetz über die Zulassung zur Rechtsanwaltschaft" verkündet.

602 Gesetz zur Änderung des GVG v. 13.12.1934 (RGBl 1934 I, S. 1233).

603 S. Schafheutle, a.a.O., S. 118.

geltenden Vorgaben nach § 40 Abs. 3, 4 GVG 1924[604] trat die Neufassung des § 40 Abs. 4 GVG:

Danach war es nunmehr der Amtsrichter allein, der die Vertrauenspersonen für den Schöffenwahlausschuss ernannte. Ihm war vorgegeben, bei der Ernennung der Vertrauenspersonen „vornehmlich die Vorsteher der Gemeinden und der Gemeindeverbände seines Bezirks oder deren Vertreter" zu bestimmen. Zu den Vertrauenspersonen gehörte zwingend auch der Kreisleiter der NSDAP des jeweiligen Bezirks oder dessen Vertreter.[605] Der NSDAP missliebige Personen als Schöffen vorzuschlagen, war damit praktisch ausgeschlossen, zumal häufig zwischen einem Gemeindevorsteher, der als weitere Vertrauensperson nach § 40 Abs. 4 GVG vorgesehen war, und dem jeweiligen Kreisleiter Personenidentität bestand.

Dem Ernennungsverfahren war darüber hinaus eine „gründliche Vorprüfung" der Kandidaten unter weltanschaulichen Gesichtspunkten durch die Vertreter der NSDAP in den jeweiligen politischen Gremien vorgeschaltet.[606]

Als selbstverständlich galt, dass ein Schöffe Deutscher, und damit gleichzeitig „arischer" Herkunft zu sein hatte.[607] Ebenso musste er Reichsbürger sein, da nur dieser als Träger der vollen politischen Rechte ein öffentliches Amt bekleiden konnte.[608] Nach dem Reichsbürgergesetz vom 15. September 1935[609] in Verbindung mit der ersten Verordnung zum Reichsbürgergesetz vom 14. November 1935[610] waren Juden als Richter ausdrücklich ausgeschlossen, da sie keine

---

604 Die Vertrauenspersonen werden aus den Einwohnern des Amtsgerichtsbezirkes gewählt (§ 40 Abs. 3). Die Wahl erfolgt nach näherer Bestimmung der Landesgesetze durch die Vertretungen der Kreise, Ämter, Gemeinden oder dergleichen Verbände; wenn solche Vertretungen nicht vorhanden sind, durch den Amtsrichter. Letzterer hat die Vertrauenspersonen vornehmlich aus den Vorstehern der vorbezeichneten Verbände zu wählen (§ 40 Abs. 4).

605 In der amtlichen Begründung zu dem Gesetz vom 13.12.1934 (Deutsche Justiz 1934, S. 1606) heißt es dazu: „Das Gesetz greift nicht der Entscheidung der Frage vor, nach welchen Grundsätzen und unter welchen Formen die Berufung der Laienrichter zu erfolgen habe. Für den Augenblick kommt es nur darauf an, eine Regelung zu treffen, die bis zum Inkrafttreten der neuen Strafprozessordnung die erforderliche Klarheit schafft und praktisch brauchbar ist."

606 S. Töwe, a.a.O., S. 114.

607 Töwe, a.a.O. S. 114; ebenso schon die AV vom 13.11.1933 (DJ 1933, S. 675).

608 So § 3 der Ersten VO zum Reichsbürgergesetz v. 14.11.1935 (RGBl. I 1935, S. 1333).

609 RGBl 1935 I, S. 1146.

610 RGBl 1935 I, S. 1333.

Reichsbürger waren und öffentliche Ämter nicht bekleiden konnten, so § 4 Abs. 1 der Verordnung vom 14.11.1935.[611]

Unfähigkeits- und Ausschließungsgründe für das Schöffenamt waren in §§ 32 bis 34 GVG geregelt.

Ergänzend zu den gesetzlichen Regelungen galten faktische Ausschließungsgründe u.a. für „Volksfeinde“ und Personen, denen „deutsches Fühlen und Denken“ fremd war.[612]

Mit der Neufassung des § 40 Abs. 4 GVG wurde schließlich damit begonnen, die Position und Entscheidungsgewalt eines Amtsrichters generell zu stärken und die Bedeutung des Schöffengerichts zu reduzieren. Eingeleitet wurde dieser Prozess mit dem Abbau sog. „Zwergschöffengerichte“ ab 1934[613], fortgeführt u.a. mit der Erhöhung der Strafzulässigkeitsgrenze für den Strafbefehl von 3 auf 6 Monate Gefängnis. Am weitreichendsten waren die Regelungen in der Vereinfachungsverordnung vom 1.9.1939. Mit ihr verbunden war die vollständige Übertragung der schöffengerichtlichen Zuständigkeit auf den Amtsrichter, einschließlich der Erweiterung seiner Strafgewalt auf 4 Jahre.

2.6 Die Entwicklung in Westdeutschland nach Ende des zweiten Weltkriegs

Nach dem Krieg wurde in Westdeutschland im wesentlichen die bis zum Ende der Weimarer Republik bestehende Strafgerichtsverfassung unter Beseitigung von Sondergerichten und Volksgerichtshof wiederhergestellt. Grundlagen hierfür waren das von dem Alliierten Kontrollrat erlassene Kontrollratsgesetz Nr. 4 vom 20. Oktober 1945 über die „Umgestaltung des Deutschen Gerichtswesens“ sowie das sog. Vereinheitlichungsgesetz von 1950.[614] Als Schöffen und Geschworene waren Laienrichter bereits ab 1946 wieder an der Strafrechtspflege beteiligt.[615]

---

611 Ausgenommen waren allerdings sog. „staatsangehörige jüdische Mischlinge“, §§ 2, 5 der Verordnung vom 14.11.1935.

612 So die AV Nr. 342 für Schöffen und Geschworene vom 13.11.1933 (DJ 1933, S. 675, 676).

613 Die Zahl der Schöffengerichte sollte auf ca. 500 bei 1661 Amtsgerichten im gesamten deutschen Reichsgebiet beschränkt werden, so Freisler, Einführung, S. 19f.

614 Gesetz zur Wiederherstellung der Rechtseinheit auf dem Gebiet der Gerichtsverfassung, der bürgerlichen Rechtspflege, des Strafverfahrens und des Kostenrechts v. 12.09. 1950 (BGBl. I, S. 455).

615 Linkenheil, S. 124 unter Bezugnahme auf Kern, Geschichte, S. 288, Böttges, Laienbeteiligung, S. 62 (Fn. 458).

Auch das Auswahlverfahren für Laienrichter wurde neu gestaltet. Anstelle des Urlistenprinzips wurde die Vorschlagsliste auf Grundlage von Art. I Abs. 1 Nr. 26 des Vereinheitlichungsgesetzes in § 36 GVG eingeführt.[616]

3. Volksrichter in der Sowjetischen Besatzungszone (SBZ) und Schöffen in der DDR – einführende Bemerkungen

Der Geschichte ostdeutscher Richter der Nachkriegszeit – gleichgültig, ob als Volksrichter oder als Schöffen zu verstehen – lag primär die Ablehnung deutscher Justiztradition und die Abkehr von Gerichtsverfassungen, die als historisch überlebt galten, zugrunde.

Das klassische Schwurgericht des 19. Jahrhunderts wurde als „Gericht der herrschenden Klasse" angesehen, weil das Geschworenenamt grundsätzlich „Angehörigen der besitzenden Klasse vorbehalten" blieb und vom herrschenden Bürgertum als Machtinstrument genutzt, also „Klassenjustiz" betrieben wurde.[617] Mit dem Institut des bürgerlichen Schöffengerichts verhielt es sich ähnlich. Zwar habe es sich hierbei um eine demokratische Einrichtung gehandelt. Das Schöffengericht sei jedoch unter den Machtverhältnissen des Kapitalismus immer ein „Klassengericht der Bourgeoisie" geblieben.[618] Allein das Urlistensystem habe dazu beigetragen, dass Schöffen – wie Geschworene – fast immer Bürger waren, die „gemeinsam mit den Berufsrichtern durch die Strafurteile die Interessen der herrschenden Klassen verteidigten".[619]

Hinzukam die faktische Ausgrenzung von Arbeitern. Sie waren durch gesetzliche Bestimmungen benachteiligt. Es gab weder Verdienstausfallregelungen für Laienrichter noch konnten viele Arbeiter einen dauerhaften Wohnsitz in einer Gemeinde nachweisen, da sie, bedingt durch häufige Arbeitsplatzwechsel, keinen festen Aufenthaltsort über längere Zeit hatten.

Bemängelt wurde auch der ebenfalls bis ins 20. Jahrhundert reichende Ausschluss der Frauen vom Richteramt.

---

616 Linkenheil, S. 125 unter Bezugnahme auf Kern, Geschichte, S. 304, Böttges, Laienbeteiligung, S. 64ff. (Fn. 463).

617 Görner, Schöffen und Volksgericht, S. 12/13.

618 Görner, a.a.O., S. 33.

619 Görner, a.a.O., S. 22.

An der Situation habe die Weimarer Republik nichts Grundlegendes geändert. Unangetastet blieben das „Eigentum der Bourgeoisie und des Junkertums"…. „Bourgeoisie und Junkertum blieben die herrschenden Klassen in Deutschland, obwohl an die Stelle der Monarchie die bürgerliche Republik getreten war."[620] Mit der Emminger-Reform habe sich die Situation für Laienrichter zusätzlich dadurch verschlechtert, dass Schöffengerichte weiter abgebaut wurden.[621]

Negativer Höhepunkt schließlich sei die Beseitigung der Schöffen im Faschismus gewesen.[622]

Als Ergebnis und Konsequenz dieser Einschätzung verblieb der kommunistischen Führung von SBZ und DDR nur eine Radikallösung, die in der Beseitigung des gesamten bürgerlichen Machtapparates, die Rechtsprechungsorgane eingeschlossen, bestand. Offensichtlich begünstigt durch die Tatsache, dass die UdSSR seinerzeit auch Besatzungsmacht war, lässt sich die Hinwendung zum Justizsystem der Sowjetunion als Vorbild für die Errichtung und Einrichtung ostdeutschen Rechtsprechungsorgane erklären.

Autonom eine neue Gerichtsverfassung zu schaffen und ein Gerichtssystem aufzubauen, war weder der SBZ noch der „jungen" DDR möglich. In der Anfangsphase dementsprechend beherrschend und bis 1953 spürbar war der Einfluss der Sowjetischen Militäradministration Deutschland (SMAD) auf den Aufbau des ostdeutschen Justizsystems. Erst in der Zeit von März bis Mai 1954 wurden die Bezirksstellen des Sowjetischen Hochkommissariats aufgelöst. Ab 1956 gab es nur noch mittelbare Einflussmöglichkeiten der sowjetischen Führung auf den DDR Justizapparat in Gestalt von Anweisungen an die SED-Spitze sowie in Bezug auf die Tätigkeit der KGB-Berater des MfS und dessen Bezirksstellen.

Die UdSSR maß der Mitwirkung von Laien an der Rechtspflege schon in der Phase ab etwa 1920 einen weit höheren Stellenwert bei, als dies vergleichbar für damalige Rechtssysteme anderer Länder galt. Insbesondere in erstinstanzlichen Verfahren schuf das sowjetische Gerichtsverfassungsgesetz von 1938 weitreichende Zuständigkeiten für Volksgerichte.[623] Jeder Bürger, auch ohne Hochschulbildung

620 Görner, a.a.O., S. 23.

621 Görner, a.a.O., S. 26ff.

622 Görner, a.a.O. S. 29.

623 Maurach, Reinhart, Handbuch der Sowjetverfassung, S. 298f.; Wentker, Hermann, Volksrichter in der SBZ/DDR 1945 bis 1952, S. 12.; Hastrich Osteuropa-Recht 1969, S. 122.

und unabhängig von seiner Ausbildung, konnte Volksrichter werden, sofern er das aktive Wahlrecht besaß, mindestens 23 Jahre alt und nicht vorbestraft war.[624]

Ähnlich großzügige Zugangsvoraussetzungen bestanden für die Volksrichter der SBZ und die Schöffen der DDR. Als Schöffe konnten alle Bürger der DDR gewählt werden, die das Wahlrecht besaßen und das 23. Lebensjahr vollendet hatten, § 28 GVG-DDR 1952.

Wie später die SBZ/DDR war das sowjetische Justizsystem an den sog. Lenin'schen Prinzipien[625] ausgerichtet:

1. Wahl der Richter aus den Reihen der Werktätigen;
2. Gleichheit von Mann und Frau bei der Wahl der Richter und bei Ausübung der Rechtsprechung;
3. Unbedingte Mitwirkung von Volksbeisitzern am Gericht.

Volksbeisitzer der Volksgerichte wurden in der UdSSR in allgemeinen Versammlungen der Arbeiter und Bauern gewählt.[626] In der Hauptverhandlung standen ihnen dieselben Rechte wie den Berufsrichtern zu. Hinzukam, dass sie bereits im Zwischenverfahren, in dem über die Eröffnung oder Einstellung des Verfahrens entschieden wurde, mitwirkten.[627] Auch in der DDR erfolgte die Wahl der Schöffen der Kreisgerichte durch die wahlberechtigten Bürger des Kreises, § 35 GVG-DDR 1952. Vergleichbar umfassend wie bei den Volksbeisitzern der UdSSR waren darüber hinaus ihre Rechte im gerichtlichen Zwischen- und Hauptverfahren ausgestaltet.

Obwohl § 5 des GVG-DDR 1952 ausdrücklich auf die richterliche Unabhängigkeit abstellte, muss bezweifelt werden, dass dieser Grundsatz – zumindest in Bezug auf Freiheit von staatlichen Einflüssen bei richterlicher Entscheidungsfindung – in der Praxis maßgebliche Bedeutung erlangte. Bereits der Umstand, dass DDR-Schöffen dem sowjetischen Vorbild entsprechend eine eindeutige politische Ausrichtung mit der Wahrnehmung entsprechender Aufgaben hatten, spricht dagegen. So bestand eine der Hauptaufgaben von Richtern darin, zur Sicherung der gesellschaftlichen und staatlichen Ordnung der DDR beizutragen, § 27 S. 2 GVG-DDR 1952. Für Schöffen wie für Berufsrichter galt des weiteren, dass sie ihr Amt gemäß den Grundsätzen der Verfassung auszuüben und sich vorbehaltlos für die Ziele der DDR einzusetzen hatten, § 11 GVG-DDR 1952.

624 Wentker, Volksrichter, a.a.O.; Maurach, Handbuch, a.a.O.

625 Görner, a.a.O., S. 54/55.

626 Benz, Zur Rolle der Laienrichter im Strafprozess, S. 172 m.w.N.

627 Benz, a.a.O.

Unter Berücksichtigung auch dieser gesellschaftspolitischen Vorgaben fasste Görner[628] 1958 – aus damaliger Sicht prägnant – die gerichtliche Stellung der DDR-Schöffen nach Inhalt und Form in den Grundsätzen wie folgt zusammen:

„1. Die Schöffen sollen umfassend und bestimmend an der Rechtsprechung mitwirken und hierbei in vollem Umfang die Richterfunktion ausüben. Die Schöffen verwirklichen im Bereich der Justiz die Teilnahme der Werktätigen an der Lenkung und Leitung des Staates.
2. Als Schöffen sind staatsbewußte Bürger, wahre Vertreter der Werktätigen zu wählen. Sie dürfen durch ihre Tätigkeit als Schöffen keine materiellen Nachteile erleiden.
3. Durch die Mitwirkung der Schöffen soll eine hohe Qualität der Rechtsprechung gesichert und ihre erzieherische Wirkung verstärkt werden. Die Schöffen schaffen eine enge Verbindung zwischen den Werktätigen und dem Gericht.
4. Durch die Schöffen soll das sozialistische Recht unter den Bürgern popularisiert und die Bevölkerung zum sozialistischen Rechtsbewußtsein erzogen werden."

4. Volksrichter in der SBZ

4.1 Einleitung

Die Begriffe „Volksrichter" und „Volksgericht", wie sie im Ostdeutschland der Nachkriegsära gebräuchlich waren, waren keine Erfindung dieser Zeit. Mit ideologisch und tendenziell vergleichbarem Ansatz waren sie bereits von der Sozialdemokratie des 19. Jahrhunderts besetzt. Eine der Resolutionen, die auf dem Parteitag der Sozialistischen Arbeiterpartei Deutschlands in Gotha 1875[629] verabschiedet wurde, lautete:[630]

„Der Kongreß nimmt zu der Frage, ob Schwurgericht, Schöffengericht oder juristische Berufsrichter vorzuziehen seien, dem sozialdemokratischen Programm

628 Görner, a.a.O., S. 56.

629 Auf dem Gothaer Parteitag 1875 vereinigte sich die Sozialdemokratische Arbeiterpartei mit dem Allgemeinen Deutschen Arbeiterverein zur Sozialistischen Arbeiterpartei Deutschlands (SAP), die sich im Jahre 1890 schließlich in SPD umbenannte.

630 Zitiert nach Maurer, Heinz Wolfgang: Die Einstellung der Sozialisten zu den grundsätzlichen Fragen der Strafgerichtsverfassungs- und Strafverfahrensreform, Freiburger Dissertation 1931, S. 11.

gemäß Stellung, indem er erklärt, daß im Klassenstaate keine Form der Gerichtsverfassung Recht und Gerechtigkeit verbürgen kann, und daß darum freie Volksgerichte,[631] auf Grundlage des allgemeinen und gleichen Wahlrechts gebildet, zu erstreben sind."

Ähnliche Kriterien wie in der späteren DDR galten für die Auswahl der Volksrichter in der SBZ. Das Einstiegsalter lag zwischen 25 und 45 Jahren. Als Vorbildung reichte eine abgeschlossene Volksschulausbildung aus. Parteizugehörigkeit zur SED war zwar erwünscht, ihr Fehlen jedoch kein Ausschlussgrund.[632]

Tatsächlich aber war ein Großteil der Volksrichter und der Volksstaatsanwälte Mitglied der SED. So gab es im Ostsektor von Großberlin lediglich zwei Nichtmitglieder.[633]

Welch herausragende Bedeutung im übrigen die Frage einer Zugehörigkeit wenigstens zu einer Arbeiterpartei hatte, verdeutlicht ein Bericht aus „DIE ZEIT" vom 14.6.1951.[634] Der Autor, ein Arbeiter mit Volksschulbildung, bewarb sich aufgrund eines „Stellenangebotes" in einer Schweriner Zeitung im Oktober 1945 als Volksrichter bei der für ihn zuständigen Leiterin der Personalabteilung der Justizverwaltung Schwerin. Die „formalen" Voraussetzungen – die proletarische Herkunft seiner Eltern als zusätzlich positives Kriterium eingeschlossen – erfüllte er bis auf die erwünschte Zugehörigkeit zu einer Partei. Letztlich folgte der Bewerber der Empfehlung der Leiterin der Personalabteilung, wonach der „Richter von heute" – insbesondere der Volksrichter – politisch denken müsse, was mit dem Beitritt zu er einer Arbeiterpartei gleichzusetzen sei. Als er daraufhin der KPD beitrat, hatte seine Bewerbung kurze Zeit später Erfolg.

Insoweit als konsequent zu bewerten war es, dass im Zusammenhang mit der Einführung der Zweijahreslehrgänge für Volksrichter ab 1950 – der vierten Phase der Volksrichterausbildung – Parteizugehörigkeit sowie die Funktion in einer Massenorganisation oder in einem staatlichen Amt Regelvoraussetzung für die Aufnahme in einen Volksrichterlehrgang wurde.[635]

---

631 Der Begriff der „freien Volksgerichte" wurde später auf dem SPD-Parteitag in Erfurt 1891 ersetzt durch die Fassung „Rechtsprechung durch vom Volk gewählte Richter", was bedeutete, dass die Richter nicht nur vom Volk, sondern auch aus dem Volk gewählt werden sollten; s. dazu Maurer, S. 11ff.

632 Mathes, Volksrichter-Schöffen-Kollektive, S. 78.

633 Vgl. „DIE ZEIT" v. 14.6.1951 Nr. 24 „Ich war vier Jahre Volksrichter in der Sowjetzone".

634 DIE ZEIT, a.a.O.

635 Mathes, Volksrichter-Schöffen-Kollektive, S. 92.

Formell überwiegend in Befehlsform gefasst, leitete die SMAD auch die Reorganisation der deutschen Gerichte in den Provinzen der SBZ. Organisatorisch wurde zwar der im September 1945 gegründeten Deutschen Justizverwaltung (DJV) die Verantwortung für den Wiederaufbau der Justiz durch den SMAD-Befehl Nr. 49[636] übertragen. Als Beginn hierfür war der 1.10.1945 vorgesehen. Eine Alleinzuständigkeit, losgelöst vom sowjetischen Einfluss, bedeutete dies jedoch nicht.

An maßgeblichen Entscheidungen, wie bspw. bei Einführung der Volksrichterschulen war die SMAD auch in der Folgezeit beteiligt. Mit Schreiben vom 17.12.1945 wies die Rechtsabteilung der SMAD den Leiter der DJV an, bis zum 1.2.1946 beständige juristische Kurse für Volksrichter mit einem Kontingent von 30 bis 40 Lernenden und einer Lehrgangsdauer von (wenigstens) 6 Monaten einzurichten.[637] Bei Einführung der Volksrichterlehrgänge ab 1946 konkretisierte die DJV die Auswahlkriterien zusätzlich: nur „aktive Antifaschisten" waren zugelassen, was auch die Teilnahme ehemaliger HJ – Angehöriger oder von Wehrmachtsoffizieren ausschloss. Zulassungsvoraussetzungen waren darüber hinaus politische Zuverlässigkeit, geistige Eignung, Charakterfestigkeit und persönliche Reife.[638]

Bemerkenswert war eine von Beginn an relativ hohe Frauenquote.[639] Bereits bei den Volsrichterkursen und kurz nach dem Aufbau des Justizwesens betrug der

636 Der Inhalt des SMAD-Befehls Nr. 49 wird zitiert in: NJ 1955, S. 517.

637 Schreiben der Rechtsabteilung der SMAD an den Chef der DJV; Berlin, den 17.12.1945 (BAP, DP1 SE Nr. 3478) in der Übersetzung, zitiert nach Wentker, Volksrichter, Dokument 10, S. 118.

638 DJV an Landes- und Provinzverwaltungen/Abt. Justiz, 30.4.1946, BAP DP 1 VA Nr. 10 Bl. 18. (Wentker, Volksrichter, Fn. 123).

639 Anders gestaltete sich die Entwicklung im Westdeutschland der Nachkriegszeit. Mit Art. 1 Nr. 26 des sog. Vereinheitlichungsgesetzes vom 12.9.1950 (BGBl. S. 455) wurde zwar § 29 GVG eingeführt: das Schöffengericht besteht aus dem Amtsrichter als Vorsitzenden und zwei Schöffen. Erstmalig war nunmehr auch eine Gerichtsbesetzung mit zwei weiblichen Schöffen möglich geworden. Der Anteil der Frauen unter den Laienrichtern der Bundesrepublik entsprach jedoch bis Mitte der 70'er Jahre des vergangenen Jahrhunderts bei weitem nicht dem Bevölkerungsquerschnitt. So betrug 1969/70 der Anteil der weiblichen Schöffen nur 34,5%, bei den Geschworenen sogar nur 27,7% (Klausa, S. 43), obwohl der männliche Bevölkerungsanteil bei den 25- bis unter 70-jährigen 50,2%, der von Frauen 49,8% liegt (Quelle: Fachserie 1 Reihe 1.3 Tabelle 3 des Statistischen Bundesamtes). Noch 1975 waren in der BRD Männer unter den strafgerichtlichen Laienrichtern bei Erwachsenenspruchkörpern zu 31,6% überrepräsentiert. 2009 allerdings lag dieser prozentuale Anteil bei nur noch 2,6%. Bei

Frauenanteil durchschnittlich 25 bis 30%.[640] So waren 1948 100 Frauen als Richter oder Staatsanwalt tätig.[641]

Ohnehin propagierte die für die Richterauswahl und -ausbildung zuständige kommunistische Kaderführung eine hohe Frauenquote in der Justiz, was nicht zuletzt darauf zurückzuführen sein wird, dass der Anteil der Frauen seinerzeit ca. 70% der Gesamtbevölkerung betrug.[642]

Das Konzept der Volksrichterschule zeigte jedoch sowohl bei der Auswahl der Bewerber wie bei der Gestaltung der Lehrgänge Schwächen: bemängelt wurde einerseits, dass der Anteil der aus der Arbeiterklasse stammenden Bewerber im Vergleich zu demjenigen aus Angestelltenkreisen deutlich zu gering war.[643]

Andererseits waren allzu großzügige Auswahlkriterien bei der Ernennung von Volksrichtern wesentliche Ursache für deren mangelnde Kompetenz, die sich vor allem in Gestalt elementarer Bildungslücken und unzulänglicher Vorstellungen von den Aufgaben richterlicher Tätigkeit offenbarte.[644] Kritisch bemerkt wurden darüber hinaus die unzureichenden gesellschaftswissenschaftlichen Kenntnisse der Lehrgangsteilnehmer.[645]

Als schließlich nur 58% der ursprünglich in die ersten Lehrgänge Aufgenommenen die Abschlussprüfung bestanden,[646] ergab sich die Notwendigkeit einer weiteren Ausbildungsreform der Volksrichterlehrgänge, die ebenfalls einer Initiative der SMAD entsprang. Nach der ersten, von „Richtern im Soforteinsatz" ohne juristische Ausbildung gekennzeichneten Phase, der zweiten ab 1946 mit dem

---

Erwachsenen- und Jugendspruchkörpern insgesamt lagen die entsprechenden Anteile bei 25,50% (1975) bzw. 1,68% (2009) zugunsten der Männer (so die Feststellungen von Lieber, Die Anteile von Frauen und Männern an den gewählten Hauptschöffen der Amtsperiode 2009 bis 2013, in: RohR 1/11, S. 5).

640 Benjamin StuR 1970, S. 735.

641 NJ 1971, S. 67.

642 Vgl. Wentker, Volksrichter, Dokument, S. 107.

643 Vgl. Benjamin, NJ 1949, S. 130. Mitursächlich hierfür waren möglicherweise materielle Gründe. Der Verdienst eines Werktätigen war ungleich höher als derjenige eines Richters, wobei die Spanne im Verhältnis zum Volksrichter noch größer war als zum akademisch gebildeten Richter. Unter finanziellen Gesichtspunkten gering war daher das Interesse eines Arbeiters, seinen Arbeitsplatz aufzugeben, um Volksrichter zu werden.

644 Mathes, Volksrichter-Schöffen-Kollektive, S. 79; Hartwig, NJ 1947, S. 157.

645 Dies allerdings sogar noch 1950 aus Anlass des 6. Lehrgangs in Bad Schandau mit 96 Teilnehmern, vgl. Bericht der Abteilung Schulung des MdJ für das 1. Halbjahr 1950 (ohne Datum), in: Wentker, Volksrichter, Dokument 22, S. 174, 176.

646 Benjamin/Melsheimer, NJ 1955, S. 259ff., (260).

6-monatigen Volksrichterlehrgang, schloss sich nunmehr die dritte Phase ab Ende 1947 an. Ihr lag der SMAD-Befehl Nr. 193 vom 6.8.1947[647] zugrunde: der Lehrgang wurde von 6 Monaten auf 1 Jahr verlängert, die Teilnehmerzahlen wurden erhöht, der konzentrierter konzipierte Lehrstoff umfasste mehr Prozessrecht, aber auch Vorlesungen zum Wirtschaftsstrafrecht und zur Rechtssoziologie.[648]

4.2 Der besondere Begriff des „Volksrichters"

Wenigstens nominell sollte sich der „Volksrichter" Ostdeutschlands wurde von dem „klassischen" Laienrichter in Strafsachen, also Schöffen oder Geschworenen, unterscheiden. Als Mann aus dem Volke bestand seine Hauptaufgabe darin, volkstümlich Recht zu sprechen. Gesucht wurden Persönlichkeiten, die in ihrem Gerichtsbezirk als „geachtet und angesehen" galten und als „sachlich und gerecht"[649] bekannt waren. Ihre Auswahl erfolgte durch eine besondere Prüfungskommission, bestehend aus zwei von den antifaschistischen Parteien vorgeschlagenen Vertretern des öffentlichen Lebens, einem Vertreter der Gewerkschaften, einem Vertreter der Landesjustizverwaltung und einem Vertreter der DJV.[650]

Der Volksrichter war als „Richter neuen Typs" konzipiert, nämlich als Berufsrichter in voller Gleichstellung und Gleichberechtigung neben dem Richter mit akademischem Studium und abgeschlossenem Vorbereitungsdienst.[651] Prozentual im Verhältnis zur Gesamtrichterzahl war der Volksrichteranteil in der Anfangszeit der DDR sogar erheblich. Er betrug mit dem Abschluss der 4. Volksrichterlehrgänge im Jahr 1950 erstmals mehr als 50% aller Richter und Staatsanwälte.[652] Darüber hinaus war die Bedeutung der Volksrichter für die gesellschaftliche Entwicklung, insbesondere für den Aufbau einer „demokratischen Gesetzlichkeit", unbestritten.

---

647 ZVOBl. der DJV in der SBZ in Deutschland v. 5.9.1947, S. 165.

648 Mathes, Volksrichter-Schöffen-Kollektive, S. 83.

649 So z. B. die Stellungnahme zur Volksrichterfrage des Leiters der Abteilung V (Gesetzgebung) der DJV und späteren Generalstaatsanwaltes der DDR Ernst Melsheimer, zitiert nach Wentker, Volksrichter, Dokument 4, S. 103.

650 Benjamin, Aufzeichnung „Zur Frage des Volksrichters" (ohne Datum), in: Wentker, Volksrichter, Dokument 6, S. 108.

651 Benjamin NJ 1947, S. 13ff.

652 NJ 1971, S. 67.

4.3 Die sog. „Waldheimer" Prozesse

Außerordentliche Anerkennung fanden die Volksrichter als politische Richter im Zusammenhang mit den sog. Waldheimer Prozessen in der Zeit von 1947 bis 1950.[653]

Mit dem eigentlich vorgesehenen Tätigkeitsschwerpunkt und dem üblichem Einsatzbereich eines Volksrichters in kleineren Strafsachen vor dem Amtsgericht hatten die Waldheimer Verfahren nichts gemeinsam. In Schnellverfahren wurden durch speziell hierfür eingerichtete kleine und große Strafkammern bei dem LG Chemnitz Kriegsverbrecher, die aus den sukzessive aufgelösten Häftlingssonderlagern der UdSSR auf dem Gebiet der DDR entlassen waren, abgeurteilt. In der Regel überstiegen die verhängten Strafen bei weitem das Maß des Tat- und Schuldangemessenen, wobei die Schuldfrage zu lasten des Angeklagten ohnehin regelmäßig bereits zu Prozessbeginn geklärt war.[654]

Weder die ausschließlich nach politischen Gesichtspunkten erfolgte Auswahl der (Volks-) Richter noch die Verfahren insgesamt entsprachen nicht einmal minimalen strafprozessualen und rechtsstaatlichen Anforderungen, so dass sämtliche Waldheimer Urteile von der „Westjustiz" später als nichtig angesehen wurden.[655]

4.4 Zusammenfassende Betrachtung: Volksrichter am Maßstab des § 2 GVG[656]

Unabhängig von den ohnehin eher einer „Sondergerichtsbarkeit" gleichenden „Waldheimer Verfahren" ist die Annahme, Volksrichter der SBZ hätten als neuer

653 Vgl. O.V., NJ 1991, S. 394; Otto, NJ 1991, S. 356.

654 S. dazu mit entsprechenden Literaturhinweisen Mathes, Volksrichter-Schöffen-Kollektive, S. 98ff.

655 KG, NJW 1954, 1901f.; vgl. auch BGHSt 2, 175f.; BezirksGer Dresden, NStZ 1992, 137.

656 § 2 GVG in der seinerzeit geltenden Fassung vom 22.3.1924 lautete: „Die Fähigkeit zum Richteramt wird durch die Ablegung zweier Prüfungen erlangt. Der ersten Prüfung muß ein dreijähriges Studium der Rechtswissenschaft auf einer Universität vorangehen. Von dem dreijährigen Zeitraum sind mindestens drei Halbjahre dem Studium auf einer deutschen Universität widmen.Zwischen der ersten und der zweiten Prüfung muß ein Zeitraum von drei Jahren liegen, welcher im Dienste bei den Gerichten und den Rechtsanwälten zu verwenden ist, auch zum Teil bei der Staatsanwaltschaft verwendet werden kann," (RGBl. 1924, S. 299): Mit dem 01.01.2000 ist § 2 GVG weggefallen.

Richtertypus jemals dem Maßstab des § 2 GVG entsprechen können, allenfalls ideologisch begründbar, rechtlich jedoch nicht haltbar. Mehrere Gründe kommen hierfür in Betracht:

1.
In der Anfangsphase konnte das Gleichstellungsziel mit dem sog. „Richter im Soforteinsatz“ – Urbegriff eines Volksrichters in der unmittelbaren Nachkriegszeit – selbst nach DDR-Lesart ohnehin kaum erreicht werden.[657] Sein Einsatz glich eher einer Notstandsmaßnahme. Da die Beschäftigung ehemaliger Mitglieder der NSDAP oder einer ihrer Gliederungen im Justizdienst der Sowjetzone aufgrund des Befehls Nr. 49 der SMAD vom 4.9.1945 verboten war, lag darin einer der wesentlichen Faktoren für den eklatanten Mangel an qualifiziertem akademischem Nachwuchs.[658] Andererseits war der hierfür zuständigen DJV[659] gem. Zif. 2 des SMAD-Befehls Nr. 49 auferlegt worden, innerhalb kürzester Zeit – bis zum 1. Oktober 1945 – in der SBZ die „Reorganisation der deutschen Gerichte“ durchzuführen. Für den Aufbau einer Gerichtsorganisation überhaupt und zur Aufrechterhaltung eines Mindeststandards der Rechtspflege waren deshalb „Richter im Soforteinsatz“ notwendig.[660] Ähnlich wie Schöffen und Geschworene wurden sie eher als Vertreter der Werktätigen in der Justiz,[661] und nicht als den originär zur Urteilsfindung berufenen Volljuristen vergleichbar, gesehen. Zunächst sogar ohne irgendeine Grundform juristischer Ausbildung wurden die „Richter im Soforteinsatz“ als Gegner und Verfolgte des nationalsozialistischen Regimes von den örtlichen antifaschistischen Kommitees vorgeschlagen.[662] Angeleitet durch Justizoffiziere der SMAD, amtierten sie als Volksrichter und als Volksstaatsanwälte.[663]

---

657 Benjamin, NJ 1947, S. 13.

658 Auf dem Territorium der späteren DDR waren bis Ende 1945 etwa 80% der Richter und Staatsanwälte entlassen worden, so dass z. B. im Land Sachsen von rund 1000 Richtern und Staatsanwälten 800 als nationalsozialistisch belastet ausscheiden mussten; vgl. Benjamin/Melsheimer, NJ 1955, S. 259.

659 Die deutsche Justizverwaltung in der SBZ war durch den SMAD-Befehl Nr. 17 vom 27.7.1945 gebildet worden.

660 Benjamin/Melsheimer, NJ 1955, S. 259; Mathes, Volksrichter-Schöffen-Kollektive, S. 72.

661 NJ 1976, S. 66.

662 Mathes, Volksrichter-Schöffen-Kollektive, S. 71; Benjamin, Der Volksrichter in der Sowjetzone, NJ 1947, S. 13.

663 Mathes, Volksrichter-Schöffen-Kollektive, S. 72.

Insbesondere in ländlichen Bereichen fanden die Dienste der Richter im Soforteinsatz hohe Anerkennung.[664]

Ihre Tätigkeit warf allerdings i.d.R. auch keine schwerwiegenden juristischen Probleme auf. Ein Großteil der Strafsachen betraf – insoweit typisch für die Nachkriegsphase – Eigentumsdelikte, wie Diebstahl, Betrug, Unterschlagung.[665]

2.

Bei seiner Einführung wurde der Volksrichter als eine Persönlichkeit verstanden, die sich vor allem durch praktische Lebenserfahrung sowie Berufs- und Menschenkenntnis und weniger durch juristisches Fachwissen auszuzeichnen hatte. In Verbindung mit einer streng antifaschistischen Gesinnung wurde der Volksrichter als besonders geeignet beurteilt, „Rechtsfälle selbstständig zu entscheiden oder dabei mitzuwirken".[666] Bewerber um das Volksrichteramt hatten deshalb so etwas wie menschliche bzw. gesellschaftliche Vorbilder zu sein, die sich durch „lauteren Charakter, gute Auffassungsgabe und sittliche Lebensführung" Ansehen und Vertrauen bei ihren Mitbürgern[667] erworben hatten. Als unabdingbar für eine richterliche Tätigkeit erwies sich aber schon Ende 1945 der Besitz juristischer Grundkenntnisse in Gestalt eines „festen Bestandes an positivem Wissen im materiellen und im Verfahrensrecht".[668]

Hinter dem so definierten Idealbild eines Volksrichters stand die Vorstellung, mit ihm als justiziellen Repräsentanten der werktätigen Bevölkerung ein neues Rechtswesen jenseits der „bürgerlichen" Gesetze aufzubauen, um dadurch zugleich die Distanz zwischen Justiz und Bevölkerung überwinden zu können.

Neben der Zielrichtung, das im alten Justizapparat herrschende Klassenprivileg zu zerschlagen, sollten Volksrichter gerade auch aufgrund ihrer Herkunft dazu beitragen, „in der Justiz die führende Rolle der Arbeiterklasse" zu betonen.[669] In der Anfangsphase gelang dies aber nur unzureichend. So betrug der Anteil der Arbeiter unter den Schülern des zweiten Volksrichterlehrgangs 1946/47

---

664 Vgl. bspw. den Erfahrungsbericht von Rechtsanwalt Luise Kroll aus Genthin, NJ 1955, 269f.

665 So betrafen bspw. 80% aller im Bezirk des AG Prenzlauer Berg im September 1945 eingegangenen Strafsachen Eigentumsdelikte (341 von insgesamt 439 Eingängen), so der Erfahrungsbericht von Oberstaatsanwalt bei der Volkspolizei Max Berger, NJ 1955, S. 268.

666 Benjamin, Stellungnahme „Zur Frage der Volksrichter", in: Wentker, Volksrichter, Dokument 5, S. 104.

667 Wentker, Volksrichter, Dokument 2, S. 97.

668 Benjamin, in: Wentker, Volksrichter, Dokument 6, S. 109.

669 Vgl. Benjamin, StuR 1970, S. 746.

nur 28%.[670] Er steigerte sich allerdings bis Ende der 50-er Jahre, so dass 43% der Richter und 53% der Staatsanwälte ihrer Herkunft nach der „Arbeiter- und Bauernklasse“ zuzurechnen waren.[671]

Mit der „Revolutionierung“ der Hochschulausbildung durch Zerstörung des Klassenprivilegs, der Demokratisierung der Justiz durch einen entsprechend hohen Anteil von „Arbeiter- und Bauernkindern“, schließlich der Politisierung der Justiz durch ihre klare SED-Ausrichtung waren die wesentlichen Ziele des Volksrichterkonzepts erreicht.[672]

3.
Der Volksrichterbegriff war politisch-ideologisch überlagert.

Das marxistische Grundverständnis von Rechtswissenschaft unterschied sich grundlegend von dem bürgerlichen. Bestandteil des übergreifenden Ziels, eine einheitliche sozialistische Gesellschaft zu errichten, war die Einheit von Gesellschaftswissenschaft und Rechtswissenschaft; wobei letztere immer nur als Teil der Gesellschaftswissenschaft angesehen wurde.[673]

„Demokratische Gesetzlichkeit“ nach marxistisch-leninistischen Maßstäben bedeutete die Überwindung der bürgerlichen Justiz, insbesondere der reaktionären deutschen Richterkaste,[674] mit ihren formalen Kategorien der Gewaltenteilung und persönlichen Unabhängigkeit.[675] Eine Neubewertung des Richterbegriffs war notwendig, da ein Richter gerade nicht als unabhängig und neutral gelten sollte. Von Volksrichtern wurde vielmehr erwartet, dass sie mit den „neuen, demokratischen Verwaltungsorganen und den Organen der Volkspolizei eng zusammenzuarbeiten“.[676]

Orientierungspunkt für die so verstandene demokratische Erneuerung des Justizwesens von unten war die Forderung Lenins: „Wir müssen selbst Richter sein. Die Bürger müssen in ihrer Gesamtheit am Gerichtswesen und an der Verwaltung des Landes teilnehmen“.[677] In der unmittelbaren Nachkriegsphase war das Ziel einer „Demokratisierung“ der Justiz aus sowjetischer – und damit herrschender

670 Vgl. Benjamin, NJ 1949, S. 130.
671 In der DDR wurden zur „Arbeiterklasse“ auch Angestellte und Bauern gerechnet. Zu den Zahlen vgl. Anders, NJ 1973, S. 67.
672 Vgl. Benjamin, StuR 1970, S. 746.
673 Scheele, NJ 1950, S. 184.
674 Benjamin, StuR 1970, S. 729.
675 Sellert, W./Rüping, H.: Studien- und Quellenbuch zur Geschichte der deutschen Strafrechtspflege, Band 2, Kapitel XV. 1.a.
676 Benjamin, StuR 1970, S. 738.
677 Lenin, Werke, Bd. 27, Berlin 1960, S. 122 (zitiert nach Benjamin, StuR 1970, S. 727).

– Sicht darüber hinaus mit einer antifaschistischer Ausrichtung[678] der daran Mitwirkenden verbunden. Als Volksrichter kamen deshalb vorrangig ideologisch entsprechend ausgerichtete „verdiente Werktätige“ aus der Arbeiterklasse in Betracht. Nur so wird auch die „drängende Frage“[679] des SED-Chefs Walter Ulbricht von 1963 verständlich: „Wieviel Antifaschisten sind geschult worden, damit sie als Volksrichter tätig sein können?“[680]

Das Primat der Politik war bestimmend. Selbst eine Reihe schwächerer Schüler, die an den Volksrichterkursen teilnahmen, und deren juristische Kenntnisse und Fähigkeiten als eher unterdurchschnittlich zu bewerten waren, erschienen gleichwohl besonders förderungswürdig, da sie als politisch herausragende Kräfte galten.[681] Neben einer gefestigten politischen Grundanschauung war insbesondere die „positive“ soziale Herkunft geeignet, etwaige sonstige Defizite zu kompensieren. Schon die Aufnahmeprüfung für einen Volksrichterkurs glich offensichtlich nicht selten einer Farce. Allein der Hinweis auf die eigene proletarische Herkunft und die der Eltern sowie der Wunsch, Jura studieren zu wollen, ein Studium aber aus eigenen Mitteln nicht finanzieren zu können, konnte als Teilnahmevoraussetzung ausreichen.

Der ideologisch-juristischen Festigung dienten auch die sog. Unterrichtsbriefe, die von der DJV in der Zeit von 1947/48 bis 1951 in einer Gesamtzahl von 26 Exemplaren herausgegeben wurden. Sie sollten u.a. dazu beitragen, die Grundfrage, worin das politische Wesen des neuen Rechts bestehe, zu klären.[682] Die Unterrichtsbriefe waren für geprüfte Lehrgangsteilnehmer, für Richter im Soforteinsatz und für Referendare bestimmt. Sie umfassten ca. 8–10 Seiten und enthielten eine Abhandlung über ein juristisches Thema und eine Aufgabe, deren Lösung in einem der folgenden Briefe präsentiert wurde.[683]

Unter ideologischen Gesichtspunkten neu wurden schließlich materiell rechtliche wie strafprozessuale Problembereiche bewertet. So sollten die eine kapitalistische Gesellschaft kennzeichnenden Straftaten, insbesondere aus dem Bereich der Eigentumskriminalität, als in der „entwickelten sozialistischen Gesellschaft“

---

678 Vgl. z.B. Befehl Nr. 49 vom 4.9.1945, NJ 1955, 517 sowie Befehl Nr. 204, ZVOBl. der DJV in der SBZ in Deutschland 1947, S. 185f.

679 Benjamin, StuR 1970, S. 726.

680 Ulbricht, Zur Geschichte der deutschen Arbeiterbewegung, Bd. 2, S. 519.

681 Benjamin StuR, 1970, S. 735f.

682 Hartwig, „Die Fortbildung der Absolventen der Lehrgänge für Richter und Staatsanwälte“, NJ 1948, S. 79; Benjamin, StuR 1970, S. 736.

683 Hartwig, in: Wentker, Volksrichter, Dokument 21, S. 169.

überwunden gelten. Kriminalität könne allein auf grundlegenden Widersprüchen der sozialistischen Gesellschaft selbst beruhen.[684]

Dementsprechend verfolgte die StPO-DDR das übergeordnete Ziel, einen wirksamen Beitrag zur „schrittweisen Zurückdrängung der Kriminalität zu leisten“, indem „gesellschaftsgemäßes Handeln“ gefördert, „gesellschaftswidriges und gemeingefährliches“ hingegen verdrängt wird;[685] immer gemäß dem Lenin'schen Prinzip der sozialistischen Gerechtigkeit und Gesetzmäßigkeit, nach dem „jeder Schuldige, aber kein Unschuldiger zur Verantwortung zu ziehen ist“.[686]

4.

Den Aufbau des Justizsystems in der SBZ bestimmte die Sowjetunion als Besatzungsmacht. Anweisungsadressat war vor allem die DJV als hierfür maßgebliche Institution. Bezeichnenderweise wurde auch die Statusfrage des Volksrichters ebenfalls durch einen SMAD-Befehl faktisch geklärt. Der Befehl Nr. 193 vom 6.8.1947 beendete eine bis dahin in Teilen des DJV streitig geführte Diskussion,[687] die die Stellung eines Volksrichters im Hinblick auf § 2 GVG betraf. § 2 GVG galt nach dem Kontrollratsgesetz Nr. 1[688] weiterhin in der Fassung vor dem 30.1.1933 und bestimmte allein den akademisch gebildeten Richter als zu diesem Amt Befähigten. Schon das Erfordernis eines Universitätsstudiums als Grundvoraussetzung widersprach sozialistischer Ideologie, da es als Privileg der wirtschaftlich besser Gestellten angesehen wurde, das „weiteste Kreise der werktätigen Bevölkerung“ von der Teilnahme ausschloss.[689]

Insoweit abweichend von dem das Bild des „klassischen“ Volljuristen bestimmenden Richterbegriff des § 2 GVG hatten führende Vertreter der DJV zunächst das Konzept einer Zweiteilung der Ausbildung in Zivilsachen und Strafsachen[690] mit entsprechender Kompetenzbegrenzung für den jeweiligen Einsatzbereich

---

684 Mathes, Volksrichter-Schöffen-Kollektive, S. 67 m.w.N.

685 Beyer, StuR 1987, 550f.; Mathes, Volksrichter-Schöffen-Kollektive, S. 67.

686 (Vorbemerkung)Strafprozessrecht der DDR, Kommentar zur StPO, Hrsg. v. Min. d. Justiz, Staatsverlag 1989.

687 Benjamin u.a., Geschichte 1945–1949, S. 95; Corsing, Stellungnahme zur Volksrichterfrage, Berlin, d. 24.9.1945 (zitiert nach Wentker, Volksrichter Dokument 3, S. 101ff.); Melsheimer, Stellungnahme zur Volksrichterfrage (zitiert nach Wentker, Volksrichter, Dokument 4, S. 103f.; Dokument 2, S. 97.

688 Kontrollratsgesetz vom 20.9.1945, Abl. KR Nr. 1, S. 6ff.

689 So Hartwig, Die Ausbildung der Richter, Staatsanwälte und Rechtsanwälte in der Deutschen Demokratischen Republik. Berlin.den 28.2.1950; Wentker, Volksrichter, Dokument 21, S. 162, 163.

690 Vgl. Wentker, Volksrichter, Dokument 13, S. 124.

eines Volksrichters favorisiert. Nach ihren Vorstellungen sollte darüber hinaus sein Tätigkeitsfeld auf die „Bagatellgerichtsbarkeit“ vor dem Amtsgericht – in Zivilsachen bis etwa 100,-Mark oder 200,- Mark, in Strafsachen bis etwa 1 Woche Gefängnis[691] – beschränkt sein. Demgegenüber standen aber auch andere Auffassungen, wie bspw. die von Hilde Benjamin, die den Einsatz eines Volksrichters sogar als Senatspräsident beim Oberlandesgericht oder als Generalstaatsanwalt für denkbar hielt.[692]

Auf Grundlage des Befehls vom 6.8.1947 waren Volksrichter nunmehr den Berufsrichtern in allen Belangen gleichgestellt. Ausgenommen hiervon war jedoch bis Januar 1949 die weiterhin deutlich schlechtere Besoldung der Volksrichter, die erst danach durch einen entsprechenden Tarifvertrag – nunmehr allerdings vollständig – derjenigen der akademisch gebildeten Berufsrichter angeglichen wurde.[693]

5.

Dem Volksrichter im „klassischen“ Sinn[694] war mit der Einführung des obligatorischen akademischen Abschluss für alle Richter durch § 11 Abs. 2 GVG-DDR vom 2.10.1952[695] und damit der de-facto Abschaffung der Volksrichterschulen[696] eine verhältnismäßig kurze Ära beschieden. Spätestens Mitte der 50-er Jahre galt das

---

691 Melsheimer, in: Wentker, Volksrichter, Dokument 4, S. 103.

692 Benjamin, „Zur Kaderfrage in der Justiz“, in: Wentker, Volksrichter, Dokument 14, S. 130. Die spätere Wirklichkeit gab der Auffassung von Benjamin insoweit recht, als 1970 immerhin 17 Volksrichter am Obersten Gericht der DDR und 15 beim Generalstaatsanwalt eingesetzt waren (Benjamin StuR 1970, S. 746).

693 Nach Ziff. 4 des SMAD-Befehls vom 6.8.1947 waren die Absolventen der Volksrichterlehrgänge berechtigt, das Amt eines Richters, Staatsanwalts oder Rechtsanwalts mit allen Rechten auszuüben, „die solchen Personen nach bestehenden deutschen Gesetzen zustehen“. Diese Regelung wurde inhaltlich auch in der DDR-Verfassung von 1949 in Art. 129 übernommen wurde. Danach war „Angehörigen aller Schichten des Volkes“ die Möglichkeit eröffnet, „die Befähigung zur Ausübung des Berufes als Richter, Rechtsanwalt oder Staatsanwalt“ zu erlangen.

694 Auch nach Abschaffung der Volksrichterausbildung sollten alle Richter „Volksrichter“ sein, so Benjamin StuR 1970, S. 746.

695 GBl. DDR 1952 I, S. 983: danach war ein vierjähriges Internatsstudium mit Staatsexamen als Abschluss vorgesehen.

696 Im Hinblick auf die Fassung des § 11 Abs. 2 GVG-DDR v. 2.10.1952 (GBl. DDR 1952 I, S. 983) hatten ab Ende 1952 alle für den Richterdienst geeigneten Bewerber ein vierjähriges universitäres Internatsstudium mit Staatsexamen als Abschluss nachzuweisen, so dass auch bereits tätige Volksrichter diesen Abschluss nachzuholen hatten.

ideologische Ziel, die führende Rolle der Arbeiterklasse zu sichern und die juristischen Fakultäten zu fortschrittlichen Bildungsstätten heranwachsen zu lassen, als erreicht.[697] Die daran maßgeblich in der Vergangenheit mitwirkenden Volksrichter hatten ihre Funktion erfüllt und zugleich ihre Daseinsberechtigung verloren. Mit dem „Aussterben" des Volksrichters hatte sich auch die in der Justizpraxis weiterhin diskutierte Frage seiner Gleichstellung i.S.v. § 2 GVG erledigt. Rückblickend erscheint der als „politischer Richter des Volkes" verstandene Volksrichter nicht mehr als eine – wenn auch wichtige – historische Reminiszenz in der Justizaufbauphase der späteren DDR. Der Versuch, einerseits innerhalb relativ kurzer Ausbildungsdauer qualifizierte Juristen heranzubilden, denen andererseits neben der Vermittlung von Rechtskenntnissen im Rahmen der Zweijahreslehrgangs an der Richterschule zusätzlich ein umfassendes gesellschaftswissenschaftliches Studium abverlangt wurde, konnte aber kaum erfolgversprechend sein. Die Ablösung des Volksrichters durch den akademisch ausgebildete Berufsrichter Anfang der 50-er Jahre entsprach letztlich dem Interesse führender Justizfunktionäre und der Parteiführung der SED.

Im Ergebnis glich der Volksrichter mehr einem qualifizierten Schöffen mit einen eindeutigen politischen Auftrag. Retrospektiv wird er als erste Stufe der Herausbildung von ehrenamtlichen Richtern, die die Grundlagen für die späteren DDR-Schöffen schufen, zu beurteilen sein. Ähnlich wie diese war auch der Volksrichter in seinem Lebensbereich beratend, erzieherisch, rechtspropagandistisch tätig.[698]

5. Schöffen in der DDR

5.1 Geschichtliche und begriffliche Grundlagen

Das GVG-DDR[699] vom 2.10.1952 sowie die zeitgleich in Kraft getretene StPO-DDR 1952[700] schufen erstmalig und für das gesamte Gebiet der DDR bindend

697 Benjamin, StuR 1970, S. 746.

698 Strafverfahrensrecht, Lehrbuch, 3. Auflage 1987, S. 41.

699 Das GVG-DDR erhielt insgesamt drei Fassungen, 1952, 1963 und 1974. Im Text wird daher die Jahreszahl der jeweils geltenden Fassung des GVG-DDR hinzugefügt. In diesem Kapitel bedeutet GVG ohne Zusatz: GVG vom 27. Januar 1877 (RGBl. S. 41) in der Fassung der Bekanntmachung vom 9. Mai 1975 (BGBl. I, S. 1077).

700 Soweit im Text auf die StPO-DDR verwiesen wird, ist damit die Strafprozeßordnung der Deutschen Demokratischen Republik – StPO – vom 12. Januar 1968 in der Neufassung vom 19. Dezember 1974 (GBl. I 1975 Nr. 4 S. 62) sowie i.d.F. des 2.

gesetzliche Grundlagen für Schöffenrichter.[701] Vor dem Inkrafttreten dieser Gesetze war der Wirkungsbereich der Schöffen begrenzt und angesichts unterschiedlicher ländergesetzlicher Regelungen darüber hinaus uneinheitlich. Die nach Landesgesetz, gewählten Schöffen blieben gleichwohl berechtigt, ihr Amt noch bis zum Ablauf des Jahres 1954 auszuüben, § 72 Abs. 3 S. 1 GVG-DDR 1952.

GVG-DDR und StPO-DDR 1952 brachten Neuerungen und Änderungen u.a. im Verfahrensrecht, die zum Teil – dem damaligen Sprachduktus entsprechend – als „revolutionär" zu bezeichnen waren. Tiefgreifend geändert wurde insbesondere das Rechtsmittelsystem. Revision und weitere Beschwerde wurden abgeschafft. Als ausschließliches Rechtsmittel kamen neben der Beschwerde die Berufung und der „Protest" – synonym für die Berufung der Staatsanwaltschaft[702] – in Betracht. Das Rechtsmittelverfahren war teilweise revisionsartig ausgestaltet und in erster Linie auf Zurückverweisung an das Gericht erster Instanz angelegt.

Die Berufung war keine zweite Tatsacheninstanz, eine unmittelbare Beweiserhebung deshalb nur ausnahmsweise zulässig.[703] In der Regel musste über die Berufung in Strafsachen auf Grund einer Hauptverhandlung entschieden werden (§ 293 Abs. 1 StPO-DDR), es sei denn, das Berufungsgericht hielt die Berufung für „offensichtlich unbegründet". In diesem Fall kam eine Verwerfung durch Beschluss ohne Verhandlung in Betracht, § 293 Abs. 3 StPO-DDR.

Sachlich zuständig für die – quasi revisionsrechtliche – Überprüfung von Urteilen in Strafsachen waren spezielle Senate der Bezirksgerichte in den Landeshauptstädten anstelle der Oberlandesgerichte. Wie die OLG-Senate waren die Bezirksgerichtssenate allerdings nur mit (drei) Berufsrichtern besetzt, eine Beteiligung von Schöffen an zweitinstanzlichen Entscheidungen war nicht vorgesehen, §§ 49 Abs. 2, 51 Abs. 3 GVG-DDR 1952.[704]

Strafrechtsänderungsgesetzes vom 7. April 1977 (GBl. I 1977 Nr. 10 S. 100) und des 3. Strafrechtsänderungsgesetzes vom 28. Juni 1979 (GBl. I 1979 Nr. 17 S. 139) gemeint. StPO ohne Zusatz bedeutet: StPO vom 1. Februar 1877 mit den Änderungen.

701 Gesetz über das Verfahren in Strafsachen in der Deutschen Demokratischen Republik v. 2.10.1952 (GBl. S. 996).

702 Der Protest der Staatsanwaltschaft hatte aber einen offensichtlich höheren Stellenwert. Er durfte nicht wie die Berufung als „offensichtlich unbegründet" ohne Hauptverhandlung zurückgewiesen werden, vgl. § 293 Abs. 1 u. 2 StPO-DDR.

703 L-R/Rieß, 25. Aufl. Bd.I (1999) Einleitung §§ 1–71 Abschnitt E. Rn. 175; Kommentar zur StPO DDR 5. Kapitel „Vorbemerkung" Rechtsmittel.

704 Eine Ausnahme stellte später lediglich der Senat für Arbeitsrecht dar, der in zweiter Instanz mit einem Oberrichter als Vorsitzendem und zwei Schöffen verhandelte und entschied, § 33 Abs. 3 S. 2 GVG 1974.

§ 71 GVG-DDR 1952 führte neue (funktionale) Gerichtsbezeichnungen ein. Für Strafsachen galt, dass Verfahren bei den Amtsgerichten auf die örtlich zuständigen Kreisgerichte übergingen. Strafverfahren erster und zweiter Instanz, die bei Landgerichten anhängig waren und Verfahren bei den Oberlandesgerichten gingen auf die örtlich zuständigen Bezirksgerichte über. Das Oberste Gericht der DDR erhielt eine zweitinstanzliche Zuständigkeit für Verhandlungen und Entscheidungen über die Rechtsmittel des Protestes, der Berufung und der Beschwerde gegen erstinstanzliche Entscheidungen der Bezirksgerichte sowie als Kassationsgericht.

Schließlich erreichte der Begriff „Schöffe" in der DDR eine andere Qualität. Als Volksbeisitzer waren seine Aufgaben in der Rechtsprechung breiter gefächert und nicht bloß auf Strafverfahren beschränkt.

5.2 Art und Umfang der Schöffentätigkeit

Über das Strafverfahren hinaus übten Schöffen das Richteramt auch in Verhandlungen über Zivilsachen – familiengerichtliche sowie arbeitsgerichtliche Verfahren eingeschlossen – in vollem Umfang und mit gleichem Stimmrecht wie die Berufsrichter aus, § 26 Abs. 1 S. 2 GVG-DDR 1952. Darüber hinaus gab es bei bestimmten Gerichten eingerichtete spezielle Straf- und Zivilkammern für Verkehrssachen. Für diese „Verkehrskammern" wurden „Verkehrsschöffen" aufgestellt und gewählt, die über berufliche Erfahrungen und Fachkenntnisse im Verkehrsleben verfügten.[705]

Nicht nur der Umstand, dass Schöffen in verschiedenen Gerichtszweigen Richterfunktionen übernahmen, sondern auch die quantitativ wie qualitativ wachsenden Aufgaben der Laienrichter im Strafverfahren selbst kennzeichneten ihren zunehmenden Stellenwert im Justizsystem der DDR. Signifikant waren folgende, sukzessiv in das Gesetz aufgenommene Neuerungen:

- sog. gesellschaftliche Kräfte[706] waren in bestimmten Zusammenhängen verpflichtet, an der erzieherischen Aufgabe des Strafverfahrens mitzuwirken (vgl. §§ 2, 3 GVG-DDR 1952);
- das sich insbesondere an Schöffen wendende Institut der Gerichtskritik wurde eingeführt (§ 9 GVG-DDR 1963);[707]
- ermöglicht wurde die Übergabe von Strafsachen geringerer Bedeutung an gesellschaftliche Gerichte, wie die ab 1968 gebildeten Konfliktkommissionen;

705 Görner, Schöffen und Volksgericht, S. 98f. m.w.N.
706 S. Kapitel VI. 5.8.1.
707 S. Kapitel VI. 5.11.

- Kollektivvertreter wirkten am strafgerichtlichen Hauptverfahren mit;
- die StPO-DDR erweiterte den Tätigkeitskatalog für Schöffen auf die sog. Strafenverwirklichung,[708] eine Art „Nachsorgetätigkeit“ für den Verurteilten im Anschluss an das Erkenntnisverfahren (§§ 342ff., 357 Abs. 1, 2 StPO-DDR).

„Möglichst an zwölf aufeinanderfolgenden Tagen im Jahr“ sollten Schöffen nach der damaligen Vorschrift des § 38 Abs. 2 GVG-DDR 1952[709] an der erstinstanzlichen Rechtsprechung der Kreis- und Bezirksgerichte in allen Straf- und Zivilsachen teilnehmen. Wohl aufgrund von Umsetzungsschwierigkeiten dieser periodischen Regelung in den Betrieben, denen die jeweiligen Schöffen angehörten, daneben aber auch wegen gerichtsorganisatorischer Probleme eines „Blockeinsatzes“ von Schöffen,[710] wurde in § 50 des GVG-DDR 1974 aufgenommen, dass Schöffen „zwei Wochen im Jahr an der Rechtsprechung des Gerichts“ – also nicht zwingend auf einen einheitlichen Zeitraum begrenzt – teilzunehmen hatten. Festgehalten wurde allerdings an dem Grundsatz des „Schöffenpaars“; d.h. für jeden Berufsrichter waren jeweils zwei, ihm für die Dauer ihres Einsatzes quasi zugewiesene, Schöffen abzustellen.[711]

5.3 Schöffentätigkeit als Ehrenamt mit Vorbildfunktion

Vergleichbar § 31 GVG galt auch in der DDR das Amt des Schöffen als Ehrenamt, § 25 GVG-DDR 1952.

Schöffen wurden vom Volke gewählt, wodurch zugleich gewährleistet sein sollte, dass die „Bevölkerung unmittelbar an der Rechtsprechung“ teilnimmt, § 61 S. 2 GVG-DDR 1974. Ihnen wurde nach § 27 S.1 GVG-DDR 1952 die besondere Aufgabe zuteil, die „vertrauensvolle Verbindung zwischen den Werktätigen und den demokratischen Gerichten zu festigen“. Die damalige Vizepräsidentin des Obersten Gerichts und spätere Justizministerin der DDR Hilde Benjamin sah dies als Teil eines dialektischen Prozesses, der auch die Gerichte – vorrangig die Berufsrichter – in die Pflicht nahm:[712]

708 S. Kapitel VI. 5.10.
709 Gleichlautend insoweit auch § 68 Abs. 2 GVG-DDR 1963.
710 Vgl. dazu Mathes, Volksrichter-Schöffen-Kollektive, S. 114f.
711 Müller, NJ 1989, S. 134; entsprechende Forderungen gab es bereits schon früher, vgl. Streit, NJ 1955, S. 145 (Fn. 3).
712 Benjamin, NJ 1952, S. 435.

„Unsere Bezirks- und Kreisgerichte müssen die Initiative der Werktätigen, die als Richter tätig sind, unserer Schöffen, entfalten und sie zu aktiven Mitarbeitern im Staatsapparat, d.h. in der Rechtsprechung machen".

Schöffen sollten eine Art gesellschaftlicher Vorbildfunktion einnehmen, die zugleich erzieherische Elemente enthielt. Ihr berufliches wie außerberufliches Verhalten hatten die Schöffen entsprechend einzurichten, um dadurch einen Beitrag „zur Sicherung der gesellschaftlichen und staatlichen Ordnung" zu leisten, § 27 S. 2 GVG-DDR 1952. Berufsrichter wie Schöffen hatten sich „für den Sozialismus einzusetzen und der Arbeiter-und-Bauern-Macht treu ergeben" zu sein, § 45 GVG-DDR 1963.[713]

5.4 Entwicklung der Schöffentätigkeit

Trotz eines wenigstens in der Anfangsphase verbreiteten Desinteresses an der Übernahme eines Schöffenamts war die Zahl der Schöffen schon bei den ersten Schöffenwahlen relativ hoch. So wurden am 21.3.1953 über 70000 Schöffen an allen Kreis- und Bezirksgerichten verpflichtet.[714] Zwar nahm diese Zahl im Laufe der Jahre deutlich ab, steigerte sich dann jedoch wieder zum Ende der DDR-Ära.[715]

Legislatorisch gestärkt wurde die Schöffenposition durch das GVG-DDR 1963. In Teilbereichen fanden nunmehr auf (Berufs-)Richter und Schöffen einheitlich die im Dritten Kapitel des GVG-DDR 1963 enthaltenen gesetzlichen Bestimmungen (§§ 45ff. GVG-DDR 1963) Anwendung. Unabhängig vom jeweiligen Verfahrensstadium übten Richter und Schöffen die Funktion eines Richters in vollem Umfang und mit gleichem Stimmrecht aus, § 45 Abs. 2 GVG-DDR 1963.[716]

Anders als noch im GVG-DDR 1952, das die Teilnahme der Schöffen auf „Verhandlungen in Straf- und Zivilsachen" eingrenzte, entfiel diese Beschränkung mit Inkrafttreten des GVG-DDR 1963. In Erweiterung ihres Zuständigkeitsbereichs wurden Schöffen „über den Einsatz am Gericht hinaus zur Erfüllung der bei der

713 § 44 Abs. 1 GVG-DDR 1974: „Richter und Schöffe kann nur sein, wer dem Volk und seinem sozialistischen Staat treu ergeben ist...."

714 NJ 1955, S. 92.

715 1966 waren an den Kreisgerichten nur noch 47000 Schöffen eingesetzt. 1988 war die Zahl dann allerdings wieder auf insgesamt 53.000 angestiegen.

716 Jedenfalls in der Formulierung erweitert wurde die Gleichstellung im GVG-DDR 1974, wenn es dort in § 5 Abs. 3 heißt, die Schöffen üben ihre richterliche Funktion mit den gleichen Rechten und Pflichten eines Richters aus.

Erhöhung der gesellschaftlichen Wirksamkeit der Rechtsprechung zu lösenden Aufgaben herangezogen", § 68 Abs. 3 GVG-DDR 1963.

Funktionell gestärkt wurde das Schöffenamt darüber hinaus in der Arbeitsgerichtsbarkeit. Jeweils drei Schöffen waren an Verhandlungen und Senatsentscheidungen des Obersten Gerichts der DDR in Arbeitsrechtssachen zu beteiligen, § 24 Abs. 2 GVG-DDR 1963 bzw. § 41 GVG-DDR 1974. Darüber hinaus sah das GVG-DDR 1974[717] die Mitwirkung von zwei Schöffen bei zweitinstanzlichen Entscheidungen der Senate für Arbeitsrechtssachen bei den Bezirksgerichten vor, § 33 Abs. 3 S. 2 GVG-DDR 1974.

Somit waren Schöffen spätestens seit Änderung des GVG-DDR im Jahr 1974 in allen Gerichtszügen – also sämtlichen Kreis- und Bezirksgerichten sowie am Obersten Gericht in Arbeitsrechtssachen – repräsentiert.

5.5 Bedeutung der Schöffen für gerichtliche Entscheidungen

Geradezu symbolisch für Bedeutung und Stellenwert der Schöffen bei gerichtlichen Entscheidungen erscheint die Tatsache, dass in den Kammern der Kreisgerichte wie in den erstinstanzlich entscheidenden Senaten der Bezirksgerichte die Berufsrichter als jeweils Vorsitzende in der Minderzahl waren, §§ 25 Abs. 2 S. 2, 33 Abs. 2 S. 1 GVG-DDR 1974.[718]

Vergleichbar der Stimmenverteilung in kleinen Strafkammern konnten demzufolge die Vorsitzenden von den beiden Schöffen jederzeit überstimmt werden. In der Gerichtspraxis wird diese Konstellation aber kaum Bedeutung erlangt haben, auch wenn empirische Untersuchungen dazu – schon wegen der Wahrung des Beratungsgeheimnisses gem. § 178 Abs. 2 StPO-DDR – fehlen. In Anbetracht der Tatsache, dass der Vorsitzende die Beratung und Abstimmung leitete (§ 180 Abs. 1 StPO-DDR), dass darüber hinaus das Gerichtskollektiv – jedenfalls in der GVG-Fassung von 1974 – nach § 6 GVG-DDR 1974 als Einheit gesehen wurde, erscheint die Annahme, Schöffen hätten ihre zahlenmäßige Überlegenheit der Schöffen gegen die Stimme des Vorsitzenden jemals ausgenutzt, eher als Gedankenspiel. Dies gilt um so mehr, als der „Kollektivgedanke" auch eine formelle

717 Wie aber auch bereits die GVG-Fassung von 1963.

718 Entsprechende Regelungen gab es bereits im GVG-DDR 1952 in den §§ 54 Abs. 2 S. 1, 61 Abs. 2 S. 1.

Trennung zwischen Berufs- und Laienrichtern, einschließlich ihres Erscheinungsbilds nach außen, verhindern sollte.[719]

Grundsätzlich war ausschließlich die Dreierbesetzung – 1 Berufsrichter, 2 Schöffen – für die Tatsacheninstanzen in Strafsachen vorgesehen.[720] Lediglich für Verhandlungen und Entscheidungen in erstinstanzlichen Strafsachen, die einen hohen Arbeits- und Zeitaufwand erforderten, konnte der Direktor des Bezirksgerichts die Mitwirkung eines weiteren Richters anordnen, so dass diese Senatsbesetzung dann einem erweitertem Schöffengericht bzw. der reduzierten Strafkammerbesetzung nach § 76 Abs. 1 S. 1, Abs. 2 S. 1 GVG glich. Für die Kammerbesetzung bei den Kreisgerichten gab es eine vergleichbare gesetzliche Regelung nicht.

Lediglich in einfach gelagerten Fällen, beschränkt auf besondere Verfahrensarten, war eine Einzelrichterentscheidung ohne Mitwirkung von Schöffen möglich, und zwar

- im beschleunigten Verfahren, soweit dies erforderlich war, um eine sofortige Durchführung der Hauptverhandlung zu gewährleisten,
- im Strafbefehlsverfahren,
- bei einem Antrag auf gerichtliche Entscheidung über eine polizeilich Strafverfügung im Verfahren vor dem Kreisgericht bei selbständiger Einziehung.[721]

Während sich das GVG in einer Art Negativauslese darauf beschränkt, in den §§ 32ff. GVG festzustellen, ob ein Schöffe aufgrund von Unfähigkeit oder Ungeeignetheit von der Amtsführung ausgeschlossen ist, im übrigen lediglich allgemein geregelt ist, dass Schöffen während der Hauptverhandlung das Richteramt in vollem Umfang und mit gleichem Stimmrecht wie die Richter beim Amtsgericht ausüben sowie an den in der Hauptverhandlung oder zugleich mit dem Urteil zu erlassenden Beschlüssen teilnehmen, definierte das GVG-DDR 1963 die Schöffenaufgaben etwas konkreter. Neben den für Berufs- und Laienrichtern gleichermaßen verbindlichen Grundpflichten eines Richters nach § 46 GVG-DDR 1963 legte § 62 Abs. 2 GVG-DDR 1963 explizit die Aufgaben der Schöffen fest. Danach waren sie verpflichtet, die Rechtsprechung enger mit der gesellschaftlichen Entwicklung zu verbinden und dem Gericht bei der sachkundigen Lösung der politischen, gesellschaftlichen und ökonomischen Entwicklung durch die

---

719 Vgl. Toeplitz, „Der Schöffe“ 1976, S. 110/111.

720 Eine Dreierbesetzung hatte auch der Senat des Obersten Gerichts; allerdings bestehend aus dem Oberrichter als Vorsitzendem und 2 Berufsrichtern, § 41 Abs. 4 GVG-DDR 1974.

721 Vgl. Strafverfahrensrecht Lehrbuch 1. Aufl. 1977, S. 378.

Rechtsprechung zu helfen. Außerdem hatten sie den Auftrag, den Kampf gegen Rechtsverletzungen zu verstärken und die Werktätigen zu mobilisieren, die Ursachen dieser Rechtsverletzungen zu überwinden sowie das sozialistische Staats- und Rechtsbewusstsein der Bürger und ihre Kenntnisse der Gesetze des Arbeiter- und Bauernstaates zu entwickeln.

Diese zunächst eher propagandistisch wirkenden Thesen sind zugleich Ausdruck der wachsenden Bedeutung der Schöffentätigkeit für den Rechtsalltag in der DDR. Symbolisch begleitet wurde diese, das gesellschaftliche Gewicht des Schöffenamts wie das Selbstwertgefühl des einzelnen Schöffen erhöhende Entwicklung von einer entsprechend pathetischen Wortwahl im Gesetz, nämlich der „feierlichen Verpflichtung“ (§ 66 Abs. 1 S. 1 GVG-DDR 1963) eines Schöffen nach dessen Wahl.[722]

5.6 Wer konnte Schöffe werden?

Bis zum Inkrafttreten des GVG-DDR 1974 konnte als Schöffe nur gewählt werden, wer das 25. Lebensjahr vollendet hatte. Gemäß § 44 GVG-DDR 1974 wurde das Wählbarkeitsalter für Schöffen – entsprechend der schon zuvor geltenden Regelung für die Wahl von Bürgern in die örtliche Volksvertretung[723] (Art. 22 Abs. 2 der DDR Verfassung 1968) – auf die Vollendung des 18. Lebensjahres herabgesetzt.

Vergleichbar dem Volksrichter sollten Schöffen – aber auch Berufsrichter – herausragende menschliche Qualitäten besitzen, die sie in ihrem persönlichen Verhalten zu vorbildlichen Bürgern werden ließen,[724] und die sogar Verfassungsrang erlangten. Art. 94 Abs. 1 der Verfassung der DDR von 1974 bestimmte, dass Richter über ein hohes Maß an Wissen und Lebenserfahrung, an menschlicher Reife und Charakterfestigkeit verfügen sollen. Eine entsprechende Regelung enthielt § 44 Abs. 1 GVG-DDR 1974. Über die gleichberechtigte Beteiligung an

722 Später allerdings wurde statt dessen nur der Wortlaut der Verpflichtungserklärung eines jeden Richters (Schöffen) nach seiner Wahl aufgenommen: „Ich verpflichte mich,.... meine Tätigkeit auf der Grundlage der Verfassung und der Gesetze der Deutschen Demokratischen Republik nach bestem Wissen und Gewissen zum Wohl des werktätigen Volkes und unseres sozialistischen Staates auszuüben.“ (§ 47 Abs. 4 GVG-DDR 1974).

723 Ein gewählter Volkskammervertreter musste am Wahltag das 21. Lebensjahr vollendet haben, Art. 22 Abs. 2 Verfassung.

724 Heusinger, NJ 1976, S. 505, (506).

der Durchsetzung gerichtlicher Entscheidungen sollte ein Schöffe darüber hinaus bereit und in der Lage sein, gewissermaßen „artfremde“ Aufgaben, wie die der „Rechtserziehung und Rechtspropaganda“ zu übernehmen.[725] Prädestiniert hierzu waren Kandidaten, die „durch aktive Arbeit im Beruf und bei der Lösung gesellschaftlicher Aufgaben in ihren Betrieben und Wohngebieten hohe Achtung und Anerkennung erworben haben.“[726] Erwartet wurde, dass ein Schöffe sich durch eine „politisch klare Grundhaltung“ sowie durch ein „ausgeprägtes Staatsbewusstsein“ auszeichnet,[727] was signifikant darin zum Ausdruck kommt, dass 1989 46,3% der Schöffen Mitglied der SED und 18,3% anderen, im sog. Demokratischen Block vereinten, Parteien angehörten.[728]

Als idealtypisch wurde einerseits die Herkunft eines Schöffen aus der Arbeiterklasse, den Genossenschaftsbauern und anderen Werktätigen aus der materiellen Produktion[729] gesehen. Dementsprechend betrug bspw. der Anteil der Arbeiter bei den Schöffen der Kreisgerichte Cottbus und Dresden 1989 46,2%. Davon besaßen 55,9% eine abgeschlossene Facharbeiterausbildung, 42,3% einen Fachschul- oder einen Hochschulabschluss.[730] Andererseits war dem Reifungsprozess der entwickelten sozialistischen Gesellschaft und den Bedingungen des wissenschaftlich-technischen Fortschritt hinreichend Rechnung zu tragen, indem unter Berücksichtigung örtlicher Unterschiede Schöffen auch aus neuen, mit dem technisch-industriellen Fortschritt verbundenen Arbeits- und Produktionsbereichen zu rekrutieren waren.[731]

Schließlich wurde auf eine differenzierte Altersstruktur der Schöffen im Sinne eines ausgewogenen Verhältnisses zwischen älteren und jüngeren Richtern Wert gelegt. Angestrebt wurde im Laufe der Jahre eine deutliche Verjüngung der Richterschaft.[732] So betrug bei den Wahlen der Direktoren, Richter und Schöffen der Kreisgerichte im Jahr 1984 der Anteil der unter Vierzigjährigen 60% bei den Berufsrichtern und 44,4% bei den Schöffen.[733]

---

725 Keil/Matheus, NJ 1988, S. 356; Christoph, Rechtspropaganda und Rechtserziehung, NJ 1984, S. 415.

726 Heusinger, NJ 1976, S. 506.

727 Heusinger, a.a.O.

728 Wittenbeck NJ 1989, S. 303.

729 Wittenbeck, a.a.O.

730 Wittenbeck, a.a.O.

731 Müller, NJ 1989, S. 133.

732 Wünsche, NJ 1970, S. 35: die Altersstruktur der Schöffen sollte zwischen 25 und 40 Jahre sein.

733 Kern, NJ 1984, S. 310.

5.7 Stellung und Aufgaben von Schöffen

Schöffen wie Berufsrichter waren keine „unabhängigen" Richter im Sinne des Gewaltenteilungsprinzips nach rechtsstaatlichem Verständnis, da die sozialistische Rechtsprechung als Ausdruck und Bestandteil der einheitlichen sozialistischen Staatsmacht angesehen wurde. Der Begriff „Unabhängigkeit" erlangte allenfalls Bedeutung im Zusammenhang mit der Rechtsprechung der jeweiligen Kammer bei dem Kreisgericht bzw. des jeweiligen Bezirksgerichtssenats, dem ein Schöffe/ Berufsrichter angehörte. Als unabhängig galten die Richter dabei insoweit, als die Kontrolle der Richtigkeit ihrer Entscheidungen allein einem übergeordneten Gericht zugeordnet war.[734]

Demgegenüber wurde Parteilichkeit gerichtlicher Entscheidungen unter Beachtung sozialistischer Rechtsgrundsätze ebenso erwartet wie außergerichtliche propagandistische Tätigkeit von Schöffen im Sinne einer Überzeugungs- und Erziehungsarbeit unter den „Werktätigen". So referierten hauptsächlich in ihren eigenen Wahlbezirken Schöffen regelmäßig vor interessierten Bevölkerungskreisen, um einerseits die Grundlagen des sozialistisches Recht zu erläutern, andererseits als Präventionsmaßnahme künftige Straftaten zu verhindern und die Zuhörer zum Schutz des Volkseigentums sowie zur Ordnung und Disziplin in Betrieben und landwirtschaftlichen Produktionsgenossenschaften anzuhalten.[735]

Als Initiative der Werktätigen, die „fortschrittlichsten Bauern und Landarbeiter" in ländlichen Gebieten eingeschlossen,[736] hatten Schöffen die Aufgabe, der demokratischen Gesetzlichkeit Geltung zu verschaffen; also den Standpunkt der Werktätigen in die gerichtliche Entscheidungsfindung und Überzeugungsbildung einfließen zu lassen. Demokratische Gesetzlichkeit als Zielvorgabe für die Tätigkeit von Schöffen bedeutete darüber hinaus, die Werktätigen selbst zu rechtstreuem, der Gemeinschaft nützlichem Verhalten zu erziehen, was letztlich auch zu einer breiten Einbeziehung der Bürger bei der Durchsetzung des sozialistischen Rechts beitragen sollte.[737]

Zusammengefasst in vier Bereichen waren Rechte und Pflichten von Schöffen in § 52 StPO-DDR geregelt:

---

734 Vgl. Wünsche, NJ 1970, S. 33.

735 Vgl. Benjamin, NJ 1955, S. 132: „45000 neue Schöffen heißt 45000 neue Propagandisten der Gesetzlichkeit".

736 Benjamin, NJ 1954, S. 97, (98).

737 Wünsche, NJ 1970, S. 33 (34).

- Teilnahme am gesamten gerichtlichen Verfahren, einschließlich Eröffnungsentscheidung, Urteilsfindung und Verwirklichung von Maßnahmen der strafrechtlichen Verantwortlichkeit;
- Mitwirkung an der Auswertung von Strafverfahren, einschließlich der Gerichtskritik;
- Kollektiverziehung von Straffälligen und Unterstützung bei der Resozialisierung entlassener Strafgefangener;
- Hilfestellung für gesellschaftliche Organe der Rechtspflege (Konflikt- und Schiedskommissionen) bei der Beratung und Entscheidung von nicht erheblichen gesellschaftswidrigen Vergehen.

5.8 (weitere) Erscheinungsformen laienrichterlicher Tätigkeit

Begriffliche Differenzierungen wie etwa die zwischen Beisitzern und Schöffen gab es im DDR-Recht nicht. Allenfalls verwendet wurde der Begriff „Volksbeisitzer“ in Anlehnung an die entsprechende, in der sowjetischen juristischen Literatur gebräuchliche Bezeichnung.[738]

„Schöffe“ war darüber hinaus ein Einheitsbegriff, der sich allgemein auf die Teilnahme von Nichtberufsrichtern an der Rechtsprechung bezog. Über das Strafverfahren hinaus waren Schöffen an Entscheidungen der Kammern bei den Kreisgerichten sowie – erstinstanzlich – der Senate bei den Bezirksgerichten in Zivil-, Familien- und Arbeitsrechtssachen beteiligt.

Gegenüber der Fassung des GVG-DDR von 1952 wurde das Laienelement in den späteren Fassungen von 1963 und 1974 noch weiter gestärkt, indem eine Schöffenbeteiligung bei zweitinstanzlichen Entscheidungen der Bezirksgerichte sowie an Entscheidungen des Obersten Gerichts vorgesehen war.

5.8.1 Schöffen und „gesellschaftliche Kräfte“

Eine differenzierte, umfassende und zielgerichtete Mitwirkung von Werktätigen in Gerichtsverfahren war Verfassungsgebot, (Art. 87, 90 Abs. 3, 96 Verfassung-DDR; Art. 6 StGB,; § 9 GVG-DDR 1974; § 4 StPO-DDR; §§ 4,5 ZPO-DDR).[739]

---

738 S. bspw. Görner, NJ 1966, S. 582.

739 Hugot/Oehmke, Gesellschaftliche Kräfte erhöhen die Wirksamkeit der Rechtsprechung, NJ 1983, S. 190.

Neben den Schöffen als Angehörige der Justiz und damit als Ausdruck unmittelbarer Mitwirkung der Bürger an der Strafrechtspflege (§ 4 StPO-DDR) gehörten zu den sog. „gesellschaftlichen Kräften“ Vertreter der Kollektive (§§ 53, 36, 37 StPO-DDR) sowie gesellschaftliche Ankläger und gesellschaftliche Verteidiger (§§ 54 – 56 StPO-DDR).

Das Zusammenspiel dieser – unter dem Oberbegriff „gesellschaftliche Kräfte“ – Mitwirkenden sollte zur Optimierung der Rechtspflege beitragen. Über den juristischen Sektor, der von den Schöffen betreut wurde, leiteten sich Mitwirkungsziele eines Kollektivs „im wesentlichen aus der Tat, ihren Folgen, ihren Ursachen und Bedingungen, aus der Persönlichkeit des Beschuldigten oder des Angeklagten und den Erfordernissen seiner Erziehung und Selbsterziehung sowie den durch die Tat berührten gesellschaftlichen Zusammenhängen ab.“[740]

Dieser weitumspannende, teils den Schöffenaufgaben inhaltlich angenäherte Tätigkeitsbereich eines Kollektivs zeigt dessen große gesellschaftliche Bedeutung. Das Kollektiv war eine Art Verbindungsglied zwischen dem Beschuldigten als von einem Strafverfahren betroffener Einzelperson und der kritischen Aufarbeitung dieses Verfahrens unter Berücksichtigung gesellschaftlicher Zielsetzungen, vor allem künftiger Kriminalitätsvermeidung.

Der von dem Kollektiv beauftragte Kollektivvertreter war die Hauptform der unmittelbaren Mitwirkung von Kollektiven der Werktätigen am Strafverfahren.[741] Er war u.a. berechtigt, an Hauptverhandlungen teilzunehmen, ohne dass dies einer besonderen Zulassung durch das Gericht bedurfte. Darin unterschied er sich von den gesellschaftlichen Anklägern und den gesellschaftlichen Verteidigern. Diese hatten zwar weitergehende Rechte als ein Kollektivvertreter, mussten aber vom Gericht ausdrücklich zugelassen werden.

Gesellschaftliche Ankläger und gesellschaftliche Verteidiger sollten vor allem in Verfahren mitwirken, in denen „durch die Straftat die öffentliche Sicherheit und Ordnung nachhaltig beeinträchtigt, die Bevölkerung beunruhigt oder das Volkseigentum bzw. die Volkswirtschaft erheblich geschädigt“[742] worden war.

---

740 Schüan, Mitwirkung gesellschaftlicher Kräfte am Strafverfahren, NJ 1988, S. 151ff. (152).

741 Schüan, a.a.O.

742 Hugot/Oehmke, a.a.O., S. 191, 192.

5.8.2 Kollektivvertreter

Die Mitwirkung gesellschaftlicher Kräfte wurde als unverzichtbares Element sozialistischer Rechtsverwirklichung und somit als ein wesentlicher Faktor zur Erhöhung der gesellschaftlichen Wirksamkeit gerichtlicher Verfahren angesehen.[743]

Kollektivvertreter sollten im Einzelfall erzieherisch an der Strafrechtspflege mitwirken, indem sie dazu beitrugen, „negative Persönlichkeitsumstände von Tätern“ zu überwinden. Darüber hinaus oblag es ihnen, eine möglichst optimale Betreuungssituation für den Verurteilten einzurichten, was u.a. durch Übernahme von Einzelbürgschaften im Sinne einer auf ihn persönlich zugeschnittenen Begleitung während der Bewährungszeit umzusetzen war.[744]

Als wesentliches Ziel einer Mitwirkung gesellschaftlicher Kräfte wurde des weiteren die „Erörterung von Möglichkeiten und Maßnahmen der Kollektive zur Erhöhung von Ordnung, Disziplin und Sicherheit über das Strafverfahren hinaus“[745] gesehen. Gemeint war damit sowohl die Mobilisierung der Öffentlichkeit bei der Bekämpfung und Vorbeugung gesellschaftlicher Erscheinungsformen der Kriminalität – z. B. bei Verletzungen der öffentlichen Ordnung[746] – als auch die Prävention künftiger möglicher Rechtsverletzungen in den jeweiligen Betrieben, denen die gesellschaftlichen Kräfte angehörten. Ausdrücklich wurde in § 53 Abs. 1 StPO-DDR aufgenommen, dass die an der „allseitigen Aufklärung der Straftaten“ mitwirkenden Vertreter der Kollektive auch zur „Verhütung weiterer Straftaten“[747] beitragen sollen. Dies hatte zur Folge, dass ein Kollektivvertreter das Kollektiv und seinen Leiter nach der Hauptverhandlung über festgestellte Ursachen und Bedingungen der Straftat informierte, über notwendige Schlussfolgerungen mit beriet und aktiv an der Auswertung des Strafverfahrens mitwirkte.[748]

Bereits im Ermittlungsverfahren hatte der Staatsanwalt zu gewährleisten, dass die Mitwirkung der Bürger bei der Aufklärung von Straftaten, ihrer Ursachen und ihrer Bedingungen gesichert war, §§ 4, 15 StAG.[749] Auf Grund der Neufassung der §§ 102, 296 StPO-DDR durch das Gesetz zur Änderung der StPO-DDR vom

743 Hugot/Oehmke, a.a.O., S. 190.
744 Schüan, a.a.O., S. 151ff., (153).
745 Vgl. Schüan, a.a.O., S. 152.
746 Vgl. Huske, NJ 1974, S. 429.
747 So auch Art. 6 StGB DDR bezüglich der Arbeit von Konflikt- und Schiedskommissionen.
748 Kommentar zur StPO 1987, § 53 Anm. 1.7.
749 Gesetz über die Staatsanwaltschaft der Deutschen Demokratischen Republik vom 7. April 1977 (GBl. I 1977 Nr. 10 S. 93).

19.12.1974[750] hatte der Staatsanwalt gem. § 102 Abs. 2 StPO-DDR die Betriebsleitung oder Einrichtungen des Betriebes zu unterrichten, sobald hinreichender Verdacht einer Straftat gegen einen Mitarbeiter in Erwartung eines gegen ihn gerichteten gerichtlichen Hauptverfahrens[751] vorlag, § 102 Abs. 3 S. 1 StPO-DDR. Davon absehen konnte ein Staatsanwalt nur bei Vorliegen wichtiger Gründe, die aktenkundig zu machen waren (§ 102 Abs. 5 StPO-DDR); also bspw.

- bei zu erwartendem Ausschluss der Öffentlichkeit von der Hauptverhandlung,
- bei Gefährdung der Erziehung Jugendlicher durch ein an das Kollektiv gerichtetes Ersuchen,
- wenn ein Bekanntwerden der Straftat im Kollektiv nicht im Interesse der Gesellschaft oder des Geschädigten lag (Sexualdelikt o.ä.),
- das Ansehen des Beschuldigten unverhältnismäßig gelitten hätte,
- bei Fehlen eines geeigneten Kollektivs oder bei Ablehnung des Kollektivs an der Mitwirkung,
- wenn der Alters- oder Gesundheitszustand des Beschuldigten eine Behandlung der Sache im Kollektiv nicht ratsam erscheinen liess.[752]

Im Hauptverfahren konnte das Gericht von Amts wegen die Ladung eines Kollektivvertreters anordnen, § 200 StPO-DDR. Dieser hatte gem. § 221 Abs. 2 S. 3 StPO-DDR das Recht ununterbrochener Anwesenheit während der (öffentlichen) Hauptverhandlung.

Aufgabe des Kollktivvertreters in der Hauptverhandlung war es, die „dem Kollektiv bekannten Tatsachen über die Tat und die Person des Angeklagten und die darauf beruhende Einschätzung des Kollektivs“[753] darzulegen. Soweit der Kollektivvertreter die Auffassung des Kollektivs zur Einschätzung des Angeklagten, zu Maßnahmen seiner strafrechtlichen Verantwortlichkeit (z. B. Freiheitsstrafe mit oder ohne Bewährung), Vorschläge und Verpflichtungen zur erzieherischen Einwirkung auf den Angeklagten im Falle seiner Verurteilung[754] wiedergab, war seine Stellung der eines Vertreters der Jugendgerichtshilfe nach § 38 JGG vergleichbar.

Ein Kollektivvertreter war Beweismittel, wenn er Tatsachen im vorgenannten Sinn mitteilte, womit z. B. Arbeitsleistungen des Angeklagten oder dessen

750 GBl. I 1974, S. 597.
751 Küchler/Müller/Plitz, NJ 1975, S. 130ff., (131).
752 Kommentar zur StPO 1987, § 102 Anm. 5.
753 Kommentar zur StPO 1987, § 53 Anm. 1.3.
754 Kommentar zur StPO 1987, a.a.O.

Verhalten im Kollektiv, § 24 Abs. 2 StPO-DDR, gemeint waren.[755] Die verfahrensrechtliche Stellung eines Zeugen hingegen hatte der Kollektivvertreter nicht, ohne dass damit seine (potentielle) Beweisbedeutung im Rahmen der Beweiswürdigung gemindert wurde.

Für die Beweiskraft der verschiedenen Beweismittel gab es im übrigen keine Rangfolge. Die Beweiskraft eines jeden Beweismittels i.S.v. § 24 StPO-DDR war zu prüfen und ausschließlich aus dem Informationsgehalt des einen oder anderen Beweismittels zu begründen.[756]

Als „Bindeglied zwischen den gesellschaftlichen Kräften und dem Gericht",[757] insbesondere zur Aufklärung des Sachverhalts konnte sich die Ladung eines Kollektivvertreters zur Hauptverhandlung im Rechtsmittelverfahren als notwendig erweisen.

Eine Vernehmung des Kollektivvertreters als Beweismittel im Berufungsverfahren war zulässig, wenn – ausnahmsweise – das Rechtsmittelgericht eine eigene Beweisaufnahme mit dem Ziel eigener Sachentscheidung ohne Zurückverweisung[758] (§§ 299, 300 StPO-DDR) durchführte.

5.8.3 Gesellschaftliche Ankläger und gesellschaftliche Verteidiger

Die Tätigkeit gesellschaftlicher Ankläger oder gesellschaftlicher Verteidiger wurde als eine besondere Form der Mitwirkung der Bürger am Strafverfahren (vgl. Art. 6 StGB; § 4 StPO- DDR) gesehen.[759] Bei ihnen sollte es sich um „vorbildliche, mit besonderer Autorität ausgestattete Werktätige" handeln, die nur von einem der in § 54 Abs. 1 StPO-DDR genannten Organe oder Kollektive (z. B. Volksvertreter, Vertreter der Gewerkschaften, der Ausschüsse der Nationalen Front oder der Kollektive der Werktätigen [§ 53 StPO-DDR] oder sonstiger gesellschaftlicher Organisationen), nicht aber von Einzelpersonen oder Staatsorganen durch Beschluss beauftragt werden konnten.[760] Ihre Mitwirkung im strafgerichtlichen Verfahren bedurfte der Zulassung durch das erkennende Gericht, § 197 StPO-DDR. Je nach Inhalt des ihm erteilten Auftrags, von dem abzuweichen nicht gestattet war, hatte der Vertreter entweder die den Angeklagten besonders belastenden Umstände als gesellschaftlicher Ankläger (§ 54 StPO-DDR) aufzudecken oder die den

755 Vgl. Kommentar zur StPO 1987, § 24 Anm. 3.
756 OG, NJ 1968, S. 567; Kommentar zur StPO 1987, § 23 Anm. 2.1.
757 Schlegel, NJ 1965, S. 721ff., (725).
758 Kommentar zur StPO 1987, § 298 Anm. 2.1.
759 Kommentar zur StPO 1987, § 54 Anm. 1.1.
760 Kommentar zur StPO 1987, § 54 Anm. 1.2.

Angeklagten entlastenden bzw. seine strafrechtliche Verantwortlichkeit ausschließenden Umstände als gesellschaftlicher Verteidiger (§ 55 StPO-DDR) vorzubringen. Weitergehend als die Kollektivvertreter hatten gesellschaftlicher Ankläger und gesellschaftlicher Verteidiger Rechte, wie z.B.

- Beweisanträge zu stellen (§ 223 StPO-DDR),[761]
- Fragen an den Angeklagten, an Zeugen oder an Sachverständige zu stellen (§ 229 Abs. 1, 2 StPO-DDR),
- Verfahrensunterbrechung bzw. -aussetzung zu beantragen, wenn sich die Rechtslage änderte oder die Anklage erweitert wurde (§§ 236 Abs. 2, 237 Abs. 3 StPO-DDR),
- einen Schlussvortrag zu halten, § 238 Abs. 1 StPO-DDR.

Ein eigenes Rechtsmittelrecht stand jedoch weder dem gesellschaftlichen Ankläger noch dem gesellschaftlichen Verteidiger zu.

Über die Teilnahme an der Hauptverhandlung hinaus umfasste ihr Tätigkeitsfeld erzieherisch-präventive Aufgaben, indem sie bspw. in Betrieben, die durch Eigentumsdelikte geschädigt wurden, über den Prozessverlauf informierten und das Verfahren umfassend auswerteten.[762]

5.8.4 Gesellschaftliche Gerichte

Eine Besonderheit stellten die gesellschaftlichen Gerichte dar, die ausdrücklich im DDR-GVG 1974 in den §§ 1, 2 Abs. 3 genannt sind. § 1 Abs. 1 GGG[763] grenzte die gesellschaftlichen Gerichte auf Konfliktkommissionen (in Betrieben) und Schiedskommissionen (in Wohngebieten) ein.[764] Deren Aufgabenbereiche ebenso wie formalrechtliche Einzelheiten waren im einzelnen in einer Konfliktkommissions- bzw. Schiedskommissionsordnung geregelt,[765] wobei Tätigkeit, Arbeitsweise und Unterstützung der Kommissionen näher durch Beschlüsse des Staatsrates der DDR vorgegeben wurden, § 1 Abs. 3 GGG.

---

761 Kommentar zur StPO 1987, § 223 Anm. 1.2.

762 Schüan, NJ 1988, S. 151ff., (153).

763 Gesetz über die gesellschaftlichen Gerichte der Deutschen Demokratischen Republik – GGG – v. 25. März 1982 (GBl. I 1982 Nr. 13, S. 269).

764 Auch hier zeigt sich in gewisser Hinsicht erneut die Vorbildfunktion der UdSSR mit den dort eingerichteten sog. Kameradschaftsgerichten, die ähnliche Aufgaben wie die Konfliktkommissionen wahrnahmen; vgl. dazu Benz, Zur Rolle der Laienrichter im Strafprozess, S. 173. m.w.N.

765 Darauf im einzelnen einzugehen, würde den Rahmen dieser Arbeit sprengen.

Die Übergabe einer Strafsache an ein gesellschaftliches Gericht war möglich bei Vergehen und Verfehlungen, nicht aber bei Verbrechen.

Vergehen waren „vorsätzlich oder fahrlässig begangene gesellschaftswidrige Straftaten, welche die Rechte und Interessen der Bürger, das sozialistische Eigentum, die gesellschaftliche und staatliche Ordnung oder andere Rechte und Interessen der Gesellschaft schädigen", § 1 Abs. 2 S. 1 StGB-DDR.[766] Als Verfehlungen kamen nach der Legaldefinition des § 4 Abs. 1 StGB-DDR in Betracht „Verletzungen rechtlich geschützter Interessen der Gesellschaft oder der Bürger, bei denen die Auswirkungen der Tat oder die Schuld des Täters unbedeutend" waren, „und die im Strafgesetzbuch oder in anderen Gesetzen als solche bezeichnet" waren.[767]

Im Einzelfall kam eine Übergabe an ein gesellschaftliches Gericht in Betracht, wenn „im Hinblick auf die eingetretenen Folgen und die Schuld des Täters die Handlung nicht erheblich gesellschaftswidrig ist und wenn unter Berücksichtigung der Tat und der Persönlichkeit des Täters eine wirksame erzieherische Einwirkung durch das gesellschaftliche Organ der Rechtspflege zu erwarten"[768] war.

Die Übergabeentscheidung konnte im Ermittlungsverfahren durch Untersuchungsorgane[769] sowie durch die Staatsanwaltschaft erfolgen. Im Eröffnungsverfahren war hierfür das Strafgericht unter Beteiligung der Schöffen zuständig, §§ 188 Abs. 1 Nr. 4, 191 StPO-DDR.

Das maßgebliche Kriterium der „nicht erheblich gesellschaftswidrigen" Handlung wurde objektiv durch das Maß der Schadensverursachung oder durch die Herbeiführung einer Gefahrenlage bestimmt, wobei Unerheblichkeit in diesem Sinne aber nicht mit Geringfügigkeit des Verstoßes i.S.v. § 3 StGB-DDR gleichzusetzen war.[770]

---

766 StGB-DDR ist das Strafgesetzbuch der DDR in der ursprünglichen Fassung vom 12. Januar 1968 mit Neubekanntmchung vom 27.Oktober 1983. Es trat am 3.Oktober 1990 außer Kraft.

767 Speziell für Verfehlungen gab es eine Durchführungsverordnung zum Einführungsgesetz zum StGB und zur StPO (GBl. I 1975 Nr. 6, S. 128).

768 So der identische Wortlaut der §§ 28 Abs. 1 S. 1 StGB DDR, 58 Abs. 1 S. 1 StPO-DDR.

769 Untersuchungsorgane waren staatliche Organe bei dem Ministerium des Innern, dem Ministerium für Staatssicherheit sowie bei der Zollverwaltung, § 88 Abs. 2 Nr. 1–3 StPO-DDR.

770 Kommentar zur StPO 1987, § 58 Anm. 1.2.

In subjektiver Hinsicht war auf die Art und Schwere der Schuld abzustellen, insbesondere auf das Maß der „Verantwortungslosigkeit bei der Verwirklichung des gesetzlichen Tatbestandes“.[771]

Auch wenn die Sanktionsgewalt der gesellschaftlichen Gerichte auf die Verhängung von Erziehungsmaßnahmen gem. § 29 StGB-DDR – wozu z. B. die Verpflichtung des Betroffenen, sich bei dem Geschädigten oder vor dem Kollektiv zu entschuldigen, der Ausspruch einer Rüge oder die Verhängung einer Geldbuße bis höchstens 150,- Mark gehörten – beschränkt war, konnte gleichwohl von der Übergabe an ein gesellschaftliches Gericht abgesehen werden. Das galt bspw., wenn im Hinblick auf das Alter des Betroffenen, seine besondere Sensibilität oder bei einem ihm drohenden Ansehensverlust die Verhandlung seines Falls vor einem gesellschaftlichen Gericht eine unverhältnismäßige Belastung („Prangereffekt“) bedeutet hätte.[772]

Maßgebliches Organ für die Überprüfung der Rechtmäßigkeit von Entscheidungen der gesellschaftlichen Gerichte war die Staatsanwaltschaft, die im Falle ungesetzlicher Entscheidungen verpflichtet war, dagegen Einspruch beim Kreisgericht einzulegen, § 24 Abs. 2 S. 2 StAG.

5.9 Gerichtliche Tätigkeit von Schöffen

5.9.1 Eröffnungsverfahren

Der Vorsitzende des für die Eröffnungsentscheidung zuständigen Gerichts war verpflichtet, die Schöffen in diesen Entscheidungsprozess umfassend einzubeziehen. Nahezu sämtliche Entscheidungen im Eröffnungsverfahren wurden demzufolge unter Mitwirkung von Schöffen getroffen. Ausgenommen waren lediglich kreisgerichtliche Verfahren bei selbständiger Einziehung oder Verfahren vor dem Obersten Gericht, § 188 Abs. 3 StPO-DDR.

Die Schöffen ihrerseits hatten durch intensives Aktenstudium, Aneignung der für den Sachverhalt erforderlichen Rechtskenntnisse und Rechtsvorschriften, ggf. ergänzt durch Erläuterungen und Hinweise des Vorsitzenden, eine dazu korrespondierende Vorbereitungspflicht. Eine Situation wie die, dass der Vorsitzende den Schöffen einen unterschriftsreifen Vorschlag über den Inhalt der Eröffnungsentscheidung unterbreitete, war auszuschließen.[773] Sämtliche im Eröffnungsverfahren

771 Kommentar zur StPO 1987, § 58 Anm. 1.4.
772 Kommentar zur StPO 1987, § 58 Anm. 1.8.
773 NJ 1972, S. 440.

gefassten Beschlüsse wurden von dem Richter und den Schöffen vorbereitet und unterschrieben. Dazu gehörten auch Entscheidungen über die Anordnung, die Fortdauer oder die Aufhebung der Untersuchungshaft, über die besondere Aufsicht Erziehungsberechtigter oder über eine Sicherheitsleistung, die im Zusammenhang mit der Eröffnung des gerichtlichen Hauptverfahrens zu treffen waren (vgl. § 188 Abs. 2 StPO-DDR).[774]

Insoweit vergleichbar der Bedeutung des Zwischenverfahrens in §§ 199ff. StPO wurde die Eröffnungsentscheidung als maßgebliche Schnittstelle für das weitere Verfahrens gesehen. Anders als in § 202 S.1 StPO vorgegeben, war das Eröffnungsgericht jedoch nicht befugt, eigene Ermittlungshandlungen vorzunehmen, also insbesondere Beweiserhebungen anzuordnen. Prüfungsgegenstand waren allein die von der Staatsanwaltschaft in den Akten dargelegten Ermittlungsergebnisse.[775] Schöffen wie Berufsrichter hatten nicht nur die Möglichkeit, sondern sogar die Pflicht, diese Ergebnisse kritisch zu würdigen. Erwiesen sie sich als unzureichend oder unvollständig i. S. v. §§ 101, 102 Abs. 3, 69 StPO-DDR, war die Eröffnung des Hauptverfahrens abzulehnen (§192 StPO-DDR) oder der Vorgang an den Staatsanwalt zwecks Durchführung weiterer, aus Sicht des Gerichts notwendiger Ermittlungen zurückzugeben, (§ 190 Abs. 1 Nr. 2 StPO- DDR).

Insgesamt war die Wert des Zwischenverfahrens nach der StPO-DDR deutlich höher einzuschätzen als die vergleichbaren, in ihrem Bedeutungsgehalt aber umstrittenen[776] Regelungen der §§ 199 bis 211 StPO.

Nach der DDR-StPO waren nicht nur besondere verfahrensrechtliche Aspekte zu beachten, wie etwa die Prüfung, ob sich ein Fall für die Übergabe an ein gesellschaftliches Gericht eignete, § 188 Abs. 1 Nr. 3 StPO-DDR. War eine Übergabe beabsichtigt, musste – zum Schutz der Rechte des Beschuldigten und um ihn vor unnötigen Belastungen im Rahmen einer Hauptverhandlung zu bewahren[777] – die Nichteröffnung gemeinsam mit den Schöffen, soweit deren Mitwirkung für dieses Verfahren vorgesehen war, in nichtöffentlicher Beratung beschlossen werden.

Zu prüfen war nach § 102 Abs. 3, 4 StPO-DDR darüber hinaus, ob die Staatsanwaltschaft im Ermittlungsverfahren dem Grundsatz der differenzierten Mitwirkung von Werktätigen hinreichend Rechnung getragen hatte.

774 Kommentar zur StPO 1987, § 52 Anm. 2.
775 Strafverfahrensrecht, Lehrbuch 3. Aufl. 1987, S. 231.
776 KK-StPO, Pfeiffer/Hannich Einl. Rn. 43.
777 Strafverfahrensrecht, Lehrbuch 1. Aufl. 1977, S. 308.

Auch unterlag die inhaltliche Überprüfung der Qualität staatsanwaltschaftlicher Ermittlungsarbeit, vor allem im Hinblick auf die hinreichende Wahrung der Beschuldigtenrechte, strengen Maßstäben. Nur wenn die von dem Staatsanwalt im Ermittlungsverfahren „gesammelten Beweise als ausreichend und geeignet“ erschienen, „um unter der Voraussetzung ihrer Bewährung in der gerichtlichen Hauptverhandlung und auf ihnen fußend, in der Lage zu sein,

- den Sachverhalt in erforderlichem Umfang nachzuweisen,
- die strafrechtliche Verantwortlichkeit des Beschuldigten zu erkennen,
- die angemessenen Maßnahmen der strafrechtlichen Verantwortlichkeit zu finden und die Kriminalitätsvorbeugung und -bekämpfung durch die Werktätigen mit zu verstärken“,[778] kam eine Eröffnung in Betracht.

Damit überhaupt ein hinreichender Tatverdacht i.S.d. § 187 Abs. 2 Nr. 2 StPO-DDR angenommen werden konnte, hatte das Gericht bei der Vorbereitungsentscheidung die durch die Beweismittel übermittelten Informationen miteinander sowie mit den jeweiligen gesetzlichen Vorgaben in Beziehung zu setzen, also die Beweise zu würdigen.[779]

Auch wenn eine detaillierte und endgültige Beweiswürdigung notwendigerweise der Hauptverhandlung vorbehalten bleiben musste, erstreckte sich die gerichtliche Prüfungspflicht darauf, ob „die vorhandenen Beweismittel nach ihrem Thema und insgesamt eine vollständige Grundlage für den hinreichenden Tatverdacht bildeten. Einander widersprechende Informationen aus Beweismitteln oder ungenügend nachgewiesene Tatsachen konnten erhebliche Zweifel hervorrufen. Bezogen sich diese Zweifel auf rechtlich erhebliche Tatsachen, so durfte das Gericht keinen hinreichenden Tatverdacht bejahen“.[780]

Offensichtlich ermöglichte die umfassendere und weitreichendere gerichtliche Beweiswürdigung im Eröffnungsverfahren, die Entscheidungsregel des „in dubio“ auf die Frage einer Verurteilungswahrscheinlichkeit anzuwenden.

In geringerem Umfang als bei einer Beurteilung nach § 203 StPO,[781] bei der der Grundsatz „in dubio pro reo“ allenfalls mittelbar Bedeutung erlangen kann,[782] war der Blick im Rahmen der Beweisbarkeitsprognose gerade nicht auf das Ergebnis

778 Strafverfahrensrecht, Lehrbuch, a.a.O., S. 309.

779 Schröder/Zank, Qualitative Anforderungen an die Beweiswürdigung im Strafverfahren, NJ 1988, S. 225ff. (226); Körner, NJ 1988, S. 310ff., (311).

780 Strafverfahrensrecht, Lehrbuch 1. Aufl. 1977, S. 310.

781 S. dazu KK-StPO/Schneider § 203 Rn. 5.

782 L-R/Stuckenberg § 203 Rn. 15.

der Beweisaufnahme in der Hauptverhandlung anhand des vorliegenden Beweismaterials gerichtet. Eine Würdigung zugunsten war vor allem möglich, wenn das Gericht schon im Eröffnungsverfahren feststellen konnte, dass einzelne belastende Umstände durch entlastende Umstände widerlegt werden.

Das „amtliche" Lehrbuch zum Strafverfahrensrecht[783] brachte dafür ein plastisches Beispiel: ein Zeuge behauptet den ihm als Nachbarn bekannten, die Tat bestreitenden Beschuldigten, als Täter identifiziert zu haben. Zwei Arbeitskollegen des vermeintlichen Täters bekunden, dass dieser zur Tatzeit gemeinsam mit ihnen im Betrieb tätig, also nicht am Tatort, war. – In diesem Fall galt die Aussage des „Tatzeugen" als widerlegt,[784] eine Verfahrenseröffnung kam nicht in Betracht.

Bei Anwendung des § 203 StPO würde die Eröffnungsentscheidung wahrscheinlich anders ausfallen: soweit Angaben von Verfahrensbeteiligten einander widersprechen, steht dieser Umstand selten einer Verfahrenseröffnung entgegen und bleibt i.d.R. der abschließenden Klärung in der Hauptverhandlung vorbehalten. Die Eröffnungsentscheidung soll allein erkennbar aussichtslose Fälle ausfiltern, aber der Hauptverhandlung ansonsten nicht vorgreifen.[785]

5.9.2 Die Hauptverhandlung vorbereitende Tätigkeiten

Schon vor Inkrafttreten des GVG-DDR 1963, das in § 62 S. 2 ausdrücklich die Schöffenkompetenz auch auf das vorgerichtliche Verfahren erweiterte, war einhellige Auffassung, dass die Tätigkeit eines Schöffen nicht erst mit dem Hauptverhandlungstermin oder der mündlichen Verhandlung in Zivilsachen, sondern bereits im Vorbereitungsstadium zu beginnen hat. Entsprechend weitreichend und umfassend waren die den Schöffen auferlegten Rechtspflichten z. B. in §§ 2, 27 GVG-DDR 1952 – in § 45 GVG-DDR 1974 sogar als Grundpflichten bezeichnet – ausgestaltet.

Maßnahmen zur Vorbereitung der Hauptverhandlung waren darüber hinaus nicht auf organisatorische Aufgaben beschränkt. Gemeinsam mit dem Richter bereiteten die Schöffen die Hauptverhandlung vor und bestimmten die Verhandlungskonzeption mit.[786] Gem. § 200 StPO-DDR gehörten dazu u.a. prozessleitende Verfügungen wie Terminsfestlegungen, Ladungen von Zeugen, Sachverständigen.

---

783 Strafverfahrensrecht, Lehrbuch 3. Aufl. 1987, S. 233.

784 Strafverfahrensrecht, Lehrbuch, a.a.O.

785 L-R/Stuckenberg § 203 Rn.13.

786 Kommentar zur StPO 1987, § 52 Anm. 2; wobei allerdings anders als im Eröffnungsverfahren (§ 188 Abs. 3) Entscheidungen und Maßnahmen des Kollegialgerichts eher die Ausnahme darstellen sollten; so Kommentar zur StPO 1987, § 200 Anm. 2.

Festzulegen war des weiteren, wo die Hauptverhandlung – ob im Gerichtsgebäude oder in Betrieben, Genossenschaften, Einrichtungen, Wohngebieten – stattfinden sollte (§ 201 Abs. 1, 2 StPO-DDR), oder ob die Teilnahme des Staatsanwalts an der Hauptverhandlung zu verlangen war, § 214 Abs. 3 StPO-DDR.

Besonderheiten ergaben sich schließlich hinsichtlich der eventuellen Mitwirkung gesellschaftlicher Kräfte/ Kollektivvertreter. §§ 197, 209 StPO-DDR gaben je nach Eigenart des Falls vor, zur Erhöhung der gesellschaftlichen Wirksamkeit der Hauptverhandlung ggf. Werktätige einzuladen, die auf Grund ihrer gesellschaftlichen oder beruflichen Tätigkeit von der „Strafsache berührt" wurden (§ 209 StPO-DDR), oder die im gleichen Arbeits- und Wohnbereich wie der Angeklagte wirkten. Der Mitwirkungsumfang gesellschaftlicher Kräfte/Kollektivvertreter war abhängig von der Art und Schwere der Tat sowie den realen Möglichkeiten, zur Erziehung des Täters und zu kriminalitätsvorbeugenden Veränderungen in seinem Lebensbereich beizutragen.[787]

Zu beteiligen waren Schöffen immer, wenn es um die Entscheidung über die Zulassung oder Ablehnung eines gesellschaftlichen Anklägers oder gesellschaftlichen Verteidigers ging.[788]

In umfangreichen und schwierigen Verfahren wurde die Erarbeitung einer schriftlichen Verhandlungskonzeption unter Mitwirkung der Schöffen für sinnvoll oder sogar für notwendig erachtet.[789] Erwartet wurde darüber hinaus eine aktive Beteiligung der Schöffen während der Dauer der Hauptverhandlung, indem sie, insbesondere durch Wahrnehmung ihres Fragerechts, zur „gründlichen"[790] Wahrheitsfindung beitragen sollten. Als prozessual zulässig anerkannt waren auch evtl. Vorhalte und Hinweise an den Angeklagten zur Verdeutlichung der Moralauffassung der Arbeiterklasse, um dadurch erzieherisch auf ihn einzuwirken.[791] Entsprechend vorzubereiten war die Hauptverhandlung durch den Richter und die Schöffen.

Berufsrichter hatten die „verantwortungsvolle Pflicht", die „Tätigkeit von Schöffen anzuleiten und an deren Weiterbildung aktiv mitzuarbeiten".[792] Als Angehörige staatlicher Führungsorgane hatten Berufsrichter durch ihre

---

787 Strafverfahrensrecht, Lehrbuch, 3. Aufl. 1987, S. 235.

788 Kommentar zur StPO 1987, § 200 Anm. 2; Müller/Stranovsky/Williamowski, NJ 1975, S. 158; zur Rolle des gesellschaftlichen Anklägers und des gesellschaftlichen Verteidigers.

789 Vgl. NJ 1972, S. 441.

790 Görner, NJ 1966, S. 579ff., (580); s. dazu auch Kapitel VII.4.

791 NJ 1972, 441.

792 Benjamin, NJ 1952, S. 438; Toeplitz, NJ 1953, S. 192.

Anleitungstätigkeit ehrenamtliche Kräfte zur Lösung der ihnen gestellten Aufgaben zu befähigen.[793] Als besonders bedeutend wurde die gemeinsame Aussprache mit den Schöffen in Vorbereitung einer Gerichtsverhandlung angesehen. In ihr sollten die Schöffen mit den für den jeweiligen Fall einschlägigen Rechtsvorschriften, der maßgeblichen Rechtsprechung des Obersten Gerichts sowie Plenarbeschlüssen und Entscheidungen des Bezirksgerichts vertraut gemacht werden. Als sinnvoll beurteilt wurden auch Literaturhinweise, um den Schöffen dadurch Gelegenheit zu geben, sich im Selbststudium ergänzend in den Fall einzuarbeiten.[794] Aus Schöffenkreisen gab es ebenfalls Anregungen, wie bspw. die, in allen Gerichten ein Schöffenzimmer mit einer kleinen Bibliothek einzurichten oder den Verbreitungsgrad der Zeitschrift „Der Schöffe" mit entsprechenden, unterstützenden Werbemaßnahmen zu erhöhen.[795]

Als Ausdruck eines dialektischen Prozesses von Kritik und Selbstkritik entwickelte sich schon im Vorfeld eines Hauptverfahrens eine Art indirektes Kontrollsystem, das gleichwohl transparent, weil offen geäußerter Kritik bei Nichteinhaltung zugänglich, erschien. Einerseits unterlag die Leitungstätigkeit der Vorsitzenden von Kammern und Senaten regelmäßiger Überprüfung sowohl durch die Schöffen selbst[796] als auch durch die dienstvorgesetzten Behörde wegen der Einhaltung der Beweisrichtlinie.[797] Diese verpflichtete den Vorsitzenden in Abschnitt II Nr. 1 unter aktiver Einbeziehung der Schöffen zu prüfen, ob die Ermittlungen der Staatsanwaltschaft vollständig geführt wurden und die im Ermittlungsverfahren gesicherten Beweismittel geeignet waren, den strafrechtlich relevanten Sachverhalt aufzuklären.[798]

793 Görner, NJ 1966, S. 579ff. (580); Karliczek/Weichelt, Wissenschaftliche Leitungstätigkeit und ehrenamtliche Arbeit im Verantwortungsbereich der örtlichen Volksvertretungen und ihrer Organe, StuR 1965, Heft 9, S. 1442ff.

794 Görner NJ 1966, S. 579ff., (580).

795 Streit, Kritische Bemerkungen zur bisherigen Arbeit der Schöffen, NJ 1955, S. 146.

796 Vgl. bspw. die Abschlussbesprechungen zwischen Richtern und Schöffen am Ende jeder Schöffenperiode; dazu auch Sbrisny, NJ 1955, S. 153f.

797 Richtlinie des Plenums des Obersten Gerichts zu Fragen der gerichtlichen Beweisaufnahme und Wahrheitsfindung im sozialistischen Strafprozess – Beweisrichtlinie vom 15. Juni 1988 – 09-03-005/88 – abgedruckt in NJ 1988, Heft 8, S. 315. Vorläufer zu der Beweisrichtlinie waren der Beschluss des Plenums des Obersten Gerichts zu Fragen der gerichtlichen Beweisaufnahme und der Wahrheitsfindung im sozialistischen Strafprozess v. 30.9.1970 – I PIB 2/70 – (abgedruckt in: NJ-Beilage 5/70 zu Heft 21) sowie die Beweisrichtlinie v. 16.3.1978 (GBl. I Nr. 14, S. 169).

798 Körner, NJ 1988, S. 310, (311).

Andererseits wurde die Notwendigkeit einer Kontrolle der Tätigkeit von Schöffen durch die Grundorganisationen der SED in den volkseigenen Betrieben, den landwirtschaftlichen Produktionsgenossenschaften und den Verwaltungen gesehen.[799] So mussten sich Schöffen bspw. regelmäßig sog. Justizausspracheabenden stellen.[800] Schöffen waren letztlich also „Kontrolleure“ und „Kontrollierte“ zugleich.

5.9.3 Aufgaben von Schöffen während der Hauptverhandlung

Dem Grundsatz der Vorrangigkeit einer Kollegialentscheidung entsprechend wurden alle wesentlichen Entscheidungen des erkennenden Gerichts unter aktiver Mitwirkung der Schöffen getroffen. Dazu gehörten u.a. Entscheidungen über Beweisanträge, den Erlass oder die Aufhebung von Haftbefehlen, die Anordnung von Durchsuchungen oder Beschlagnahmen, der Ausspruch einer Ordnungsstrafe, Entscheidungen über Nachtragsanklagen oder über den Ausschluss der Öffentlichkeit.[801]

Eine herausgehobene Bedeutung hatte auch das Fragerecht der DDR-Schöffen.[802]

Beratung und Abstimmung waren in den §§ 180, 181 StPO-DDR geregelt. Im Kern stimmten diese Vorschriften inhaltlich mit den Bestimmungen der §§ 192ff. GVG überein. Abweichend davon hatte allerdings jeder Richter das Recht eines Sondervotums. Seine abweichende Meinung konnte der Betreffende schriftlich in einer Erklärung niederlegen, die verschlossen zu den Akten zu nehmen war, § 180 Abs. 3 S. 1, 2 StPO-DDR. Das umfassende Abstimmungs- und Beratungsgeheimnis blieb dadurch gleichwohl gewahrt, da nur die an der Urteilsfällung Beteiligten und die später mit der Sache befassten Richter berechtigt waren, Einsicht in das Sondervotum zu nehmen, § 180 Abs. 3 S. 3 StPO-DDR.

Praktische Relevanz indes dürfte das Recht, eine abweichende Meinung zu vertreten und zu dokumentieren, kaum erlangt haben. Nach dem Ergebnis empirischer Feststellungen anhand gesichteter Prozessakten befand sich laut Mathes[803] in keiner der Akten ein Sondervotum. Auch die Schöffen hatten danach ein solches nie verfasst.

Als besondere Errungenschaft im Strafprozessrecht der DDR und gleichsam als Überwindung der „alten“ Vorschrift des § 275 StPO wurde die Einführung des § 245 Abs. 1 StPO-DDR[804] – die Neuregelung der Urteilsabsetzung – gepriesen.[805]

---

799 Becker (Leiter der Justizverwaltungsstelle im Bezirk Potsdam), NJ 1955, S. 150.

800 S. dazu Kapitel VI.5.9.2. und 5.11.

801 Kommentar zur StPO 1987, § 52 Anm. 3.

802 S. dazu Kapitel VII.4.

803 Mathes, Volksrichter-Schöffen-Kollektive, S. 162 (Fn. 785).

804 Damals noch § 225 Abs. 1 StPO-DDR 1952.

805 Vgl. bspw. Grass, NJ 1955, S. 142ff., (143).

Danach war ein Strafurteil während der Beratung schriftlich abzusetzen, zu begründen und von allen Richtern zu unterschreiben. Lediglich dann, wenn insbesondere die Sache umfangreich oder kompliziert war oder mehrere Angeklagte beteiligt waren, konnte die Hauptverhandlung zur Vorbereitung der Urteilsverkündung bis zu drei Tagen unterbrochen werden.[806]

Der dahinter stehende Gedanke einer Beschleunigungs- und Konzentrationsmaxime erlangte im übrigen auch in anderem Zusammenhang im DDR-Strafverfahren Anerkennung. Erkennende Gerichte waren verpflichtet, eine Hauptverhandlung spätestens innerhalb von vier Wochen – bei jugendlichen Angeklagten sogar innerhalb von drei Wochen – nach Eingang der Anklageschrift bei Gericht durchzuführen, § 201 Abs. 3 S. 1 StPO-DDR.

5.10 Strafenverwirklichung, Bewährungskontrolle

Mit dem Abschluss eines Gerichtsverfahrens war die Tätigkeit von Schöffen nicht zwingend beendet. Zum Aufgabenbereich von Schöffen – jedenfalls bei denen, die in Strafverfahren eingesetzt waren – gehörte der Einsatz bei der sog. Strafenverwirklichung im Anschluss an eine Verurteilung.

Strafenverwirklichung war nicht eine bloße Fortführung des bisherigen Verfahrens. Verstanden wurde sie vielmehr als ein von speziellen Regelungen im StGB, der StPO, aber auch im Zivil- und Verwaltungsrecht begleiteter, zunehmend selbständig werdender Prozess. In ihm waren eigenständige Initiativen der Gerichte, anderer staatlicher Organe, von Leitern in Betrieben und Einrichtungen, Arbeitskollektiven und anderen gesellschaftlichen Kräften gefordert wurden.[807] Zu verstehen waren sie als eine Art kollektiver Nachsorge dessen, was in § 23 StGB-DDR als „System der Maßnahmen", also Strafen, geregelt war. Teil dieser Maßnahmen waren Strafen mit oder ohne Freiheitsentzug.

Zu beteiligen waren Schöffen an

- Entscheidungen über die Gewährung oder den Widerruf der Strafaussetzung zur Bewährung;
- Beschlüssen über die nach Ablauf der Bewährungszeit für den bedingt Verurteilten zu treffende Feststellung, dass er „als nicht bestraft gilt";

806 Kommentar zur StPO 1987 § 246 Anm. 3.1. und 3.2.
807 Weber, NJ 1980, S. 544ff., (545).

- Entscheidungen über die Umwandlung von „böswillig nicht gezahlten“[808] Geldstrafen in Freiheitsstrafen.

Weber, Leiter des Lehrstuhls für Strafrecht und Strafprozessrecht der Akademie für Staats- und Rechtswissenschaften der DDR, definierte die Strafenverwirklichung als individuelle Verwirklichung einer bereits – durch Schuldspruch und Strafzumessungserwägungen – individualisierten Maßnahme der strafrechtlichen Verantwortlichkeit.[809]

Über die bloße Bewährungskontrolle hinaus erstreckte sich die Schöffentätigkeit insoweit also auch auf die Unterstützung der kollektiven Erziehung von straffällig gewordenen Bürgern und die Wiedereingliederung entlassener Strafgefangener.[810]

Die „erforderlichen Maßnahmen zur Erziehung des Täters und zur Überwindung der begünstigenden Umstände von Rechtsverletzungen“[811] waren von Schöffen ein- und anzuleiten bzw. deren Einhaltung zu überprüfen, die Überwachung der Erziehungspflichten von Betrieben gegenüber Verurteilten eingeschlossen.[812]

In der StPO-DDR wurde diese, 1958 eingeführte Aufgabe für Schöffen als Beteiligung an der „Verwirklichung der Maßnahmen der strafrechtlichen Verantwortlichkeit“ bezeichnet, §§ 52, 342, 357 Abs. 1, 2 StPO-DDR.

Die Staatsanwaltschaft überwachte zwar die „Gesetzlichkeit der Verwirklichung der Maßnahmen der strafrechtlichen Verantwortlichkeit“, so § 26 Abs. 1 S. 1 StAG. Praktisch umgesetzt wurde die Kontrolle jedoch nahezu ausschließlich über „gesellschaftliche Kräfte“.

Zur Bewährungsaufsicht durch Schöffen gehörte es schließlich, Kontakte zu Kollektiven und Betrieben, die die Erziehung des Haftentlassenen übernahmen, herzustellen und wenigstens für die Dauer der Bewährung aufrechtzuerhalten. Neben dem Arbeitsbereich hatten Schöffen auch den Wohnbereich des Verurteilten – etwa über den Wohnbezirksausschuss der Nationalen Front[813] oder über den

---

808 Mathes, Volksrichter-Schöffen-Kollektive, S. 112.

809 Weber, NJ 1980, S. 545.

810 Mathes, Volksrichter-Schöffen-Kollektive S. 172.

811 Vgl. Görner, NJ 1966, S. 579, (580).

812 Knecht, NJ 1971, S. 117.

813 Die Nationale Front der DDR, die bis 1973 Nationale Front des demokratischen Deutschlands hieß, war ein Zusammenschluss aus den sog. Blockparteien (SED; LDPD, CDU, Bauernpartei usw.) und Massenorganisationen (FDGB, FDJ, Kulturbund usw.).

Abschnittsbevollmächtigten der Deutschen Volkspolizei[814] – daraufhin zu kontrollieren, ob er sich in diesem Umfeld bewährte.

Das umfassende und für den Betroffenen rigide wirkende Kontrollsystem war offensichtlich auch deshalb erforderlich, um den umfangreichen Katalog der §§ 33ff. StGB-DDR auszufüllen. Eine der Bewährungsauflagen des §§ 33, 34 StGB -DDR war die – für jugendliche Delinquenten nach § 70 Abs. 2 StGB-DDR ebenso geltende[815] – Verpflichtung zur Bewährung am Arbeitsplatz. Häufig wurde dem Verurteilten auferlegt, seinen Arbeitsplatz oder einen ihm noch zuzuweisenden Arbeitsplatz nicht zu wechseln, § 34 Abs. 2 S. 2 StGB-DDR. Dadurch konnte er zeigen, dass er die „richtigen Lehren aus seiner Tat und seiner Verurteilung gezogen hat", § 33 Abs. 4 Nr. 1 StGB-DDR.

Um den Wert und die Intensität der den Schöffen gegenüber Bewährungsverurteilten oder Haftentlassenen obliegenden Erziehungsaufgaben zu erhöhen, wurden vor allem in größeren Betrieben sog. Schöffenkollektive gebildet, in denen Mitte der 70-er Jahre etwa die Hälfte aller Schöffen organisiert waren.[816] Die Hauptfunktion dieser Kollektive bestand darin, die Verbindung zwischen den Schöffen zu halten und darüber hinaus eine engere Verbindung zwischen Gericht und Betrieben zu schaffen.[817]

Erhebliche praktische Bedeutung hatte des weiteren die Übernahme von „Bürgschaften" (§ 57 StPO-DDR). Bürgschaft war die freiwillige Verpflichtung eines Kollektivs der Werktätigen,[818] für die Erziehung eines straffälligen oder aus dem Strafvollzug entlassenen Bürgers zu sorgen.[819] In etwa einem Drittel der Fälle wurden auf Grundlage des § 31 StGB-DDR betriebliche Bürgschaften übernommen.[820] Neben den betrieblichen gab es auch Einzelbürgschaften, falls der Betroffene nicht in einem Betrieb tätig war oder – wie bei Jugendlichen – ein besonderes persönliches Vertrauensverhältnis zwischen Bürgen und Betreutem bestand.[821]

814 Knecht, Mitwirkung der Schöffen bei der Strafenverwirklichung, NJ 1970, S. 116.

815 S. auch Jahn/Körner, NJ 1978, S. 338.

816 Heusinger, NJ 1970, S. 222.

817 Mathes, Volksrichter-Schöffen-Kollektive, S. 171.

818 Darunter waren unmittelbare Arbeitskollektive, Lern- und Ausbildungskollektive, militärische Kollektive, Gewerkschaften, Jugendverbände, Sportgemeinschaften, Kollektive in Internaten und Wohnheimen zu verstehen (Kommentar zur StPO 1987, § 53 Anm. 2).

819 Kommentar zur StPO 1987, § 57 Anm. 1.1.

820 Wolf, Die Bürgschaft der Kollektive der Werktätigen über Strafrechtsverletzer, NJ 1976, S. 357; Jahn/Körner, NJ 1978, S. 338.

821 Kommentar zur StPO 1987, § 57 Anm. 1.1.

Über kontrollierbare Verpflichtungen (z. B. Heranziehung zu Sonderschichten auf Grundlage arbeitsrechtlicher Regelungen, Berichterstattungspflicht des Betroffenen über die Entwicklung seines „Erziehungsprozesses“ anhand von Kontrollkarten) hinaus war der Einfluss des Bürgen vor allem auf das Bewährungsschicksal des Probanden erheblich. So hatten Bürgen das Recht,[822] u.U. den Vollzug der zur Bewährung ausgesetzten Freiheitsstrafe (§ 344 Abs. 2 StPO-DDR – bei Jugendlichen beschränkt auf bis zu zwei Wochen Jugendhaft (§ 345 Abs. 2 StPO-DDR) – zu beantragen, falls der Proband die Verpflichtungen nicht erfüllte. Andererseits konnten die Bürgen nach Ablauf von mindestens einem Jahr den Erlass der restlichen Bewährungszeit beantragen (§ 35 Abs. 2 StGB-DDR i.V.m. § 342 Abs. 6 StPO- DDR).

Eine umfassende Berichterstattungspflicht gehörte ebenfalls zum Aufgabenkreis der Schöffen. Konkret am Einzelfall eines Verurteilten orientiert ergab sich diese Pflicht aus der Verweisungsnorm des § 350 Abs. 4 StPO-DDR. Danach galten für die Durchführung der Kontrolle der Erziehung und Bewährung des Verurteilten sowie die hierbei zu treffenden Entscheidungen und Maßnahmen die Regelungen des § 342 Abs. 2, 4, 5 und 7 StPO-DDR entsprechend. Schöffen hatten – in Verbindung mit §§ 12 bis 15, 17 Abs. 1 der 1. DB zur StPO-DDR[823] – die Pflicht, das Gericht über den Verlauf und die Ergebnisse der Erziehung und Bewährung des Verurteilten und über die Entscheidungen hinsichtlich weiterer Maßnahmen zur Verwirklichung der Strafaussetzung auf Bewährung zu unterrichten.

Bei jugendlichen Probanden wurde einem Schöffen, der als Betreuer (§ 21 Abs. 1 S. 1 DB zur StPO-DDR) bestellt war, eine gesteigerte Form von Verantwortung auferlegt. Er hatte die Aufgabe, die erzieherische Einwirkung der Erziehungsberechtigten, der Schule und des Betriebes auf den Jugendlichen zu koordinieren und die Erfüllung der dem Jugendlichen auferlegten Pflichten zu kontrollieren. Darüber hinaus musste der als Betreuer eingesetzte Schöffe dem Gericht regelmäßig über die Ergebnisse seiner Tätigkeit berichten, § 20 Abs. 2 S. 2 1. DB zur StPO-DDR.

Bei einer Verurteilung auf Bewährung (§ 342 StPO-DDR) hatte i.d.R. schließlich der Verurteilte selbst dem Gericht in bestimmten Abständen über die Erfüllung der ihm auferlegten Pflichten zu berichten (§ 33 Abs. 4 Nr. 7 StGB-DDR).

---

822 Kommentar zur StPO 1987, 344 Anm. 2.4 sowie § 342 Anm. 6.2.

823 Erste Durchführungsbestimmung zur Strafprozeßordnung der Deutschen Demokratischen Republik vom 20. März 1975 (GBl. I 1975 Nr. 15 S. 285) i.d.F. der Änderungsverordnung vom 27. Juli 1979 (GBl. I 1979 Nr. 23 S. 224); entsprechende Regelungen finden sich darüber hinaus in Ziff. II. 2. der RV/MdJ Nr. 14/75.

Der Gerichtsvorsitzende konnte einen Schöffen beauftragen, den Bericht während oder außerhalb seines Einsatzes bei Gericht[824] entgegenzunehmen, § 15 Abs. 1 1. DB zur StPO-DDR.

Eine andere, losgelöst vom Einzelfall zu betrachtende Form der Berichterstattung stellte die Berichtspflicht von Richtern und Schöffen vor ihren Wählern dar.[825] Zunächst hatten nur „Schöffen der Kreisgerichte" die gesetzliche Pflicht, ihren Wählern über „die Erfüllung der mit ihrer Wahl übernommenen Verpflichtungen" zu berichten, § 66 Abs. 2 GVG-DDR 1963. Diese Beschränkung auf Kreisgerichte entfiel mit dem Inkrafttreten des GVG-DDR 1974. Eingeführt wurde mit § 17 GVG-DDR 1974 statt dessen eine Vorschrift, die die „Zusammenarbeit mit den Volksvertretungen" regelte. § 17 Abs. 3 sah nunmehr vor, dass Schöffen aller Gerichte, soweit sie dort eingesetzt waren, ihren Wählern über die mit ihrer Wahl übernommenen Verpflichtungen zu berichten hatten. Diese Vorschrift stand in Übereinstimmung mit einem der tragenden Grundprinzipien Lenin'schen Ideologie und Lehre: der Rechenschaftspflicht aller Richter als Bestandteil der entwickelten sozialistischen Gesellschaft.[826] Ihrer Bedeutung entsprechend, erlangte die Berichterstattungspflicht sogar Verfassungsrang, indem Art. 95 der DDR Verfassung von 1974 bestimmte, dass Richter, Schöffen und Mitglieder der gesellschaftlichen Gerichte ihren Wählern Bericht über ihre Arbeit zu erstatten haben.

Retrospektiv erscheinen allerdings Zweifel angebracht, ob die einer „Supervision" ähnelnde, daneben mit umfassenden Berichtspflichten verbundene nachgerichtliche Strafenkontrolle durch Schöffen tatsächlich in dem vorgegebenen Umfang wahrgenommen wurde. Wahrscheinlich hatte sie häufig mehr schematischen Charakter, indem sich die Schöffen im wesentlichen auf das Ausfüllen der Fragebögen für die gerichtliche Bewährungskontrolle beschränkten.[827]

Im Vergleich etwa zu dem Tätigkeitsbereich des Bewährungshelfers des § 56d StGB, der dem Verurteilten „helfend und betreuend zur Seite" (56d Abs. 3 S. 1) stehen soll, war der dazu korrespondierende außergerichtliche Aufgabenbereich

---

824 Kommentar zur StPO 1987, § 15 1. DB zur StPO Anm. 1.3.

825 Vgl. dazu u.a. Heusinger NJ 1986, S. 174f.

826 Die Aufgaben der Schöffen bei der allseitigen Festigung der sozialistischen Staats- und Rechtsordnung, in: Der Schöffe 1976, S. 86ff., (88).

827 So jedenfalls die Mutmaßung von Mathes, Volksrichter-Schöffen-Kollektive S. 173 m.w.N.; s.a. Bericht des Präsidiums des Obersten Gerichts zur 25. Plenartagung am 12.12.1969 (NJ 1970, S. 36ff.), in dem u.a. bemängelt wurde, dass sich die Kontrolle der Erziehung und Selbsterziehung der auf Bewährung Verurteilten zum erheblichen Teil auf die Festlegung von Wiedervorlagefristen und die Anforderung von Stellungnahmen beschränkte (S. 41).

eines Schöffen in der DDR umfangreicher, differenzierter und schwieriger, zumal dieser Bereich nicht auf die Justizsphäre beschränkt blieb. Ein wichtiges Tätigkeitsfeld der Schöffen wurde auch in der Erhöhung von Ordnung, Sicherheit und Disziplin in den Betrieben gesehen.[828]

Gewisse Formen von Nachlässigkeit bei einigen Schöffen durch Reduzierung auf das unbedingt Notwendige erscheinen letztlich verständlich, rechnet man ihrem umfassenden außergerichtlichen Tätigkeitsbereich die gerichtliche Tätigkeit und die damit für sie insgesamt verbundene erhebliche zeitliche Inanspruchnahme hinzu.

5.11 Gerichtskritik, Hinweisschreiben und Urteilskontrolle

Als Bestandteil umfassender Kontrollmechanismen müssen die Gerichtskritiken und als deren abgeschwächte Variante, die Hinweisbeschlüsse, gesehen werden. Kontrollobjekte waren andere staatliche Organe, wirtschaftsleitende Organe, Kombinate, Betriebe, Genossenschaften, Einrichtungen, gesellschaftliche Organisationen (§ 19 GVG-DDR 1974; §§ 19, 256 Abs. 2 StPO-DDR) oder Organe der Rechtspflege (§ 20 StPO-DDR). Kontrollsubjekte und Kritiker waren die Organe der Strafrechtspflege.

Bereits im Ermittlungsverfahren war ein Staatsanwalt nach § 31 StAG verpflichtet, durch entsprechenden Hinweis oder einen schriftlichen Protest, den oder die Leiter, Vorstände oder Leitungsgremien (Art. 3 StGB-DDR) der betreffenden Organisationen zu veranlassen, etwaige Rechtsverletzungen zu beseitigen und Wiederholungsgefahren vorzubeugen.

Im gerichtlichen Verfahren wurde insbesondere von Schöffen wegen ihrer persönlichen Verwurzelung im Betrieb eine aktive und rege Mitarbeit an Entscheidungen über Maßnahmen zur Beseitigung von Rechtsverletzungen am Arbeitsplatz, ihrer Ursachen und Bedingungen erwartet.[829]

Gerichtskritik zur Beseitigung festgestellter und – präventiv – zur Vermeidung künftiger Gesetzesverletzungen zu üben, war Pflicht jedes Gerichts; unabhängig davon, ob das Gericht als erkennendes für die Durchführung des Hauptverfahrens verantwortlich oder nur eine bestimmte Einzelentscheidung in einem anhängigen Verfahren zu treffen war.

---

828 Kern, NJ 1977, S. 317ff., (318).

829 Matthias/Radeck, NJ 1984, S. 446ff., (448); Zoch, NJ 1984, S. 506.

Das Gericht hatte gem. § 19 Abs. 3 StPO-DDR einen Kritikbeschluss zu verfassen, der aber – ebenso wie Hinweisschreiben des Gerichts – weder Rechtsbindungswirkung entfaltete noch Rechtskraft erzeugte.[830] An der Bedeutung und der erheblichen Auswirkung von Gerichtskritikbeschlüssen für den Justizalltag änderte dies jedoch nichts,[831] zumal Gerichtskritik auch an der Tätigkeit der Staatsanwaltschaft oder ihrer Untersuchungsorgane geübt werden konnte. Dies betraf z. B. Verstöße gegen Durchsuchungs- und Beschlagnahmevorschriften oder Gesetzes- bzw. Verfahrensverstöße im Zusammenhang mit Haftfragen.

Die Effektivität der Kritik wurde zusätzlich erhöht, indem die Organe, deren Tätigkeit kritisiert wurde, innerhalb von zwei Wochen dazu Stellung zu nehmen hatten, §§ 19 Abs. 3 S. 2, 20 Abs. 3 StPO-DDR.

Über die Regelungen der §§ 19 GVG-DDR 1974, 19 StPO-DDR hinaus gab es sog. Agitatorenbesprechungen oder Justizaussprachеabende, bei denen Schöffen (betrieblichen) Agitatoren Erfahrungen übermittelten, „um ihnen für Aufklärungseinsätze im Betrieb oder auf dem Lande entsprechende Argumente an die Hand zu geben."[832] Für die Schöffen selbst bestand Gelegenheit, bei den Ausspracheabenden einer breiteren Öffentlichkeit Rechenschaft über ihre konkret geleistete Arbeit abzulegen.

Die Justizausspracheabende waren darüber hinaus in der Anfangszeit häufig mit der öffentlichen Berichterstattung der Kreisgerichte (§ 45 GVG-DDR 1952) verbunden.[833]

Besondere Bedeutung erlangte die sog. Urteilskontrolle im Anschluss an die zweiwöchige Einsatzzeit der Schöffen bei Gericht. Ihr Zweck bestand darin, eine verstärkte Auseinandersetzung der Schöffen mit der Gesamtentwicklung der Rechtsprechung ihres Gerichts zu erreichen.[834] Diese bei Berufsrichtern nicht sonderlich beliebte Form nachträglicher Urteilskritik konnte bei sachlicher Berechtigung sogar zur Kassation eines Urteils beitragen.[835] Die Kassation selbst war kein förmliches Rechtsmittel gegen gerichtliche Entscheidungen, wie der Protest des Staatsanwalts, die Berufung des Angeklagten oder die Beschwerde (§ 283 StPO-DDR), sondern konnte auf Antrag[836] zur Aufhebung einer rechtskräftigen

830 Kommentar zur StPO 1987, § 19 Anm. 2.2.

831 Vgl. Matthias, NJ 1984, S. 446ff.

832 Max Ekelmann (Schöffe beim Bezirksgericht Leipzig), NJ 1955, S. 155.

833 S. Toeplitz, NJ 1955, S. 192, (194).

834 Mathes, Volksrichter-Schöffen-Kollektive, S. 166; Görner, Schöffen, S. 73.

835 Mathes Volksrichter-Schöffen-Kollektive, S. 167.

836 Kassationsantragsberechtigte waren der Generalstaatsanwalt, ein Bezirksstaatsanwalt, der Präsident des Obersten Gerichts oder der Direktor eines Bezirksgerichts, s. § 312 StPO DDR.

strafgerichtlichen Entscheidung führen. Das Kassationsverfahren sollte zu einer einheitlichen Rechtsprechung durch das Oberste Gericht und durch die Bezirksgerichte sowie zur wirksamen Bekämpfung der Kriminalität und dem Schutz der Rechte und Interessen des sozialistischen Staates und seiner Bürger beitragen.[837]

5.12 Die Wahl der Schöffen

Wahlen von Schöffen fanden erstmalig nach den Schöffenwahlgesetzen der Länder in der damaligen SBZ in den Jahren 1948/49 statt. Diese Ländergesetze wurden jedoch nach Inkrafttreten des GVG-DDR 1952 nahezu vollständig bedeutungslos. Die Schöffenwahl war im GVG-DDR 1952 in den §§ 35–37 mit einer dazu – allerdings erst 1955 – vom Minister der Justiz erlassenen Wahlordnung näher bestimmt.[838] § 25 S. 2 GVG-DDR 1952 legte ergänzend die unmittelbare Wahl der Schöffen der Kreisgerichte durch das „Volk", also die wahlberechtigten Bürger, fest.

Die zeitliche Differenz zwischen der gesetzlichen Regelung und den ersten unmittelbaren Schöffenwahlen in der Zeit vom 10.3. – 30.4.1955 erklärt sich zum Teil aus einer nicht allein auf die Justizsphäre beschränkten längeren Vorbereitungsphase, an der zusätzlich örtliche Staatsorgane sowie vor allem Vertreter der Nationalen Front, der Parteien und Massenorganisationen beteiligt waren.[839] Der Einfluss der Nationalen Font war im übrigen auch bei der Organisation der Wahlen vorherrschend. So wurden die Kandidatenvorschläge bei den Bezirks- und Kreisausschüssen der Nationalen Front eingereicht. Dementsprechend war die Zusammensetzung der Kandidaten: ihre überwiegende Mehrzahl entstammte den Massenorganisationen, insbesondere dem FDGB, sowie der SED und den „Blockparteien".[840] Die Zusammenstellung der Vorschlagslisten wie die Vorbereitung der Wahlversammlungen oblagen ebenfalls den Ausschüssen der Nationalen Front.[841]

Angesichts der umfassenden Beteiligung dieser sog. Basisorganisationen galten die Schöffenwahlen als beispielhaft demokratisch und auf der gesetzlichen Grundlage des GVG-DDR 1952 zugleich als Gradmesser für die Steigerung des

837 Kommentar zur StPO 1987, Vorb. Zu §§ 311ff.

838 Anordnung über die Durchführung der Schöffenwahlen vom 10.1.1955 (GBl.-DDR I 1955, S. 9).

839 Die Erfahrungen der Schöffenwahlen sorgfältig auswählen, NJ 1955, S. 291.

840 Görner, NJ 1954, 257; Mathes, Volksrichter-Schöffen-Kollektive, S. 123.

841 S. Mathes, Volksrichter-Schöffen-Kollektive S. 122 m.w.N.

Ansehens der Justiz sowie für eine „immer klarer und bewußter“ werdende Akzeptanz der Staats-und Rechtsordnung in der Bevölkerung.[842]

Die lange Anlaufphase bis zum Beginn der ersten Schöffenwahlen war aber auch auf zunächst fehlende, das Wahlverfahren selbst näher festlegende, gesetzliche Regelungen zurückzuführen. § 36 GVG-DDR 1952 stellte nur eine Art Grundgerüst dar, das dem Justizminister im Einvernehmen mit dem Innenminister die Schaffung einer Verordnung über die Durchführung der Schöffenwahlen auferlegte. Der Innenminister hatte darüber hinaus die Anzahl der für jedes Gericht zu wählenden Schöffen zu bestimmen, § 36 Abs. 1 GVG-DDR 1952.

Schließlich setzte in der Aufbauphase Anfang der 50-er Jahre eine von DDR-Seite intensiv geführte, auf Abgrenzung gegenüber dem „Klassencharakter der Bonner Justiz“[843] bedachte Diskussion um das „bessere“ und „demokratischere“ Justizsystem der DDR ein. Kritisiert wurde vor allem die als restaurativ bezeichnete, weil in der Mehrheit mit Berufsrichtern besetzte, Stärkung der Strafkammern zu lasten der Schöffengerichten durch das sog. Vereinheitlichungsgesetz vom 12.09.1950.[844]

Toeplitz, damals Staatssekretär im DDR-Justizministerium, brachte dies auf folgende Formel: „Je unbedeutender die Strafsachen sind, umso größer sind die Beteiligung und der Einfluss der Laienrichter und umso größer ist die Möglichkeit der Nachprüfung; soweit in wichtigen Strafsachen überhaupt Laienrichter mitwirken, sind sie jedenfalls in der zweiten Instanz ausgeschaltet oder wenigstens in der Minderheit.“[845]

Zunächst war die Interesse in der Bevölkerung, Schöffe zu werden, gering. Insbesondere in den ländlichen Räumen fehlte häufig sogar die Bereitschaft, Schöffen vorzuschlagen.[846] Selbst bei Betriebsparteileitungen der SED und Betriebsgewerkschaftsleitungen wurde bemängelt, dass sich die Schöffenwahlen auf den betrieblichen Ablauf eher störend auswirkten, weshalb sie als „drittrangige Frage“ zu beurteilen waren.[847] Die Gründe hierfür sind allerdings nicht im einzelnen empirisch erforscht. Neben Informationsdefiziten in der Bevölkerung über die neue

842 Benjamin, NJ 1955, S. 131f.

843 Toeplitz, StuR 1954, S. 324ff. (327).

844 Gesetz zur Wiederherstellung der Rechtseinheit auf dem Gebiet der Gerichtsverfassung, der bürgerlichen Rechtspflege, des Strafverfahrens und des Kostenrechts v. 12.09.1950 (BGBl. I, S. 455); s. dazu auch Rieß, StraFo 10/2010, S. 401ff.; JZ 1953, S. 150.

845 Toeplitz, StuR 1954, S. 326; ders., NJ 1955, S. 141.

846 Benjamin, NJ 1955, S. 132.

847 NJ 1955, S. 292.

Gesetzeslage und die Bedeutung des Schöffenamts waren vermutlich individuelle Faktoren, wie die Scheu, Verantwortung zu übernehmen oder die Ablehnung der mit einer Tätigkeit als Schöffe verbundenen zusätzlichen zeitlichen oder sonstigen Belastungen, mitverantwortlich.

Hinzukommen gesetzliche Ausnahmeregelungen als das Desinteresse verstärkende Faktoren. So räumte § 31 GVG-DDR 1952 bestimmten Berufs- und Bevölkerungsgruppen (z. B. Ärzten, medizinischem Personal, Älteren über 65, Frauen mit erheblichen familiären Verpflichtungen) das Recht ein, die Berufung zum Schöffenamt abzulehnen; eine Regelung, die in späteren GVG-Fassungen allerdings nicht mehr enthalten war.

Um ein Versinken in die Bedeutungslosigkeit abzuwenden und damit der Partei- und Staatsführung ein u.U. peinliches Desaster zu ersparen, wurde der Schöffenwahl daher eine Art von „Eventcharakter" verliehen, indem insbesondere die Schöffenkandidaten zu wenigstens regional bekannten und geachteten Persönlichkeiten der DDR-Zeitgeschichte hochstilisiert wurden. In Rundfunk und Presse wurde propagiert und agitiert, in Dorf- und Betriebszeitungen wurden die Schöffen regelmäßig durch Bilder und Interviews vorgestellt, der Rundfunk berichtete „live" aus Schöffenwahlversammlungen und brachte regelmäßig Sendungen, wie das „Portrait eines Schöffen" o.ä.[848]. Die Anzahl von Wahlversammlungen war beträchtlich und wuchs im Laufe der Jahre bei allerdings mehrfach geänderten Wahlmodi[849] sogar noch deutlich an. So berichtete der Minister der Justiz am 12.5.1955 davon, dass in der Zeit vom 10.3 bis 30.4.1955 12208 Wahlversammlungen stattgefunden hatten, an deren Ende die Wahl von 43115 Schöffen für die Kreis- und Stadtbezirksgerichte stand.[850] Bei den letzten Schöffenwahlen im Jahr 1989 wurden in 38792 Veranstaltungen 59440 Schöffen gewählt, wobei der Anteil der erstmals Kandidierenden 22130 (37,2%) betrug.[851]

Organisatorische Schwierigkeiten und Probleme bei der richtigen Kandidatenauswahl konnten im Verlauf der Zeit weitgehend überwunden werden. Spätestens mit Inkrafttreten der §§ 44, 45 GVG-DDR 1974 und in Anlehnung an den „erreichten gesellschaftlichen Entwicklungsstand"[852] galt ein Schöffe hinsichtlich

---

848 S. Mathes, Volksrichter-Schöffen-Kollektive, S. 128.

849 S. dazu Mathes, Volksrichter-Schöffen-Kollektive, S. 137ff.

850 NJ 1955, S. 291.

851 Wittenbeck, NJ 1989, S. 303; der Anteil der wieder zu wählenden Schöffen lag i.d.R. bei ca. 70% (Heusinger NJ 1981, S. 200f.).

852 NJ 1974, S. 741.

seiner Bedeutung und Funktion im Vergleich zu einem Berufsrichters als uneingeschränkt gleichberechtigt.

Parallel zur Einführung der Schöffengerichte Anfang der 50-er Jahre rückte der Grundsatz der „Einheit von Volk und Rechtspflege“[853] mehr und mehr in den Vordergrund. Wesentliches Indiz hierfür war die zeitliche Angleichung der Schöffenwahlen an die Wahl der Volksvertretungen und die Richterwahlen. Mit Wirkung vom 1.10.1959 traten sowohl das GVG-Ergänzungs- und Änderungsgesetz (§§ 19, 47) als auch das Gesetz über die Wahl der Richter für die Kreis- und Bezirksgerichte durch die örtlichen Volksvertretungen (mit Durchführungsbestimmungen)[854] in Kraft. Jeweils für die Dauer von drei Jahren wurden in öffentlicher Sitzung Richter der zuständigen örtlichen Volksvertretung (§ 19 Abs. 3 S. 1 GVG-DDR 1959), Schöffen der Kreisgerichte von den wahlberechtigten Bürgern des Kreises, Schöffen der Bezirksgerichte von den Bezirkstagen (§ 47 GVG-DDR 1959) gewählt. Die Wahlperiode wurde durch das GVG-DDR 1963 auf 4 Jahre, durch das GVG-DDR 1974 – entsprechend der Dauer der Wahlperiode der jeweiligen Volksvertretung – sogar auf 5 Jahre erhöht (§ 46 Abs. 2, 3 GVG-DDR 1974).

Spätere GVG-Änderungen führten zu weiteren Ergänzungen. Nach §§ 51, 64 GVG-DDR 1963 hatten Richter- und Schöffenwahlen nunmehr innerhalb von drei Monaten nach der Neuwahl der Volksvertretungen – Kreis- und Bezirkstage – stattzufinden; eine Regelung, die durch die Änderung des GVG-DDR vom 17.12.1969[855] noch insoweit modifiziert wurde, als Wahlen von Richtern und Schöffen unmittelbar in der konstituierenden Sitzung des Kreis- oder Bezirkstags nach dessen Neuwahl stattfanden.

Dem politischen Vorgaben gemäß wurde auch das Wählbarkeitsalter für Schöffen und Richter am Ende einheitlich auf 18 Jahre angeglichen.[856] Nachdem das GVG-DDR 1963 das Mindestalter für Schöffen noch auf 25 Jahre (§ 63 GVG-DDR 1963) festgelegt hatte, konnte nach § 44 Abs. 2, 3 GVG-DDR 1974 nunmehr jeder Bürger der DDR Richter oder Schöffe werden, soweit er das Wahlrecht nach der Verfassung besaß. Dieses Recht – aktiv wie passiv – erlangte gem.

853 Vgl. Rechtspflegeerlass vom 4.4.1963, der zugleich mit der Übertragung der Anleitung und Kontrolle der Gerichte auf das Oberste Gericht die Stellung des bis dahin hierfür zuständigen Justizministeriums schwächte.

854 GBl. I, S. 751 u. S. 248.

855 GBl. I 1970, S. 5., s.a. Mathes, Volksrichter-Schöffen-Kollektive, S. 138.

856 Da Richter allerdings zusätzlich eine juristische Ausbildung an einer „entsprechenden Ausbildungsstätte“ (Universität) nachweisen mussten, ist die Altersgrenze von 18 Jahren eher theoretisch.

Art. 22 DDR-Verfassung 1968 mit der Vollendung des 18. Lebensjahres am Wahltag Geltung.[857]

5.13 Zusammenfassung

1.
Das Laienrichtersystem der SBZ und der späteren DDR war von der Vorbildfunktion der sowjetischen Justiz, daneben aber auch durch das Bestreben auf Abgrenzung zu dem bundesrepublikanischen Schöffensystem der Nachkriegsära geprägt. Dieses System, das im Kern unverändert auf den Regelungen der §§ 25ff. GVG vom 27. Januar 1877[858] basierte, und das die nationalsozialistische Zeit „unbeschadet" überstanden hatte,[859] wurde als Spiegelbild eindeutig restaurativer Tendenzen gesehen.

Signifikant hierfür schien das Vereinheitlichungsgesetz vom 12.9.1950 zu sein, das Regelungen enthielt, die einer nach DDR-Diktion „fortschrittlichen Rechtsentwicklung" entgegenstanden und die maßgeblichen Bestimmungen des GVG zu einer „Geschichte der Ausschaltung der Laienrichter aus der Rechtsprechung"[860] Westdeutschlands werden liessen. Zu den entscheidenden Kritikpunkten zählten:

- wichtige Strafsachen wurden vom Schöffengericht auf die Strafkammern verlagert, was angesichts der Kammerbesetzungen den Einfluss von Schöffen auf strafgerichtliche Entscheidungen deutlich schwächte. Die großen Strafkammern waren immer mit drei Berufsrichtern und zwei Schöffen besetzt, Schöffen demzufolge unterrepräsentiert und schon deshalb nicht hinreichend gleichberechtigt;
- erstinstanzliche Zuständigkeiten von Landgericht, Oberlandesgericht und Bundesgerichtshof wurden erweitert, mit der Folge einer – vom BGH abgesehen – eingeschränkten Überprüfung der Entscheidungen unter ausschließlich revisionsrechtlichen Gesichtspunkten bei gleichzeitig fehlender Beteiligung von Schöffen;

857 Das passive Wählbarkeitsalter galt aber nur für örtliche Volksvertretungen. Ein Volkskammerabgeordneter musste das 21. Lebensjahr bei seiner Wahl vollendet haben.

858 RGBl. S. 41.

859 Eine Änderung des GVG v. 27.1.1877 erfolgte erst durch die Neubekanntmachung vom 15. Mai 1975 (BGBl. I Nr. 53, S. 1077), dort in den §§ 28ff. GVG.

860 Toeplitz, NJ 1955, S. 142.

- die Gleichstellung von Berufsrichtern und Schöffen galt zwar grundsätzlich, erschien aber in entscheidenden Punkten nicht konsequent genug umgesetzt. Bemängelt wurde bspw., dass Berufsrichter über die Ausschließung und Ablehnung von Schöffen und Geschworenen entschieden. Fragen von Schöffen konnte der Vorsitzende i.d.R. als ungeeignet oder als nicht zur Sache gehörig zurückweisen. Ein Strafurteil wurde allein von den Berufsrichtern schriftlich abgefasst und von ihnen, nicht aber von den Schöffen oder Geschworenen, unterschrieben;[861]
- Vorschlagslisten und die Wahl der Schöffen entsprachen nur eingeschränkt dem Demokratiegebot. Kritisiert wurde insbesondere, dass bei den Vorschlagslisten nicht ein bestimmter Frauenanteil[862] eingeführt wurde, Schöffen ein Mindestalter von 30 Jahren haben mussten, und darüber hinaus der gesamte Wahlvorgang zu stark kommunalpolitisch und justizlastig geprägt war.[863]

2.
Der „Kampf zwischen den Rechtskulturen“ wurde – insbesondere auch von DDR-Seite – nicht immer fair geführt. Teil der offiziellen Kritik der DDR-Führung an der westdeutschen Gerichtsorganisation war neben der Beschränkung von Rechten der Laienrichter der im Vergleich zum DDR-Justizsystem vermeintlich zunehmende Abbau der Rechte eines Angeklagten.[864] Unerwähnt liess diese Kritik jedoch, dass ausgerechnet die DDR selbst mit der Einführung der StPO-DDR 1952 deutliche Eingriffe in Kernbereiche der Verteidigung – wie z. B. dem Beweisantragsrecht des Angeklagten[865] – vornahm.

---

861 Toeplitz, NJ 1955, S. 141.

862 De facto gelang dies aber offensichtlich der DDR: Bei Berufs- wie Laienrichtern nahm der Frauenanteil im Lauf der Jahre immer mehr zu und lag später regelmäßig bei etwas mehr als fünfzig Prozent. Während von den 1976 gewählten Berufsrichtern erst ca. 39% Frauen waren (NJ 1976, S. 506), betrug der Prozentsatz weiblicher Berufsrichter bei den Wahlen 1984 bereits 55,1%. Bei den Laienrichtern lag der Frauenanteil 1984 bei 52,9 Prozent (Kern NJ 1984, S. 30), 1989 bereits bei 57,2% (Wittenbeck NJ 1989, S. 303). 1976 waren hingegen „nur“ 47,9 Prozent (bei den Kreisgerichten) bzw. 47,2 Prozent (bei den Bezirksgerichten) Schöffinnen (Kern NJ 1977, S. 317 (318).

863 Toeplitz, a.a.O.

864 Toeplitz, NJ 1955, S. 139.

865 Beweisanträge eines Angeklagten konnten abgelehnt werden, wenn die „Erhebung des Beweises zur Erforschung der Wahrheit nicht erforderlich“ war, § 202 Abs. 1 Nr. 1 StPO-DDR 1952. Ähnliche Regelungen gab es auch in späteren Fassungen der StPO-DDR. Danach musste einem Beweisantrag (nur) stattgegeben werden, wenn „die beantragte Beweiserhebung für die Feststellung der Wahrheit erheblich sein“

3.
Auch die Kritik an der Auswahl der Schöffen in der BRD als bezeichnendes Beispiel unzureichender Repräsentanz des Bevölkerung in der Justiz überzeugt allenfalls teilweise. Im Einzelfall gerechtfertigt war sie sicherlich dann, wenn – wie am AG München Mitte der 70-er Jahre geschehen – dem Schöffenwahlausschuss nur Mitglieder des Stadtrates entsprechend dem Verhältnis seiner Fraktionen angehörten, obwohl § 40 Abs. 3 S. 1 GVG wie andere Bestimmungen des GVG gerade geschaffen wurden, um den Einfluss der Staatsverwaltung auf die Rechtsprechung einzudämmen.[866]

Problematisch erscheint darüber hinaus die Aufstellung der Vorschlagslisten für die Schöffenwahlen durch die Gemeinden nach §§ 36 Abs. 1 S. 1, 42 GVG. Angesichts der entscheidenden Bedeutung dieses Vorgangs für die Vertretung eines halbwegs zutreffenden Querschnitts der Bevölkerung in der Justiz wie auch für die persönliche Eignung eines Schöffen,[867] ist die mit der politischen Verantwortung der Gemeinde verbundene Gefahr, dass sich vorrangig Personen mit bestimmten politischen Einstellungen oder sozialem Hintergrund auf den Vorschlagslisten befinden, unverhältnismäßig hoch.[868]

Ob allerdings – wie seinerzeit in der DDR und der übrigen „sozialistischen Staatengemeinschaft“[869] praktiziert – die unmittelbare Schöffenwahl durch das Volk, die bessere Lösung darstellt, ist fraglich.

Abgesehen von der praktischen Undurchführbarkeit in einem Land wie der Bundesrepublik wählt unter den vergleichbaren Nationen einzig die Schweiz ihre Schöffen direkt.

---

konnte, § 223 Abs. 1 StPO-DDR 1968/1975. Auch waren die Möglichkeiten, einen Beweisantrag nach § 223 Abs. 2 StPO-DDR 1968 als verspätet zurückzuweisen, eindeutig weiter gefasst als in §§ 244 Abs. 3, 246 StPO. Die herrschende Meinung der DDR-Justiz begrenzte im übrigen die Erheblichkeit einer unter Beweis zu stellenden Tatsache darauf, ob diese für die Entscheidung über die „strafrechtliche Verantwortlichkeit“ des Angeklagten (Kommentar zur StPO 1987, § 223 Anm. 1.1.) oder über „die Höhe des Schadensersatzes“ (Kommentar zur StPO 1987, § 223 Anm. 3.1.) Bedeutung erlangen könne.

866 BGH NStZ 1981, S. 150; RGSt 67, 120, (121).

867 BGHSt 37, 48.

868 Entsprechende Feststellungen hat Klausa, Ehrenamtliche Richter, S. 31ff. getroffen. Casper/Zeisel (Hrsg.), Der Laienrichter im Strafprozess, S. 77 weisen auf den hohen Prozentanteil öffentlich Bediensteter unter den Laienrichtern hin.

869 Eine Ausnahme bildete Ungarn, wo die „Volksbeisitzer“ von den Betrieben, Genossenschaften und gesellschaftlichen Organen vorgeschlagen wurden, § 73 Abs. 1 GV-U, Nachweis in: Benz, Zur Rolle der Laienrichter im Strafprozess, S. 177.

Es fehlen allerdings empirisch gesicherte Erkenntnisse darüber, dass unmittelbar vom Volk gewählte Schöffen eine Gewähr für volksnähere Entscheidungen und damit größere Akzeptanz in der Bevölkerung bieten. Dies gilt nicht nur für die Schweiz, sondern auch für den ehemaligen, der „sozialistischen Staatengemeinschaft“ zuzurechnenden, Rechtskreis.

Für die DDR galten Einschränkungen um so mehr, als gesellschaftliche Organisationen, wie insbesondere die Nationale Front, maßgeblichen Einfluss auf die Auswahl der Schöffenkandidaten hatten und damit eine einseitige politische Orientierung förderten. Eine Orientierung, die maßgeblich auch das Persönlichkeitsprofil von Schöffen selbst bestimmte. Wesentliche Voraussetzungen war neben der Herkunft möglichst aus der Arbeiterklasse eine entsprechende politische Gesinnung, die zugleich Spiegelbild der entwickelten sozialistischen Gesellschaft zu sein hatte. Am Ende der DDR-Ära wurde es als dementsprechend vorbildlich – weil der „führenden Rolle der Arbeiterklasse und den bewährten Prinzipien der Bündnispolitik“ gemäß – bewertet, dass nahezu jeder zweite Schöffe Mitglied der SED war und beinahe jeder fünfte einer anderen, im Demokratischen Block vereinten, Partei angehörte.[870]

4.
Der Versuch, Bagatelldelikte zu entkriminalisieren und zugleich Täter im Sinne einer gesteigerten Form von Resozialisierung zu erziehen, hat retrospektiv eher den Charakter eines z.T. durchaus gelungenen sozialistischen Experiments mit der Folge seiner Unwiederholbarkeit und Unübertragbarkeit. Laienrichter, insbesondere gesellschaftliche Organe der Rechtspflege, die über Vergehen leichter bis mittlerer Art wie über Nichtstraftaten=Verfehlungen (§ 4 StGB-DDR) entschieden,[871] hatten einen großen Anteil an der Umsetzung des Erziehungsgedankens, der auch wesentlicher Bestandteil des materiellen Strafrechts der DDR (z.B. Art. 2, 3 sowie §§ 26, 29, 31, 34 StGB-DDR) war. Schöffen hatten des weiteren über das eigentliche strafprozessuale Erkenntnisverfahren hinaus umfassende Aufgaben bei der Strafenverwirklichung und Bewährungskontrolle wahrzunehmen.

5.
Ob der bedeutende Einfluss von „Richtern des Volkes“ auf strafgerichtliche Entscheidungen oder Entscheidungen über Verfehlungen zugleich zu einer höheren

---

870 Wittenbeck, NJ 1989, S. 303.

871 Bei Vergehen hing die Entscheidungszuständigkeit der gesellschaftlichen Organ der Rechtspflege von der Übergabe des Falls durch staatliche Organe (Staatsanwaltschaft usw.) ab.

Akzeptanz bei den davon unmittelbar Betroffenen beitrug, ist nicht eindeutig zu beantworten. Aussagekräftige Untersuchungen dazu fehlen. Da aber Rechtsprechung als Angelegenheit des ganzen Volkes propagiert wurde, ist nicht auszuschließen, dass sich der Kollektivgedanke entsprechend positiv auf den von einem vergleichsweise höheren Maß an Einsicht und Reue gekennzeichneten Straftäter auswirkte. Einen unterstützenden Beitrag dazu jedenfalls sollte das umfassende Kontrollsystem leisten, das sich an die Verurteilung eines Beschuldigten anschloss, und das diesem selbst Mitwirkungspflichten auferlegte; wie z. B. die Berichtspflicht gegenüber dem Gericht oder gegenüber dem Leiter, dem Kollektiv oder einem bestimmten staatlichen Organ nach § 15 1. DB zur StPO-DDR. Immerhin war ein deutlicher Rückgang der Kriminalität im Laufe der Zeit zu verzeichnen. Während für den Zeitraum 1950 – 1959 noch 157.466 Straftaten erfasst wurden, sank diese Zahl in den folgenden Jahren kontinuierlich und betrug von 1980 – 1989 117.159.[872]

872 Quelle: Statistisches Jahrbuch der DDR 1990 (von 1960 – 1969 waren 132.741, von 1970 – 1979 125.802 Straftaten registriert).

VII. Kapitel
Einzelprobleme

Die Auswahl zweier Problemfelder folgt vor allem ihrer Bedeutung für die laienrichterliche Praxis. Historische wie aktuelle Bezüge werden dabei berücksichtigt, wobei dem Beispiel DDR im Hinblick auf differenziertere, die Position der Schöffen jeweils stärkende Regelungen besondere Bedeutung zukommt.

Priorität, weil zugleich als Streitgegenstand von hoher Aktualität, hat die Untersuchung über eine mögliche Aktenkenntnis von Schöffen. Gemeint ist damit nicht das Bestehen eines entsprechenden Rechtsanspruchs, sondern die Frage, ob, und wenn ja, in welchem Umfang Schöffen zulässigerweise über den Gang und das Ergebnis des Ermittlungsverfahrens vor Beginn der Hauptverhandlung unterrichtet sein dürfen.

Die Untersuchung über das Fragerecht von Schöffen als besonderer Akt der Partizipation von Laien in einer Hauptverhandlung schließt sich an.

1. „Akteneinsichtsrecht“ von Schöffen?

Die Diskussion des Problems, ob Laienrichter den Inhalt strafrechtlicher Ermittlungsakten vollständig oder zumindest teilweise kennen dürfen, entwickelte sich nicht zeitgleich mit der Einrichtung der ersten Geschworenengerichte zu Beginn des 19. Jahrhunderts. Die Grundstrukturen des Verfahrens, angefangen von den Vorermittlungen, über die Rechtsbelehrung und Fragestellung durch den Gerichtsvorsitzenden, bis zur Aufgabe der Geschworenen, in öffentlich-mündlicher Verhandlung die Schuldfrage zu klären, ließen es nicht zu, ihnen zusätzliche Befugnisse einzuräumen. Die Frage einer Akteneinsicht für Geschworene stellte sich also zumindest in der ersten Hälfte des 19. Jahrhunderts überhaupt nicht.

Erst mit zunehmender Bedeutung der Schöffengerichte und deren gesamtstaatlicher Kodifizierung ab 1877 entwickelte sich die Auseinandersetzung um eine mögliche Aktenkenntnis von Laienrichtern.

Die anfänglich strikte, insbesondere von der Rechtsprechung des Reichsgerichts geprägte einhellige Ablehnung einer derartigen Möglichkeit ist mittlerweile einer zumindest im Schrifttum klar als mehrheitsfähig zu bezeichnenden gegenteiligen Auffassung gewichen.

Gesetzlich geregelt war und ist die Frage, ob Schöffen Akteneinsicht zu gewähren ist, nicht. Einzige Ausnahme und extrem gelagerter Sonderfall war das Recht von Schöffen als Mitglieder des 1934 geschaffenen Volksgerichtshofs, Einsicht in die Prozessakten nehmen zu dürfen.[873]

Mit Rücksicht auf den ansonsten nicht hinreichend beachteten Grundsatz der Mündlichkeit und Unmittelbarkeit sah die frühere Rechtsprechung schon die Überlassung der schriftlichen Darstellung der Staatsanwaltschaft über das Ergebnis der Ermittlungen an die Schöffen als unzulässig an.[874] Auch die Einsichtnahme eines Schöffen in die Anklageschrift während der Hauptverhandlung zwecks Feststellung, ob das „Ermittlungsergebnis" mit der Einlassung des Angeklagten und den Aussagen der Zeugen übereinstimmt, wurde als mit dem Unmittelbarkeitsgrundsatz unvereinbar erklärt.[875]

Fehlende Aktenkenntnis bei Schöffen wurde gleichsam als Garant für Unvoreingenommenheit im Schöffenamt angesehen. Lilie[876] weist insoweit jedoch zu recht daraufhin, dass eine bei Laienrichtern ohnehin oft anzutreffende unfreiwillige und von prozessualen Nachteilen gegenüber Berufsrichtern unbeeinflusste Voreingenommenheit auch nicht durch Aktenkenntnis neutralisiert werden kann. Allein das Verlesen des Anklagesatzes nach § 243 Abs. 3 StPO als erste wesentliche, das Prozessgeschehen bestimmende Information, muss einem Schöffen wie ein „Parteivortrag" der Staatsanwaltschaft erscheinen, dem kein adäquates Instrument der Verteidigung gegenübersteht. Dieser Hinweis Lilie's erlangt zusätzliches Gewicht angesichts der allgemein anerkannten Überlegenheit des mündlichen Vortrags gegenüber dem Schriftlichen bzw. Gelesenem.[877] Schon ein in der Hauptverhandlung überzeugend von dem Sitzungsvertreter

---

873 VGH ZakdtR 1937, 504; im übrigen entgegen der Auffassung des RG, (RGSt 69, 120 (129)).

874 BGHSt 5, 261.

875 BGHSt 13, 73 im Anschluss an RGSt 69, 120.

876 Lilie, Blinde Kontrollinstanz? Zur Zukunft des Schöffenamts, FS Rieß, S. 310.

877 S. dazu Schreiber, Akteneinsicht für Laienrichter? S. 944: ob allerdings der bemerkenswerte Satz von Feuerbach, „die rechtlich entscheidende Wirksamkeit der Gedankenäußerung (sei) an das lebendige gesprochene Wort geknüpft, so dass alles Schriftliche, was vorausgehend, begleitend oder nachfolgend mit der mündlichen Rede verbunden sein mag, nur als eine in dem Wesen der Verhandlung gleichgültige Zufälligkeit erscheint, oder bloß aus Rücksicht und in Beziehung auf das Gesprochene oder zu sprechende Bedeutung erhält „(Betrachtungen über die Öffentlichkeit und Mündlichkeit der Gerechtigkeitspflege, 1821, S. 199f., zitiert bei Schreiber, S. 944, Fn. 25), heute noch uneingeschränkt gilt, erscheint zweifelhaft.

der Staatsanwaltschaft vorgebrachter Anklagesatz, dessen Wirkung durch den im Anschluss daran vom Vorsitzenden bekannt gegebenen Eröffnungsbeschluss (§ 203 StPO) zusätzlich erhöht wird, schafft einen den Angeklagten benachteiligenden und den weiteren Verfahrensablauf prägenden „Perseveranzeffekt".[878] In der nicht immer bedachten, psychologisch aber nahezu zwingenden Konsequenz dessen, sehen sich viele Angeklagte dem Gefühl einer Umkehr der Unschuldsvermutung des Art. 6 Abs. 2 EMRK ausgesetzt. Selbst wenn dieser Eindruck möglicherweise „laienhaft" sein sollte, wird er zugleich auch bei manchem Schöffen zur Voreingenommenheit im Sinne eines von dem Angeklagten zu führenden Beweises seiner Unschuld beitragen.[879]

Eine gleichgerichtete Auffassung vertrat unter Hinweis auf die damaligen Gesetzgebungsmaterialien das Reichsgericht in einer Entscheidung von 1899. Die „im früheren Strafprozesse gemeiniglich vorgeschriebene (Erg. d.Verf.: und auch heute wieder in § 243 Abs. 3 S. 1 StPO geregelte) Verlesung der Anklageschrift bei Eintritt in die Verhandlung hat bereits der Entwurf der Strafprozeßordnung als unverträglich mit den Prinzipien des neuen Verfahrens beseitigt. Ebenso wurde aber auch die im Entwurf in § 205 Abs. 2 vorgesehene mündliche Mitteilung des Inhaltes der Anklageschrift durch die Staatsanwaltschaft in der Reichsjustizkommission abgelehnt und aus dem Entwurfe entfernt, weil durch diese nicht weniger ein nachteiliger Eindruck auf die unbefangene Beurteilung der Sache seitens der zur Urteilsfindung Berufenen noch vor der Beweisaufnahme ausgeübt und so die unparteiische Würdigung des in der Verhandlung zu erhebenden Beweises erschwert werde."[880]

Die neuere Rechtsprechung – insoweit der weit überwiegenden Literaturmeinung[881] folgend – hält die unterschiedliche Behandlung von Berufs- und

878 S. Schünemann StV 1998, 391 ff., (392).

879 Die von Kreutzer, Das Schöffenamt in der Praxis – Anspruch und Wirklichkeit – in: RohR 4/2005, wiedergegebene Äußerung eines Schöffen: „der Angeklagte war es – das hat der Staatsanwalt doch gerade gesagt…" dürfte in gewisser Hinsicht Symbolcharakter haben.

Zur Schaffung eines, dem Grundsatz der „Waffengleichheit" angenäherten Gegengewichts könnte sich deshalb das Verlesen einer Verteidigungsschrift oder das gegen den Anklagevorwurf gerichtete, mündlich vorgetragene „opening Statement" des Verteidigers anbieten; dies jedenfalls in Fällen mit schwerwiegenden und/oder zahlreichen Anklagevorwürfen oder dann, wenn der Anklagesatz sehr umfassend ist.

880 RGSt 32, 318 (319).

881 Kissel//Mayer § 30 GVG Rn. 5; Meyer-Goßner § 30 GVG Rn. 2; LR/Siolek § 30 GVG Rn. 6ff.; Rieß JR1987, S. 389, 391 ff.; Terhorst MDR 1988, S. 809; Rüping

Laienrichtern im Zusammenhang mit dem Recht auf Aktenkenntnis für nicht überzeugend begründbar.[882] In der Hauptverhandlung sind die Schöffen mit denselben Rechten und Pflichten ausgestattet, so dass selbst der Sachvortrag des Berichterstatters über den Sachverhalt als lediglich mittelbare Information der Schöffen ihrer Funktion als vollwertige und gleichberechtigte Richter nicht gerecht wird.[883]

Die noch vom Reichsgericht beschworene Gefahr, Schöffen könnten ihre Eindrücke aus der Kenntnis der Akte oder Teilen davon mit denen aus der Hauptverhandlung vermischen, während die Berufsrichter im allgemeinen auf Grund ihrer Schulung und beruflichen Erfahrung zwischen beiden Erkenntnisquellen unterscheiden könnten,[884] entspringt eher vordemokratischem, jedenfalls nicht mehr zeitgemäßem, auf Partizipation angelegtem Verständnis. Obwohl im Gesetz weder für beisitzende Berufsrichter noch für Schöffen vorgesehen, sah das Reichsgericht – bezogen auf die Berufsrichter – es als selbstverständlich an, „wenn ein zur Mitwirkung bei der Hauptverhandlung berufener Richter sich vor dieser über den Akteninhalt unterrichtet, da er ohne solche Kenntnis zur Erfüllung der ihm zufallenden Aufgabe nicht imstande sein würde."[885] Der Schöffe hingegen sollte seine Überzeugung allein aus dem Inbegriff der Hauptverhandlung schöpfen. Eine Vorbereitung darauf anhand des Akteninhalts wurde weder für sinnvoll noch – im Unterschied zu dem beisitzenden Berufsrichter, der „in umfänglichen Sachen dem Vorsitzenden bei Leitung der Beweisaufnahme vorzugsweise zur Hand geht",[886] – für erforderlich gehalten.

Die vermeintlich konservative Grundeinstellung des Reichsgerichts findet durchaus auch in neuerer Zeit entsprechende Resonanz. So hat bspw. der traditionellen Ansätzen in der Rechtsprechung an sich weniger verbundene Arbeitskreis deutscher und schweizerischer Strafrechtslehrer (Arbeitskreis-AE) 1985 in einem Alternativ-Entwurf zur Strafprozessordnung, Reform der Hauptverhandlung (AE-StPO-HV) ein Akteneinsichtsrecht von Schöffen ausdrücklich abgelehnt. In der an die reichsgerichtliche Auffassung erinnernden Begründung zu § 241 Abs. 1 AE-StPO-HV heißt es dazu ausdrücklich: „Gerade die durch Aktenkenntnis unbelasteten Schöffen können die Kontrolle darüber ausüben, dass nichts eingebracht

---

JR 1976, S. 269, 272; Schreiber in: FS für Welzel 1974, S. 941, 956; Volk in: FS für Dünnebier 1973, S. 382f.

882 BGHSt 43,36 unter gleichzeitiger Bezugnahme auf ein obiter dictum des 1. Strafsenats in einer Entscheidung vom 23.02.1961 – 1 StR 648/59.

883 BGHSt 43,36 (40); Kissel/Mayer § 30 GVG Rn. 4; Linkenheil, S. 231.

884 RGSt 69 120, 124; BGHSt 13,73; OLG Hamburg MDR 1973, 69.

885 RGSt 40, 155, 156.

886 RGSt 40, 156.

wird, was in der Hauptverhandlung nicht gesagt worden ist. Auch würde gerade bei Laienrichtern die Gefahr, dass sie in der Hauptverhandlung nur noch als eine Einrichtung zur Bestätigung der aus dem Aktenmaterial gewonnenen Eindrücke betrachtet werden, nicht von der Hand zu weisen sein. Vom Berufsrichter kann auf Grund seiner Ausbildung und Erfahrung erwartet werden, dass er Hauptverhandlungsergebnisse und Akteninhalt bei seiner Urteilsbildung voneinander trennen kann; von einem Laienrichter wäre damit zu viel verlangt."[887]

So nachvollziehbar und begründet die Argumente für ein unterschiedsloses Aktenkenntnisrecht von Schöffen- und Berufsrichtern als Informationsquelle zur Vorbereitung des Hauptverfahrens erscheinen mögen, so verdrängen sie doch gewissermaßen die generelle Problematik, ob im Interesse einer „richtigen" Sachentscheidung ein erkennender Richter vor der Hauptverhandlung überhaupt Einsicht in die Ermittlungsakte nehmen sollte. Nach dem Ergebnis einer Untersuchung von Schünemann[888] aus 1995 lassen Inertia-Effekt und Perseveranzeffekt eher befürchten, dass Aktenkenntnis bei (Berufs-)richtern die Verurteilungswahrscheinlichkeit eines Angeklagten in der Hauptverhandlung signifikant erhöht. Anders als bei einem Richter ohne Aktenkenntnis sind die aus dem Inhalt der tendenziell belastenden Ermittlungsakte gespeicherten Informationen geeignet, den Entlastungsgehalt der Hauptverhandlung gar nicht richtig wahrzunehmen und statt dessen die dem Richter bereits aus der Ermittlungsakte bekannten („redundanten") belastenden Informationen[889] zur wesentlichen Entscheidungsgrundlage werden zu lassen.

Wenn auch nicht als solche ausdrücklich bezeichnet, waren die genannten Effekte bereits früher Gegenstand wissenschaftlicher Erörterung. In seinem 1874 erschienenen Werk „Das Volksgericht" beschreibt Mittermaier den Vorzug der Volksrichter, die „nur auf den Grund der von ihnen geführten Verhandlungen ihren Wahrspruch bauen (nicht aber auf Acten)".[890] Mittermaier's Ansatz war zwar ein anderer, da es ihm als Befürworter des Geschworenengerichts primär um die Darstellung dessen ging, was die Vorzüge von Geschworenen gegenüber Schöffen ausmachte, wozu insbesondere auch die unabhängigere Stellung gegenüber Berufsrichtern gehörte. In der Konsequenz bestätigt er jedoch die von Schünemann beschriebene Gefahr. Bei den Schöffen sei nämlich zu befürchten, dass sie weit

887 So S. 66f. des Entwurfs, zitiert bei Linkenheil, a.a.O. S. 223.
888 Bearbeitete und erweiterte Fassung dieses Forschungsberichts in: Schünemann, Der Richter im Strafverfahren als manipulierter Dritter? Zur empirischen Bestätigung von Schulterschluss- und Perseveranzeffekt, StV 2000, 159ff.
889 Schünemann, a.a.O. S. 161.
890 Mittermaier, Volksgericht, S. 37.

eher dem Einfluss des vorsitzenden Richters ausgesetzt seien als Geschworene. Verantwortlich dafür sei vor allem die Kenntnis der „Voruntersuchungsacten" durch den „Staatsrichter", der „auch häufig schon durch den Inhalt derselben zu einer vorgefassten Ansicht über den Fall bestimmt"[891] sein wird. Eingeschlossen darin ist, dass die „Richter vielfach auf die in den Voruntersuchungsacten vorkommenden Aussagen sich berufen und dadurch auf die Schöffen wirken"[892] werden. Zusätzlich nachteilig wirke sich dies auf die Beratungs- und Abstimmungssituation aus. Die Vorbefassung mit den Akten trage dazu bei, dass die inhaltlich in der Hauptverhandlung möglicherweise davon abweichende und von den Schöffen allein so wahrgenommene Zeugenaussage nicht entsprechend gewürdigt werde.

Idealtypisch für das auf Wahrheitsfindung angelegte Strafprozessziel erschient deshalb ein Richter, der zwar nicht mit Aktenkenntnis, aber mit eigenem Fragerecht ausgestattet ist.[893]

Obwohl ein Schöffe nach geltendem Recht genau diesem Anforderungsprofil entspricht, verkörpert er insoweit gleichwohl keine Vorbildfunktion. Dazu ist seine Rolle im Hauptverfahren, die sich häufig durch beharrliches, von anderen nichtrichterlichen Verfahrensbeteiligten manchmal als sphinxartig empfundenes Schweigen auszeichnet, zu schwach. Um sie aufzuwerten, erscheint deshalb die Frage etwaiger Aktenkenntnis nicht weniger gewichtig als die einer intensiveren Nutzung anderer gesetzlich verbriefter Schöffenrechte, wie insbesondere die des Fragerechts gegenüber Angeklagten, Zeugen und Sachverständigen nach § 240 Abs. 2 StPO.[894]

Die Diskussion um die Aktenkenntnis von Schöffen wirft zugleich und darüber hinaus die Frage nach einer stärkeren Beteiligung der Schöffen im Eröffnungsverfahren auf. Das GVG beschränkt die gesetzliche Gleichstellung von Schöffen mit Berufsrichtern auf die Hauptverhandlung. Nur dort üben Schöffen ihr Amt gem. §§ 30 Abs. 1, 77 Abs. 1 GVG grundsätzlich in gleichem Umfang, mit gleichem Stimmrecht und in gleicher Verantwortung wie die Berufsrichter aus.[895]

Für die Hauptverhandlung – allerdings ohne Bindungswirkung – enthält Nr. 126 Abs. 3 RiStBV bezogen auf bestimmte Verfahren eine Empfehlung. Danach, namentlich bei umfangreichen und schwierigen Sachverhalten, darf den Schöffen

891 Mittermaier, a.a.O.

892 Mittermaier, a.a.O. S. 38.

893 So eines der Ergebnisse des Schünemann'schen Forschungsberichts, Schünemann, a.a.O. S. 163.

894 S. dazu Kapitel VII. 3. und 4.

895 Vgl. BGHSt 43, 36; BGH NJW 1997, 1972.

eine Abschrift des Anklagesatzes – nicht jedoch der Anklageschrift – nach deren Verlesung überlassen werden. Wenigstens in sog. Umfangsverfahren, bei denen allein der Anklagesatz nicht selten Broschürenformat erreicht, entspricht es daher einer mittlerweile gängigen, auch von Verteidigerseite tolerierten, Handhabung, dass der Vorsitzende den Schöffen nach Verlesung der Anklage den Anklagesatz in Abschrift überreicht, um ihnen gewisse Grundinformationen zu geben. Das Argument, es diene dem Interesse aller Beteiligten, wenn die Schöffen während einer manchmal Monate dauernden Hauptverhandlung anhand der ihnen schriftlich vorliegenden Anklagepunkte besser über den Verfahrensstoff orientiert sind, als dies bei einer einmaligen Verlesung durch den Sitzungsvertreter der Staatsanwaltschaft bei Beginn der Hauptverhandlung anzunehmen wäre, entspricht im Grunde einer psychologischen Selbstverständlichkeit. Kaum jemand wird imstande sein, die mit der Anklageverlesung einmal gehörte, häufig darüber hinaus schwer verständliche, weil juristisch aufbereitete Kernsachverhaltsschilderung, als jederzeit abrufbares Präsenzwissen zu speichern.

Über die Frage der möglichen Parteilichkeit des Gerichts wegen Zugänglichmachens des wesentlichen Ergebnisses der Ermittlungen an die Schöffen hatte der EGMR aufgrund einer Individualbeschwerde zu entscheiden.[896] Der EGMR kam zu dem Ergebnis, dass diese Verfahrensweise weder rechtswidrig war noch dadurch Zweifel an der Unparteilichkeit der Schöffen i.S.v. Art. 6 Abs. 1 S. 1 MRK begründet wurden. Dem zur Entscheidung stehenden Sachverhalt lagen jedoch besondere Umstände zugrunde, so dass eher von einer Einzelfallentscheidung auszugehen ist.

Von der Grundinformation durch Überlassung des Anklagesatzes – oder auch des wesentlichen Ergebnisses der Ermittlungen – zu trennen ist die Gewährung umfassender Akteneinsicht im Sinne eines darauf gerichteten Rechts. Dass es in der geltenden Verfahrensordnung kein derartiges Recht,[897] vergleichbar etwa dem des Verteidigers nach § 147 StPO oder dem des Verletztenbeistandes nach § 406e Abs. 1 StPO, gibt, wird insoweit zu recht von der Rechtsprechung[898] und Teilen der Literatur[899] hervorgehoben.

896 EGMR NJW 2009, 2871 („Elezi/Deutschland").

897 Aber auch kein generelles Verbot, so der Hinweis in L-R/Siolek § 30 GVG Rn. 8.

898 BGHSt 5, 261f.; BGHSt 13, 73ff., differenzierter allerdings schon BGHSt 43, 39, bezogen auf das Lesen von Tonbandprotokollen aus einer Telefonüberwachungsmaßnahme.

899 Rennig, S. 586; Schorn, Der Laienrichter in der Strafrechtspflege, S, 8f.:der aber umfassende Akteneinsicht für Laienrichter wenigstens in größeren Verfahren für sinnvoll hält; dies jedoch unter der unhaltbaren Voraussetzung, dass Berufs- wie Laienrichter

Demgegenüber wird das von dem überwiegenden Teil in Literatur[900] und Kommentarmeinung[901] befürwortete unbeschränkte Akteneinsichtsrecht für Laienrichter mit dem Partizipationsgedanken der §§ 30 Abs. 1, 77 GVG begründet. Damit unvereinbar sei das Vorhandensein eines, durch bessere Aktenkenntnis zumindest eingeschränkteren, Machtgefälles zwischen Berufs- und Laienrichtern bei den praktischen, den Gang einer Hauptverhandlung regelmäßig prägenden Vorgängen, wie: Beratung und Entscheidung über Haftfragen oder Beweisanträge, Erörterungen über das Auskunftsverweigerungsrecht oder das Vereidigungsverbot eines Zeugen (§§ 55, 60 Nr. 2 StPO).[902]

Als wesentliches, letztlich aber nicht überzeugendes Argument wird darüber hinaus die über § 249 Abs. 2 StPO vermittelte Aktenkenntnis der Schöffen genannt,[903] mit der Konsequenz einer ausdrücklich protokollierten Erklärung aller erkennenden Richter, vom Wortlaut der Urkunden Kenntnis genommen zu haben.[904] Charakteristisch für die im Selbstleseverfahren eingeführten Urkunden ist das regelmäßige Fehlen ihrer mündlicher Erörterung in der Hauptverhandlung nach § 257 StPO. Werden jedoch gerade in Wirtschaftsstrafsachen häufig komplexe Vorgänge als „stille" Beweismittel über § 249 Abs. 2 StPO Inbegriff der Hauptverhandlung gemäß § 261 StPO, wächst das Risiko einer eher als rein deklaratorisch zu verstehenden (laienrichterlichen) Bestätigung, sämtliche Urkunden nicht nur gelesen, sondern darüber hinaus deren Inhalt und Bedeutung für das Verfahren auch verstanden zu haben.[905] Der Vorsitzende ist weder verpflichtet, zu überprüfen, ob die Schöffen die Urkunden tatsächlich gelesen haben noch stehen den übrigen Verfahrensbeteiligten, insbesondere der Verteidigung, angemessene Kontrollmöglichkeiten zur Verfügung.

Die inhaltliche Richtigkeit der Erklärung, vom Wortlaut einer Urkunde Kenntnis genommen zu haben, impliziert bei einem Schöffen zugleich nicht nur die Feststellung, außerhalb der Hauptverhandlung, sozusagen „privat",

---

unter Wahrung ihres Amtsgeheimnisses (§ 198 GVG) „Unbefugte" – unter ihnen also auch Verteidiger und Angeklagten – darüber nicht informieren.

900 Schreiber, S. 953; Rüping, JR 1976, S. 269, (272); Nowak, JR 2006, S. 459ff.; Lilie, S. 309ff.; Linkenheil, S. 228; Ellbogen, DRiZ 4/2010, S. 136ff.

901 Meyer-Goßner § 30 GVG Rn. 2; L-R/Siolek § 30 GVG Rn. 4ff.

902 Vgl. L-R/Siolek, § 30 GVG Rn. 8.

903 L-R/Siolek, a.a.O.

904 BGH NStZ 2005, 260.

905 Dies gilt insbesondere für die im Selbstleseverfahren zulässige (BGHSt 27,136) Einführung von Auszügen von Urkunden oder Fragmenten von Schriftstücken (vgl. dazu auch Knieriem/Rettenmaier, StV 2006, S. 155, 157).

einen nicht unerheblichen Zeitraum mit dem Urkundenstudium verbracht zu haben. Darüber hinaus erwächst aus ihr auch die Pflicht, sämtliche Schriftstücke inhaltlich zu kennen. Dieses Erfordernis wäre bei einem umfassenden Akteneinsichtsrecht für Schöffen mit einem in Umfangsverfahren manchmal mehrere tausend Blatt betragenden Papiermaterial nicht anders zu beurteilen. Zu recht weist deshalb Katholnigg[906] auf das mit einem aufwendigen Studium der Akte für Schöffen häufig verbundene unzumutbare Zeit- und Kräfterisiko hin und rät schon deshalb von einem generellen umfassenden Akteneinsichtsrecht ab.

Der Gesichtspunkt, die Ausübung des Fragerechts sei oft nur bei Aktenkenntnis möglich,[907] vermag ebenfalls nicht zu überzeugen. Das Fragerecht bezieht sich auf die unmittelbar zuvor von einer Aussageperson in der Hauptverhandlung abgegebenen mündlichen Erklärungen nach vorangegangener Vernehmung.

Zeugen sind einzeln und in Abwesenheit der später zu hörenden Zeugen zu vernehmen (§ 243 Abs. 2 S. 1 StPO). Kommt es demzufolge nach geltendem Verfahrensrecht allein auf den Inhalt von Zeugenaussagen in der Hauptverhandlung an, liegt darin der maßgebliche Anknüpfungspunkt für das Fragerecht der Beteiligten nach § 240 Abs. 2 StPO und nicht in einem vorbereitendem Studium von polizeilichen Vernehmungsprotokollen usw. Dies gilt auch, soweit es um mögliche Unklarheiten, Lücken und Widersprüche in einer Zeugenaussage geht, die sich vorrangig aus der Aussage in der Verhandlung selbst ergeben müssen, um Bestandteil eines effektiv ausgeübten Fragerechts sein zu können. Vorhalte aus den Akten sind demgegenüber nicht primärer Bestandteil des Fragerechts, sondern müssen ggf. von denjenigen herausgearbeitet werden, die anhand des Aktenstudiums die Hauptverhandlung, sei es von Amts wegen (Vorsitzender), sei es aufgrund ihrer Beistandsfunktion (Verteidiger),[908] vorbereiten.

Bezogen auf die Befragung eines Sachverständigen in der Hauptverhandlung besteht die Möglichkeit, den Schöffen in entsprechender Anwendung von Nr. 126 Abs. 2 S. 2 RiStBV vorab eine Abschrift des schriftlichen Vorgutachtens – sollte eines erstellt worden sein – zu überlassen.

906 Katholnigg, NStZ 1997, S. 507.

907 S. bspw. KK-StPO/Hannich § 30 GVG Rn. 2; L-R/Siolek § 30 GVG Rn. 8.

908 Staatsanwälte besitzen häufig als den Vorgang selbst nicht sachbearbeitende Dezernenten und bei Beginn der Hauptverhandlung nur über eine „dünne“ Handakte verfügende Sitzungsverteter keine tatsächliche Aktenkenntnis.

Zusammenfassend:

1. Weder der Unmittelbarkeitsgrundsatz noch der Mündlichkeitsgrundsatz gelten als verletzt, wenn Schöffen in „großzügiger" Anwendung von Nr. 126 RiStBV Grundinformationen aus der Ermittlungsakte erhalten, die es ihnen ermöglichen, gesetzlich zugewiesene Aufgaben, insbesondere nach §§ 30, 77 GVG, bestmöglich wahrzunehmen. Ein gesteigertes Informationsbedürfnis wird notwendigerweise Schöffen in umfangreichen Strafverfahren zuzubilligen sein. Zu weitgehend erscheint allerdings insoweit mancher Vorschlag, wie bspw. der von Vultejus,[909] ein „ausführlicher Aktenvortrag vor der Hauptverhandlung" könne „unerläßlich" werden.
2. Ein umfassendes Akteneinsichtsrecht für Laienrichter, das durch entsprechende Änderungen der StPO sogar noch gesetzlich fixiert werden sollte,[910] ist abzulehnen. Weder zum besseren Verständnis der Beweisaufnahme noch für eine sachlich fundierte, an dem „Gleichberechtigungsgrundsatz" zwischen Laien- und Berufsrichtern orientierte Sachentscheidung noch für die uneingeschränkte Wahrnehmung von Schöffenrechten in der Hauptverhandlung ist eine vollständige Aktenkenntnis der Schöffen notwendig. Im Einzelfall müssen die Berufsrichter, der Vorgabe der Nr. 126 Abs. 2 S. 1 RiStBV entsprechend, dazu beitragen, dass Schöffen die ihnen vom Gesetz zugewiesene Aufgabe erfüllen können.
3. Um eine im Schuld- wie im Rechtsfolgenausspruch möglichst sachgerechte Entscheidung zu erreichen, sollte die Aktenkenntnis aller erkennenden Richter vor Beginn der Hauptverhandlung unterschiedslos auf das Mindestmaß beschränkt sein. Eine Ausnahme wird allerdings für den mit voller Aktenkenntnis auszustattenden Vorsitzenden gelten müssen, da Aktenkenntnis zur ordnungsgemäßen Vorbereitung der Hauptverhandlung nach geltendem Recht unabdingbar erscheint.

2. Exkurs: Aktenstudium/Akteneinsicht von DDR-Schöffen

Die in der Bundesrepublik seit langem streitig geführte Diskussion um die Frage, ob Schöffen ein Akteneinsichtsrecht zusteht, gab es in der SBZ/DDR nicht.

---

909 Schöffen in Hauptverhandlung und Beratung, in: Lieber/Sens, Ehrenamtliche Richter-Demokratie oder Dekoration am Richtertisch? S. 61–64.

910 So die Forderung von Lieber/Burchardt, Laienrichter – Dekoration oder Demokratie am Richtertisch? S. 30.

Möglichst genaue Aktenkenntnis war nicht nur ein Recht von Schöffen, sondern ihre Pflicht. Bspw. enthielten die §§ 52, 188 Abs. 3 StPO-DDR Bestimmungen, wonach Schöffen aktiv an sämtlichen im Eröffnungsverfahren zu treffenden Entscheidungen sowie an der Vorbereitung der Hauptverhandlung teilzunehmen verpflichtet waren. Dazu gehörte u.a. das Aktenstudium. Schöffen „haben das Recht und die Pflicht, die Akten zu studieren, in der Verhandlung Fragen an die Verfahrensbeteiligten zu stellen und an der Entscheidung und deren Begründung mitzuwirken".[911]

Weder eine den Schöffen zukommende gleichberechtigte Form der Mitentscheidung über die Eröffnung des Hauptverfahrens noch die von dem einzelnen Schöffen persönlich erwartete bestmögliche Vorbereitung auf den Gang des Verfahrens (Entscheidung im Zwischenverfahren über die Fortdauer der Untersuchungshaft, Wahrnehmung von Fragerechten gegenüber Zeugen und Sachverständigen usw.) wären ansonsten tatsächlich erreichbar gewesen.

Unabhängig von den gesetzlichen Vorgaben schienen viele Schöffen im übrigen so etwas wie eine „moralische" Selbstverpflichtung und persönliches Engagement verinnerlicht zu haben, um den von ihnen in der Hauptverhandlung erwarteten Aufgaben gerecht werden zu können. Ein Schöffe beim Kreisgericht Sternberg/Mecklenburg bspw. beschreibt seine Einstellung so:[912] „Ich habe es für richtig gehalten, mindestens zwei Tage vor Verhandlungsbeginn Einsicht in die Akten zu nehmen, Mit einem bloßen Durchsehen ist es aber nicht getan; deshalb habe ich den Richter gebeten, mit uns Schöffen die Akten durchzusprechen und die darin angeführten Gesetze und Verordnungen zu erläutern. Ich ließ mir daheim noch einmal die Sache durch den Kopf gehen. Dabei notierte ich mir schon einige Fragen, die ich an den Angeklagten zu stellen gedachte. Auch bei der Verhandlung ist es notwendig, sich kurze Notizen zu machen, insbesondere dann, wenn man durch Fragen zur Klärung des Sachverhalts beitragen kann."

3. Fragerecht von Schöffen

Dass Schöffen und Geschworene grundsätzlich berechtigt sind, in einer Hauptverhandlung Fragen zu stellen, war im Grunde seit Einführung der gesetzlichen Kodifikation laienrichterlicher Tätigkeit im Strafverfahren nicht streitig. Geändert haben sich im Laufe der Zeit allerdings Art und Umfang des Fragerechts sowie

911 Vgl. Strafprozessrecht der DDR Kommentar zur StPO (1989) § 52 Nr. 1.
912 Franz Straka, Aus der Schöffenpraxis, NJ 1955, S. 155.

insbesondere die Eingriffsbefugnisse eines Vorsitzenden während der Befragung durch Laienrichter oder andere Verfahrensbeteiligte (Staatsanwalt, Verteidiger). Musste der Vorsitzende nach Art. 76 der preußischen Strafprozessordnung von 1852 u.a. den Geschworenen (lediglich) gestatten, „Fragen, welche sie für angemessen" erachteten, unmittelbar an den Angeklagten oder die Zeugen zu stellen, gab es eine Einschränkung auf die Angemessenheit von Fragen in der reichseinheitlichen StPO von 1877 nicht mehr. Die §§ 239 Abs. 2, 240 StPO 1877 entsprachen vielmehr inhaltlich den heutigen §§ 240 Abs. 2, 241 StPO. Eine Ausnahme allerdings bestand hinsichtlich der Befragung des Angeklagten. Dieser konnte nur durch den Vorsitzenden selbst befragt werden, § 239 Abs. 1 StPO 1877. Soweit beisitzende Richter, die Staatsanwaltschaft, Geschworene oder Schöffen Fragen an den Angeklagten richten wollten, mussten sie sich an den Vorsitzenden wenden. Es hing von seinem Ermessen ab, ob er Fragen stellen wollte oder nicht. Eine Pflicht dazu hatte er nicht.[913]

Entfallen war auch die noch in Art. 76 Abs. 2 S. 3 der sog. Preußischen Strafprozessordnung 1852[914] bestimmte Befugnis des Vorsitzenden, „die Stellung der Fragen zu jedem Zeitpunkte wieder selbst zu übernehmen und das Verhör zu schließen". Die in § 241 StPO 1877 darüber hinaus vorgesehene Möglichkeit, bei Zweifeln über die Zulässigkeit einer Frage das Gericht anzurufen, sah die preußische Strafprozessordnung noch nicht vor.

Die Feststellung, Schöffen besäßen einerseits das ihnen aus § 30 Abs. 1 GVG und 240 Abs. StPO zustehende Recht der an Zeugen und Sachverständige gerichteten unmittelbaren Befragung, erscheint ebenso selbstverständlich[915] wie die damit verbundene Erkenntnis, dass Schöffen andererseits deutlich seltener als Berufsrichter von diesem Recht Gebrauch machen. Die Gründe hierfür mögen vielfältig, von der Besonderheit des jeweiligen, in der Hauptverhandlung aufzuklärenden Anklagesachverhalts ebenso bestimmt sein wie von der Persönlichkeit der daran Beteiligten, namentlich des Gerichtsvorsitzenden. Auch wenn die Klage eines Schöffen aus dem Jahr 1906, die Berufsrichter würden den Laienrichtern das

913 vgl. bspw. Löwe/Rosenberg, Kommentar zur Strafprozeßordnung, 5. Aufl. 1888, Anm. 4 zu § 239.

914 Gesetz betreffend die Zusätze zu der Verordnung vom 3. Januar 1849 über die Einführung des mündlichen und öffentlichen Verfahrens mit Geschworenen in Untersuchungssachen vom 3. Mai 1852.

915 So schon Zachariae, Das moderne Schöffengericht, S. 63: „Die Schöffen müssen, abgesehen von den besonderen Befugnissen des Präsidenten, ganz dieselben Rechte haben, wie die ständigen rechtsgelehrten Mitglieder, z.B. auch was das Fragerecht gegenüber den Parteien, den Zeugen und Sachverständigen betrifft".

Fragerecht nicht zugestehen,[916] überholt sein dürfte, kann die Grundeinstellung eines Vorsitzenden zu dem Fragerecht eines Schöffen den Ablauf einer Hauptverhandlung maßgeblich prägen. So äußerte vor kurzem bspw. die Vorsitzende eines Schwurgerichts außerhalb eines Verfahrens freimütig, sie bekäme allein bei dem Gedanken an Fragen durch Schöffen regelmäßig „Schweißausbrüche". Die Gründe hierfür können vielfältig sein. Die Negativerfahrung fehlender Qualität oder Sachbezogenheit mancher Schöffenfrage gehört ebenso dazu wie die Befürchtung, Inhalt sowie Art der Fragestellung gäben Anlass zu Befangenheitsgesuchen, namentlich seitens der Verteidigung.[917]

Auch die Annahme „unnötigen" Zeitverlusts, der den Gang der – von den Berufsrichtern eingehend vorbereiteten – Hauptverhandlung durch vermeintlich überflüssige Fragen nachteilig beeinflusst, kann Bedeutung erlangen.

Als gewisser forensischer Erfahrungswert kann gelten: Je gründlicher ein Vorsitzender die Hauptverhandlung vorbereitet hat, je komplizierter und komplexer der Sachverhalt – damit verbundenen Rechtsfragen eingeschlossen – ist, je intensiver er Zeugen oder Sachverständige zu Kern- wie Randbereichen des Tatgeschehens befragt, Widersprüche, Unklarheiten und Lücken aufzuklären bemüht ist, desto weniger werden Schöffen sich veranlasst sehen oder veranlasst sein, ihr eigenes Fragerecht wahrzunehmen. Dies gilt umso mehr, als dem praktischen – aber gesetzlich nicht zwingend vorgeschriebenen – Regelfall des § 240 Abs. 1 StPO entsprechend der Vorsitzende im Anschluss an seine eigene Befragung zunächst den Beisitzern und sodann den anderen Verfahrensbeteiligten das Fragerecht einräumt.[918]

Verfahrenspsychologisch sinnvoll muss dies nicht unbedingt sein. Nach dem Partizipationsgedanken haben Schöffen gleichermaßen wie Berufsrichter die Einzelheiten der Beweisaufnahme zu erfassen und zu würdigen, um sodann ihre „Überzeugungsbildung ausschließlich auf der Basis dessen vorzunehmen, was ihnen als in der Schlussberatung verwertbares Beweismaterial unterbreitet worden

---

916 Zitiert bei Spona, S. 100.

917 Dass diese Befürchtung als durchaus real gesehen wird, führt Machura, Fairness und Legitimität, S. 116, (Fn. 347) an einem praktischen, von einem Schöffen geschilderten Beispiel vor.

918 Vgl. dazu auch BGHR StPO § 247 4 Unterrichtung 9: Es ist Sache der Verhandlungsleitung des Vorsitzenden, wann und in welcher Reihenfolge er die Ausübung des Fragerechts gestattet. Schon deshalb ist damit ohne weiteres und jederzeit die Möglichkeit der zeitlich vorrangigen Befragung einer Beweisperson durch Schöffen eröffnet; selbst wenn eine solche Verfahrensweise nicht der üblichen Gerichtspraxis entspricht.

ist."[919] Dazu gehört auch, dass sie – bestärkt durch entsprechende Anregungen des Vorsitzenden im Zusammenhang mit der Beweisaufnahme – selbst ihr Fragerecht zur Klärung strittiger Sachverhaltsaspekte wahrnehmen. Dadurch fangen Laienrichter von selbst an, „denkend in das Geschehen einzudringen und die einzelnen Beweise zu analysieren."[920] Die Einhaltung einer starren Reihenfolge bei der Wahrnehmung von Fragerechten im Rahmen eines dynamischen Prozesses wie der Hauptverhandlung könnten dem entgegenstehen.

Soweit vereinzelt unter Hinweis auf die auch Schöffen obliegende Aufklärungspflicht nach § 240 Abs. 2 StPO deren Fragepflicht angenommen wird,[921] zeigt das Beispiel der DDR,[922] dass derartige Vorgaben in der forensischen Praxis offensichtlich nicht das zu erwartende Maß an Resonanz erzeugen. Obwohl dazu angehalten, von ihrem Fragerecht „stets regen Gebrauch zu machen", beschränkte sich die diesbezügliche Mitwirkung der DDR-Schöffen in der Hauptverhandlung i.d.R. auf Fragen an den Angeklagten nach dessen sozialer Situation oder einer eventuellen Alkoholproblematik. Zur Tat selbst wurden keine Fragen gestellt.[923] Dass im übrigen eine Art „Statistendasein" während der Dauer der Hauptverhandlung über Jahre und Rechtssysteme hinweg ein kennzeichnendes Merkmal der Schöffenamts zu sein scheint, bestätigt eine Bemerkung des Landgerichtsdirektors Rambke[924] im Jahr 1937, wonach die Außenwirkung von Laienrichtertätigkeit „verhältnismäßig selten durch Fragen oder sonstwie in die Verhandlung" eingreifende Handlungen gekennzeichnet ist.

Dem Selbstverständnis nach allerdings sieht sich der überwiegende Teil der Schöffen weder in seinem Fragerecht eingeschränkt noch darin, das Geschehen in der Hauptverhandlung insgesamt ausreichend verfolgen und verstehen zu können. Nach einer nicht mehr ganz aktuellen, weil 1972 erschienenen Studie von Klausa[925] empfanden die meisten Laienrichter den Prozessstoff als „interessant und

919 BGHSt 42, 193, 198.

920 Graßberger, Psychologie des Strafverfahrens, S. 339.

921 So bspw. Spona, S. 99/100.

922 S. Exkurs: Fragerecht von DDR-Schöffen, Kapitel VII. 4.

923 S. das Ergebnis einer entsprechenden Auswertung von Mathes, Volksrichter-Schöffen-Kollektive, S. 159, (Fn. 777).

924 Rambke, Erfahrungen mit Schöffen und Geschworenen in der Zeit vor und nach der nationalsozialistischen Machtergreifung, S. 25.

925 Klausa S. 75; Lieber/Burchardt, Laienrichter- Dekoration oder Demokratie am Richtertisch? S. 14: danach erklärten 76,1% der in Nordrhein-Westfalen befragten Schöffen, dass ihnen die Hauptverhandlung verständlich gewesen sei.

verständlich"; unter ihnen 54,5% der Land-, 53% der Amtsgerichtsschöffen und 89,5% der Jugendschöffen.

Befragungen unter Schöffen haben ergeben, dass das Fragerecht fast immer ausgeübt werden konnte.[926] Nicht unbedingt erforderlich erscheint dabei die für den Befragten bzw. andere Verfahrensbeteiligte erkennbare „aktive" Wahrnehmung dieses Rechts. So berichtete anlässlich des 36. Strafverteidigertages 2012[927] eine Hamburger Schöffin von der bei einer Strafkammer geübten und offensichtlich bewährten Praxis, wonach Schöffen ihre Fragen notieren und an den Beisitzer weiterreichen. Soweit dieser nicht ohnehin eine Frage ähnlichen Inhalts aufgrund eigener Vorbereitung gestellt hätte, nimmt er sie entweder in seinen Katalog mit auf oder gibt dem Schöffen zu verstehen, dass es sinnvoller sei, diese Frage gar nicht zu stellen.[928]

Die Qualität der von Schöffen gestellten Fragen wird von den Vorsitzenden in ca. 20% der Fälle für gut gehalten, ein ähnlich hoher Prozentsatz der Fragen wird hingegen als unwichtig bezeichnet.[929]

Während der Verhandlung befragen Schöffen in ca. 50% der Fälle Zeugen bzw. Sachverständige, wobei die Anzahl der Fragen in Schwurgerichtsverfahren deutlich über der vor einem Schöffengericht oder vor der Großen Strafkammer liegt.[930]

In komplexen und komplizierten Wirtschaftsstrafsachen hingegen offenbart sich das Fragerecht von Schöffen als nahezu verkümmert; es sei denn, ein Schöffe verfügt ausnahmsweise über einen der Spezifik des Verfahrens angemessenen besonderen Sachverstand, den andere Verfahrensbeteiligte – den Sachverständigen vielleicht ausgenommen – nicht besitzen.

Nimmt ein Schöffe sein Fragerecht wahr, beschränkt es sich häufig auf einzelne Verständnisfragen. Der manchmal nahezu inquisitorisch wirkende Charakter einer

926 Lieber/Burchardt, Laienrichter- Dekoration oder Demokratie am Richtertisch? S. 14.

927 Eine der Arbeitsgruppen befasste sich mit dem Thema „Laienrichter in der Strafgerichtsbarkeit".

928 Dass dadurch der von sämtlichen Verfahrensbeteiligten grundsätzlich gewünschte Kommunikationsprozess in der Hauptverhandlung beeinträchtigt werden kann, liegt nahe. „Geheimniskrämerisches Tuscheln" auf der Richterbank erweckt Argwohn, vor allem bei der Verteidigung.

929 Casper/Zeisel S. 37: eine Ausnahme bilden insoweit allerdings die Schwurgerichtsvorsitzenden, Sie halten 67% der von Schöffen in Schwurgerichtsverfahren gestellten Fragen für gut.

930 Casper/Zeisel a.a.O.: im Schwurgerichtsverfahren werden danach in lediglich 4% der Fälle keine Fragen gestellt, während dieser Anteil bei Schöffengerichten bzw. Verfahren vor der Großen Strafkammer mit 54% bzw. 60% in etwa gleich hoch ist.

„Fragenbatterie", der in Gestalt eines „one-line-questioning"[931] mit punktgenauer Vorgabe des Frageziels daherkommen kann, ist einem Schöffen eher fremd.

Ebenso wird die Abarbeitung eines sorgfältig vorbereiteten Fragenkatalogs, wie er für die Befragung durch den Vorsitzenden oder den Berichterstatter nicht untypisch ist, bei Schöffen kaum anzutreffen sein. Die Ursachen dafür sind naheliegend:

- Auf Grund ihrer Aktenkenntnis sind Berufsrichter etwa anhand polizeilicher, in der Akte befindlicher Vernehmungsprotokolle, besser in der Lage, sich auf die zu erwartende Sachangaben der Auskunftsperson vorzubereiten, um ggf. bei Abweichungen zwischen Protokollinhalt und Angaben eines Zeugen in der Hauptverhandlung über die unmittelbaren Fragen an ihn weitergehende Vorhalte machen zu können. Unter anderem diese Erkenntnis trägt bei Befürwortern des Akteneinsichtsrechts für Schöffen zu der Annahme bei, die Kenntnis der Akte ermögliche den Schöffen eher, sinnvolle und sachbezogene Fragen zu stellen.[932] Ob diese Schlussfolgerung zutrifft, erscheint allerdings problematisch.[933]
- Zumindest Art und Umfang des Fragerechts sind manchem Schöffen offensichtlich unbekannt.[934] Unzureichendes Wissen schafft auch hier psychologische Barrieren.
- Den Schöffen wie anderen in § 240 StPO genannten Verfahrensbeteiligten hat der Vorsitzende „auf Verlangen zu „gestatten" (§ 240 Abs. 1 StPO), Fragen zu stellen. Diese Anforderung des Gesetzes impliziert in doppelter Hinsicht eine Hemmschwelle für den Inhaber dieses Rechts: der Schöffe muss einerseits gegenüber dem Vorsitzenden erkennbar kundtun, dass er etwas aufklären möchte, was bislang nicht Bestandteil der Aussage der Beweisperson bzw. der Befragung durch den Vorsitzenden oder ggf. zusätzlich den Berichterstatter als weiterem erkennendem Mitglied der Kammer war. Eitelkeiten von Berufsrichtern, die in Fragen von Schöffen die versteckte Kritik sehen, sie hätten bei ihrer Befragung die Sache nicht erschöpfend ausgelotet,[935] sind dabei zu berücksichtigen. Zugleich sind sie geeignet, einem Schöffen ehermanchmal sogar ängstlich wirkende – Zurückhaltung bei der Wahrnehmung

931 S. Salditt, StraFo 1992, S. 51, (53).

932 Kissel/Mayer, § 30 GVG Rn. 2; Spona, S. 111, 112.

933 S. dazu Kapitel VII. 1.

934 S. Lieber, Das Fragerecht des Schöffen und seine Beschränkungen – Umfang, Verfahren und Konsequenzen, RohR 1995, S. 106 – 109.

935 Lieber a.a.O., S. 107.

seines eigenen Fragerechts aufzuerlegen. Die Frage eines Schöffen unterliegt andererseits und darüber hinaus dem strengen Maßstab des § 241 Abs. 2 StPO, wonach der Vorsitzende ungeeignete oder nicht zur Sache gehörige Fragen zurückweisen kann.

- Anders als die eigentlichen „Antagonisten" der Hauptverhandlung – Staatsanwaltschaft und Verteidigung – mag ein Schöffe als Mitglied des Spruchkörpers es als möglicherweise peinlich empfinden, eine unzulässige Frage, insbesondere eine Wiederholungsfrage,[936] zu stellen. Er wird – anders als bspw. ein Verteidiger – auch nur in besonderen Ausnahmefällen eine Zuspitzung der Hauptverhandlungsatmosphäre durch Beanstandung der Entscheidung des Vorsitzenden hinsichtlich der Zulässigkeit einer Frage oder gar der Herbeiführung eines Gerichtsbeschlusses nach § 238 Abs. 2 StPO riskieren.[937]
- Wenn schon nicht als warnender Hinweis gemeint, so doch bezeichnend, bemerkt Hannich[938] in seiner Kommentierung zutreffend in demselben Satz, neben dem Recht auf Befragung sei ein Schöffe in Konsequenz seiner im wesentlichen prozessualen Gleichstellung mit einem Berufsrichter nach § 30 Abs. 1 GVG ebenso wie dieser dem Risiko einer Befangenheitsablehnung ausgesetzt. Tatsächlich sind mangelndes Geschick oder erkennbar einseitige Direktheit der Fragestellung durch einen Schöffen nicht selten – vorrangig für die Verteidigung – Anlass, Zweifel an der Unvoreingenommenheit dieses Schöffen anzunehmen. Verbunden damit ist ein gegen ihn gerichtetes, manchmal durchaus erfolgreiches Ablehnungsgesuch nach §§ 24 Abs. 2, 31 Abs. 1 StPO. In erkennender Vorwegnahme dessen mag auch die – rechtlich allerdings unhaltbare – Neigung manches Vorsitzenden ansatzweise nachvollziehbar erscheinen, einen Schöffen zu bitten, zunächst ihm die zu stellende Fragen vorzutragen, damit er sie als Fragen des Vorsitzenden an den Zeugen weitergibt.[939]

---

936 Sie wird nach allgemeiner Auffassung als ungeeignet angesehen, ohne es zwingend sein zu müssen.

937 Der an die Schöffen gerichtete Hinweis von Lieber (a.a.O.), dieses Recht des § 238 Abs. 2 StPO ggf. wahrzunehmen, mag in der Sache gleichwohl uneingeschränkt zutreffen.

938 KK-StPO/Hannich § 30 GVG Rn. 4.

939 Lieber a.a.O., erwähnt dazu ein praktisches Beispiel aus dem Gerichtsalltag.

4. Exkurs: Fragerecht von DDR-Schöffen

Angesichts der partizipatorischen Ausrichtung des Strafverfahrens war es Aufgabe des Vorsitzenden eines DDR-Strafgerichts, das Fragerecht der an der Hauptverhandlung Beteiligten nicht nur zu gewährleisten, sondern die Verhandlung so zu führen, dass die Beteiligten von ihrem Fragerecht aktiv Gebrauch machten, damit der Sachverhalt allseitig aufgeklärt wurde.[940]

In der Verhandlung stand den Schöffen das Fragerecht unmittelbar nach dem Berufsrichter zu (§ 229 Abs. 1 StPO-DDR). Im Vergleich zu der Regelung in § 240 StPO, der eine Reihenfolge der Befragung durch die übrigen Verfahrensbeteiligten nicht vorgibt, bedeutete § 229 Abs. 1 StPO-DDR eine Stärkung der Schöffenposition. Einerseits wurde ihnen ein Fragerecht ausdrücklich und ohne Gestattung durch den Vorsitzenden eingeräumt, andererseits waren Schöffen nach dem Vorsitzenden Rangerste vor weiteren Verfahrensbeteiligten bei der Befragung von Zeugen, Sachverständigen oder Vertretern von Kollektiven.

Ihrer präsumtiven Rolle als aktive, qualifizierte und gleichberechtigte Richter entsprechend wurde von den DDR-Schöffen erwartet, dass sie von ihrem Fragerecht „stets regen Gebrauch machen"; verbunden mit der Empfehlung, vorbereitend auf die Hauptverhandlung, sich diejenigen Fragen und Probleme zu notieren, deren weitere Klärung sie in der Beweisaufnahme für erforderlich erachteten.[941]

Vergleichbar der Regelung in § 241 StPO konnte der Vorsitzende ungeeignete oder nicht zur Sache gehörige Fragen zurückweisen, § 229 Abs. 3 StPO-DDR. Als ungeeignet galten z.B. Suggestivfragen, Fangfragen, bloßstellende oder diskriminierende Fragen. Bloßstellend war eine Frage, die auf eine dem Befragten zur Unehre gereichende Feststellung abzielte, ohne zur Sachverhaltsaufklärung oder zur Beurteilung der Glaubwürdigkeit des Befragten beizutragen.[942]

Anders als nach allgemeiner Auffassung durch §§ 248 S. 1, 240 StPO vorgegeben,[943] endete das Fragerecht im Strafprozess der DDR nach § 229 StPO-DDR nicht generell mit der Entlassung des Zeugen oder Sachverständigen. Es erstreckte sich auf die gesamte Dauer der Hauptverhandlung, so dass selbst nach Entlassung

---

940 Vgl. OG-Inf. 1/1983, S. 14.

941 Praktiziert wurde dies bereits Anfang der 50-er Jahre im Bereich des Bezirksgerichts Halle, vgl. Toeplitz, NJ 1953 193; s.a. Die Aufgaben des Gerichts bei der Aufklärung und Feststellung des Sachverhalts im Strafverfahren, in: „Der Schöffe" 1977, S. 13ff. (21).

942 OG-Inf. 1/1983, S. 14.; Kommentar zur StPO 1987, § 229 Anm. 3.1.

943 Vgl bspw. KK-StPO/Schneider § 240 Rn. 10.

der Beweisperson der Anspruch auf das Fragerecht erneut geltend gemacht werden konnte.[944]

Dieses mit dem hohen Stellenwert des Fragerechts verbundene Interesse einer möglichst optimalen Sachverhaltsaufklärung erfüllte sich im Gerichtsalltag jedoch eher selten. Bereits in den 50-er Jahren wurde die fehlende aktiv-mitgestaltende Tätigkeit der Schöffen während der Hauptverhandlung beklagt und kritisiert. Die Verantwortung hierfür wurde allerdings weniger den Schöffen selbst, als vor allem den Vorsitzenden zugeordnet, die die Schöffen nicht gründlich genug beim Aktenstudium anleiteten.[945]

Das Problem, insbesondere das der allzu passiven Haltung der Schöffen bei Wahrnehmung ihres Fragerechts, erwies sich trotz der intensiv geführten Literaturdiskussion als offenbar nachhaltig. Mathes[946] hat bei der Auswertung von Akten aus drei Jahrzehnten DDR-Justiz festgestellt, dass Schöffen nur „in den seltensten Fällen einmal Fragen" stellten. Die Fragen selbst beschränkten sich im übrigen „auf eine, maximal zwei zur Person des Angeklagten, etwa über dessen soziale Situation oder Alkoholkonsum. Zur Tat selbst wurden keine Fragen gestellt". Insoweit unterschied sich der Justizalltag in der DDR offensichtlich nicht nennenswert von demjenigen in der Bundesrepublik.

---

944 Kommentar zur StPO 1987, § 229 Anm. 2.3.; in der Praxis wird sich dieser Anspruch eher auf die Fälle beschränkt haben, in denen der bereits entlassene Zeuge den Gerichtssaal noch nicht verlassen hatte, oder in denen das Gericht erneut in die Beweisaufnahme eingetreten war.

945 Mathes, Volksrichter-Schöffen-Kollektive, S. 159; Toeplitz, NJ 1953, 193; Görner, NJ 1955, S. 74.

946 Mathes, Volksrichter-Schöffen-Kollektive, S. 159 (Fn. 777).

VIII. Kapitel
Schlusskapitel

Untersuchungsgegenstand war die geschichtliche Entwicklung der Auswahl, Funktion und Stellung von Laienrichtern seit Beginn des 19. Jahrhunderts, sowie die Frage, ob Laien maßgeblichen Einfluss auf den Gang und das Ergebnis der Rechtsfindung im Strafprozess haben. Als Ergebnis ist festzuhalten, dass weder rechtshistorische Gründe noch die Qualität strafgerichtlicher Entscheidungen sowie die Art und Weise ihres Zustandekommens geeignet sind, die Notwendigkeit einer Mitwirkung von Laienrichtern auch heute noch zu rechtfertigen.

Dass Bürgerbeteiligung an der Rechtsprechung als bedeutende Errungenschaft des 19. Jahrhunderts nicht nur das Ansehen der Justiz verbessert hat, sondern insbesondere eine Stärkung des Vertrauens der Bevölkerung in die Unabhängigkeit der Rechtsprechung bewirkt hat, ist unbestritten. Die damit verbundene Erkenntnis begründet aber allenfalls die Anerkennung des Instituts Laienrichter als einen durch rechtsgeschichtliche Entwicklung gewachsenen Bestandteil demokratischer Gerichtstradition. Sie beantwortet jedoch nicht die unabhängig davon zu beurteilende Frage, ob Laienrichter einen wesentlichen Beitrag für den Rechtsfindungsprozess und damit auch für die Qualität (einzel-)gerichtlicher Entscheidungen leisten. Ebensowenig besagt diese Erkenntnis etwas darüber, ob die Auswahl der Laienrichter einen repräsentativen, dem Idealbild einer Bürgerbeteiligung entsprechenden, Bevölkerungsquerschnitt widerspiegelt oder vielmehr einseitige, wenn nicht elitäre Maßstäbe gelten, die bestimmte Schichten der Bevölkerung tatsächlich und/oder rechtlich ausgrenzen bzw. in der Vergangenheit ausgegrenzt haben.

Zu dem letztgenannten Aspekt ist festzustellen, dass keines der erörterten Gerichtsverfassungssysteme dem Ideal, möglichst alle Bevölkerungsgruppen angemessen bei der Auswahl der Laienrichter zu berücksichtigen,[947] ausnahmslos gerecht geworden ist. Rekrutierten sich Geschworene und Schöffen im 19. Jahrhundert schon aufgrund entsprechender gesetzlicher Vorgaben nahezu ausschließlich aus vermögenderen und gebildeten Schichten der Bevölkerung, sind heute unter den Schöffen bestimmte Berufsgruppen, wie insbesondere Angehörige des

---

947 Dieser Grundsatz ist seit Änderung des GVG vom 9. Mai 1975 (BGBl. I S. 1077) ausdrücklich in § 36 Abs. 2 S. 1 GVG festgelegt. „Die Vorschlagsliste soll alle Gruppen der Bevölkerung nach Geschlecht, Alter, Beruf und sozialer, Stellung angemessen berücksichtigen.“

öffentlichen Dienstes deutlich über-, andere, wie Arbeiter oder Selbständige, klar unterrepräsentiert. Selbst die DDR, die die Auswahl von Schöffen aus „Frauen und Männern aller Klassen und Schichten des Volkes“[948] als Gebot in ihre Verfassung aufnahm, löste dieses Versprechen nur begrenzt ein. Als Schöffen wurden vor allem Arbeiter mit einem beinahe hälftigem Anteil an der Gesamtzahl der Schöffen ausgewählt; die sog. „Intelligenz“ oder andere Berufsgruppen, die nicht zur werktätigen Bevölkerung zählten, waren eher chancenlos. Von den DDR-Schöffen wurde darüber hinaus eine die Unabhängigkeit richterlicher Tätigkeit wesentlich beeinflussende Systemkonformität mit einem klaren Bekenntnis zum sozialistischen Arbeiter- und Bauernstaat erwartet. Dies erklärt, weshalb mehr als 60% der Schöffen Mitglied der SED oder einer ihr nahestehenden Partei waren.

Eine gefestigte, möglichst durch Mitgliedschaft in der NSDAP geprägte, nationalsozialistische Weltanschauung wurde auch von den Laienrichtern im Nationalsozialismus erwartet. Ebenfalls vergleichbar der Situation in der DDR wurden bei der Auswahl von Schöffen politisch zuverlässige Arbeiter, Handwerker oder Bewerber aus anderen, das „Volkselement“ verkörpernden Berufen, bevorzugt.

Allerdings offenbarte das Auswahlverfahren ungeachtet der Gemeinsamkeiten im übrigen wenigstens einen markanten Unterschied zwischen beiden Systemen: während die Nationalsozialisten in Anlehnung an die ausschließlich durch Männer geprägte Justiz des 19. Jahrhunderts Frauen als für das Richteramt ungeeignet hielten, waren Frauen in der DDR von Anfang an gleichermaßen wie Männern mit denselben Rechten und Pflichten sowohl unter den Berufsrichtern wie unter den Schöffen repräsentiert.[949]

Als weiterer Aspekt der Untersuchung war die Qualität der Rechtsfindung unter Laienbeteiligung zu bewerten. Fazit hierzu ist, dass die Qualität einer strafgerichtlichen Entscheidung nicht davon abhängig ist, ob Laienrichter – sei es als Geschworene ohne Beteiligung von Berufsrichtern, sei es im Rahmen eines Kollegialgerichts

---

948 So Art. 94 Abs. 2 der DDR-Verfassung vom 6. April 1968 (GBl.I S. 192).

949 Anders war die Situation in Westdeutschland, wo der Anteil weiblicher Richter deutlich unter dem der Männer lag. Bezeichnenderweise änderte sich an dem Ost-West Ungleichgewicht auch nach 1989 kaum etwas. Der Frauenanteil betrug jedenfalls noch 2006 in allen ostdeutschen Ländern einschließlich Berlin – zum Teil deutlich – über 50 Prozent, während er in allen westdeutschen Ländern, bezogen auf die Gesamtzahl der Schöffen, – wiederum zum Teil deutlich – unter 50 Prozent lag. In dieser Hinsicht besonders anschauliche Beispiele bildeten 2008 einerseits Mecklenburg-Vorpommern mit einem um etwa 20% höheren Anteil weiblicher Schöffen bei den Erwachsenenstrafsachen des Amtsgerichts, während andererseits in Rheinland-Pfalz mit einem Männeranteil von 65,1% Frauen als Schöffinnen deutlich unterrepräsentiert waren.

als Schöffen – daran mitgewirkt haben. Die mit dieser Einschätzung verbundenen Konsequenzen hat Volk[950] 1982 treffend in einem Satz wie folgt zusammengefasst:

„Das einzige Argument, das dagegen spricht, die Laienbeteiligung abzuschaffen, liegt in der Ungewißheit über die Folgen, die eine solche Entscheidung auslösen würde; das einzige Argument, das für die Laienbeteiligung spricht, ist die Tatsache, daß es sie gibt."

Ungeachtet der daraus resultierenden ungewissen Folgen wäre ein Plädoyer für die Abschaffung der Schöffengerichte bundesverfassungsrechtlich[951] unbedenklich, da die Mitwirkung von Laienrichtern in Strafverfahren[952] nach dem Grundgesetz nicht geboten ist. Das Schwurgericht erlangte zwar in § 179 S. 2 der – allerdings nicht in Kraft getretenen – Verfassung des deutschen Reiches vom 28. März 1849, der sog. Paulskirchenverfassung, Verfassungsrang. Nicht Berufsrichter, sondern Geschworene als Mitglieder eines Schwurgerichts hatten danach – „... jedenfalls in schwereren Strafsachen und bei allen politischen Vergehen" – über Schuld oder Unschuld eines Angeklagten zu urteilen. Vergleichbare, die Mitwirkung von Laienrichtern regelnde, Artikel wurden aber weder in die Verfassung des Deutschen Reichs vom 16. April 1871 noch in die Weimarer Reichsverfassung vom 11. August 1919 aufgenommen. Gleiches gilt für das Grundgesetz. Es lässt Laienrichter zu, fordert aber nicht ihre Teilnahme an der Rechtsprechung. Anhänger wie Gegner des Schöffengerichts bewegen sich daher gleichermaßen auf gesichertem bundesverfassungsrechtlichen Boden.

Ist es folglich dem Ermessen des Gesetzgebers überlassen,[953] ob und in welchem Umfang ehrenamtliche Laienrichter zugezogen werden, gehen weder von einschlägigen Normen noch von der dazu ergangenen Rechtsprechung positive Impulse als sachliche Legitimationsgrundlage für eine Laienbeteiligung aus.

Die Gründe, die Mitte des 19. Jahrhunderts als Zeichen seines hohen Stellenwerts dem Schwurgericht verfassungsrechtlichen Rang verliehen, sind überlebt. Laienrichter nehmen nicht mehr die Funktion von Kontrolleuren der Justiz durch das Volk wahr. Ebensowenig stellen sie ein Gegengewicht zu dem beamteten

950 Volk, „Der Laie als Strafrichter", FS Dünnebier S. 373ff., (389); in demselben Sinn äußerte sich Volk später, in: ZRP 2004, 63.

951 Einige Länderverfassungen sehen allerdings ausdrücklich die Mitwirkung von Laienirchtern, z. B. Art. 88 BayVerf; Art 108 Abs. 2 BrandVerf; Art. 72 Abs. 2 NWVerf; Art. 135 Abs. 2 BremVerf vor.

952 Gleiches gilt auch für die anderen Gerichtsbarkeiten.

953 vgl. dazu BVerfGE 14, 56 [73] = NJW 62, 1611; BVerfGE 26, 186 [200] = NJW 69, 2192.

Richter dar, dem die erforderliche Distanz und Unabhängigkeit zum politischen Machtapparat fehlte, und dem schon allein deshalb die Bevölkerung misstraute.

Auch besagt die Bezugnahme auf eine historisch gewachsene Kodifizierung der Institution Schöffengericht nichts über deren Legitimation. Die Regelungen in §§ 30ff. GVG – inhaltlich hinsichtlich der Anforderungen an die Schöffentätigkeit seit Einführung des GVG 1871 nur unwesentlich verändert – legen eher Formalprinzipien fest und beschreiben Inhalte schöffenrichterlicher Tätigkeit allenfalls grob. Ebensowenig eignet sich die Rechtsprechung als Handlungsanweisung oder Orientierungshilfe für den Schöffenrichteralltag. Einschlägige Gerichtsentscheidungen befassen sich überwiegend mit einzelfallbezogenen, verfahrensrechtlichen Problemen, wie bspw. dem Auslosungsverfahren, Schöffenwahlen, Besetzungsfragen oder möglichen Befangenheitsgründen bei Schöffen.[954]

Der vorrangig unter Partizipationsgesichtspunkten vor allem von Laienrichterverbänden vorgetragene Wunsch einer allgemeinen Besserqualifizierung von Schöffen durch Vermittlung spezieller Rechts- und Fachkenntnisse erscheint deshalb- wenigstens im Hinblick auf rechtsthematisch schwierige Verfahren – durchaus verständlich. Chancen, ihre Zielvorstellung durchzusetzen, haben die Anhänger einer rechts- und/oder sachkundigeren Schöffenrepräsentanz jedoch angesichts einer breiten Mehrheit von Gegnern kaum.

Anders mag dies wegen einer größeren Zahl von Befürwortern für die Frage einer vollständigen Aktenkenntnis durch Schöffen zu beurteilen sein.

Nach Ansicht des Verfassers erscheint es zwar sinnvoll, Schöffen zu Beginn der Hauptverhandlung Grundinformationen über den Inhalt der Verfahrensakte und und ggf. über die Ansicht der Staatsanwaltschaft zu geben, was – zumindest in „Umfangsverfahren" – praktischerweise und regelmäßig mit der Überlassung einer Kopie des Anklagesatzes geschieht. Im übrigen aber sollte – mit Ausnahme des Vorsitzenden – die Aktenkenntnis aller erkennenden Richter vor der Hauptverhandlung auf ein Mindestmaß beschränkt bleiben. Der „Inbegriff der Verhandlung" im Sinne von § 261 StPO verlangt, dass jeder Richter hieraus, und nicht etwa aus den Ermittlungsakten, eine sichere Überzeugung von der Tat und der Schuld oder Nichtschuld eines Angeklagten gewinnen muss.

954 Gelegentlich urteilen Gerichte darüber hinaus über spezifische, bestimmte Gruppen von Laienrichtern betreffende, Fragen. Zu ihnen gehört bspw., dass der BGH (NStZ-RR 2011, 349) die Erforderlichkeit hinreichender Sprachkompetenz bei Schöffen zur Wahrung des Unmittelbarkeitsgrundsatzes bejaht, oder dass eine Kopftuch tragende Schöffin zu diesem Ehrenamt weder ungeeignet noch unfähig ist (BVerfGE 108, 282ff.; Groh, NVwZ 2006,1023ff.; Bader, NJW 2007, 2964).

Nur in Ausnahmefällen lässt sich das Kompetenzgefälle zwischen Berufsrichtern und Laienrichtern dadurch kompensieren, dass Schöffen lediglich außerrechtliche Determinanten, wie Lebenserfahrung, gesunden Menschenverstand oder Gerechtigkeitsgefühl in die Hauptverhandlung und die sich anschließende Urteilsberatung einbringen. Je komplexer und komplizierter Verfahren sind, desto unzulänglicher und unbedeutender wirken diese Eigenschaften. Wenigstens in Wirtschafts- und Steuerstrafverfahren stellt sich deshalb regelmäßig die Frage, ob nicht anstelle der Anwesenheit „einfacher" – nicht sachkundiger – Schöffen der völlige Verzicht auf ihre Teilnahme sinnvoller erscheint.

Die Erwartung, dass Erfahrungen aus anderen Gerichtsbarkeiten – insbesondere Arbeits- und Sozialgerichten sowie den Kammern für Handelssachen – mit besonders qualifizierten ehrenamtlichen Richtern positive Ansätze für die Mitwirkung von Schöffen in Strafprozessen vermitteln können, ist unbegründet. Die Systeme sind zu unterschiedlich. Das Laienrichterwesen insgesamt ist kein geschlossenes, einheitliches und sämtliche Gerichtsbarkeiten gleichermaßen erfassendes System, sondern Produkt historischer Entwicklungen innerhalb der einzelnen Gerichtsbarkeiten mit jeweils unterschiedlichen Ergebnissen. So trägt bspw. das durch Interessenverbände bestimmte Auswahlverfahren ehrenamtlicher Richter in der Arbeits- und Sozialgerichtsbarkeit – trotz der dadurch begründeten und auch geäußerten Zweifel an der richterlichen Unabhängigkeit – wesentlich zur Besetzung der Gerichte mit kompetenten Laien bei. Auf Schöffen wäre ein solches Auswahlverfahren schon deshalb nicht anwendbar, weil für sie Neutralität und Unvoreingenommenheit einen im Vergleich deutlich höheren Stellenwert besitzen. Schon der Verdacht ihres Fehlens würde eine Vielzahl erfolgversprechender Befangenheitsgesuche von Staatsanwaltschaft oder Verteidigung provozieren.

Übertragbar aus anderen Gerichtsbarkeiten können allenfalls marginale, außerhalb der eigentlichen Tätigkeit von Schöffen im Hauptverfahren angesiedelte Regelungen sein. Ein Beispiel hierfür bieten § 23 SGG bzw. § 29 ArbGG: um den Kontakt sowohl der Laienrichter untereinander als auch den Berufsrichtern zu verbessern, darüber hinaus den Laienrichtern ein Mitspracherecht bei der Gerichtsverwaltung zu ermöglichen, ist die Einrichtung eines Ausschusses der ehrenamtlichen Richter vorgesehen. Entsprechende Forderungen werden von den Laienrichterverbänden auch für den Sektor der Strafgerichtsbarkeit bereits seit längerem erhoben.[955]

---

955 Vgl. bspw. das Aktionsprogramm des Bundesverbandes ehrenamtlicher Richterinnen und Richter e.V. (DVS) vom 30.10 1999, dort Ziffer 5.

Auch andere Gründe, die regelmäßig als Rechtfertigungsgrundlage für die Heranziehung von Laienrichtern genannt werden, wirken wie formelhafte Allgemeinplätze und überzeugen in der Sache nicht:

- Der insbesondere von Teilen der Berufsrichter[956] als Vorteil einer Laienbeteiligung genannte, mit der Stärkung des Vertrauens der Bevölkerung in die Rechtsprechung verbundene, volkspädagogische Gesichtspunkt[957] wird durch negative Aspekte, wie juristischem Unverständnis, Fehlen hinreichenden Sachverstandes, Nichterkennbarkeit eines praktischen Beitrags oder emotional geprägter Unobjektivität,[958] aufgewogen.
- Kaum überzeugender als Begründungsansatz für ein laienrichterliches Mitwirkungserfordernis im Hauptverfahren erscheint der Gedanke, Schöffen seien eine Art Garant nicht nur für die Plausibilitätsprüfung berufsrichterlicher Entscheidungen, sondern auch für eine kritische Einflussnahme auf die Tätigkeit von Berufsrichtern durch Nichtjuristen überhaupt. Abgesehen davon, dass es für diese Annahme kaum empirischen Belege gibt, zeichnet sie sich durch einen mehr plakativen Charakter aus. Zutreffend bemerkt Volk[959] dazu, es sei angesichts der Tatsache, dass Berufsrichter das juristische Instrumentarium beherrschen und eine Insiderstellung im Justizsystem einnehmen, eine für sie nahezu zwingende Aufgabe, Laienrichtern plausibel zu machen, was sie – die Berufsrichter – durchsetzen wollen. Die Richtigkeit dieser „Übersetzung" zu überprüfen, sei den Schöffen mangels eigener ausreichender Fachkompetenz nicht möglich. Eine kritische Auseinandersetzung, verbunden gar mit einer „Korrektur" der Beurteilung und beweisrechtlichen Bewertung, sei den Laienrichtern daher in aller Regel verschlossen. Demzufolge werden Laienrichter schon deshalb kaum in der Lage sein, den von einem Berufsrichter mit den Mitteln juristischen Methodik und Dogmatik auf Grundlage des geltenden materiellen Rechts und unter Beachtung der vorgegebenen Verfahrensgrundsätze rechtlich aufgearbeiteten Sachverhalt anders zu bewerten.

Selbst Berufsrichter scheinen den Nutzen laienrichterlicher Mitwirkung offensichtlich weniger unter juristischen Qualitätsaspekten als im Hinblick darauf

956 S. dazu Klausa, S. 55f.

957 Dasselbe gilt für die Annahme, der Beitrag eines Laien könnte das Verständnis für die richterliche Tätigkeit in der Öffentlichkeit mehren, so z. B. LR/Kühne Einl. Abschn. J Rn. 29.

958 Klausa, S. 65f.

959 Volk, FS Dünnebier, S. 387, der darin eine der Ursachen dafür sieht, dass kontroverse Beratungen selten und kontroverse Ergebnisse noch weit seltener sind.

zu betrachten, dass Schöffen „außerrechtliche Gesichtspunkte, Überlegungen und Wertungen in den Entscheidungsprozess“[960] einbringen. Gemeint sind Lebenserfahrung, gelegentlich ergänzt durch spezielle berufliche Erfahrungen oder Sach- und Fachverstand, sowie der „gesunde Menschenverstand“. Diese Maximen sind – nach wie vor – maßgebliche Grundlage laienrichterlicher Entscheidungsfindung.

Reduziert sich das Anforderungsprofil von Schöffen hierauf, verliert der Legitimationsgedanke, der sich immer auch an einem der wesentlichen Ziele der Rechtsfindung – Erhaltung und Steigerung der Qualität von Rechtsprechung durch bestmögliche Besetzung der Richterbank – messen lassen muss, entscheidend an Substanz.

Wenn also das aus Berufsrichtern und Laien zusammengesetzte Kollegialgericht keine sachlich begründete Daseinsberechtigung zu haben scheint, wäre das reine Laiengericht, das ohne Mitwirkung von Berufsrichtern ausschließlich über die Schuldfrage zu entscheiden hat, eine Alternative?

Das Geschworenengericht hat keine wirkliche deutscheTradition. Es entstand in einer durch politische Umbrüche gekennzeichneten geschichtlichen Phase als justizielle Gegenmacht zum schriftlich-geheimen Inquisitionsverfahren, das die deutsche Gerichtslandschaft bis ans Ende des 18. Jahrhunderts bestimmte. Urteile von Geschworenen, die den Anspruch verfolgten, eine Entscheidung über die Schuldfrage („Wahrspruch“) sei zugleich Ergebnis materieller Wahrheitsfindung, lieferten aber keine qualitativ besseren Resultate. Einer der wesentlichen Gründe für die Abkehr vom Geschworenensystem war die verhältnismäßig hohe Zahl tatsächlicher oder vermeintlicher Fehlurteile. Kritisch beurteilt wurde darüber hinaus die Abhängigkeit der Geschworenen von der öffentlichen Meinung, ihre Anfälligkeit für Vorurteile sowie vor allem die Tatsache, dass den Geschworenen trotz der Rechtsbelehrung durch den Gerichtsvorsitzenden häufig die notwendigen Kenntnisse und Fähigkeiten fehlten, um einen Anklagesachverhalt juristisch zuverlässig beurteilen und über die „Tatfrage“ – Schuld oder Unschuld eines Angeklagten – überzeugend entscheiden zu können.[961]

960 Wassermann, Bürgermitwirkung an der Rechtsprechung, S. 45.

961 Ein Beispiel hierfür erwähnt Weingart, Das Schwurgerichtsproblem, S. 737: „Ich fragte einmal einen befreundeten Philologen, wie ihm als Geschworenen im Beratungszimmer zu Mute gewesen sei. Er antwortete. „Wir hatten meist das Gefühl der Ratlosigkeit. Was Rechtens sei, das hatten wir durch die Rechtsbelehrung hinreichend erfahren: aber wir wußten nicht, wie wir es anfangen sollten, um uns über das Tatsächliche schlüssig zu machen.“

Im Anschluss an die faktische Abschaffung des Geschworenengerichts durch die Emminger-Reform von 1924 gab es in der Folge denn auch keinerlei ernstzunehmenden Versuche einer „Revitalisierung“ des Schwurgerichts im klassischen Sinn.

Als Ergebnis bleibt festzustellen:

Weder die Einrichtung des „modernen“ Volksgerichts und dessen Entwicklung bis in die Neuzeit noch die Erfahrungen mit verschiedenen Gerichtsverfassungssystemen aus unterschiedlichen Epochen noch die Beurteilung der Qualität strafgerichtlicher Entscheidungen sind geeignet, die Ausgangsthese über die fehlende Legitimationsgrundlage einer Laienrichterbeteiligung im Strafprozess zu widerlegen.

Einzig das System der DDR weist einige, zwar mehr als einmalig und in der konkreten Ausgestaltung kaum als wiederholbar zu bezeichnende, Besonderheiten auf, die von ihrer Idee her einen Beitrag zur Fortentwicklung des Laienrichterwesens leisten können. Dazu gehören bspw. die sog. gesellschaftlichen Gerichte, die mit beschränkten Sanktionsbefugnissen ausgestattet über Vergehen zu entscheiden hatten, bei denen die Auswirkungen der Tat und die Schuld des Täters gering waren. Auch zur Entlastung der Justiz konnte die Staatsanwaltschaft im Ermittlungsverfahren sowie das Strafgericht unter Mitwirkung der Schöffen im Eröffnungsverfahren die Übergabeentscheidung an ein gesellschaftliches Gericht in Fällen der kleinen bis mittleren Kriminalität verfügen.

Überlegenswert erscheint, ob nicht anstelle einer manchmal allzu großzügigen Einstellungspraxis nach §§ 153, 153a StPO die Verhandlung vor einer dem gesellschaftlichen Gericht der DDR vergleichbaren Institution als sinnvollere Alternative in Betracht käme. Nichtjuristen als Ankläger und Verteidiger sowie ein ebenfalls aus Nichtjuristen bestehendes Gericht, das leichtere ambulante Sanktionen gegen Erwachsene verhängen darf, würden vermutlich bei manchem Beschuldigten anders als eine zu „lasche“ Einstellungspraxis ihre Wirkung nicht verfehlen.

Alternativ könnte sich in Fällen der Bagatellkriminalität die Durchführung von außergerichtlichen Schlichtungsverfahren unter Leitung von Schöffen anbieten. Die Regelung über den Sühneversuch in § 380 StPO bietet hierfür Anhaltspunkte. Beschränkt auf Privatklagedelikte ist der praktische Anwendungsbereich des § 380 StPO – ebenso wie die Bedeutung der Privatklage selbst – allerdings eher gering. Als Reformansatz vorstellbar wäre eine Erweiterung auf andere, auch Offizialdelikte – wie bspw. einfachen Diebstahl oder Unterschlagung – umfassende Konfliktsituationen, die sich für Streitschlichtungen eignen. Sühneversuche sollten nicht, wie in 380 Abs. 1 StPO vorgesehen, auf die funktionelle Bedeutung einer bloßen Zulässigkeitsvoraussetzung für die Erhebung einer Privatklage beschränkt bleiben. Beabsichtigtes Verfahrensziel könnte vielmehr eine Art strafprozessualer Vergleich im Vorfeld sein, durch den das Ermittlungsverfahren insgesamt – unabhängig davon, ob es sich um ein Offizial- oder ein Privatklagedelikt handelt – zum Abschluss gebracht wird.

Gerade Schöffen mit ihrer praktischen Gerichtserfahrung dürften prädestiniert sein, in eigener Verantwortung maßgeblich zu einem Täter-Opfer Ausgleich beizutragen, um damit zugleich Staatsanwaltschaft und Justiz zu entlasten. Untersuchungen im Zusammenhang mit § 380 StPO haben ergeben, dass das Hauptanliegen vieler Opfer neben der Regulierung eines materiellen oder immateriellen Schäden vor allem in der ernstgemeinten Entschuldigung des Täters für die Tatbegehung besteht.[962] Ein aus Opferperspektive demzufolge offensichtlich eher sekundäres Interesse an zusätzlicher staatlicher Bestrafung könnte entfallen.

Als weiteres Beispiel positiver Lösungsansätze kann der Aufgabenbereich der DDR-Schöffen bei der sog. Strafenverwirklichung dienen. Schöffen waren im Anschluss an das Erkenntnisverfahren verpflichtet, sich im Rahmen einer umfassenden „Nachsorgetätigkeit“ um das weitere Schicksal des Verurteilten zu kümmern.

Vergleichbar ließe sich aktuell über den allgemeinen Rahmen des § 30 GVG hinaus der Funktions- und Einsatzbereich von Laienrichtern in der Strafvollstreckung erweitern; etwa auch im Rahmen einer Tätigkeit als ehrenamtliche Bewährungshelfer i.S.v. § 56d StGB.[963]

Die aufgezeigten Beispiele alternativer, durch mehr Eigenverantwortung und möglicherweise zusätzlich durch einen höheren Grad von Effizienz gekennzeichneten Felder laienrichterlicher Tätigkeit haben eines gemeinsam: sie bewegen sich sämtlich außerhalb des traditionellen Rahmens richterlicher Mitverantwortung in der Hauptverhandlung. Folgt man der hier vertretenen Auffassung, liegt aber genau darin zugleich die – vielleicht einzige – Chance, der von Volk angesprochenen „Ungewißheit“ über die Folgen der Abschaffung einer allein auf das strafprozessuale Erkenntnisverfahren konzentrierten Laienbeteiligung eine Zukunftsperspektive neuer Art zu geben.

962 Wolter, SK-StPO(Velten) Bd. VIII § 380 Rn. 1 m.w.N.

963 Ein möglicher Einsatz wird jedenfalls nicht durch eine entgegenstehende gesetzliche Regelung als ausgeschlossen zu beurteilen sein, s. dazu MüKo/Groß § 56d StGB Rn. 5f.

www.ingramcontent.com/pod-product-compliance
Ingram Content Group UK Ltd.
Pitfield, Milton Keynes, MK11 3LW, UK
UKHW021910290926
8980IPUK00015B/1177

9 783631 653623